国家社科基金
GUOJIA SHEKE JIJIN HOUQI ZIZHU XIANGMU
后期资助项目

"海上丝绸之路"与中外货币文化交流

"Maritime Silk Road "and the Exchange of
Currency and Culture between China and Foreign Countries

鲍展斌 著

中华书局
ZHONGHUA BOOK COMPANY

图书在版编目（CIP）数据

"海上丝绸之路"与中外货币文化交流/鲍展斌著. —北京:中华书局,2020.7（2024.4重印）
（国家社科基金后期资助项目）
ISBN 978-7-101-14600-4

Ⅰ.海… Ⅱ.鲍… Ⅲ.海上运输–丝绸之路–影响–货币–文化交流–中外关系–研究 Ⅳ.①K203②F822.9

中国版本图书馆 CIP 数据核字（2020）第 098325 号

书　　名	"海上丝绸之路"与中外货币文化交流
著　　者	鲍展斌
丛 书 名	国家社科基金后期资助项目
责任编辑	陈　乔
责任印制	陈丽娜
出版发行	中华书局
	（北京市丰台区太平桥西里 38 号　100073）
	http://www.zhbc.com.cn
	E-mail:zhbc@zhbc.com.cn
印　　刷	三河市中晟雅豪印务有限公司
版　　次	2020 年 7 月第 1 版
	2024 年 4 月第 2 次印刷
规　　格	开本/710×1000 毫米　1/16
	印张 22½　插页 2　字数 340 千字
国际书号	ISBN 978-7-101-14600-4
定　　价	78.00 元

国家社科基金后期资助项目出版说明

后期资助项目是国家社科基金设立的一类重要项目，旨在鼓励广大社科研究者潜心治学，支持基础研究多出优秀成果。它是经过严格评审，从接近完成的科研成果中遴选立项的。为扩大后期资助项目的影响，更好地推动学术发展，促进成果转化，全国哲学社会科学工作办公室按照"统一设计、统一标识、统一版式、形成系列"的总体要求，组织出版国家社科基金后期资助项目成果。

全国哲学社会科学工作办公室

目 录

前　言

　　早在先秦时期,中国已通过海路东与日本、朝鲜,南与越南等国进行海上往来了。"海上丝绸之路与陆上丝绸之路一样,不但沟通了古代东西方之间的贸易和友好往来,增进了各民族之间的了解和友谊,而且也推进了东西方经济文化的交流。日本在西海岸发掘出的中国春秋时期的青铜铎350件,与朝鲜出土的完全相同。这说明,早在 2700 年前,中国的航海先驱者,已经开辟了从山东半岛出发,经朝鲜半岛,再东渡日本的航路,并把中国文化传入朝鲜和日本。"①

　　汉朝时航路已绕过马来半岛进入孟加拉湾到达印度。唐朝后期,陆上丝绸之路遭到破坏,经济重心由北南移。唐中叶后,丝绸外销大都依靠海路,因而,海上丝绸之路得以迅速崛起。指南针的发明、造船与航海技术的提高为海上贸易的兴盛提供了有利条件,中国的商船已远行至波斯湾乃至东非。在唐宋元朝的繁盛期,中国境内海上丝绸之路主要由广州、泉州、明州(今宁波)三个贸易主港和其他支线港组成。国家主席习近平 2017 年 5 月 14 日在"一带一路"国际合作高峰论坛开幕式上的演讲中指出:"我们的先辈扬帆远航,穿越惊涛骇浪,闯荡出连接东西方的海上丝绸之路。……宁波、泉州、广州、北海、科伦坡、吉达、亚历山大等地的古港,就是记载这段历史的'活化石'。"②通过繁荣的海外贸易,大批丝绸、茶叶、瓷器、钱币、中药、书籍等从上述港口通过海上航路输出。三大贸易主港中,宁波的地位比较特殊,它不仅是"海上丝绸之路"和"海上陶瓷之路"始发港之一,而且是"海上货币之路"始发港和近代中国东南沿海的金融中心。

　　在汉朝以前,物物交换是海上丝绸之路上最典型的贸易方式,丝绸、青铜器等实物都曾经充当交易媒介,发挥着实物货币的职能。丝绸之路,自然是一条经济贸易的通道,所有东西方的商品都可以通过这条通道进行交

---

①陈炎:《海上丝绸之路对世界文明的贡献》,《今日中国(中文版)》2001 年 12 期。
②习近平:《携手推进"一带一路"建设》单行本,人民出版社 2017 年 5 月版。

换。这种交换,互通有无,使得丝路沿途的人们生活上得到极大的丰富。其实,丝绸在丝绸之路上扮演的角色不仅是一种普通商品,而且是一种实物货币。许多大宗贸易就是用丝绸作为一般等价物进行交易的,即使在汉唐时期,丝绸仍然经常充当货币使用。汉以前,海上丝绸之路的贸易范围仅限于局部地区,贸易规模也相对较小,实物货币使用比较普遍。到汉朝以后,海上丝绸之路贸易发展需要价值量大且便于携带与交易的金属货币,这些金属货币逐渐取代实物货币成为丝绸之路上主要的交换媒介。汉朝时期铸造的"五铢"钱质量可靠、币值稳定,深得海上丝绸之路沿途国家和地区人民的认同与接受,促进海上丝绸之路贸易的便利化。唐朝时期,由于国内政治统一、经济繁荣,货币制度实施钱帛本位制,除绢帛外,主要行用"开元通宝"、"乾元重宝"等铜质铸币,以及少量金银货币如船型银铤等。唐朝货币开始成为海上丝绸之路的基准货币[①],丝绸之路其他货币和商品都以唐朝货币为依据进行折算,形成了以唐朝货币为基准货币的汇率雏形,一定程度上扮演了国际货币的角色,有效促进了中国与海上丝绸之路国家的贸易繁荣。因此,货币形态的历史演变在海上丝绸之路上发挥了极其重要的作用,它能够提高海上丝绸之路贸易便捷化与多元化,推动中外货币文化交流与贸易繁荣。目前,在日本、越南等地考古发现了大量的中国唐宋时期货币。日本最早仿开元通宝形制铸造了历史上的第一种钱币"和同开珎"。朝鲜高丽国太祖王建遗诏要求后代独尊唐制,朝鲜历史上出现过一种仿造唐朝铸钱的正面"乾元重宝"、背面"东国"钱币。在如今的中国沿海地区仍能经常发现海上丝绸之路国家仿铸的方孔圆钱。东西方货币在海上丝绸之路上广泛流通,极大地促进海上丝绸之路贸易发展。回望千年,唐宋货币"四夷通用",早早承担起了国际货币的功用。东方货币体系的建立稳定了海上丝绸之路贸易。

有宋一代,由于对外贸易频繁,铜钱外流始终禁而不绝,甚至一度造成"钱荒"。日本在数百年间所使用的"渡来钱"[②],基本上都是从中国进口的,宁波是主要输出港。由于海上贸易的快速发展和朝廷对铜钱出口的禁

---

① 基准货币:汇率报价中作为基础的货币,即报价表达形式为每一个单位的货币可兑换多少另一种货币。

② 渡来钱:从10—17世纪,将近700年时间日本的公币发行几乎为零,于是从中国、朝鲜等国进口货币供本国使用,这种从国外进口的货币就被称为"渡来钱"。其中绝大部分是宋钱。

币对社会文化各方面打上的印记。二者共同构成货币的社会职能。货币经济职能是其文化职能的前提和基础,决定、制约着货币的文化职能;货币文化职能则由其经济职能派生出来,是经济职能在文化领域内的反映,并对货币经济职能产生反作用。货币流通是经济职能与文化职能互为条件、互相作用,共同主导着货币的流通和发展,不可或缺。为此,我们应该增强文化自信,树立文化自觉,充分发挥人民币的文化职能。要着重做好以下两个方面的工作:一方面,要进一步认识区域货币金融友好合作的意义,领会"货币流通"与"货币文化交流"对促进海上丝绸之路沿线各国共同繁荣的重要价值;另一方面,稳步推进人民币"走出去"战略,逐步实现人民币国际结算与互换正常化,推动人民币文化尤其是信用文化在世界各地广为传播、深入人心,最终把人民币打造成富有竞争力的国际货币。

第一章 "海上丝绸之路"的
形成与发展历史概述

海上丝绸之路,是指历史上的中国与其他国家、地区进行经济交流与文化交往的海上通道。海上丝绸之路发端于先秦。西汉时期,海上丝绸之路正式形成,当时一条以中国古代徐闻及合浦等港口为起点的海上丝绸之路开辟了世界性的海上贸易通道。海上丝绸之路主要有三条路径:第一条从中国东南沿海出发,走南海航线途经中南半岛和南海诸国,穿越印度洋,进入红海,抵达非洲和欧洲;第二条走东海航线到达朝鲜、琉球与日本;第三条是从明代开始的中国—马尼拉—美洲航线,从中国东南沿海,经菲律宾马尼拉,穿越太平洋,抵达墨西哥等美洲国家。这些海上丝绸之路航线成为中国与外国开展贸易往来和文化交流的海上大通道,并推动了沿线各国和各地区的共同繁荣。中国输往世界各地的主要货物,从丝绸、瓷器、茶叶与铜钱等不一而足;此外,中国还通过海上丝绸之路向海外输出文化、科技以及大批技工与劳工等,形成一股持续吹向全球的东方文明之风。

第一节 海上丝绸之路贸易的历史分期

中国是世界上最早出产丝绸的国家。早在远古时代,我们的祖先便知道种桑养蚕。嫘祖"教民育蚕,治丝茧,以供衣服"[①]的故事,虽近似神话,但 1977 年在浙江省余姚市河姆渡新石器遗址考古发掘证明,距今 7000 年前,河姆渡先民对生产蚕丝已有所认识。此外,浙江另一处史前文化遗址钱山漾出土的绸片、丝带、丝线等丝麻制品表明,4700 年前,浙江湖州一带,已能生产丝绸。中国湖州钱山漾文化遗址因发现了迄今世界上最早的绸片而被正式命名为"世界丝绸之源"。[②] 湖北江陵战国楚墓中也出土了

---

①(宋)罗泌:《路史·后纪五》记载:"嫘祖始教民育蚕,治丝茧以供衣胜。"
②鲁元珍:《湖州钱山漾遗址被命名为"世界丝绸之源"》,《光明日报》2015 年 6 月 26 日第 9 版。

大量丝织品。而在长沙马王堆西汉古墓出土的素纱蝉衣,长三尺七寸,重量不到一两,其工艺之精巧,轰动了整个世界。"据日本古史记载,西汉哀帝年间(公元前 6 年),中国的罗织物和罗织技术已传到日本。公元三世纪,中国丝织提花技术和刻版印花技术传入日本。隋代,中国的镂空版印花技术再次传到日本。隋唐时期,日本使节和僧侣往来中国频繁,他们在浙江台州获得青色绫,带回日本作样板,仿制彩色锦、绫、夹缬等,日本至今仍沿用中国唐代的丝织工艺名称,如:绞缬、腊缬、罗、绸、绫、羽等。"①

海上丝绸之路形成于秦汉时期。唐中期以后,海上丝绸之路贸易开始走向繁荣。"唐代,中国东南沿海有一条'广州通海夷道'的海上航路,是中国海上丝绸之路的最早称谓。宋元时期,中国造船技术和航海技术的大幅提升以及指南针在航海上的广泛应用,全面提升了商船的远航能力。"②这一时期,中国同世界上 60 多个国家和地区有着直接的海上丝绸之路商贸往来,达到鼎盛。海上丝绸之路式微于明清时期。本书认为,正常的海上丝绸之路贸易虽然在近代受到西方列强的侵略干扰而衰落,但并未完全中断。事实上,有充分的史料证明,海上丝绸之路民间贸易一直从近代延续到现代。

一、海上丝绸之路概念形成与历史时期

"19 世纪后期,德国地理学家费迪南·冯·李希霍芬(Ferdinand von Richthoferi)来华考察,他于 1877 年首先提出'丝绸之路'的概念,原指中西陆上贸易通道,因为主要贸易货物是丝绸,故名。"③此名称出现后,学术界又衍生出"海上丝绸之路"。最早提出海上丝绸之路的是法国汉学家沙畹(Edouard Chavannes),1913 年沙畹首先提出了存在"海上丝绸之路"的观点,他在其所著的《西突厥史料》中提出:"丝路有陆、海两道。北道出康居,南道为通印度诸港之海道。"④但沙畹所言仅限于此,未能展开与之相关更为细致的研究。日本学者三杉隆敏(Misugi Takatoshi)在其具有海外

---

① 林志成主编:《海上丝绸之路·十三行》,广州:广州图书馆信息咨询部,2008 年版,第 4 页。
②《海上丝绸之路(海上贸易通道)》,百度网(引用日期 2019 年 11 月 2 日)。
③ 邹国义:《"丝绸之路"名称概念传播的历史考察》,《学术月刊》2019 年 5 期。
④ Edouard Chavannes. Documents Sur les Tou-kiue occidentaux,1903. 中文译本有《西突厥史料》,冯承钧译,上海:商务印书馆,1932 年初版;中华书局于 2004 年出版修订版。

游记风格的著述——《探寻海上丝绸之路——东西陶瓷交流史》中,第一次明确提出"海上丝绸之路"的学术概念。[①]

"1963 年 6 月,三杉隆敏在游历了美国、欧洲之后,来到了位于欧亚两大陆交界的土耳其历史文化名城伊斯坦布尔。作为陶瓷史研究专家,他对奥司曼帝国苏丹建造的托卡比皇宫收藏的 1.2 万余件唐宋以来的中国瓷器引起了极大的兴趣。尤其是馆藏品中高达 50 厘米的青花瓷大罐,令他产生无限遐想。如此巨大的瓷器,仅仅依靠骆驼商队是难以大量地从中国运至欧洲的。当三杉隆敏带着这个疑问眺望博斯普鲁斯海峡时,结合此前读过的《厄里特里亚航海记》《道里邦国志》《马可·波罗游记》等文献,他的脑海中随之浮现出海上丝绸之路波澜壮阔的景象。产自遥远中国内地的瓷器,正是通过江、海联动的方式,被装上船舶运送到西方来的。他还根据文献记载,大致复原了当时的远航帆船以及航行路线。此后的 100 余次海外调研,以及对 50 余国博物馆与考古遗迹的考察,更坚定了三杉隆敏的这一设想。考古学家三上次男在为该书所做的序言中,对三杉隆敏的这一想法予以肯定;并在三杉氏第二部著作的序言中指出:随着时代的变化,大约从 10 世纪前后开始,海上丝绸之路即成为东西方主要的贸易通道。"[②]

20 世纪 80 年代,国际上掀起一股关于海上丝绸之路的研究热潮。改革开放以后,大陆学者解放思想、拓宽视野,以陈炎的《略论海上丝绸之路》为标志,涌现出一大批与海上丝绸之路有关的研究成果。此外,台湾历史学家全汉升的《略论新航路发现后的海上丝绸之路》等文章在学术界也颇有影响。

海上丝绸之路的发展过程,经本书认为大致可分为八个历史时期:海上丝绸之路萌芽期:先秦;海上丝绸之路形成期:秦汉;海上丝绸之路发展期:魏晋;海上丝绸之路繁盛期:隋唐;海上丝绸之路鼎盛期:宋元;海上丝绸之路由盛转衰期:明清;海上丝绸之路的尾声:民国;海上丝绸之路的重生:新中国。

1. 先秦时期

距今 7000 年前浙江余姚的河姆渡先民早已开始驾驶独木舟在近海航

---

① [日]三杉隆敏:《探寻海上丝绸之路——东西陶瓷交流史》,大阪:创元社,1968 年版。
② 周长山:《"海上丝绸之路"概念之产生与流变》,《广西地方志》2014 年 3 期。

行。河姆渡遗址出土过众多船桨,田螺山遗址是浙江省新近发现和发掘的
又一处重要的河姆渡文化遗址,在这个遗址中出土了用整段圆木制作的独
木舟模型器。7000 年前,这个地下古村落靠近海边,遗址中出土了各类鱼
骨、鱼刺、鲨鱼牙齿材质的装饰品、木桨、供船停泊的古埠头等等,这些历史
遗存都带有浓厚的海洋文化色彩。河姆渡文化遗址,是目前发现的中国境
内距今最早的具有海洋文化特征的历史文化遗产之一。而独木舟对海洋
文化影响非常大,现代船只建造仍以它为样板。

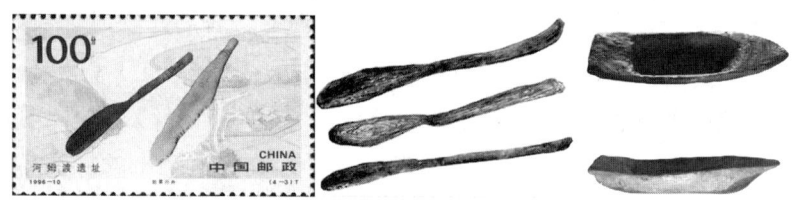

河姆渡遗址出土的船桨与田螺山遗址出土的独木舟模型器

　　"1973 年,从余姚河姆渡文化遗址中,还出土了一件 6000 年前的蚕纹
牙质盅形雕器,并发现一批纺织用的工具。这件盅形器周围用阴纹雕刻着
类似蠕动的蚕的图形,配以编织花纹。这是中国目前发现的世界上最早养
蚕史料。河姆渡遗址发现的四对盅形牙雕,其蚕纹栩栩如生,结合同一遗
址出土的蛾形器,充分显示了河姆渡遗址对蚕业生产的文化反映。另外,
河姆渡遗址中发现了许多陶制、石制、木制的纺轮,此外还有骨梭、骨针、木
纬刀、木织轴、骨机刀等原始织具,同时出土多达上百件之苇席残片,说明
在河姆渡文化期已存在相当规模的编织业,由此而知,河姆渡一带是中国
编织业的发源地,河姆渡人是中国最早的'编织原理'的发现者。"①

河姆渡出土的蚕形虫纹牙质盅形器

　　战国时期,古越人普遍使用多人共乘的舟楫进行航渡。这是海上丝绸

---

①陈放:《史前时代的"江南丝绸之路"第二部分》,新浪网(引用日期 2019 年 11 月 2 日)。

之路的萌芽时期。句章是宁波历史上最早的城市,句章古港是宁波古港的源头,春秋战国时期全国九大港口之一,海上丝绸之路萌芽期的始发港。《史记·东越列传》中记载,武帝元鼎元年(公元前111年)有了"遣横海将军韩说出句章,浮海从东方往(击东越)"的记载,这是历史上第一次明确的记载。当时,句章成了真正意义上的宁波地区的政治中心和交通中心。"'羽人竞渡纹铜钺'是一件战国时期的国家一级文物,1976年出土于宁波市鄞县云龙镇(今鄞州区云龙镇)甲村石秃山。它是目前我国发现的最早、最生动形象地记录中国古人航渡活动的珍贵文物。这件国宝级文物的出土,极大地增强了宁波这座港城在海上丝绸之路历史时空中的价值定位,其充满文化张力的图案表现,对宁波申报海上丝绸之路世界文化遗产具有标志性意义。宁波自古以来就是重要的港口城市,是享誉世界的海上丝绸之路始发港之一,她对华夏古代文明的海外传播起到了重要的摆渡作用。据《吕氏春秋·贵因篇》中记载:'如秦者立而至,有车也;如越者坐而至,有舟也。'从考古资料和历史记载可知,远在先秦时期,宁波一带的水上交通就比较发达了。因为羽人竞渡纹铜钺记录的是一幅人类早期航渡活动图,且铜钺上图案的个性特征非常鲜明,文化的时空跨越感强,它所雕刻的地方又是在代表王权的铜钺上,文化价值非常高,所以,有不少专家学者建议,将该文物作为中国海上丝绸之路申报世界遗产的标志物。羽人竞渡纹铜钺充分表现了越族先民龙腾虎跃、劈波飞渡的奋发进取精神,羽人竞渡纹堪称浙江古代越族海洋文化的标志。"①

战国"羽人竞渡纹铜钺"

中国海上丝绸之路申遗标志

---

①黄定福:《鄞县云龙镇甲村石秃山出土:中秋羽人竞渡纹铜钺》,中国宁波网2012年9月30日。

2.秦代时期

秦代造船业已经萌芽①,海上丝绸之路在秦代初具雏形。《史记》与《三国志》等若干史书和传记都提到了徐福入海求仙之事,后人经考证认为徐福在求仙过程中去了日本。徐福东渡日本的传说表明早在秦代,中国已东渡日本开展海外交流。徐松石在《日本民族的渊源》一书中认为,先秦时期,中国东南沿海民众就大量往日本移民,徐福带领的童男童女只是其中的一支队伍。"《汉书·地理志》所载海上交通路线,实为早期的海上丝绸之路,当时海船载运的'杂缯',即各种丝绸。中国丝绸的外输,早在先秦时期,便已有东海与南海两条起航线。秦始皇统一中国后海外贸易加速发展。当时岭南番禺地区已经拥有相当规模、技术水平很高的造船业。先秦和南越国时期岭南的海外交往为海上丝绸之路的形成奠定了基础。当时主要的贸易港口有番禺(今广州)和徐闻(今徐闻),由南越王墓出土的许多来自海外的文物,如波斯银盒、乳香、象牙等便是见证。中国原始航海活动始于新石器时期,尤其是岭南一带,濒临南海,海岸线长,大小岛屿星罗棋布。早在新石器时代,居住在南海之滨的南越先民就已经使用平底小木船,从事海洋渔业生产了。"②

"1974年底,在如今广州市中山四路发现了南越国宫署遗址,在宫署遗址之下又发现了秦代造船遗址,从出土文物判断,这是秦始皇统一岭南时'一军处番禺之都'的造船工厂遗址。1975年秦代造船遗址开始发掘,清理出一段29米长的船台,1997年发现3600平方米的造船木料加工厂。那时发现南越国宫署直接压在工场之上,因保护宫署不再往下发掘。经过多次的勘查研究,结论为工厂是由3个长度超过一百米、走向东西、平行排列的木质造船台以及南侧的木料加工厂组成,可造出宽8米、长30米、载重五六十吨的木船。"③这一造船遗址的发现见证了秦代已经初步具备海洋航运的能力。

这一时期的海上丝绸之路贸易主要使用丝绸、青铜器等实物货币。

---

①梅彬主编:《海上陶瓷之路》,南昌:江西人民出版社2016年7月版,第5页。
②《海上丝绸之路(海上贸易通道)》,百度网(引用日期2019年11月2日)。
③《海上丝绸之路(海上贸易通道)》,百度网(引用日期2019年11月2日)。

3.两汉时期

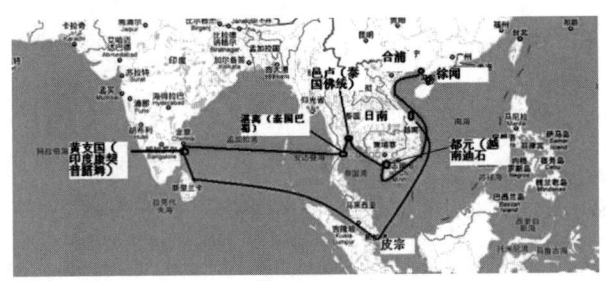

西汉丝绸之路主干道

汉代鎏金铜蚕
(陕西省博物馆藏)

西汉时期,海上丝绸之路正式形成。"汉武帝时,西汉的商人经常出海贸易,开辟了海上交通要道——海上丝绸之路。西汉中晚期和东汉早期是海上丝绸之路真正形成并发展起来的重要历史时期。西汉时期,南方南粤国与印度半岛之间海路已经开通。汉武帝剿灭南越国后凭借海路拓宽了海外贸易的规模,此时海上丝绸之路兴起。"[1]在扫平了南越后,海上丝绸之路就顺应建立。以合浦为起点,史称"徐闻、合浦南海道"。《汉书·地理志》记载:"自日南障塞、徐闻、合浦船行……有译长,属黄门,与应募者俱入海市明珠、璧流离、奇石异物,赍黄金杂缯而往。……"[2]说明海上丝绸之路兴起于汉武帝灭南越国之后。"其航线为:从徐闻(今广东徐闻县境内)、合浦(今广西合浦县境内)出发,经南海进入马来半岛、暹罗湾、孟加拉湾,到达印度半岛南部的黄支国和已程不国(今斯里兰卡)。这可能是目前可考的有关海上丝绸之路最早的文字记载。"[3]

东汉时期史籍记载了中国历史上与罗马帝国的第一次交往:《后汉书》记载,公元166年,大秦安敦王朝派出的使者,终于到达东汉,将象牙犀角等礼物赠给东汉皇帝。这是官方直接交往的最早记录。(南朝·范晔《后汉书》)

汉朝中央统一铸造的"五铢"钱随着商品交换逐渐在丝绸之路上流通,

---

①《海上丝绸之路(海上贸易通道)》,百度网(引用日期2019年11月2日)。

②(东汉)班固《汉书·地理志》记载:"自日南障塞、徐闻、合浦船行五月,有都元国;又船行可四月,有邑卢没国;又船行可二十余日,有谌离国;步行可十余日,有夫甘都卢国。自夫甘都卢国船行可二月余,有黄支国,……有译长,属黄门,与应募者俱入海市明珠、璧流离、奇石异物,……平帝元始中,王莽辅政,欲耀威德,厚遣黄支王,令遣史献生犀牛。自黄支船行可八月,到皮宗;船行可二月,到日南、象林界云。黄支之南,有已程不国,汉之译使自此还矣。"

③《海上丝绸之路(海上贸易通道)》,百度网(引用日期2019年11月2日)。

发挥着丝路贸易通用货币的功能,但丝绸在对外贸易中仍然发挥主要实物货币的功能。

4.三国时期

三国时期,魏、蜀、吴均出产和出口丝绸,尤以东吴的造船业和丝绸外销最为兴盛。"汉末至三国正处在海上丝绸之路从陆地转向海洋的承前启后与最终形成的关键时期。三国时期的东吴雄踞江东,又靠近海洋,由于东吴同曹魏、刘蜀在长江上作战与海上交通的需要,积极发展水军,船舰的设计与制造有了很大的进步,技术先进,规模也很大。三国之后的其他南方政权(东晋、宋、齐、梁、陈)也一直在与北方对峙,促进了航海技术的发展以及航海经验的积累,也为海上丝绸之路发展提供了良好条件。据文献记载,东吴造船业尤为发达。当时东吴造船业已经达到了国际领先的水准,东吴所造的船只,主要为军舰,其次为商船,数量多,船体大,质量好。这对于海洋贸易的发展、海上丝绸之路的进一步形成起了积极的推动作用。同时东吴的丝织业已远超两汉的水平与规模,还开创了官营丝织业,有自己独特的创新与发展。这也极大地促进与推动了中国丝绸业的发展。东吴具备出海远航的主客观条件,当时孙权还派大将卫温等人乘海船到达夷洲(台湾),因而形成一条东海丝绸之路。"①三国时期,丝绸仍是对外贸易主要的实物货币,铜钱已在海外流通。

5.魏晋时期

魏晋以后,又开辟了一条南海航线。"广州成为海上丝绸之路的始发港之一,经海南岛东面海域,通过西沙群岛海面抵达南海诸国,再穿过马六甲海峡,直驶印度洋、红海、波斯湾。有史料可稽,东晋时期广州成为海上丝绸之路的新起点,对外贸易涉及十五个国家和地区,不仅包括东南亚诸国,而且远到印度和罗马。交流方式一是中国派使团出访,二是外国遣使节来中国朝贡。"②

丝绸是当时主要的输出品,瓷器出口逐步增加。这一时期宁波越窑青瓷的出口兴起。

那时通过海外贸易得到的舶来品有珍珠、香药、象牙、犀角、玳瑁、珊

①《海上丝绸之路(海上贸易通道)》,百度网(引用日期2019年11月2日)。
②《世界文化遗产"丝绸之路"的历史沿革》,中国社会科学网(引用日期2019年11月2日)。

瑚、翡翠、孔雀、金银宝器、犀象、吉贝(棉布)、金刚石、琉璃、珠玑、兜銮等等。

魏晋时期,丝绸和瓷器是对外贸易主要的实物货币,铜钱输出的数量很少。

6.隋唐时期

隋朝统一中国之后,加强了对南海县(今广东省佛山市南海区和禅城区)的管理与经营,南海县、交趾(今越南北部)为隋朝著名商业都会和外贸中心;义安(今潮州市)、合浦也是占有一定地位的对外交往港口。

"隋唐时期,广州成为享誉世界的中国第一大港口城市。由广州出发经南海、印度洋,到达波斯湾各国的航线,是当时世界上最长的远洋航线。隋唐以前,海上丝绸之路只是陆上丝绸之路的一种补充形式。但到隋唐时期,由于西域战火不断,陆上丝绸之路被战争所阻断。于是海上丝绸之路取而代之。到了唐代,伴随着中国造船、航海技术的快速发展,中国通往东南亚、马六甲海峡、印度洋、红海,及至非洲大陆的航路的纷纷开通与延伸,海上丝绸之路终于取代陆上丝绸之路,成为中国对外交往的主要通道。根据《新唐书·地理志》记载,唐代,中国东南沿海有一条通往东南亚、印度洋北部诸国、红海沿岸、东北非和波斯湾诸国的海上航路,名为"广州通海夷道",这便是中国海上丝绸之路的最早称谓。当时通过这条通海夷道外输的主要有丝绸、瓷器、茶叶和铜铁器四大宗商品;回输的主要是香料、药材等商品。这种状况一直延续到宋元时期。"[①]

"唐朝海上贸易北通高丽、新罗、日本,南通东南亚、印度、波斯诸国。特别是从广州出发向西航行的海上丝绸之路,经历90多个国家和地区,全程14000多公里,是当时世界上最长的远洋航线。此外,广州可能也开辟了直航菲律宾的航线。这条航路由广州港启航,途经海南岛、环王国(今越南境内)、门毒国、古笪国、龙牙门、罗越国、室利佛逝、诃陵国、固罗国、哥谷罗国、胜邓国、婆露国、狮子国、南天竺、婆罗门国、新度河、提罗卢和国、乌拉国、大食国、末罗国、三兰国。"[②]同时,唐代即有唐人移民海外,在海外居住地建"唐人街"开展生产贸易。唐人街这一称谓一直沿用至今。

---

①钟海:《古代海上丝绸之路的兴与衰》,《珠江水运》2015年19期。
②许尔君:《海上丝绸之路的历史、现实与未来》,《泰山学院学报》2016年5期。

　　唐朝经济发展,政治理念开放兼容,外贸管理体系较完善,法令规则配套,有利于海上丝绸之路的拓展和畅通。

　　为了发展海外贸易,促进与各国的友好往来,唐朝十分重视港口的建设。广州、明州(宁波)、扬州、交州并称唐代四大名港。当海上丝绸之路发展到一定阶段,"以大唐、新罗、日本三国为主体逐步形成了东亚贸易圈,而唐朝明州港、朝鲜莞岛港(清海镇)、日本博多港(博多津)成为这一东亚贸易圈中的三大贸易主港。"①

　　"自唐玄宗开元二年(714年)设置市舶使后,市舶使总管海外贸易与关税等,并为宫廷采办舶来品,为地方和中央开辟了可观的财政来源。另外地方豪族和地方官乃至平民也直接经营海外贸易,促使社会生活发生变化。此时出口商品仍以丝绸和陶瓷为大宗。此外还有铁、宝剑、马鞍、貂皮、麝香、沉香、肉桂、高良姜等。进口商品除了象牙、犀角、珠玑、香料等占相当比重外,还有林林总总的各国特产。并且还大量贩进了'昆仑奴'。"②在中国史籍中经常提到这些黑皮肤的昆仑奴会游泳,会驾船和修船,因此,他们很可能来自海上丝绸之路沿线国家,是古代劳务输入的历史见证。

　　海上丝绸之路的繁盛,对唐代社会的变革以及中外文化交流的发展起到了相当的作用。

　　唐朝货币(主要有"开元通宝"和"乾元重宝"铜钱以及船型银铤、绢帛)开始成为丝绸之路的基准货币大量输出,其他货币和商品均以唐朝货币为依据进行折算。除了唐朝货币之外,丝绸之路上还流通其他丝路国家的货币,如突骑施铜钱、回鹘文铜钱等,以及东罗马金币、阿拉伯金币、波斯萨珊银币、察合台银币等等。

　　7. 两宋时期

　　宋代是中国海洋意识大发展的时期,航海知识、造船技术、航海罗盘(指南针)的应用、对海外的认知和海外拓展的意识等,都比前代有了质的

---

① 陈晔:《唐代明州"海上丝绸之路"与对外交往》,《宁波广播电视大学学报》2016年2期。
② 昆仑(此处不是指昆仑山):在我国古代指印度尼西亚、马来西亚一带。昆仑奴:主要指从那里来的仆役,其中大多数是东南亚一带的土著人,虽然皮肤较中国人黑,但仍然是黄种人。另有少部分是黑人,估计是随阿拉伯人来华的。另据有些学者推测,昆仑奴中也许还有达罗毗荼人(印度的一个民族)。参见《海上丝绸之路(海上贸易通道)》,百度网(引用日期2019年11月2日)。

飞跃。宋朝的开放、进取和包容的精神,与16世纪前期西方地理大发现及海洋意识的兴盛期相比,亦毫不逊色。

"汉唐禁止普通百姓私自出境,明清两朝对离开国家体制的海外华人视同弃子,而宋代官方对出海经商者的观念则大为不同,不仅允许而且大加鼓励,每年政府还会出面宴请番商、纲首(负责大宗运输的商人领头)、船员,博其欢心。海外贸易的空前繁荣给官民带来巨大利益,促使国人的海洋观念发生了巨大变化。宋代在中国历代封建王朝中是最开放的朝代。政府热衷招商引资,完善制度,积极鼓励扩大海外贸易行为,并设立了专门负责对外贸易管理机构——市舶司。即使贵如皇帝的宋高宗亦将'市舶之利最厚,若措置合宜,所得动以百万计','市舶之利颇助国用'的话挂在嘴边;政府获得大量市舶税收入,认识到'国家之利莫盛于市舶''于国计诚非小补',是'富国裕民之本'。"[1]宋神宗元丰三年,即公元1080年,朝廷颁布了《元丰市舶条》,为民间海外贸易立法,并改设专门的官员负责市舶司事务,后又设提举市舶司。市舶司负责管理舶商,检查进口货物,审查、登记出海的国内商船,发放出海公凭;征收关税,即"抽解",也叫"抽分"。宋仁宗时期,市舶收入达53万贯,英宗年间达63万贯,成为北宋财政收入的重要来源;收购舶货,即"博买",又称"抽买"。"宋代制定了中国最早的市舶条法《元丰市舶条法》,元代的《延祐市舶则法》《至元市舶则法》不过是继承宋法之后进行增益。普通百姓亦可以从海上贸易中获取丰厚利润,'一贯之数可以易番货百贯之物,百贯之数可以易番货千贯之物'。《基督山伯爵》中描写马赛港万众欢腾迎接代表财富与希望的'法老'号商船场景,在数百年前的广州、泉州、宁波诸港城已是屡见不鲜。"[2]

美国密歇根大学历史系博士、历史学家黄仁宇在《中国大历史》一书中感叹道:"公元960年宋代兴起,中国好像进入了现代,一种物质文化由此展开。货币之流通,较前普及。火药之发明,火焰器之使用,航海用之指南针,天文时钟,鼓风炉,水力纺织机,船只使用不漏水舱壁等,都于宋代出现。"[3]

李约瑟(英)所著的《中国科学技术史》谈道:"中国的科技发展到宋朝,

①孙键:《"南海Ⅰ号"完整展示宋代社会》,《光明日报》2018年2月24日12版。
②孙键:《"南海Ⅰ号"完整展示宋代社会》,《光明日报》2018年2月24日12版。
③李蓉蓉:《国外汉学家眼中伟大宋朝:繁荣和创新的黄金时代》,《科学大观园》2013年11期。

已呈巅峰状态,在许多方面实际上已经超过了18世纪中叶工业革命前的英国或欧洲的水平。"①

法国著名汉学家谢和耐在《南宋社会生活史》一书中说:"13世纪的中国在近代化方面进展显著,比如其独特的货币经济、纸币、流通证券,其高度发达的茶盐企业。……在社会生活、艺术、娱乐、制度、工艺技术诸领域,中国无疑是当时最先进的国家,它具有一切理由把世界上的其他地方仅仅看作蛮夷之邦。"②

宋代的造船技术和航海技术明显提高,水密隔舱与指南针已经广泛应用于造船和航海,中国商船的远航能力大为加强。宋朝与东南沿海诸多国家绝大多数时间都保持着友好交往关系,广州成为中国对外贸易第一大港。

宋代已逐步完善市舶司制度。其职能为:"第一,对出口商船的管理与服务。包括发放中国商船出口许可证;检查有无夹带违禁物品;设宴饯行即将出海的中国商船;护送商船到珠江口;给前往国内其他港口的中国商船以'防船兵仗'等。第二,对进口商船的管理与服务。包括船只到达之前的祈风祭神;检查进口船只有无夹带违禁物品、进口货物的抽解、博买;接待外商、贡使等。第三,其他与外贸有关的事宜。例如向朝廷报告贡船到岸消息,向汴京、行在纲运舶货,出卖舶货等。其根本目的是保证中央有效操纵市舶使以控制外贸。"③

"元丰市舶条"在加强朝廷对外贸的管理方面影响深远,标志着中国古代外贸管理制度又一个发展阶段的开始。

流通于海上丝绸之路的商品主要有:"(1)中国政府允许出口者:丝织品、陶瓷器、漆器、酒、糖、茶、米等;允许进口者主要有:香药、象犀、珊瑚、琉璃、珠钏、宾铁、鳖皮、玳瑁、车渠、水晶、蕃布、乌樠、苏木等。其中香药种类繁多,数量甚大,价值也高。(2)中国政府时许时禁者:金银、铜器、铜钱。中国政府不允许者:兵器及可造兵器之物、一部分书籍。还严禁外国货币进口,以防'紊中国之法'。"④由此可见,元丰市舶条已经明确规定了海上

①李蓉蓉著:《国外汉学家眼中伟大宋朝:繁荣和创新的黄金时代》,《科学大观园》2013年11期。
②李蓉蓉著:《国外汉学家眼中伟大宋朝:繁荣和创新的黄金时代》,《科学大观园》2013年11期。
③《揭秘中国海上丝绸之路的历史演变》,互联网文档资源(引用日期2019年11月2日)。
④《揭秘中国海上丝绸之路的历史演变》,互联网文档资源(引用日期2019年11月2日)。

丝绸之路贸易中的货币交流政策。

"宋代海上丝绸之路的持续发展,大大增加了朝廷和港市的财政收入,一定程度上促进了经济发展和城市化生活,也为中外货币文化交流提供了便利条件。而宋朝在经济上采取重商主义政策,鼓励海外贸易,同中国贸易的国家和地区已扩大到亚、非、欧、美各大洲,并制定了堪称中国历史上第一部系统性较强的外贸管理法则。海上丝绸之路发展进入鼎盛阶段。唐宋之交,中国经济重心已开始转到南方,东南地区经济快速的发展。宋朝有三大对外贸易主港,分别为广州、明州(宁波)、泉州。港口的地理便利因素对海外客商很重要,北边日本和朝鲜半岛客商希望宋朝主港口尽量靠北,而贸易量更大的阿拉伯世界和南海诸国则希望港口尽量靠南,两股方向的合力点便平衡在当时地处在南北海岸中点的泉州,正是这一南北两面辐射的地理优势使得泉州在设立市舶司(1087 年)正式开港后,迅速超越明州港(宁波),后追平广州并在南宋晚期反超,成为第一大港,但广州仍然是中国第二大港。"①

宋代前往高丽的航线有北线和南线两条。"北线:从山东莱州出发,横渡黄海,用两天可到朝鲜半岛西南海岸的瓮津。比唐代的高丽渤海道便捷。南线:从明州(宁波)出发至朝鲜西岸礼成江碧澜亭。约 15 天左右可到达。宋代高丽遣宋使 57 次,宋使往高丽 30 次。"②

宋代海上丝绸之路贸易非常频繁。"此时,由贸易产生的货币需求量也极为巨大。据考证,宋朝铸币数量要比唐朝多出十倍至三十倍,许多铜钱通过贸易或岁币③的方式流到国外,一定程度上导致两宋时期经常发生'钱荒'。"④

宋宁宗嘉定十二年(1219 年),针对这种情况,严厉打击铜钱外流的同时,出台新规,进口商品进港后,不以金银铜钱结算,而是"命有司止以绢布、锦绮、瓷器之物博易。"本来,外商在返航中也会贩运瓷器等物满载而归的,宋瓷品质举世无双,又是官方准许出口的主要商品,外商自然会就近选择采购。宋瓷货币化之后,无形中又免去了一些中间环节,宋廷又保证了

---

① 《海上丝绸之路(海上贸易通道)》,百度网(引用日期 2019 年 11 月 2 日)。
② 《中国古代航海历史时间线》,互联网文档资源(引用日期 2019 年 11 月 2 日)。
③ 岁币:旧指朝廷每年向外族输纳的钱物。
④ 郑周胜:《丝绸之路金融交流合作历程及其镜鉴》,《甘肃金融》2015 年 2 期。

铜钱的不外流,这样的双赢好事颇受广大中外民众欢迎。在利好政策的推动下,南宋外销瓷迅速发展,行销世界各地。

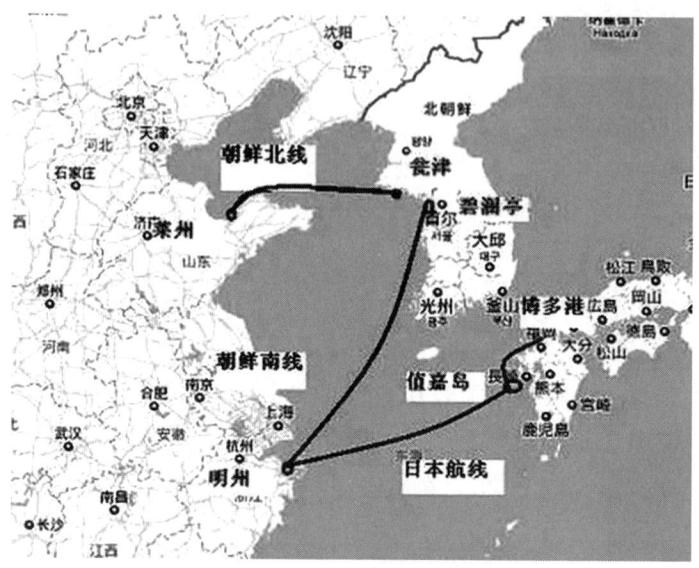

宋代前往高丽(朝鲜)的航线北线和南线

市舶司①古迹

---

①市舶司是唐宋时期专门管理航海贸易的机构,主管官称为提市舶司使。据《宋史·职官志》的记载,市舶司的职责是"掌蕃货海舶征榷贸易之事,以来远人,通远货"。《宋会要辑稿》上说:"市舶司,掌市易南蕃诸国物资,航舶而至者。"所谓"掌蕃货海舶征榷贸易之事",即把船舶登记、港务监督、海关税收和侨务管理这些工作,统归于市舶司掌管。市舶司职责如下:进出口船舶管理,对进口货物的禁榷、抽分、博买,蕃商管理等。

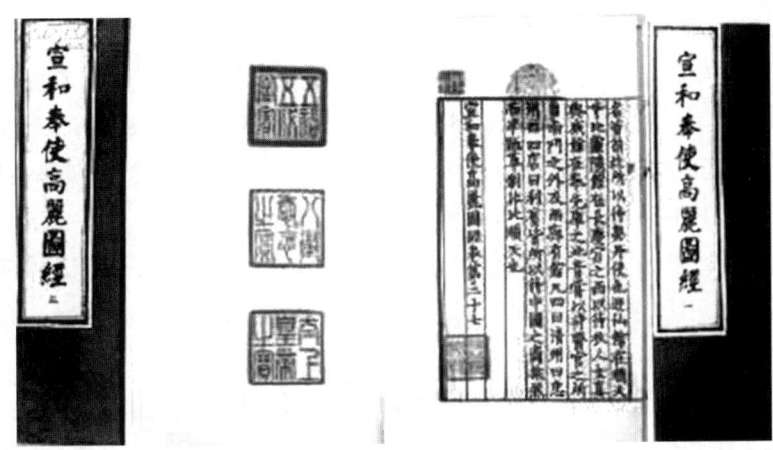

《宣和奉使高丽图经》

徐兢奉使高丽

徐兢是北宋著名航海活动家,官拜奉议郎、提辖。"宣和四年(1122年)九月,高丽国王俣去世,宋徽宗委任徐兢等一行兼作吊丧特使,于次年五月十六日由明州(今宁波)登舟启碇。徐兢一行的远航船队,由两艘神舟与六艘客舟组成,规模宏达,其驶往高丽的航程有重要的历史价值。"①

《宣和奉使高丽图经》

徐兢撰写的一部航海纪实性著作《宣和奉使高丽图经》。"该书详细描述了北宋先进的航海工具、航海技术以及航海路线和航海考察活动,是12世纪中国航海的百科全书。其中特别是关于指南针的应用及海图测绘记录,已成为中外航海史籍中的珍贵文献。"②

8.元代时期

"元世祖在至元十四年(1277年)首先准许重建泉州市舶司,有元一代不变。又命唆都、蒲寿庚'诏谕诸蕃',委蒲寿庚长子蒲师文为正奉大夫宣慰使左副都元帅兼福建路市舶提举,随后又任命为海外诸藩宣慰使。泉州海外交通贸易进入黄金时期。这一时期的泉州海上丝绸之路贸易东至日本,西达东南亚、波斯、阿拉伯与非洲。刺桐港里(泉州)海舶蚁集,是全世界最大港口之一,出口陶瓷、绸缎、茶叶、金银等商品,进口香料、胡椒、药材、金银珠贝等商品。元世祖忽必烈在位时因连年对外征战失利,故先后

---

①《中国古代航海历史时间线》,互联网文档资源(引用日期2019年11月2日)。
②《中国古代航海历史时间线》,互联网文档资源(引用日期2019年11月2日)。

实行了四次海禁。第一次海禁发生在至元二十二年(1285年)年初。第四次海禁于1322年结束。1322年复置泉州、庆元(宁波)、广州市舶提举司,此后不再实施海禁。"①中国大航海家汪大渊,由泉州港出海远航至埃及,著有《岛夷志略》一书,记录他所到过的南洋与西洋两百多个国家和地区的风土人情,书中还多处记载了华侨在海外的情况。

与广州、泉州等主要海上丝绸之路港口城市以输入为主导不同,明州在对外交往中扮演着对外输出者的角色。宋元时期,明州(庆元府)的海上丝绸之路发展达到空前的鼎盛时期。

"元代与中国交往的海外国家和地区,见诸文献的就有220个左右,数量上是南宋《诸蕃志》的4倍多。元人还对中国以南海域作出了'西洋'和'东洋'的划分。这是国人海外地理知识的进步。元朝制定的市舶法则是元代海外贸易条例。先后颁布两次。第一次于至元三十年(1293年),共23条;第二次于延祐元年(1314年),计22条。'至元法则'和'延祐法则',相对于宋朝'元丰市舶条'来说更加完备,且侧重于商船管理、商品管理和征税、中外商人使者管理与限制等方面。元朝制定的市舶法堪称中国历史上第一部系统性较强的外贸管理法则。"②

"元朝蒙古族进入中原后,定都大都(北京),北方人口大增,所需粮食主要依赖南方运来,原漕运主要航道是隋唐大运河,因连年战火,缺少疏浚,多处淤塞,水路不畅。沿河又有宋军余部不断骚扰,难保漕运安全,元朝开始组织海运漕粮,南北漕运因此兴旺起来。海上漕运历经探索改进(航道改过三次),逐渐形成成熟的航路。"③

元朝继承了北宋交子、南宋会子和金代交钞制度,发行了中统元宝交钞、至元通行宝钞等纸币。"在发行初期,元代纸钞因为发行量较小、有发行准备金(白银)作保障,币值比较稳定,曾在海上丝绸之路沿线国家和地区流通。后来,因纸钞发行量增加而不断贬值,中统交钞、至元宝钞等就逐渐退出了海上丝绸之路贸易。"④

---

①《海上丝绸之路(海上贸易通道)》,百度网(引用日期2019年11月2日)。
②《丝绸之路——飞翔》,新浪网(引用日期2019年11月2日)。
③《中国古代航海历史时间线》,互联网文档资源(引用日期2019年11月2日)。
④郑周胜:《丝绸之路金融交流合作历程及其镜鉴》,《甘肃金融》2015年2期。

9.明代时期

进入明代,中国的海外贸易之路开始进入一个前所未有的振荡期。在朝廷海禁政策影响之下,中国的海外贸易走出了从"单一朝贡贸易期"、"官方贸易畸形繁荣期"、"徘徊期"、"寇商期"至解禁后"发展繁荣期",这样一个曲折的坎坷之路。虽然明代海外贸易之路异常曲折,但它在中国的整个海外贸易发展史上地位十分重要。它完成了中国以朝贡贸易为主向以民间贸易为主的转变,贸易商品也由以前的宫廷奢侈品为主转向民间消费品为主。在明代中后期,为平衡海外贸易中巨大的出超,致使外国银元大量流入中国,直接促成了明朝之后中国实行银本位的货币制度,有效解决了中国历代不能很好解决的钱荒问题和发行纸钞造成的货币贬值问题,稳定了中国的物价。同时伴随明代进行海外贸易进入中国的玉米、甘薯、烟草等农作物,改变中国农作物的种植结构,对中国的社会产生了深远的影响。随着明末海禁的解除,大量粤闽人出海发展,也为中国明末清初海外大移民创造了条件。

明代前期是海上丝绸之路发展的高潮期。"明朝永乐年间,郑和前后7次奉旨下西洋,率领2.8万名官兵、200多艘船只,由江苏刘家港(今江苏省浏河镇)出发,经海路到达越南、泰国、柬埔寨、马来半岛、印尼、菲律宾、斯里兰卡、马尔代夫、孟加拉、印度、伊朗、阿曼、也门、沙特和东非的索马里、肯尼亚,用携带的金、银、手工业品,交换回珠宝和香料、苏木(药材、贵重红色染料)等奢侈物品。十五至十八世纪是人类历史上发生重大变革的时代。欧洲人相继进行全球性海上扩张活动,特别是地理大发现,开启了大航海时代,开辟了世界性海洋贸易新时代。西欧商人的海上扩张,改变了传统海上丝绸之路以和平贸易为基调的特性,商业活动常常伴随着战争硝烟和武装抢劫。"①

这一时期的明代海上丝绸之路航线已扩展至全球:

"(1)向西航行的郑和七下西洋:这是明朝组织的大规模航海活动,曾到达亚洲、非洲39个国家和地区,且对后来达·伽马开辟欧洲到印度的地方航线,以及对麦哲伦的环球航行,都具有先导作用。

(2)向东航行的"广州—拉丁美洲航线"(1575年):由广州启航,经澳

---

① 《海上丝绸之路(海上贸易通道)》,百度网(引用日期2019年11月2日)。

门出海,至菲律宾马尼拉港。穿圣贝纳迪诺海峡基进入太平洋,东行到达墨西哥西海岸。这样,开始于汉代的海上丝绸之路,经唐、宋、元日趋发达,迄于明代,达到高峰。郑和远航的成功,标志着海上丝绸之路发展到了极盛时期。

由于明朝实施严厉的海禁政策,导致泉州港快速衰落。整个明朝,泉州港的作用仅仅局限于郑和下西洋过程中给专业人员和海船提供补给,以及维系与琉球国的部分朝贡。此时,海禁使民间海外贸易演变成为走私,因为官府控制不力,使海外走私贸易有了足够的生存空间。尽管宋元时期的市舶官商制度已为民间私营商业所替代,但民间商业的海上开拓力量已大大下降。面对沿海商民依托地理优势进行频繁的走私活动,朝廷试图通过掌握某些港口来控制化解其他走私港口的非法贸易,也取得一定成效,其中漳州月港便是在官府有限度的几次开禁中兴起,成为东南沿海著名的私商大港。"①

明代,海禁成为历史的主基调,这直接导致了盛极一时的海上丝绸之路的衰落。在"寸板不许下海"的严厉海禁下,宁波扮演着十分特殊的角色。一方面,勘合贸易制度的确立与实施,宁波成为朝廷接待日本"贡船"的唯一口岸,并设置"四明驿"以安置和启送日本赴京人员,设立"宁波市舶提举司",限定宁波港只准接纳日本勘合贸易的"贡船"。宁波在修好明朝与日本的邦交中发挥过独特的作用。另一方面,"以走私为主要特征的民间海外贸易在宁波的双屿(今属舟山市)等岛屿兴起。随着地理大发现,葡萄牙殖民者来到中国,他们勾结日本和南海诸国的走私贸易商人,以双屿为主要基地,双屿港一时馆舍林立、商船云集,成为远东最大的海上国际走私贸易基地。"②

"明初实行'有贡舶即有互市,非入贡即不许其互市',以及'不得擅出海与外国互市'政策。但对广东则网开一面:其一是准许非朝贡国家船舶进入广东贸易;其二是惟存广东市舶司进行对外贸易;其三是允许葡萄牙人进入和租居澳门。明初,大航海家郑和率领浩大的船队7次下西洋,与30多个国家和地区进行贸易往来和文化交流,古代海上丝绸之路达到巅

---

①《海上丝绸之路(海上贸易通道)》,百度网(引用日期2019年11月2日)。
②涂师平:《海定波宁称宁波 文人辈出飘书香》,《宁波通讯》2012年10期。

峰。隆庆以前主要实行的贡舶贸易,是合法的官府经营方式。皇帝朝见并赏赐完贡使后,便准许贡使将携来的非贡货物在会同馆开市贸易三五天。实质上是一种变相的贸易。其目的是保证海禁政策的顺利实行,并把对外贸易置于朝廷的严格控制之下。私商经营的市舶贸易在隆庆之前被视为走私贸易。隆庆开关①之后,海禁开放,贡舶贸易衰落,市舶贸易就成为合法的和主要的经营方式。"②

"根据《万历明会典》记载,当时的进口商品主要有七大类:(1)香料类,(2)珍禽异兽类。(3)奇珍类。(4)药材类。(5)军事用品类。(6)手工业原料类。(7)手工业制品类。而出口商品主要是瓷器、铁器、棉布、铜钱、麝香、书籍等,其中尤以生丝、丝绸和棉布为最大量。唐宋时期的市舶制度旨在增加财政收入'以助国用';明初则藉此执行海禁又能'怀柔远人';明后期又以增加财政收入为目的,差别较大。但明后期私人海商贸易日益发展,市舶司难以身兼海关和外贸的双重职能,于是'官设牙行'率先取得了海外贸易的垄断权,接着三十六行代市舶司提举主持海外贸易和代理收税之事。这样一来,市舶司便形同虚设! 海上丝绸之路贸易往来与文化交流对中国社会的影响是多方面的:例如丝织手工业生产规模的扩大和生产分工的细化;商品性农业、货币经济和港口的繁荣;海外移民潮的出现和'华侨'对侨居国的作用;中西货币文化交流等等。"③

明代早期,铜钱仍然大量出口,成为海上丝绸之路贸易重要媒介,尤其是永乐通宝铜钱为明成祖特铸用于对外贸易与赏赐,流布许多国家和地区。日本、越南等国不仅流通该钱,且大量仿铸。明代中后期,随着"丝银贸易"之路开通,大量外国银元进入中国。

10. 清代时期

"清初,由于朝廷实行海禁政策,其间广州成为中国海上丝绸之路惟一对外开放的港口。清代广州海上丝绸之路贸易比唐、宋两代获得更大的发展,形成了空前的全球性大循环贸易,并且一直延续和保持到鸦片战争前夕而不衰。而这在清代的外贸史上也是重要的转折点。在进口商品中,鸦

①隆庆开关:明朝隆庆元年(1567年),隆庆帝(明穆宗)宣布解除海禁,调整海外贸易政策,允许民间私人远贩东西二洋。从此,民间私人的海外贸易获得合法地位,明朝出现全面开放的局面。
②《丝绸之路——飞翔》,新浪网(引用日期2019年11月2日)。
③《丝绸之路——飞翔》,新浪网(引用日期2019年11月2日)。

片逐渐占据了首位,并从原来的走私演化到合法化。"①

从海禁到广州一口通商,这是清代对外贸易史的重要转折点。"在明代诸多航线的基础上,清代又开辟了北美洲航线、俄罗斯航线和大洋洲航线等。同时,外贸港口有所增加,地域有所扩展,来往商船频繁,商品量值上扬。出口商品中茶叶占据了主导地位,而丝绸退居次席,土布和瓷器(特别是广彩)也受到外商青睐。进口商品中,就吨位言,棉花居首,其次是棉布和棉纱,毛纺织品退居第三;就价值言,鸦片逐渐占据了首位,并从原来的走私演化到合法化。这里特别值得一提的是,发端于鸦片战争之前的'苦力贸易'至战后则更为猖獗。康熙二十四年(1685年),清廷在粤、闽、浙、苏4省设立海关,这是中国近代海关制度的开始。清廷设在宁波的浙海关是当时全国四大海关之一。清代广州的外贸制度是具有代表性的。它是在从十三行到公行,从总商制度到保商制度的发展过程中形成的一套管理体系。行商主要负有以下四方面的责任。第一,承揽进出口贸易;第二,代理外商报关缴税;第三,担保,行商互保的同时,还要为外商担保;第四,充当外商与官府的中介。随着海上丝绸之路的发展,许多国家逐渐在中国设立商馆。清代海外移民形成高潮。华侨还纷纷在住在地建设会馆,并相当程度地影响着当地经济的发展。海上丝绸之路的发展,对国内外市场网络的扩大、农业商品化的推进、民族工业的兴起、城镇经济的发展、交通运输业的繁荣、以及中西文化的交流都起到了很大的正面作用。"②

鸦片战争后,中国被迫签订丧权辱国的《南京条约》,海权丧失,沦为西方列强的半殖民地,开放广州、厦门、福州、宁波、上海"五口通商","沿海口岸被迫开放,成为西方倾销商品的市场。西方列强垄断的海外贸易成为掠夺中国资源和倾销商品的不平等贸易。从此,海上丝绸之路一蹶不振,进入了衰落期。这种状况一直延续了整个民国时期,直至新中国成立前夕。"③

清代康熙年间开海禁,大量外国银元流入中国,并在东南沿海诸省广泛流通。鸦片战争后,丧权辱国的不平等贸易与对外赔款,又使中国的白银大量外流。

---

①《海上丝绸之路(海上贸易通道)》,百度网(引用日期 2019 年 11 月 2 日)。

②《丝绸之路——飞翔》,新浪网(引用日期 2019 年 11 月 2 日)。

③《海上丝绸之路(海上贸易通道)》,百度网(引用日期 2019 年 11 月 2 日)。

11. 民国时期

"这一时期,香港逐渐演变成为远东国际贸易的重要转口口岸。除了洋行之外,在抗战前英国一直是中国第二大贸易伙伴,抗战后为美国所取代。民国前期,出口商品以生丝和丝织品为最多,茶叶则有所下降,水草类编织品也较大宗,瓷器一般供应给海外华侨,其它商品还有烟叶和糖蔗等。进口商品以蔗糖和大米为大宗,五金类的数量继续增长,水泥也是重要的进口商品,海产品多由香港进口。民国后期略有变动。"①民国时,中国特产的文化娱乐工具麻将牌出口数量惊人,20世纪二十年代一度成为上海港出口的主要商品之一。

"民国时期西方列强夺取了中国的关税收支及保管权,关余(关税开支后的余额)也被外国银行控制,中国的海关监督无权过问;省港大罢工后有所改观。民国时,社会上走私问题极为严重,民族工商业惨遭打击。民国前期蚕丝业鼎盛,但自1930年代后便开始走向衰落。"②

民国前期白银是本位货币,"废两改元"后结束了混乱的币制。1936年法币改革,废除银本位,实行法币紧盯英镑和美元的外汇本位。但由于南京国民政府不顾民生滥发纸币,造成严重通货膨胀,法币与金圆券的信用一落千丈。

12. 新中国时期

1957年春季,成立了中国进出口商品交易会即广州交易会,简称广交会,英文名为Canton fair。广交会每年春秋两季在广州举办,是中国目前历史最长、层次最高、规模最大、商品种类最全、到会客商最多、成交效果最好的综合性国际贸易盛会。本书认为广交会也是新中国海上丝绸之路贸易的盛会。站在时代的新起点上,广交会作为与"一带一路"沿线国家沟通交流的重要桥梁,作为中国最重要的海外采购平台之一,已成为连接中国与沿线国家经济贸易的纽带,在推动双边贸易发展中发挥着不可替代的重要作用。

十一届三中全会后,中国迎来了对外开放的春天,1984年中共中央决定进一步开放沿海14个港口城市:大连、秦皇岛、天津、烟台、青岛、连云

---

① 《丝绸之路——飞翔》,新浪网(引用日期2019年11月2日)。
② 《丝绸之路——飞翔》,新浪网(引用日期2019年11月2日)。

港、南通、上海、宁波、温州、福州、广州、湛江、北海。它们与深圳、珠海、汕头、厦门四个经济特区及海南岛由北到南连成一线,成为中国对外开放的前沿地带。这十四个沿海开放城市以及四大经济特区都建在历史上海上丝绸之路贸易十分繁荣的沿海省份。

建设"21世纪海上丝绸之路"倡议是2013年10月习近平主席访问东盟时提出的重要战略构想。"海上丝绸之路自秦汉时期开通以来,一直是沟通东西方经济与文化交流的重要桥梁,而东南亚地区自古就是海上丝绸之路的重要枢纽和组成部分。习近平主席基于历史,着眼于中国与东盟建立战略伙伴十周年这一新的历史起点上,为进一步深化中国与东盟的合作,构建更加紧密的命运共同体,为双方乃至本地区人民的福祉而提出21世纪海上丝绸之路的战略构想。21世纪海上丝绸之路的战略合作伙伴并不仅限于东盟,而是以点带线,以线带面,增进同沿边国家和地区的交往,串起连通东盟、南亚、西亚、北非、欧洲等各大经济板块的市场链,发展面向南海、太平洋和印度洋的战略合作经济带,以亚欧非经济贸易一体化为发展的长期目标。由于东盟地处海上丝绸之路的十字路口和必经之地,将是新海上丝绸之路战略的首要发展目标,而中国和东盟有着广泛的政治基础,坚实的经济基础,21世纪海上丝绸之路战略符合双方共同利益和共同要求。"①

新中国建立后,实行计划经济,物价稳定,人民币信用极佳。改革开放前因帝国主义经济封锁,人民币对外交流不多。改革开放后,对外贸易不断发展,中国已成为外贸大国,随着综合国力的上升,人民币在国际市场上的地位不断提高。

二、海上丝绸之路货币文化交流的历史阶段与特点

(一)实物货币贸易阶段

物物交换是早期海上丝绸之路上最典型的贸易方式,丝绸、青铜器等实物都曾经充当交易媒介,发挥着实物货币的职能。丝绸在丝绸之路上扮演的角色不仅是一种商品,而且是一种硬通货。很多大宗贸易就是用丝绸作为货币进行交易的,即使在汉唐时期,丝绸仍然经常充当货币使用。

①吴菁、叶根宝:《学术论文联合比对库》,2015年10月22日。

东汉航船已使用风帆,中国商人由海路到达广州进行贸易,运送丝绸、瓷器从海路由马六甲经苏门答腊到印度,并且采购香料、染料运回中国;印度商人再把丝绸、瓷器经过红海运往埃及的开罗港或经波斯湾进入两河流域到达安条克,再由希腊、罗马商人从埃及的亚历山大、加沙等港口经地中海海运运往希腊、罗马两大帝国的大小城邦。

这标志着横贯亚、非、欧三大洲的、真正意义上的海上丝绸之路的形成,从中国广东番禺、徐闻,广西合浦等港口启航西行,与从地中海、波斯湾、印度洋沿海港口出发往东航行的海上航线,就在印度洋上相遇并实现了对接,广东成为海上丝绸之路的始发地。随着汉代种桑养蚕和纺织业的发展,丝绸成为这一时期的主要输出商品。

随着汉代种桑养蚕和纺织业的发展,丝织品成为这一时期的主要输出品。乳香(薰炉)和家内奴仆(托灯俑)出现在输入品中。

"唐代,明州(宁波)港崛起,江浙出产的丝绸直接从海上运往日本,丝织品已开始由礼物转为正式的商品,正仓院则是贮藏官府文物的场所。今日的正仓院已成了日本保存中国唐代丝织品的宝库,其中的很多丝织品即使在大陆也很难见到。目前最早宋代贸易凭证存于日本大宰府的公凭,这份宋代的官方证明文件内容是泉州客商李充于北宋崇宁元年(1102 年)到日本贸易的记录。中日航线上主要是中国商人占主导。"[①]

"北宋元丰市舶条的实施标志着中国古代外贸管理制度又一个发展阶段的开始,私人海上贸易在朝廷支持和鼓励下得到极大发展。但是为防止铜钱外流造成'钱荒',南宋朝廷于嘉定十二年(1219 年)下令以丝绸、瓷器充当法定货币交换外国的舶来品。这样一来,中国丝绸和瓷器向外传播的数量日益增多,范围更加扩大。"[②]

这一时期的中外货币文化交流特点是:1.丝绸与瓷器在中国曾作为法定货币用来交换外国舶来品;2.丝绸与瓷器是世界各国与各地区普遍受欢迎的实物货币,长期在海上丝绸之路各国通用;3.形成"丝绸之路"和"陶瓷之路"等。

[①]《海上丝绸之路(海上贸易通道)——现代发展》,百度网(引用日期 2019 年 11 月 2 日)。
[②]《海上丝绸之路(海上贸易通道)》,百度网(引用日期 2019 年 11 月 2 日)。

(二)铜钱贸易阶段

宋代中国的商船已能从波斯湾经阿曼佐法儿到亚丁乃至东非沿岸,海外贸易有了更大的发展。贸易让很多财富来到中国,外国人也喜欢用中国钱币。"北宋初期和宋神宗时,朝廷准许铜钱出口。特别是日本镰仓时期(1185~1333 年),商业发达,而其国内币制紊乱,铜钱质量低劣,所以对中国钱币需求十分迫切。南宋理宗时,日本政府一次就从中国运去铜钱十万贯。"①"宋朝经济发达,与日本、东南亚、阿拉伯乃至非洲开展密切的国际贸易,宋钱差不多成了这一贸易区的国际货币。"②不但日本"所酷好者铜钱而止",交趾(今越南)跟宋人交易,也"必以小平钱为约;而又下令其国,小平钱许入而不许出"(《建炎以来系年要录》);爪哇国也用胡椒交换宋钱(《诸蕃志》)。"高丽地产铜,不知铸钱,中国所予钱,藏之府库,时出传翫而已"(《文献通考·四裔考》);今天在东非、印度、波斯湾等地,均有宋钱出土。宋人说,"缗钱原为中国财宝,而今四方蛮夷通用之。"(张方平《乐全集》)这并非夸张之词。这些与宋朝通商的国家,"得中国钱,分库藏贮,以为镇国之宝。故入蕃者非铜钱不往,而蕃货亦非铜钱不售"。由于钱币外流日益增多,为防止金属钱币外流境外为战争所用,宋王朝下令金属钱币不能出境,"钱出中国界及一贯文,罪处死",海船"往来兴贩,夹带铜钱五百文随行,离岸五里,便依出界条法",还发动群众,"重立尚格,使人告捕"。

宋代对外贸易量大,商品经济发达,而且,当时商人出海携带铜钱,藩商也接收铜钱作为货币。但由于宋代铜钱外流严重,以至于朝廷下令严禁与藩商用铜钱交易,但宋代铜钱外流现象从未被禁绝。"在南中国海—印度洋海洋贸易圈,不少国家都有兼用外国钱币的习惯,形成兼用外国货币的特殊通货区,中国铜钱在东南亚乃至印度洋一些国家和地区大行其道,充当了国际通用货币的角色,某种意义上说,这一时期海上丝绸之路可以称为'铜钱之路'"。③

"金属钱币不能出境外,境外国家和地区铸造的钱币,伴随丝绸之路贸易大量境外国家的钱币流入我国,但民间不习惯使用境外钱币。与中国钱

---

① 鲍展斌:《名闻天下的宁波钱币文化》,《宁波日报》2011 年 12 月 23 日文化版。

② 宋国庆:《宋朝"钱荒"》,《决策》2013 年 8 期。

③ 李庆新:《南宋海外贸易中的外销瓷、钱币、金属制品及其他问题——基于"南海Ⅰ号"沉船出水遗物的初步考察》,《学术月刊》2012 年 9 期。

同样重量的外国币,在中国只算半价,即铜币比铜价低,以致境外钱币失去流通渠道,只能当金属使用,主要用来铸造各种器具和用品,因此遗留在中国民间的宋代外国钱币很少。"①

"出于外交和对外贸易的需要,明成祖永乐六年(1408年)开铸永乐通宝钱,'至九年又差官于浙江、江西、广东、福建四布政司铸永乐通宝钱'(清道光《重纂福建通志》卷53《钱法》),主要用于对外贸易和赏赐。郑和下西洋时携带了大量的永乐通宝铜钱。"②郑和庞大船队船上满载金银宝货、丝绸和青花瓷器。金银宝货却以铜钱为大宗,因当时西洋、南洋许多国家流通使用中国铜钱,《瀛涯胜览》曰:"爪哇国通用中国历代铜钱,旧港国亦使用中国铜钱,锡兰国尤喜中国铜钱,每将珠宝换易"(明·马欢《瀛涯胜览》)。有些国家还专门大量输入中国铜钱,如日本就输入许多明钱,以洪武通宝铜钱和永乐通宝铜钱为最多。

这些铸造精整的永乐通宝铜钱大量用于海外贸易或赏赐,为明初对外开放发挥了重要作用,成为600年前的国际贸易硬通货。日本、越南等邻国还曾大批仿铸使用永乐通宝铜钱。

明·永乐通宝铜钱

这一时期的中外货币文化交流特点是:1.铜钱大量外流,形成"铜钱之路";2.形成以中国为中心的东方货币文化圈;3.产生专门用于海上丝绸之路贸易的贸易铜钱。

(三)"丝银贸易"阶段

早在16世纪70年代至19世纪初叶,中国和墨西哥之间就存在着一条"太平洋丝绸之路"。明代,大帆船不停往来于中国中转菲律宾到墨西哥之间,贸易不断。此时,西班牙从墨西哥运到菲律宾的白银经由中国海商

---

①陈耿:《海上丝绸之路钱币:串起遥远的过去》,《海南日报·海南周刊》2016年8月8日。
②叶真铭:《六百年前国际贸易硬通货——郑和下西洋与永乐通宝》,《安徽钱币》2009年3期。

源源不断地流向中国,而中国商品、移民则流向菲律宾与美洲,这是历史上著名的"丝银贸易",那时华商网络和华商社会开始形成。这一时期的中外货币文化交流特点是:1.外国银元大量进口,形成"白银之路",构成了以明王朝为中心的世界白银贸易体系;2.进口银元推动中国币制变革,从铜钱本位制过渡到银本位制;3.通过白银兑贷,钱庄业兴起。

第二节　海上丝绸之路主要航线

海上丝绸之路主要有南海航线和东海航线以及美洲航线,南海航线主要是往东南亚及印度洋地区;东海航线主要是前往日本列岛、琉球和朝鲜半岛。美洲航线主要是经过马尼拉中转前往美洲地区。宋之前南海航线则主要由广州进出港,宋以后主要由泉州进出港;东海航线主要由宁波进出港。明朝开辟的美洲航线主要由漳州(月港)、澳门进出港。

一、南海航线

(一)阿拉伯主导期

海上丝绸之路的西端,并不是现代所说的西方或西欧。罗马帝国和汉朝之间并没有直接的商业往来,两者之间的贸易往来,全部通过阿拉伯人、波斯人等中间商进行交易,西欧人想要获得中国丝绸瓷器都要通过阿拉伯和威尼斯热那亚商人。"中国史书称阿拉伯帝国为大食国,在古老的七海航路[①]上所有港口城市,基本上都有阿拉伯商人。从地中海到中国南海,整个旧世界已知的海域内都可以见到他们的船,大唐称这些远来海船为'南海舶'、'西域舶'、'南蛮舶'、'昆仑舶'、'狮子舶'或'婆罗舶',最常见的统称为'波斯舶'。宋朝中期之前,中国商人或僧侣出洋,乘的大都是"番舶",直到宋中后期中国航海业超过阿拉伯人才根本改变了局面。阿拉伯商人跨越辽阔的内陆和海洋,在亚非欧三大洲之间运送货物。即使是后来大航海时期的欧洲人,他们的航海技术以及船只上配备的六分仪、罗盘,大多也是出自

---

① 七海:中世纪阿拉伯地理记载中每称自今地中海至中国间有"七海"。如爱德利奚(十二世纪中期)所称之七海,为:中国海 China Sea,红海 Red Sea,绿海 Green Sea(今波斯湾 Persian Gulf),大马士革海(今地中海 Mediterranean Sea),威尼斯海 Venice Sea,滂脱斯海(Sea of Pontus)和卓章海(Sea of Jor-jan,今里海 Caspian Sea)。

阿拉伯人。在大洋上航行需要知道的航行的方向与船只的位置。这就需要中国的指南针和阿拉伯人的'纬度航行'技术。中国靠指南针和地貌、水深等航海,属于地文航行;阿拉伯人靠观测星星进行航行属于天文航行,在海上丝绸之路与阿拉伯人长期接触后,取长补短,后来中国的航海就是观测天象与看指南针结合了。"①

(二)中国主导期

北宋前期,"朝廷对华商出洋并不鼓励,甚至一度禁华商下海,属被动型国际贸易,此时在广阔的海洋世界里,仍是阿拉伯商人们掌控着优势。之后宋朝出于贸易营收依赖等原因开始支持鼓励,国家和商业力量的合力,使得中国海商成功地参与到被阿拉伯人垄断的海洋贸易中,并超过他们,在此后几百多年的时间里,开创出一个中国主导国际贸易的时代,并基本上垄断了中国——印度的航运。"②

斯塔夫里阿诺斯《全球通史》中,对于中国宋元时期的世界图景是这样描述的:"宋朝期间,中国人在造船业和航海业上取得巨大的进步,12 世纪末,开始取代穆斯林在东亚和东南亚的海上优势。宋元时期,中国的船只体积最大,装备最佳;中国商人遍布东南亚及印度港口……。中国的进出口贸易情况也值得注意,表明这一时间,中国在世界经济中居主导地位。"③日本学者西嶋定生(1919~1998 年)在《东亚世界的形成》一书中指出:"宋钱不只流通于国内,在'东亚世界'各地也作为其市场圈的通货而流通着,并进而越过南海地区到达非洲沿岸。此事有各地的出土材料可为证明。"④

两宋时期,由于北方辽、西夏和金的崛起,河西走廊被阻断,东西方之间贸易的陆路交通路线几乎断绝,中国与外部世界的交流主要依靠海上交通,尤其南宋时期,航海业有了快速的发展。中国南方地区出现了大量为外销而生产的瓷器,并取代丝绸成为外销的主要产品。宋高宗赵构认为"市舶之利最厚,如措施得当,收入可以百万计",因此大力推进海外贸易。为方便对商贸和船舶的管理,朝廷在通商海港设立了市舶司、市舶务或市

---

① 《海上丝绸之路(海上贸易通道)》,百度网(引用日期 2019 年 11 月 2 日)。
② 《海上丝绸之路(海上贸易通道)》,百度网(引用日期 2019 年 11 月 2 日)。
③ [美]斯塔夫里阿诺斯:《全球通史》,北京大学出版社 2004 年 7 月版,第 67 页。
④ [日]西嶋定生:《东亚世界的形成》,东京:东京大学出版会 1983 年版。

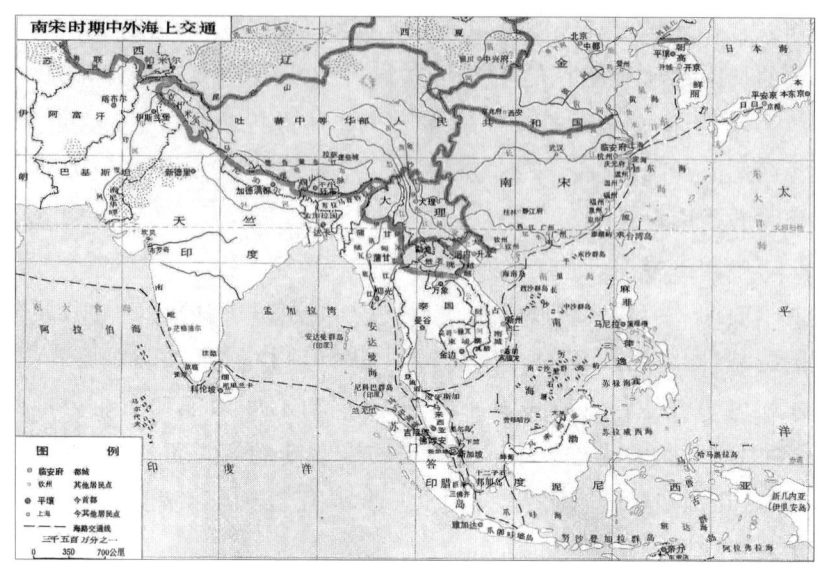

唐宋时期海上交通路线图

舶场等机构,相较于唐只在广州设市舶使的情况,两宋时期则先后在广州、杭州、明州、泉州、密州、秀州(今上海松江)、温州、江阴等处设立了市舶机构。这些机构中,以粤、闽、浙最为紧要,合称"三路市舶"。

海上丝绸之路不仅仅是丝绸、瓷器和茶叶等商品交流之路,同时也是各国文化的交流传播之路,不同文化在这条海上航路的沿线各个进行接触、渗透、碰撞和融合。

宋元时代的欧亚大陆展开了前所未有的商品和技术交流。海洋四通八达,技术与市场、原料与商品、生活习俗与宗教信仰、思想与艺术彼此交流、相互影响,从东北亚的日本、高丽,到东南亚各地和印度沿海,乃至波斯湾和东非各港口,已经形成了一个"小全球化"的活跃海上丝绸之路贸易网络。

宋元时期,广州、泉州、明州(宁波)已成为国际化港口城市,海上贸易空前兴盛,这条"海上丝绸之路",因其运送着陶瓷、丝绸、茶叶、贵金属、香料等物品,又被称为"陶瓷之路"、"茶叶之路"、"铜钱之路"、"白银之路"、"香料之路"。

(三)蒙元主导期

"元朝辽阔的版图第一次与拜占庭(东罗马帝国)接壤,第一次使欧洲人穿过阿拉伯人的帷幕与中国人直接交往贸易。海路陆路全畅通,意大利人马可·波罗从陆路来海路回,并不是偶然的。由于蒙元在中国实行民族政策分四等,汉人最低等,于是,主导权实际上落入在华的色目人手里,如泉州的阿拉伯蒲氏家族。元朝的兴起使得欧洲人可以直接与东方进行贸易。《马可·波罗游记》更深刻激起了欧洲人对黄金东方的热烈向往,对以后新航路的开辟产生了巨大的影响。元朝的崩溃,奥斯曼土耳其人的崛起再次在欧洲人的东面形成了穆斯林帷幕。这一切阻隔迫使欧洲人热切寻找通往东方新航路、从而引发地理大发现和西欧大航海。欧洲的地理大发现与文艺复兴。"①

(四)西欧主导期

"15世纪的西班牙、葡萄牙国家开始企图绕过被意大利和奥斯曼帝国控制的地中海航线与旧有的丝绸之路,要经由海路接通南亚和东亚,并希望能从中获得比丝路贸易更大的利润。等到西欧航海先驱葡萄牙人绕过好望角,依靠武装船队打败了往日与东方进行贸易的自由无武装的阿拉伯商人后终于来到南中国海时,郑和下西洋刚停航不久,此时明朝正在海禁,郑和船队消失后在亚洲海域留下的权力真空,使远道而来的葡萄牙扩张势力所向无敌的控制海洋主导权发展贸易,葡萄牙船队的到来是近代西方扩张的开始。一个西方为主导的世界经济政治秩序将开始成型,东西方的强弱格局也将由此开始逆转。"②

二、东海航线

东北亚丝绸之路是指中日两国之间一衣带水,水路交往十分方便。秦始皇为求长生不老仙丹派徐福率领童男童女船员百工数千人东渡日本已成中日之间悠久交往的历史佳话。据日本古史记载,西汉时中国的罗织物和罗织技术已传到日本。隋唐时期,日本使节和僧侣往来中国频繁,唐天宝年间鉴真和尚也经海路东渡日本。唐代,江浙出产的丝绸直接从海上运往日本,丝织品已开始由礼物转变为正式的商品。

"中日航线上主要是中国商人占主导。唐宋时,中日往来紧密,元朝忽

---

① 《海上丝绸之路(海上贸易通道)》,百度网(引用日期2019年11月2日)。
② 《海上丝绸之路(海上贸易通道)》,百度网(引用日期2019年11月2日)。

必烈两度海征日本因台风惨败。明朝时日本是倭寇之乱的大本营,也是中国海商海盗的聚集地。朝鲜方向最早记载是自周武王灭纣,封箕子到朝鲜,从山东半岛,辽东半岛的渤海湾海港出发,到达朝鲜教其民田蚕织作。中国的养蚕、缫丝、织绸技术由此最早传到了朝鲜,对日本丝织工业的发展起了很大作用。通过东海航线,不仅中国的商品被源源不断地输往日本及朝鲜半岛,中国文化随之大规模地传播到这些国家,包括儒家思想、律令制度、汉字、服饰、建筑,饮茶习俗等。中国文化对日本及朝鲜半岛的伦理道德、政治制度、文学艺术、生活习惯、社会风俗等方面都产生了深远的影响。"[1]

海上丝绸之路作为一项持续时间 2000 多年、范围覆盖大半个地球的人类历史活动和东西方文化经济交流的重要载体,多起点、多航线,具有不同历史年代的地位和作用,其历史遗产自然纳入"世遗"委员会的视野。

根据《新唐书·地理志》记载,唐时,我国东南沿海有一条通往东南亚、印度洋北部诸国、红海沿岸、东北非和波斯湾诸国的海上航路,叫作"广州通海夷道",这是我国海上丝绸之路的最早叫法。在隋唐时期,这条海上通道运送的主要大宗货物是丝绸,所以人们也把这条连接东西方的海道叫作海上丝绸之路;后来,随着香料和瓷器成为主要进、出口商品,人们又把它这条海道叫作"海上香料之路"或"海上陶瓷之路"。海上丝绸之路形成于秦汉时期,发展于三国隋朝时期,繁荣于唐宋时期,转变于明清时期。

海上丝绸之路"起点"的说法源自于联合国教科文组织在 1991 年海丝综合考察中,对泉州保存的众多丰富多元原真度高的海丝历史文化遗存的认可,及对其在海上丝绸之路高峰期第一大港地位历史作用的肯定。被联合国教科文组织认定为的海上丝绸之路起点是象征性的荣誉认定,而非学术概念。学术上用"起点"易起分歧,实际上要用"某时期的主港"来准确描述。海上丝绸之路是由当时东西洋间国际主港,支线港,喂给港,中转港,补给港等分工紧密组成的洲际贸易网,在高潮期中国沿海很多港口都是其组成部分,分担相应功能,当时货物产品由内地汇聚到海岸线上的各大小

---

[1]《海上丝绸之路(海上贸易通道)》,百度网(引用日期 2019 年 11 月 2 日)。

渡口港口,然后再集中到明州、泉州、广州等贸易主港装上大船再运往海外。

三、美洲航线

据文献记载,中国与美洲的直接联系是从 16 世纪下半叶明朝万历年间开始的。1573 年 7 月 1 日,两艘满载中国商品的大帆船离开西班牙殖民地菲律宾的马尼拉前往美洲,于同年 11 月先后抵达墨西哥的阿卡普尔科港。当时,菲律宾和墨西哥同属于西班牙在美洲建立的"新西班牙"总督府。以此为开端,中菲贸易发展成为中国—菲律宾—墨西哥—西班牙之间横跨太平洋和大西洋的多边贸易。

从 16 世纪后期至 17 世纪前半期,一些中国的商人、工匠、水手、仆役等居住在菲律宾的被称为"马尼拉华人"。"他们沿着当时开辟的中国—菲律宾—墨西哥之间的太平洋贸易航路,即'太平洋丝绸之路',到达墨西哥、秘鲁等国侨居,在那里经商或做工。在这一时期移居拉美的'马尼拉华人'有五六千人。这些华人将中国的丝绸、瓷器、手工艺品等和文化习俗带到了美洲国家。与此同时,被称为'中国之船'的'马尼拉大帆船'在返航时,也把墨西哥'鹰洋'银元,以及拉美的玉米、马铃薯、西红柿、花生、番薯、烟草等传入中国,对中国金融业的发展和中国饮食结构的多样化起到推动作用,促进了中国与美洲之间的经济文化交流。"[①]

虽然这条航路的来航是西班牙人开通的,但商业回航则是西班牙人和中国人共同创造的。再则,若无中国货物的供应与商人的参与,这条航路根本无法维持。中国商人参与不仅仅是以赊货的形式,而且进入了融资领域,因为所获得的白银并非全部流入了中国国内。"中国之船"不仅表明了它的来源地,还说明了其货物的属性。从此意义而言,太平洋丝绸之路就是广义的中国丝绸之路。其实,中国北方连接中亚—中东—地中海的丝绸之路也以同样的模式运作。

通过太平洋丝绸之路,中国的丝绸、瓷器、工艺品及亚洲的各种香料等货物源源不断地输入美洲,然后部分主要商品再运往欧洲市场出售,换回的主要物品是美洲的银元。这条航路从 1565 年起开通,到 1584 年投入商

---

① 徐世澄:《中拉文化的特点、历史联系与相互影响》,《拉丁美洲研究》2006 年 5 期。

业运营,标志着环太平洋航行时代的开端。

自此,太平洋两岸开始了定期航行。这条航路不仅发现了一些鲜为人知的地方,更重要的是它大大超越了太平洋传统的航海范围,开创了真正意义上的太平洋航海时代,而航海路线的巨大变化又促进着贸易新格局的形成。这条航路一直运行至 1815 年,后因 1821 年墨西哥独立而正式结束。

明至清中期以马尼拉为转运中心的中国与西班牙殖民地美洲的丝银贸易经历了兴盛、危机、复兴与衰败几个时期.西班牙占领马尼拉后,以中国生丝和丝织品为代表的商品物美价廉,迅速占领了美洲市场,中国与西属美洲的贸易进入兴盛期。明末清初的动荡造成了中国生丝生产的下降,贸易停滞,也使中国与西属美洲的贸易陷入危机。清朝开海禁以后,与西属美洲的贸易重新恢复。

中国经马尼拉至美洲的航线有数条:其一,"广州—拉丁美洲航线"(1575 年开启):由广州启航,经澳门出海,至菲律宾马尼拉港。穿圣贝纳迪诺海峡基进入太平洋,东行到达墨西哥西海岸。其二,"月港—拉丁美洲航线":月港(今漳州海澄镇)曾经是明代海上丝绸之路的起点,作为明代唯一允许民间进行海上贸易的港口,最伟大的成就莫过于与西班牙建立了跨太平洋的马尼拉大帆船丝银贸易航线,将中国的丝绸,第一次大批量的运到美洲大陆,当时美洲开采量一半以上的白银(约 12620 吨)都用于购买月港商船带来的中国的丝绸,根据《马尼拉大帆船》的记载比较风行的丝绸产品有漳绒(天鹅绒),生丝,丝质纱绢等等丝织品。

第三节　海上丝绸之路的社会影响

一、经济影响

海上丝绸之路从中国东南沿海出发,途经中南半岛和南海诸国,穿越印度洋,进入红海,抵达东非和欧洲,成为中国与外国贸易往来和文化交流的海上大通道,并推动了丝路沿线各国的共同发展。"中国输往世界各地的主要货物,从丝绸到瓷器与茶叶,形成一股持续吹向全球的东方文明之风。尤其是在宋元时期,中国造船技术和航海技术的大幅提升以及指南针的航海运用,全面提升了商船远航能力,私人海上贸易也得到发展。这一时期,中国同世界 60 多个国家有着直接的海上丝绸之路商贸往来。'涨海声中万国商'的繁荣景象,透过意大利马可·波罗和阿拉伯伊本·白图泰等旅行家的笔墨,引发了西方世界一窥东方文明的大航海时代的热潮。"①

通过海上丝绸之路,中国与东亚、东南亚、南亚、西亚,乃至欧洲、非洲与美洲诸国进行了频繁的经济文化交流。中国的丝绸和养蚕缫丝技术、瓷器、茶叶铸钱技术、造纸术等先后输出国外。加强了中国同东南亚、南亚各国的联系,从水路沟通了东西方之间的经济往来与文化联系。

二、文化影响

历史上,海上丝绸之路还是中外文化交流的重要通道。在中华文化通过海上丝绸之路商品输出的形式影响其他国家的同时,也将世界各国文化带回国内,对中国的文化繁荣起到很好的推动作用。

通过海上丝绸之路,中国还传播着民族工艺和儒道思想,对海上丝绸之路沿线国家和地区以及欧洲各地产生不同程度的影响,甚至掀起了"中国热"。中国传统文化与儒道思想,与丝绸、瓷器、茶叶一起对世界产生巨大的影响。

因为瓷器是全世界公认的代表中国人智慧和科技的产品,所以英文中瓷器和中国同名。"俄国、法国、埃及等很多国家都崇尚收藏中国瓷器或以之为外交礼品,也曾把中国的瓷器作为身份的象征或类似黄金的代用货币。在中国瓷器的影响下,世界各国的制瓷工业得到发展,从阿拉伯国家仿制中国式的瓷坛,到波斯结合中国瓷器造型的波斯陶器,之后泰国、越南、埃及、荷兰、法国、德国、俄国、丹麦、英国、西班牙等国也都掌握了制瓷技术,甚至通过中国瓷器工艺与本国文化的结合,创新出许多产品。随着这些国家崇尚中国瓷器之风的盛行,他们的生活方式和审美观念也有了一定的改变,崇尚中国瓷器的观念也融合到了宗教文化之中。茶文化也传播到世界各地,从生活方式到思维理念对许多国家产生了一定影响。9 世纪日本刮起一股'弘仁茶风',贵族间出现了模仿中国人品茶的风潮。12 世

---

① 林华东:《"海上丝路"的影响与启示》,《人民日报》2014 年 10 月 19 日 8 版。

纪,日本僧人到中国将茶种带回日本种植,此后经过长期的本土化,最终形成独特的日本茶道。17 世纪初,荷兰率先通过海上丝绸之路将茶叶输入欧洲,开始推行饮茶之风。18、19 世纪,茶叶在英国开始由奢侈品转变为大众饮品,饮茶也成为英国传统文化的组成部分。"①

三、历史影响

历史上,中国通过海上丝绸之路往外输出主要有丝绸、瓷器、茶叶和铜钱等大宗商品,往国内运输的商品主要是香料、药材及一些供宫廷赏玩的奇珍异宝,于是"海上丝绸之路"又有"海上陶瓷之路"、"海上茶叶之路"、"海上铜钱之路"、"海上白银之路"、"海上香药之路"等称谓。中国的丝绸、陶瓷、茶叶等商品通过"海上丝绸之路"贸易走向世界,如今这些传统的中国商品依然在海上丝绸之路沿线上焕发着新春。"21 世纪海上丝绸之路"的发展,互联网的盛行、全球物流的便捷,推动世界各国之间贸易更加繁荣。义乌的小商品远销海外,中东的石油公司也进入中国投资、建厂。未来,随着上海自贸区、中国东盟自贸区、迪拜自贸区的发展,各国间贸易壁垒的消除、金融的互通,"21 世纪海上丝绸之路"将促进沿线各国自由贸易的升级,形成一个立体的互联互通的全球性商业网络。

贸易通达始终是开放的产物,也始终是开放的动力。海上丝绸之路发展中的几次大繁荣,都与当时中国的对外开放息息相关。汉武帝凿空西域、放舶南海,让海上丝绸之路走向印度洋乃至更远的地方;盛唐时期大开放,直接推动明州、广州等南方港口的兴起;有宋一代,中国的造船、罗盘、造纸、制瓷等先进技术和优质商品在海上丝绸之路沿线国家和地区分享和传播;明代郑和七下西洋,既是外交活动,也是经贸和文化的大交流。

历史证明,由海上丝绸之路带动的不同国家和地区异质文化②(包含中外货币文化)的交流碰撞与互相包容,推动了世界的进步和发展。全球化视野下的开放交流,建设人类命运共同体因此成为当今世界发展的思想共识。历史上曾创下的海洋经济观念、和谐共荣意识、多元共生意愿,将为

---

① 石博佳:《"一带一路"对推进全球化发展进程的影响》,《中国战略新兴产业》2018 年 28 期。
② 异质文化:世界各国最具民族性和个性特质的文化。

海上丝绸之路沿线国家在 21 世纪的发展再次提供丰厚的历史基础。"友善、包容、互惠、共生、坚韧"的海上丝绸之路文化内涵,对于建设"21 世纪海上丝绸之路",对于中国与世界更深层次的交流互动,无疑具有深刻的启迪和极其重要的当代意义。

第二章 "海上丝绸之路"中外贸易与货币交流重要港口概述

通过相关资料的深入分析,本书认为中国历史上海上丝绸之路三大国际贸易主港是广州、泉州、明州(宁波)这三大港口。因贸易对象、地理环境、经济腹地等诸多因素影响,到宋代,中国历史上海外贸易形成了以广州为中心的广南路、以泉州为中心的福建路以及以明州(宁波)为中心的两浙路这三大主要区域。

第一为广州,关于广州这个港口它可以说是历史上唯一一个经过两千年而长盛不衰的一个大港。在历史上,广州在 3 世纪 30 年代的时候,它就已经成为了海上丝绸之路的主要港口,并且它凭借着自身所拥有的海上交通这一优越条件,成为了中国海外贸易往来的重要发源地。

第二为泉州,泉州是在元代成为世界第一大港。首先泉州主要是位于福建的南部,在它的东面是浩瀚的东海,它的北、西、南面是大山。除此之外,泉州这一带土地肥沃,物产比较丰富。在唐末五代的时候,泉州的造船业就已经具备相当大的规模。而且它还与台湾海峡相接,拥有纯天然的良港。

第三为宁波,对于宁波这一港口来说,它可以说是经久不衰的东方大港。它地处东海之滨,甬江比较宽阔,河床发育比较稳定,在它的内河航运可以说是四通八达,地方平坦富饶,港市地理条件也是相当的优越。

在历史上,海上丝绸之路于秦汉时期开始形成,至今已有 2000 多年的历史,这一通道不仅连接着东西方的外贸,还是中国与西方国家之间的经济文化重要渠道。关于海上丝绸之路的作用主要体现在以下几个方面:

第一,海上丝绸之路是东西方海洋贸易的主要渠道。中国是东方文明古国,而我国的商品历来都颇受世界各国人民的欢迎。在明朝的时候,中国的茶叶就传到了欧洲,并且成为了中国最大的出口商品。而东西方各国也正是通过丝绸之路这一渠道,丰富了彼此的经济生活以及文化交往。

第二,海上丝绸之路是东西方友好交往的一个重要通道。我们都知道丝绸之路开辟了中华文化影响世界,对外开展友好交往的通道。中国通过海上丝绸之路贸易与派遣使臣方式不断地与海外诸国开展交往。而海上丝绸之路沿线国家也经常派使臣来中国,自唐代以后的中国历代封建王朝都曾设驿馆接待外国使节。

第三,海上丝绸之路是我国与各国之间文化交流之路。随着海上丝绸之路的开通与繁荣,中国的一些工艺品、绘画艺术,通过丝绸之路传到了海外,对中国周边国家及海上丝绸之路沿线国家的发展产生了影响。与此同时,中国也通过丝绸之路引进了外国的一些文化艺术成果。

海上丝绸之路是古代中国与外国交通贸易和文化交往的海上通道,该线路始于秦汉,兴于唐,盛于宋元,变于明,衰于清,复于今。包括东海航线和南海航线,是迄今所知最为著名的海上航线。它既是意大利人马可·波罗的回国之路,也是郑和下西洋的探险之途。现在,它又成为关系经济、交通、文化、旅游等诸多体系的国家战略。

第一节 中国海上丝绸之路贸易重要港口

中国境内海上丝绸之路贸易港口网络主要由广州、泉州、宁波三个贸易主港和其他诸多支线港组成庞大的外贸港口群。

一、中国海上丝绸之路贸易主港

1. 广州

"广州古称番禺城,从 3 世纪 30 年代起开始成为海上丝绸之路的主港,唐宋时成为中国第一大港。明清两代为中国唯一的对外贸易大港,既是中国海上丝绸之路历史上最重要的港口,又是长盛不衰的海上丝绸之路东方发祥地。"[1]

"广州港的兴起除了地缘地理优势外,同时官方也积极主动经营该港对外贸易,允许私人出海贸易,大力鼓励外国商人来中国进行贸易并在广州设立了市舶使专管外贸事务,因此广州港的海外交通一直很兴盛。秦始皇统一岭南时的广州已经成为了犀角、象牙、翡翠、珠玑等奇珍异宝的集散

---

[1]《海上丝绸之路(海上贸易通道)》,百度网(引用日期 2019 年 11 月 2 日)。

地,在广州南越王墓的出土文物里,便有一捆非洲象牙和一件公元前 5 世纪的波斯银盒。"①

"宋末至元代,广州的中国第一大港的位置虽被泉州取代,但仍然是中国第二大港。明清两代,由于朝廷实行海禁政策,其间广州成为中国海上丝绸之路唯一对外开放的贸易大港,广州海上丝绸之路贸易比唐、宋两代获得更大的发展,形成了空前的全球性大循环贸易,并且一直延续和保持到鸦片战争前夕。这一时期,从广州起航的海上丝绸之路的航线迅速增加到 7 条,抵达世界 7 大洲、160 多个国家和地区,使珠江之滨的广州呈现出一派外贸繁荣的景象。"②

1949 年至 1978 年,广州仍旧发挥着东方大港的历史优势。1978 年后,广州对外贸易进入一个新的发展时期,广交会成为中国对外贸易招商的大舞台。随着航运业的大船化趋势对深水港的要求,广州港也由河港转为海港,主力港由黄埔港移至珠江口几何中心的南沙港。

2. 泉州

泉州,西方称之为"刺桐"(zaitun),在海上丝绸之路的高峰期(12～14世纪),也是古代中国在中外贸易中居主导地位的时期,宋朝时作为东西方之间国际贸易网的东方支撑点,具有重要独特的历史地位。北宋元祐二年(1087 年),泉州正式设立市舶司。古代泉州府的管辖范围包括如今的泉州、厦门、金门、钓鱼岛、澎湖及台湾。古泉州港有"四湾十六港"之称。"四湾":泉州湾、深沪湾、围头湾、湄洲湾,每个港湾中各有四个支港。1292年,意大利旅行家马可·波罗到达泉州。在《马可·波罗游记》里,泉州港被誉为"东方第一大港",深受《马可·波罗游记》影响的哥伦布立志寻找东方新航路,在意外发现美洲时还以为终于到了中国泉州。

元代,中国海上丝绸之路的第一主港是泉州。明代海禁,泉州的海外贸易受到极大限制,逐渐失去了国际大港的地位。"明成化十年(1474年),泉州市舶司移设福州,标志着泉州港四百年的外贸主港地位的终结。清代,郑成功反清复明,清廷海禁迁界,泉州的社会经济遭到严重破坏。大批民众为了生计开始背井离乡,下南洋过台湾,造就泉州成为中国第一侨

---

①《海上丝绸之路(海上贸易通道)》,百度网(引用日期 2019 年 11 月 2 日)。
②《海上丝绸之路(海上贸易通道)》,百度网(引用日期 2019 年 11 月 2 日)。

乡和台湾同胞主要祖籍地。泉州港繁华落尽,衰落到默默无名不为人知,以致西方学者在整个 19 世纪都在争论那个曾在 12～14 世纪无比繁荣为西方津津乐道的 zaitun(刺桐)究竟在哪里。直到 1918 年日本学者桑原骘藏的《蒲寿庚考》问世,zaitun(刺桐)即泉州才成定论。"①

"1974 年泉州湾后渚巷出土的南宋古船,反映了宋代泉州海外贸易的繁荣。这艘南宋末年的帆船,载重量约 200 吨,船上遗物很多。除有香料木、胡椒及其他贵重药物外,还有唐宋铜铁钱、宋代陶瓷器等。这对我国与世界的海上贸易考古,具有重大价值,引起国内外专家学者的关注和研究。"②

泉州是目前联合国教科文组织唯一认定的海上丝绸之路起点。"1989 年 4 月,在陕西西安召开的联合国教科文组织'丝绸之路综合研究专家咨询委员会全体会议'上,与会代表一致决定,今后在中国的海上丝绸之路考察将以泉州为重点,所有的活动包括国际学术研讨会都将在泉州举行。1994 年 2 月,联合国教科文组织在泉州举行'中国与海上丝绸之路'国际学术研讨会,确立泉州作为海上丝绸之路起点的地位。2002 年,联合国教科文组织将泉州确认为全球第一个'世界多元文化展示中心',并派亚太地区文化官员来泉州参加奠基树碑仪式。经中央批准同意,中华人民共和国文化部与福建省人民政府联合主办的海上丝绸之路国际艺术节,每两年一届,永久落户泉州市。"③

3.宁波

宁波,古称鄮城、明州、庆元,位于中国海岸线的中段,扼南北水路之要冲,通江达海,辐射内陆。宁波又是大运河的出海口。通过钱塘江、长江、大运河等众多水系,使宁波港的辐射力拓展到众多内陆省份。

宁波的海外交通始于先秦。东汉时期,"舶来品和印度佛教已通过海路传至宁波。唐代长庆元年(821 年)明州迁治三江口后,构建州城,兴建港口,置官办船场,修杭甬运河等一系列重大举措,使明州成为中国港口与造船最发达的地区之一,跻身于四大名港之列。日本遣唐使先后四次在明州登陆入唐。明州商团崛起,越窑青瓷远销世界各地。中国东海航线主要

---

①《海上丝绸之路(海上贸易通道)》,百度网(引用日期 2019 年 11 月 2 日)。
②庄景辉:《泉州港考古和海外交通史研究》,长沙:岳麓书社 2006 年 4 月版。
③《海上丝绸之路(海上贸易通道)》,百度网(引用日期 2019 年 11 月 2 日)。

由明州(宁波)港进出"。①

　　明州港是宋元时期中国三大国际贸易主港之一。尤其是铜钱输出在全国首屈一指,是著名的"海上货币之路"始发港。此外,明州在历史上也从海外大量输入金银等贵金属以及外国银币与铜钱。

　　北宋淳化二年(991年),明州始设市舶司,成为中国通往日本、高丽的特定港,同时也始通东南亚诸国。明州两次受旨打造"神舟"大航船,造船技术居世界领先地位。9世纪晚期,明州作为越窑产品的主要外销港口,直接面向日本、朝鲜半岛和东南亚诸国。江浙一带发达的丝绸产业为丝绸外销提供了充足的货源,而以越窑青瓷为代表的明州本地陶瓷,以及通过浙东大运河源源不断地运到明州港的全国各地窑口陶瓷制品,使得明州港成为宋朝陶瓷的集散地和主要输出港。除了丝绸和陶瓷这两点大宗商品外,书籍等文化用品,佛经、佛画等佛教用品,铜钱、铜器、金银、铅等金属制品,玩具、乐器、伞、梳、扇等工艺品,茶、糖、酒、米、盐、药材等农副产品,也是明州对外输出的重要商品。

　　元代,宁波已经成为中国南北货物的集散地和全国最为重要的港口之一。"现今的宁波,元朝时称庆元,其航海贸易状况同南宋差不多,虽然朝廷几度废除庆元市舶司但随即又恢复,这也说明庆元(宁波)在当时航海贸易的重要地位。当时在泉州港抽解的货物,凡是贵重高值商品都必须送至大都(北京),运送贵重货物的路线之一是海河联运,由泉州港装船运送至庆元(专运番夷贡物及商贩奇货),经庆元到杭州,转运河到大都。庆元成了联运的中转港,一部分商人通过运河将内陆的货物运送到庆元交易。到了元朝,庆元港的航海贸易较南宋更进了一步。"②

　　明代实施海禁,宁波港虽然逐渐衰落,但仍是中日官方勘合贸易的唯一登陆港,明朝海禁导致海外贸易被迫转型为走私性质的私商贸易,宁波双屿港成为江南最大的中外贸易中转港,被誉为"十六世纪的上海"。

　　清代设在宁波的浙海关是当时全国四大海关之一。鸦片战争后,宁波成为五大通商口岸之一。清末,宁波商帮崛起,宁波一度成为东南沿海的金融中心。

-----

①《海上丝绸之路(海上贸易通道)》,百度网(引用日期2019年11月2日)。
②孙光圻:《中国古代航海史》,北京:海洋出版社2005年11月版。

二、中国海上丝绸之路贸易支线港口

1. 杭州

杭州自秦朝设县治以来已有 2200 多年的历史,曾是吴越国和南宋的都城,是中国八大古都之一。因风景秀丽,素有"人间天堂"的美誉。杭州得益于京杭大运河和通商口岸的便利,以及自身发达的丝绸和粮食产业,历史上曾是重要的商业集散中心。杭州在中国对外交流史上具有持续性的影响,占据着举足轻重的地位,是整个对外贸易网络中的重要节点,甚至是商品和文化交流中心。杭州自古以来也是一个港口。从三国时期以来,杭州就成为国内最大的港口之一,特别到了南宋时期,杭州成为我国古代最重要的海上丝绸之路的港口之一。宋室南迁后,杭州聚集了庞大的人口,形成以杭州为中心的向心状物资流。例如,南宋的临安是丝织业的中心,"千里迢迢来杭州,半为西湖半为绸"。大量杭州产的丝绸、茶叶、瓷器、书籍、手工业品等源源不断输出到海外,杭州也成为我国海上丝绸之路的对外交流主要地区之一。此外,杭州还是南宋时最重要的雕版印刷中心,大量书籍从杭州出口海外。杭州又是中国漆器文化的发源地,8000 多年前,杭州萧山的跨湖桥文化见证了中国漆器文化的诞生。杭州在北宋已是南方的漆器生产中心之一。而到了南宋,杭州成为海上丝绸之路上最为重要的漆器生产与贸易集散地。

2. 南京

作为海上丝绸之路申遗城市之一,不临海的南京,为何成为海上丝绸之路重要节点城市?南京又保留有多少相关历史遗存?

南京六朝墓葬里发现来自印度的佛像,其中有一部分就是从海上运来的。在南京发现过东晋时的钻石戒指,钻石经过研究确认来自南亚地区。包括发现的罗马玻璃器皿也是从海上来到南京的。中国本土玻璃含铅、钡比较多,来自罗马等地的含钠、钙成分比较多。科技考古就能区分清楚。在专家调查研究中发现,南京出土的一些金属制品的金属原料是通过海上丝绸之路从西亚运来,这对中国金属铸造也产生了影响。

此外,六朝时的瓷器、瓦当、铜镜、佛教、制度文化等,也从南京传到了韩国、日本,反映了南洋、西洋、东洋等都是以南京为中心,构成了海上航线。南京在地理上通江达海,是海洋和长江的交汇点,很自然地具有海港的性质。就像长安、洛阳对于陆上丝绸之路的影响一样,南京在海上丝绸之路的影响也如这般重要。

"公元3~6世纪,六朝政权为了建立与朝鲜半岛和日本列岛国家的友好往来,形成了以建康(今南京)为起点的东海航线,这拓展和加强了中国与东亚国家之间的文化交流。六朝政权与东亚、东南亚、西亚等外国交往主要通过海路进行,建康都城成为各国文化交流方面的主要城市。佛教经义乃至佛寺建筑就是在此时从建康(今南京)传入百济(韩国)和倭国(日本)。15世纪,明朝郑和下西洋使南京成为郑和下西洋造船基地和始发港,见证了海上丝绸之路最后的辉煌。南京是郑和下西洋的策源地、起终点和物资人员汇集地。永乐皇帝为表彰其出使西洋修建的天妃宫、静海寺以及为下西洋兴建的大型官办造船基地龙江宝船厂等历史遗存见证了这一航海壮举。"①

3.福州

福州建城历史已有2200多年,建城起始即是中国海上丝绸之路真正的始发时间。东汉时,福州与东南亚地区开启了贸易往来;宋元时,福州成为海上丝绸之路贸易中丝绸主要生产地;明代,福建市舶司(管理对外贸易的机构)回迁福州,郑和七度从长乐太平港远航下西洋;清朝,福州被辟为五口通商口岸之一,开埠后,随着对外贸易的发展,1861年成立闽海关新关,海商文化兴于闽都。"福州(港)作为中国古代'海上丝绸之路'的重要启泊地之一,不仅肇始和奠定了对外商贸格局,推动繁荣发展了中国海上丝绸之路,更是成为沟通中国与海外文化交流和商贸往来的重要通道。福州海上丝绸之路在唐中期至五代时期,不仅发挥着中外经济贸易通道的历史作用,还促进了东西方多元文化的交流以及与世界各国的友好交往。"②

这个时期,福建与印度、朝鲜、日本等国在佛教文化上交流频繁,"主要表现为许多外国僧人来到福州学习交流佛法。因为外国僧人频入福州,福州开元寺被官方作为接待各国来闽僧人之所,印度般坦罗、日本圆珍等高僧曾在此学习交流佛学,或以福州为学习佛法的一个中转站"。③

福州连江定海是海上丝绸之路通往古琉球国即日本冲绳的第一站,长乐

---

①《海上丝绸之路(海上贸易通道)》,百度网(引用日期2019年11月2日)。

②《海上丝绸之路(海上贸易通道)》,百度网(引用日期2019年11月2日)。

③吴碧英:《传承与发展"海上丝绸之路"文化——以福州市为例》,《济宁学院学报》2017年6期。

是郑和七下西洋的开洋地和驻泊基地,是历史上海上丝绸之路的重要起点。

4. 扬州

扬州处于长江与大运河的交汇处,既是南北物资集散地,也是外商从事珠宝、丝绸、瓷器贸易的场所。西汉时,扬州是中原和岭南之间海上丝绸之路重要节点城市。当时扬州输出的商品主要是锦帛,证明其属于海上丝绸之路始发港之一的确是名副其实。唐代的扬州"富庶甲天下"。不少波斯人、阿拉伯人在此定居,形成"波斯庄"、"波斯邸"。还有很多高丽、日本留学僧俗人员也多从扬州进出。唐时扬州达到空前的繁荣。

"从空间地理上来讲,把'陆上丝绸之路'与'海上丝绸之路'联系起来的是大运河。大运河因为其在中国水陆交通网络中的关键地位,长时间成为'东方世界主要国际交通路线'。扬州则借其在大运河沿线城市中的独特位置和大运河在全国交通体系中的作用,成为陆上丝绸之路与海上丝绸之路的连接点。兼得江、河、海运之便,隋代扬州就确立了全国水陆交通枢纽地位。唐朝全国经济中心南移,海上丝绸之路随之崛起,扬州成为唐朝吞吐四海,沟通宇内主要窗口。宋、元时期,扬州仍然起着纽带作用。扬州是漕运和南北物资集散中心,8世纪中期商业经济地位跃居全国首位。"①

5. 漳州月港

月港是明代因海禁走私而出名的港口。"月港在漳州城东南20千米,北距泉州城80千米,属内河港,港道不深,港道从海澄港口起,沿南港顺流而东,经海门岛到九龙江口的圭屿,再经今厦门岛方可出海。月港自然条件并不优越,港道水浅,大型舶船不能靠岸,却非常便于控制,因此很快成为东南沿海最大私商港口。在西方商业扩张势力东进于浯屿时,内地私商可以通过月港到近海的西方商业据点去交易。隆庆元年(1567年),明朝廷迫于内外压力,解除海禁开放月港,"准贩东西洋",月港终于得到正名,迎来中国海外贸易的月港时代,从兴起到繁荣昌盛近200年。"②

6. 厦门

厦门港从明末清初兴起。"月港开放不久遇到朝代更迭,郑成功与清军在闽南沿海对峙拉锯战争几十年,不仅战火殃及月港。同时清廷为扼制

---

① 《海上丝绸之路(海上贸易通道)》,百度网(引用日期2019年11月2日)。
② 《海上丝绸之路(海上贸易通道)》,百度网(引用日期2019年11月2日)。

郑氏,在沿海实行迁界,繁华的月港航运商贸一时萧条。禁海、迁界,使月港完全衰落而一蹶不振。而郑成功占据厦门时,厉行'以商养军'大力发展海运,厦门港遂兴起,地处其后方本来就以厦门为出海必经地的月港,其作用逐渐被厦门所取代。康熙二十三年(1684 年),清廷在厦门设海关,正式取代了月港的海外贸易地位,内河、近海的水运中心也向漳州府靠拢而移至(龙海)石码港。"①

7. 蓬莱(登州)

蓬莱(登州)港。"即先秦时期的黄、腄两地,今之山东烟台市蓬莱县。濒临渤海,与辽东半岛隔海相望。是唐代内对东北地区,外对高丽、日本的主要港口,又可南下入大运河,或由沿海入长江口。山东自古以来是我国丝织品的主要产地,并盛产黄金。经济及航海的地位都极重要,是北方第一大港。"②

蓬莱(登州)唐以前即为天然良港。"明洪武九年(1376 年)建蓬莱水城,水城内的蓬莱阁在此期间也逐步扩建继而名声大振,蓬莱水城及蓬莱阁作为一个整体完整体现了古代登州港在对外交往过程中发挥的重要作用。蓬莱(登州)以其优越的地理位置,成为连接东北亚交流的纽带,受到历朝历代政府的重视。据现有可查阅资料表明,历朝历代朝、日使节共有65 次在登州登陆的记录。唐宋时,在此设立'新罗馆'、'高丽馆'专门接待水路来朝的使节。"③

8. 连云港

连云港古称海州。"隋唐以后,海州成为大唐帝国和新罗、日本交往的重要城市。大量来往于海上贸易的新罗人在今连云港的宿城设立了新罗所与新罗村,连云港成为当时繁忙的海上运输线中不可或缺的一环。在清朝统一台湾之后,云台山(今江苏连云港)与广州、漳州、宁波四地,于康熙二十三年被指定作为对外通商口岸,称为'四口通商'。"④

9. 徐闻

徐闻是汉代海上丝绸之路最早发祥地之一,今属湛江市。"据《汉书·

---

① 《海上丝绸之路(海上贸易通道)》,百度网(引用日期 2019 年 11 月 2 日)。
② 孙光圻:《中国古代航海史》,北京:海洋出版社 2005 年 11 月版。
③ 《海上丝绸之路(海上贸易通道)》,百度网(引用日期 2019 年 11 月 2 日)。
④ 《海上丝绸之路(海上贸易通道)》,百度网(引用日期 2019 年 11 月 2 日)。

地理志》记载,汉武帝曾派人从徐闻(今广东徐闻)、合浦(今广西合浦)港出海,经过日南郡(今越南)沿海岸线西行,到达黄支国(今印度境内)、已不程国(今斯里兰卡),随船带去的主要有丝绸和黄金等物。这些丝绸再通过印度转销到中亚、西亚、和地中海各国。这是'海上丝绸之路'最早记载。"①《中国史稿》记述:"从中国高州合浦郡徐闻县乘船去缅甸的海路交通也早在西汉时期已开辟。那时海路交通的重要都会是番禺(今广州),船舶出发点则是合浦郡的徐闻县。"②

地处雷州半岛的湛江市在历史上一直是海上丝绸之路的重要节点港口。

10. 北海(合浦)

北海,又名合浦,为广西壮族自治区地级市。"北海(合浦)自西汉元鼎六年(公元前 111 年)设置合浦郡,是汉朝南海对外海上贸易的中心和枢纽,是中国南方重要的对外开放窗口,还是中国从海上走向东南亚、南亚、欧洲的最便捷的海上通道。合浦港是我国海上丝绸之路在秦汉到唐的一个最重要始发港,在《汉书·地理志》等史籍、考古发掘出土文物等均有确凿证据。北海市海上丝绸之路文化遗产,是历史早期中外交流口岸、东西文化交流窗口体现。"③

环北部湾地区合浦、遂溪、湛江等地发现的西汉金饼、南宋铁母钱及波斯银币、18 世纪西班牙银币等货币,不仅是我国海上丝绸之路中外货币文化交流的历史见证,也是环北部湾地区在我国历代经济文化对外交往中重要地位的体现。

11. 上海

自古以来,上海就是我国对外交通和贸易往来的重要港口。早在公元746 年的唐天宝年间,唐朝就在这控江襟海处设立镇治,即青龙镇(今青浦区东北,苏州河南岸),发展港口,供船舶往来停靠。南宋末年,上海港的港址移至上海镇。上海镇港的具体位置相当于上海南市沿江一带,今日上海港在此基础上发展而来。上海镇在南宋中期,间有海船停泊贸易,经过100 年左右的发展才逐渐形成人烟密集、海舶辐辏的港口市镇。上海发展

---

①《海上丝绸之路(海上贸易通道)》,百度网(引用日期 2019 年 11 月 2 日)。
②郭沫若主编:《中国史稿》,北京:人民出版社 1976 年版。
③《海上丝绸之路(海上贸易通道)》,百度网(引用日期 2019 年 11 月 2 日)。

于元代,盛于明清。元至元十四年(1277年),元朝在上海设立市舶司,成为全国七大市舶司之一。元朝后期,浏河镇(又称刘家港,今江苏太仓浏河口)兴起,取代上海镇,明代,郑和下西洋,多次率领船队从浏河镇出发,经崇明出海远航。清朝时上海港已成为沙船基地,海运漕粮的中心,我国最大的内贸港。开埠后上海港主权旁落,进入半殖民地化和近代化过程。1853年,上海港取代广州成为我国最大的外贸口岸,由此带动了商业的发展,促进了上海金融中心、工业中心的形成。

第二节　国外著名的海上丝绸之路贸易港口

一、东海航线国外著名港口

1.日本博多港(即福冈港)

博多港是日本历史上一个著名的国际性港口。博多,古称那之津,是作为太宰府外贸港口发展起来的日本最古老的港口之一,遣隋使和遣唐使皆由此扬帆出使中国。博多港历史悠久,早在东汉时期就是中日交往的通航港口,“汉委奴国王”金印就在该地出土。另外,该港还出土了大量越窑青瓷制品和中国古钱,其中就有宋朝的“元丰通宝”和“绍圣通宝”等古钱。博多港因为地理位置优越,成为中、日、新罗之间主要的交通枢纽。“博多港又是日本通向新罗、大唐的主要港口,包括四周的大小岛屿港湾,其中太宰府是接待商旅的主要地方,太宰府在7世纪已建有官署,9世纪后成立管理贸易的机构。”“博多港与明州港是唐、日通商贸易与文化交流的主要窗口,大唐商团到达九州后,一般都被接纳在太宰府的鸿胪馆。”①

“汉委奴国王”金印

---

①林士民、沈建国:《万里丝路:宁波与海上丝绸之路》,宁波出版社2002年版,第100、101页。

2.日本长崎港

长崎港位于日本的西端,自古以来就是沟通中国与日本的桥梁。长崎港是日本锁国时代少数对外开放的港口之一。1571 年长崎港开港,成为葡萄牙船只的停泊地,其后,荷兰和中国的商人也来到长崎进行交易。江户时代的江户幕府实行锁国政策,长崎港成为全日本唯一对外开放的国际贸易港,因此繁荣一时。明治以后,成为日本对上海主要的贸易及旅客往返航线。

在 17 世纪中叶以后的二百多年间,日本经历了漫长的锁国时期,长崎成为对中国进行贸易的唯一开放城市。中日贸易最盛时,整个长崎地区的人口有五万左右,而来自中国的商人就达到一万之多。

"长崎建于 1869 年。自古以来,这里就是日本的对外门户,与中国及荷兰、葡萄牙等国交往频繁。早在我国隋、唐时期,日本的遣隋使、遣唐使和学僧中的不少人就是从长崎起航到中国的。到宋、明和清朝时期,中国福建、浙江等沿海省份大批商人到日本经商。他们在长崎的平户、福江等地创建唐人町,成为中国人集中居住的地方。随之,中国和西洋文化也经过长崎传入日本,特别是中国文化给日本以深远的影响。长崎人的一些风俗习惯、饮食文化及节日庆典等均源于中国。"①

贸易钱是世界货币史上一类十分特殊的货币。它是在国与国之间贸易频繁的背景下,为避免各国货币间的换算而出现的通用货币。世界各国中,最早仿效中国铸造方孔圆钱的是日本。由于长崎为幕府指定的对外贸易港口,日本在相当于中国明代中期以后由长崎地方铸造了一批贸易钱,皆仿照中国宋代和明代年号钱而铸造,史称"长崎贸易钱"。

3.日本神户港

神户是一个位于日本西部近畿地方兵库县的都市,是兵库县的县厅所在地,位于日本四大岛中最大的一个岛——本州岛的西南部,西枕六甲山,面向大阪湾。位于京阪神大都市圈,也是政令指定都市之一,它是日本国际贸易港口城市。在奈良时代,当时的朝廷在兵库区修建大轮田泊,开始了神户作为港口的历史。1868 年,神户成为日本最早开放对外国通商的五个港口之一,之后神户迅速发展为日本最重要的港湾都市之一。

---

① 《长崎》,互动百科网(引用日期 2019 年 11 月 2 日)。

明治元年(1868年),神户正式开港。当时神户的港口以凑川为界,凑川以西的港区主要由日本船舶利用,被称为兵库港;以西则是主要由外国船舶利用,被称为神户港。两港在明治25年(1892年)实现统合,统称为神户港。

1872年设立海关,改称神户港。1889年设市。1906年开始建设近代港湾设施,使神户港成为当时日本最大的贸易港。

4. 韩国新罗清海镇港

清海镇港位于韩国全罗南道莞岛郡。"清海镇是新罗时代很重要的一个港口,也是海路的要塞(即现在韩国的莞岛,全罗南道莞岛郡),是东亚贸易圈中朝鲜半岛的一个主要大埠。"[1]张保皋是新罗莞岛人,是一个抱有"称霸海洋的人才可以称霸世界"的信念的人,他不仅是一个优秀的政治家、贸易家、航海家,也是一个军事战略家。他创设了莞岛清海镇,经营新罗、唐朝和日本的国际海运贸易,建立了海上王国,拥有"海上之王"的盛名。为了纪念这位著名历史人物,在莞岛郡修建了张保皋纪念馆,纪念馆于2008年2月29日正式开馆,也成为韩国国民陶冶历史文化情操的教育场所。每年五月莞岛还要举行为期4天盛大的张保皋庆典活动,使莞岛重新回到千年前韩、中、日的海洋中心。

韩国唯一的国立海洋历史遗产展览馆就坐落在全罗南道的木浦市。展览馆由4个展厅和企划展览室、船舶史展览馆组成,常年展示包括1976年发掘、沉寂海底多年的"新安海底沉船"等和展现海边渔民生活及文化的丰富史料与展品,其中有不少中国宋朝和元朝时期的陶器以及大量中国古钱。通过展览,可以使人们对古代东北亚海上丝绸之路的历史有个大概了解。

5. 琉球港

琉球港,今日本那霸港。历史上的琉球王国,位于中国大陆东方(中国台湾岛的东北方),为一群岛。关于该国最早的文字记载见于中国古史。琉球国自古以来与中国、日本、朝鲜及东南亚国家保持紧密的文化交流和海外贸易。"1372年,明太祖朱元璋给琉球的中山王察度下达诏谕后,琉球的北山、中山、南山三王遂开始向明政府朝贡。从此琉球成为我国的

---

①《长崎》,互动百科网(引用日期2019年11月2日)。

藩属国。1392年,明太祖有见于琉球来华使节海上航行的困难,特赐闽人善于造船航海的技术者三十六姓人家移居琉球。这一点是后来促进琉球对海外贸易的关键。大约1400年～1550年期间,琉球王国进入黄金时代,商业高度发达,与中国、朝鲜、东南亚和日本进行贸易。"①

　　拥有地理位置优势的琉球港,在明朝实行海禁政策后,成为联接东亚与东南亚海上贸易的唯一中转站,号称"万国津梁",在沟通连接明朝与日本以及东南亚地区的贸易中,曾扮演极为重要的角色。

二、南海航线国外著名港口

1.越南交州港

交州港历史上曾属于中国,今属越南比景港。它位于顺化灵江口,是南海航行中的必经之地。从广州航行四天可达。它南通南洋、印度洋,北达广东、福建。唐中叶后期,因广州官吏对海商剥削严重,中外海船就到交州港交易货物,交州港更为繁荣。直到北宋太宗太平兴国六年(981年),黎桓自立为安南王后,才脱离中国管辖。交州在唐代与广州、明州(宁波)、扬州并称四大名港。安南(今越南)独立后,交州港衰落,时人开始把注意力转向广西沿海港口,广西地区的开发加快,钦州、廉州港湾的交通作用日益为人们所重视。

　　南宋时,钱币学专著《泉志》作者洪遵明确指出交趾国(今越南)曾铸造一种"黎"字钱。他引述秘书丞朱正臣言,见"蕃商多往交州贸市,赍黎字钱"回广州,"颇紊中国之法"。此钱面文仅穿下有一黎字。

2.马来西亚马六甲港

马六甲海峡因马来亚海岸的贸易港口马六甲(Melaka,原称Malacca)而得名,该城在16～17世纪时是重要的港埠。中国古代称之为"满刺加"。

　　"马六甲海峡有悠久的历史。约在公元4世纪时,阿拉伯商人就开辟了从印度洋穿过马六甲海峡,经过南海到达中国的航线。他们把中国的丝绸、瓷器,马鲁古群岛的香料,运往罗马等欧洲国家。公元7～15世纪,中国、印度和中东的阿拉伯国家海上贸易船只,都要经过马六甲海峡。"②曾

①《琉球群岛》,董狐笔人文历史百科(引用日期2019年11月2日)。
②李天星:《东南通道:马六甲海峡之痛》,《中国石油企业》2012年9期。

经的马六甲王国所在地,郑和下西洋有六次在此停靠,如今是马六甲海峡这条海上生命线的咽喉所在。马六甲是马来西亚近代一个重要的国际贸易交通港埠。

马六甲在汉代至唐代称为哥罗富沙。唐永徽(650～655 年)中,曾献五色鹦鹉。明永乐三年(1405 年),酋长西利八儿速喇遣使上表,愿为属郡。永乐七年(1409 年),明成祖命三保太监郑和封西利八儿速喇(即拜里米苏拉)为满喇加王,从此不隶属暹罗。永乐九年(1411 年),拜里米苏拉继王位,率领妻子和随从 540 人来朝,进贡麒麟,明成祖赐黄金相玉带、仪仗、鞍马,赐王妃冠服。九月拜里米苏拉王辞行,明成祖赐宴于奉天门,赐黄金相玉带、仪仗、鞍马,并赐黄金一百两、白金五百两、钞四十万贯。此后直到成化末都多次朝贡。

永乐至宣德年间郑和下西洋,曾以马六甲为大本营,建立城墙、排栅和鼓楼、角楼,并建设仓库储存钱粮百货。郑和船队开往占城、爪哇等国都先在马六甲停泊;由暹罗、忽鲁莫斯等国回程时,也在马六甲聚集,打点钱粮,入库保存,等候信风驶返中国。

马六甲早期曾用锡铸币,这种货币俗称“斗锡”,分量很重,不便使用,后来郑和特地带领中国铸币工匠前往马六甲,用斗锡仿铸类中国方孔铜钱形制的锡钱,促进该国币制改革,传播中国货币文化。

3. 新加坡港

新加坡古称单马锡、淡马锡。12 世纪中叶,新加坡兴起成为国际贸易港口城市。由于新加坡坐落在马来半岛南端,是航海必经之地,各国商船把该地作为补充淡水、食物的中途停靠站。14 世纪,明朝把新加坡称作“淡马锡”。中国的各类特产除作为互相交换的货物外,中国铜钱由于携带方便、质量过硬、信誉良好在新加坡被作为国际通货使用。

“据新加坡学者邱新民氏报告:1821 年 2 月 3 日,JohnCrawtard 在淡马锡旧壕发掘到中国古钱一批,内中包括宋代太祖(960 年)、真宗(998～1021 年)、仁宗(1023～1063 年)、神宗(1068～1085 年)年间所铸造的不同年号的方孔圆钱,随同古钱一起出土的还有数量不菲的宋代青瓷碎片等。1989 年 11 月,在新加坡国会大厦奠基时获得 300 余件地下遗物,除了瓷、陶、饰物等外,还包括一些中国古钱。"①

4.斯里兰卡科伦坡港

科伦坡港是斯里兰卡首都,印度洋上的交通枢纽,成为欧洲、远东、澳洲航线的转口港。关于科伦坡的记载,据说在两千年前的罗马、阿拉伯文献中就已经出现。8世纪时,僧伽罗王国与外界的贸易大多由在科伦坡的穆斯林商人所经手。中国史料当中最早见于元代航海家汪大渊所著的《岛夷志略》,称之为高朗步。

中国古代曾经称其为狮子国、师子国、僧伽罗。古代阿拉伯航海家称其为"塞伦底伯",意为"宝岛","锡兰"一称即由此演变而来。1972年改称"斯里兰卡",目前"锡兰"一称仍通用。"中国和斯里兰卡民间交往有着深厚的历史背景。公元406年,斯里兰卡僧人昙摩抑长老来到中国传播佛教。而公元410年,中国著名高僧法显在斯里兰卡无畏山寺巡礼佛迹的故事也被今天的斯里兰卡民众广为传颂。古代中斯两国官方也保持着友好往来。中斯两国的友好往来可追溯到公元一世纪初,汉平帝和王莽时期都曾派使臣,十五世纪郑和七下西洋中有三次到过斯里兰卡。斯里兰卡国家博物馆创建于1877年,馆内珍藏有斯里兰卡各个历史时期的珍贵文物,特别是石碑大厅中的'郑和碑',是郑和首访斯里兰卡时,于永乐七年(1409年)施锡兰山佛寺所立的石碑。这块碑镌刻着用汉文、泰米尔文、波斯文三种文字记录的郑和船队的历史性访问。汉文记录了中国皇帝对佛祖的崇敬,并奉献佛祖黄金一千钱、白银五千钱、丝绸一百匹、香油2500斤以及各种镀金和涂漆铜质佛寺装饰品。值得一提的是,碑上用泰米尔文、波斯文记录的内容,与汉文记录的并不相同:泰米尔文的碑文,记录了中国皇帝对印度教毗湿奴神的化身特那伐雷那延那的崇敬;波斯文则颂扬了真主和穆斯林诸圣,体现了中国皇帝对真主的崇敬。"②

在郑和下西洋过程中因为货币发生了一次战争。"郑和七下西洋的二十八年中,真正意义上的对外战争仅有锡兰(今斯里兰卡)一次,而且是在被迫无奈的情况下的防卫性作战。郑和船队到达锡兰,国王亚烈苦奈儿赠送了许多礼物给明朝,表示两国修好。哪知贪心不足的亚烈苦奈儿见郑和

---

① 涂师平:《中国古钱遗存海外知多少》,《宁波通讯》2011年14期。
② 程惠红:《中国——斯里兰卡贸易与投资暨高端佛缘文化之旅活动》,新浪网(引用日期2019年11月2日)。

船队装载了大量金银,就假意请郑和到他的宫殿。盛宴招待之后,他再次向郑和索取金币,暗地里却发兵去劫夺郑和的船队。郑和沉着冷静,了解到锡兰山的大部分兵力已派去攻打船队,都城空虚,就火速传令,调来了两千多将士,出其不意地攻打了锡兰山的都城,生擒了亚烈苦奈儿及其妻子官属。领兵打劫船队的将领听说明军回攻都城,赶忙下令撤兵回救。郑和的军队乘胜杀了个回马枪,又把敌兵打得溃不成军。他们只得向明军投降了。郑和当场释放了投降的将士兵卒,只把亚烈苦奈儿和几个重要官属扣留在船上,然后继续访问其他地区。"[①]

明代《瀛涯胜览》记载:"爪哇国通用中国历代铜钱,旧港国亦使用中国铜钱,锡兰国尤喜中国铜钱,每将珠宝易换。"(明·马欢著:《瀛涯胜览·爪哇国》)这段记载说明当时中国铜钱在海外许多国家流通的史实。中斯贸易往来历史悠久。远在古代就有中国的丝绸传入兰卡,当时在兰卡古代码头还有中国古钱币的流通。在锡兰发现许多中国古钱,这是古代海上丝绸之路贸易与货币交往的历史见证。16～17世纪荷兰人也记载锡兰使用有孔的中国铜钱。

5.印度奎隆港

奎隆,中国古代称"故临"、"俱兰"。印度喀拉拉邦南部濒阿拉伯海的港口城市。故临(今奎隆)在古代是中国与阿拉伯地区之间交通的重要中转站。迄今,奎隆港口遗址出土了大量中国文物,包括500多件瓷器残片,以及1300多枚铜钱(含残件)。其中瓷器残片包含产自浙江、江西、广东、福建等省的产品,年代约在10至14世纪。铜钱纪年自8至13世纪,主要有唐朝的开元通宝与北宋钱币。奎隆港口发现的大批来自8世纪以后的中国钱币与陶瓷,为确认奎隆港口遗址的年代、性质及其与古代中国的关系提供重要实物参考。另外,据千年前阿拉伯人所写的《中国印度闻见录》记载:9世纪时,当时南印度的故临设有关卡,对中国船只征收关税,每艘中国船只需要交1000个迪尔汉(金币,重约4.55克),而其他船只仅交10～20个迪尔汉。可见当时中印之间海上贸易的兴盛。

6.印度孟买港

孟买港是个古老城市。14世纪以前,这里是土著科利人居住的小渔

村。1534 年被葡萄牙人侵占,他们因这里景色优美,即称之为"美丽的海湾",孟买港因此而得名。1849 年英国占领全印度,将孟买港作为马哈拉施特邦的首府。随着鸦片、棉花的种植和 1869 年苏伊士运河的通航,孟买港的地位日益重要,成为向中国倾销鸦片的装运港。经过不断疏浚和填海,孟买港成为半岛,并筑有桥梁和长堤与印度次大陆相连。现今孟买港已成为驰名世界的纺织工业城市和南亚最大港口。1895 年,英国政府在印度的孟买、加尔各答的造币厂铸造了新的贸易银元,俗称"站洋"、"站人"。站洋银元曾经大量流入中国。

7. 伊朗西拉夫港

西拉夫是伊朗最著名的古代港口,是近年来出土中国陶瓷的重要遗址。从东晋、十六国到隋、唐各朝,均有波斯人从海路到中国的记载。唐代由于波斯(今伊朗)与中国的贸易极为发达,波斯人在中国南方素有"舶主"之称。"惠琳在《一切经音义》中说:'唐时中国有一种苍舶,长达二十丈,可载六七百人。'九世纪时阿拉伯商人苏来曼从波斯西拉夫港出发,航海到印度与中国。他在《东游记》中说:'唐时中国海船特别大,波斯湾风浪险恶,只有中国船航行无阻,阿拉伯东来的货物都要装在中国船上。'又说:'大部分中国船都是在西拉夫(伊朗港口)装货启程的,阿曼和巴士拉口岸的货物都是运到西拉夫,然后装到中国船上。'"①苏来曼语录编纂人阿部萨地指出,中国铜钱盛行于西拉夫。波斯的西拉夫是中国方孔铜钱流通最远的地方。

8. 沙特阿拉伯吉达港

吉达港位于沙特阿拉伯(全称:沙特阿拉伯王国 The Kingdom of Saudi Arabia)西海岸中部,濒临红海的东侧,是沙特阿拉伯最大的通商港。又是圣城麦加(Mecca)的海上出入门户,相距约 70 公里。早在 17 世纪起作为朝圣者的集散港而兴盛起来。现为全国的金融和商业中心。古代曾为东西方贸易的中途港。地毯和陶器交易兴盛。由于靠近麦加,十七世纪起又作为朝圣者的转运港而兴起,是麦加的主要进出口岸,每年旅客多达数十万人。

---

① 何鸿:《中国古陶瓷行销伊斯兰世界的考察》,《陶瓷研究》2000 年 1 期。

9. 土耳其君士坦丁堡港

君士坦丁堡是土耳其最大城市伊斯坦布尔的旧名。公元 330 年，罗马皇帝君士坦丁一世在拜占庭建立新都，命名为新罗马，但该城普遍以建立者之名称作君士坦丁堡。在公元 12 世纪时，君士坦丁堡是全欧洲规模最大且最为繁华的城市。

"拂菻（中古汉语念：buz din）国是中国中古史籍中对拜占庭帝国的称谓。古代亦称大秦（随着公元前 2 世纪丝绸之路的开通，加速了东西方文明的交流，当时的中国认为罗马帝国就像中国一样拥有高度文明，而罗马正位于贸易路线上的终点，因此把它命名为'大秦'）或海西国。随历史时期之不同，此名有时也指苦国（今叙利亚）等地中海东岸地区。宋、元时代又用以称呼塞尔柱突厥人统治的小亚细亚。拜占庭首都君士坦丁堡（伊斯坦布尔）处于欧洲、亚洲、非洲的交汇点，自古以来就是世界各地商船汇集的地方，也是丝绸之路的终点。发达的国际转口贸易给当地居民带来了巨额的财富，拜占庭的进口物资主要包括丝绸、毛皮、奴隶、粮食、贵重木材、香薰料、染料、象牙、宝石、珍禽异兽和其他奢侈品，出口物资则有玻璃、马赛克镶嵌画、高级丝织品和锦缎、武器、葡萄酒、金银货币、珠宝首饰和工艺品。拜占庭的通货长期保持稳定的状态。1 磅黄金铸造 72 个名为"诺米斯玛塔（Nomismata）"的金币，一个诺米斯玛塔等于 12 个银币，1 个银币等于 12 个铜币。一个工人一年工作 280 天，大约挣 25 个诺米斯玛塔的年薪，就可以维持衣食所需。"①罗马一开始只和周边的一些小国进行贸易，范围很小。直到公元前 138 年至前 119 年，汉武帝两次派遣张骞出使西域，并通过丝绸之路间接同罗马展开贸易；东汉班超派遣甘英出使大秦，但仅到达波斯湾一带便无功而返；166 年，罗马帝国派遣使臣到达汉都洛阳，并送上犀角等礼物，东西方才紧密地连接在一起。西汉用丝织品、茶叶、瓷器来换取安息、希腊、罗马和马其顿的宝石、香料、药材和玻璃器具。除了经常进行访问外，双方还彼此输送自己的物产和技术，推动了东西方物质文明和精神文明的交流，使东西方人民受益匪浅。汉代时云南可走水路沿伊洛瓦底江顺流而下，出孟加拉湾航行到印度。与印度洋航道连接起来。《魏略·西戎传》记载，大秦国水道通益州永昌郡，当由缅甸海岸登陆而达

---

① 《拜占庭帝国》，360doc 个人图书馆（引用日期 2019 年 11 月 2 日）。

永昌。《厄立特里业海航行记》关于印度东海岸以东地方的描述也可以印证这条路线。

"我们从世界元青花瓷器三大收藏地的馆藏数量上可以惊讶地发现，原产于中国的元青花，其馆藏数量最多者，竟然是土耳其的托普卡帕皇宫博物馆，而中国国内馆藏最多的江西省高安市博物馆也仅位于世界第三。土耳其托普卡帕皇宫之所以在中国古陶瓷界声名远播，是因为它藏有自13世纪起至19世纪末的中国陶瓷10358件，这其中最为有名的就是40件元青花，其中不少是举世孤品。"[①]

元代，海外丝绸之路达到历史全盛时期，陶瓷贸易在此大背景下也出现了空前繁荣的局面，成为了取代丝绸、香料等大宗海上出口货品的最大宗货物，这就使得珍贵的元代青花瓷器大部分藏品散落于陆海丝绸之路沿线的波斯（今伊朗）、奥斯曼土耳其等国，因而，这些地方收藏的元青花量多于国内这一问题变得不再难以理解。

相对于土耳其，拥有32件精美元青花瓷器的伊朗，收藏的元青花一直为其拥有传承。元青花文化内涵丰富，它是汉族文化、西域波斯文化、蒙古文化的结晶，蓝色是伊斯兰文化的主色调，青花瓷这样一种审美追求明显受到了波斯文化的影响。同时，来自西域被称作苏麻离青的使用，赋予了元代青花瓷器湛蓝绚丽的颜色和飘逸隽永的神采，这是一种融合，也是一种创新。

10. 埃及亚历山大港

亚历山大港始建于公元前332年，是按其奠基人亚历山大大帝命名的，作为当时马其顿帝国埃及行省的总督所在地。亚历山大港是埃及在地中海岸的一个港口，也是埃及最重要的海港，埃及的第二大城市。亚历山大港不仅是一个古希腊文化的中心，它也是当时世界上最大的犹太人城市。亚历山大港是通往印度的陆路的起点，吸引了许多欧洲人，是古代欧洲与东方贸易的中心和文化交流的枢纽。历史上曾被马可·波罗称为与中国泉州刺桐港齐名的世界第一大港。中国宋代海外贸易的航路图表明，海上贸易航路最远可达阿拉伯半岛，并通过红海到达地中海南岸的亚历山大港（当时地中海贸易圈的重要港口）。

[①] 刘璟邦：《元代青花瓷器与丝绸之路中的跨文化交流》，《学理论·下》2014年12期。

11. 坦桑尼亚达累斯萨拉姆

达累斯萨拉姆在斯瓦希里语意为"平安之港"。达累斯萨拉姆是新中国援建的坦赞铁路起始点,坦桑尼亚首都(中国外交部承认的首都),第一大城市和港口,全国经济、文化中心,东非重要港口。它是海上丝绸之路沿线重要港口城市。我国明代郑和下西洋曾经到过达累斯萨拉姆的沿海地区。

坦桑尼亚是古人类发源地之一。公元前即同阿拉伯、波斯和印度等地有贸易往来。7~8 世纪,阿拉伯人和波斯人大批迁入。阿拉伯人于 10 世纪末建立过伊斯兰王国,波斯人曾在大陆东部沿海地区和桑给巴尔建立桑给帝国。1961 年坦噶尼喀共和国独立,1964 年坦噶尼喀和桑给巴尔组成联合共和国,改国名为坦桑尼亚联合共和国。

三、美洲航线国外著名港口

1. 菲律宾马尼拉港

"1525~1526 年,当西班牙所派遣的罗萨探险队经菲律宾时,也悉知中国帆船每年到菲贸易已成惯例,除以物易物外,1531 年麦哲伦抵宿务时,已见毛洛先民用铜钱作为贸易媒介,这种圆形方孔用绳子穿缚的铜钱来自中国,西班牙人称之为 Picis,曾在南岛一带流通。"①

"马尼拉大帆船贸易"是 16~19 世纪初西班牙殖民者在其殖民地与本土之间进行的商贸活动中的一环,在整个贸易过程中,西班牙人先用从美洲殖民地掠夺的白银从菲律宾收购中国商船运来的丝绸、瓷器和其他中国产品,再用大帆船横渡太平洋,将这些商品运抵新西班牙殖民地(今墨西哥)的阿卡普尔科港。然后一部分商船在此将中国商品就地出售,再装上美洲的白银回到马尼拉,以再次购买中国商品。

从 16 世纪后期到明朝灭亡的 1644 年,近 70 年间按照合法途径前往马尼拉的中国商船有近千艘,如果包括走私等其他并不合法的贸易形式,实际贸易量还要更多。而作为主要贸易品的白银正是在这一时期大量流入中国。白银存量的增加也为万历时期张居正等人实施的财税改革顺利推进提供了可能。

---

① 陈鹏:《从泉州发现的西班牙银币看大帆船贸易》,《闽南》2017 年 52 期。

在 18 世纪白银输入的高峰时期,每年以各种形式流入中国的白银达到 350 万两以上。后世使用成块银元的做法也来自这一时期输入的西班牙银圆的式样。白银的流入同样刺激了中国国内商业的发展,社会分工日趋细致,全国性市场初步形成。这一过程贯穿明清两代,是清前期社会发展繁荣的重要基础之一①。

"1565 年,西班牙殖民者为了维护其在菲律宾及拉丁美洲的殖民统治,开辟了自菲律宾马尼拉至墨西哥阿卡普尔科的大帆船贸易航线,把墨西哥银元载运到马尼拉,以换取中国的丝绸等商品。这条贸易航线前后维持长达两个半世纪,在世界航海史上,没有任何一条贸易航线能持续到如此之久,没有任何一种正规航行曾经历过如此艰难险阻。由于大帆船载运的主要货物是中国的生丝和丝织品,故人们普遍称之为'太平洋丝绸之路'。"②

"十六世纪末到十九世纪初,马尼拉帆船贸易,在浩渺的太平洋上开辟了一条丝绸之路。藉此,中国的丝绸、瓷器等产品源源不断地输入拉丁美洲各地;反过来,美洲的作物烟草、玉米、甘薯,以及墨西哥的银元等传播到中国,影响到明清以来的经济和文化活动。显然,马尼拉帆船贸易不仅推动了太平洋东西两岸的物质文化交流,而且也促进了两地知识界的相互认识和了解,这是具有重要的历史和现实意义的。"③

对于太平洋丝绸之路来说,它主要是开辟于大航海时代,在 16 世纪的时候成为了亚太地区与美洲新大陆海洋交通的主要航线,它主要是从广州、澳门、粤东以及闽南港口开始起航。首先直航到达菲律宾、马尼拉,接着就是横跨太平洋到达北美洲的墨西哥国家的卡普尔科港,随后就是前往南美洲的秘鲁、智利、阿根廷,以及中美洲加勒比海地区诸国。

"中国明代航海家郑和曾七下西洋,多次到访菲律宾的马尼拉海湾及维萨亚、苏禄等地,在两国民众中播下了友谊与合作的种子。鲜为人知的是,菲律宾也有苏禄王出访中国留下的一段佳话。明朝永乐十五年(1417年),苏禄苏丹率领家人及 300 多名随从组成友好使团,远渡重洋,从福建

---

① 于圣明:《历史上的"马尼拉大帆船贸易"与今日中拉贸易的机遇》,【观察者网专栏】,2017 年 11 月 23 日。
② 李金明:《联系中国与拉美贸易的"海上丝绸之路"》,《海交史研究》2001 年 2 期。
③ 刘文龙:《马尼拉帆船贸易——太平洋丝绸之路》,《复旦大学学报·社会科学版》1994 年 5 期。

泉州登岸,沿京杭大运河至北京,受到永乐皇帝的隆重接待。不幸的是,苏丹在返程路上突患急症,病逝于山东德州。永乐皇帝深为哀悼,为其举行了隆重的葬礼。苏禄苏丹从此长眠于此,部分家人留下守陵,其后人至今仍安居在德州,成为中菲友好交流的历史见证。"①

2.墨西哥阿卡普尔科港

阿卡普尔科始建于 1550 年,是墨西哥一座美丽且古老的港口城市。它是 1565～1815 年间西班牙殖民者通过菲律宾马尼拉港中转与中国进行"丝银贸易"的主要国际港口。西班牙殖民统治崩溃后,贸易逐渐衰弱。20世纪 30 年代末,贸易逐渐兴起,后为巴拿马与旧金山之间航船停靠点和墨西哥物产主要出口港,为太平洋沿岸乃至世界最优良海港之一。

阿卡普尔科历史博物馆曾是西班牙殖民时期修建的防海盗的要塞,这个博物馆通过实物介绍了阿卡普尔科的发展史。博物馆展出的实物中有许多中国古代的物品,如精美的瓷器、做工精细且色彩艳丽的丝绸制品等。原来,这些中国古代物品都是由当时被称为"中国之船"的马尼拉大帆船通过太平洋丝绸之路运来的。"中国之船"在返回菲律宾和中国时又将墨西哥的白银、玉米、花生、西红柿等运往亚洲。太平洋上的这条海上丝绸之路是 16 世纪开辟的,它把中国的广州、泉州、澄海等闽粤港口同菲律宾的马尼拉和墨西哥的阿卡普尔科的联接在一起。

"1573 年首批中国丝绸进入拉丁美洲市场而受到热烈欢迎。以后每逢满载中国商品的大帆船航抵阿卡普尔科港,立即引起全城的狂欢,连墨西哥城的骡马运输队也争先涌至港口。18 世纪末,墨西哥境内有 75000头骡子驮运中国进口货物,丝绸、棉花等纺织品占进口总额的 63％。"②除丝绸外,中国瓷器也风行拉美,"仅 1573 年驶抵阿卡普尔科的两艘帆船就运去 22300 件瓷器,有的瓷器可以换取等重的白银,有些中国商人则专门带着精美瓷器到美洲换取白银,被称为'购银者'"。③

---

①付志刚:《菲律宾:"一带一路"倡议重要的参与者、推动者和受益者》,《光明日报》2018 年 5 月 20
　日 8 版。
②沙丁、杨典求:《中国和拉丁美洲的早期贸易关系》,《历史研究》1984 年 4 期。
③安尼塔・布雷德利:《拉丁美洲与太平洋彼岸之关系》。

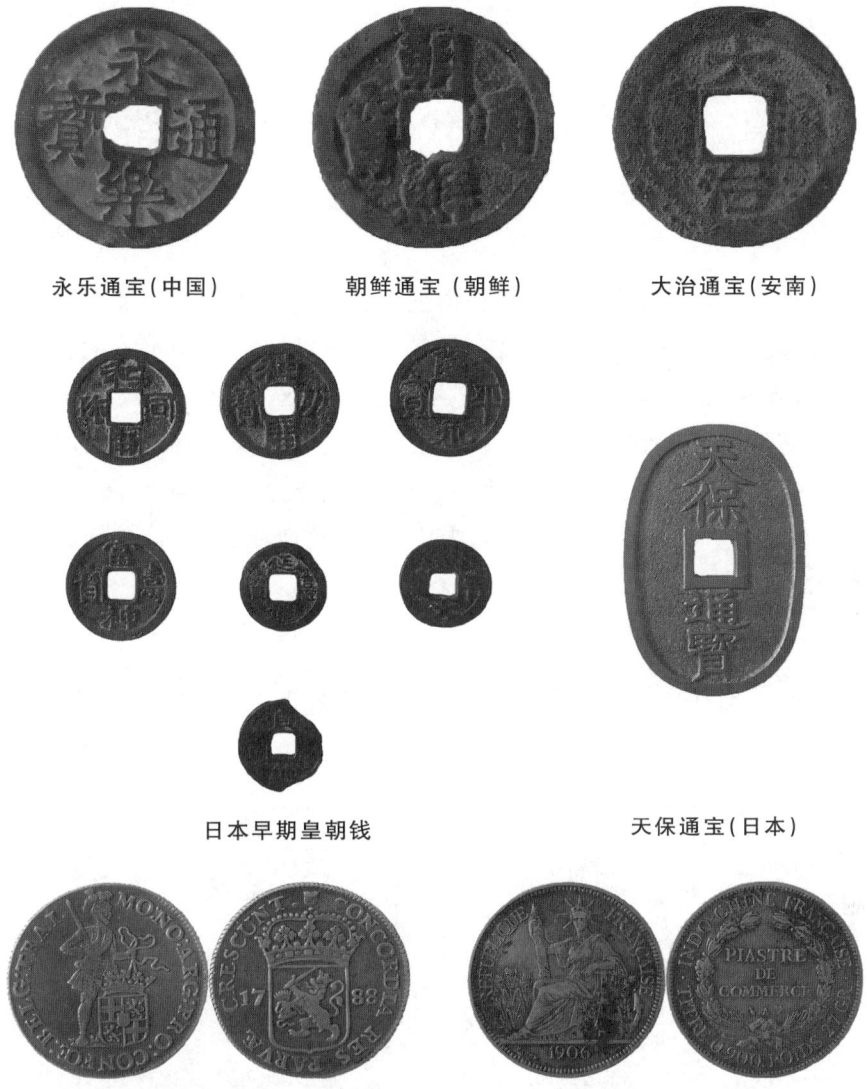

永乐通宝(中国)　　　　朝鲜通宝(朝鲜)　　　　大治通宝(安南)

日本早期皇朝钱　　　　　　　　　　天保通宝(日本)

荷兰早期持剑武士银币　　　　　法属贸易银币"坐洋"

第三章 中国古代"海上丝绸之路"
贸易及货币文化交流

历史上的海上丝绸之路主要是由民间的经济活动开辟的,中国先民征服海洋开拓出一条条海上贸易路线。这些海上大动脉从中国伸向世界各地,使世界各国、各族人民在政治、经济、金融、宗教、文化、艺术各方面都发生了密切的联系,促进了国家和人民之间的友好往来、交流和相互影响。这些海上丝绸之路,向东至朝鲜半岛和日本、琉球,甚至跨越太平洋远到美洲;向南通向东南亚、南亚,并以此为中转,远航西亚、阿拉伯各国直至非洲、欧洲。

第一节 海上丝绸之路贸易推动世界各国经济文化互通共荣

自宁波开往日本长崎的宁波船

一、海上丝绸之路贸易概说

当今学术界通常认为海上丝绸之路肇始于先秦,形成于秦汉时期,发展于隋唐期间。由于距离较近,中日两国通过东海航线海路交往十分便利。传说秦始皇为寻长生不老药,曾派徐福率领 3000 童男童女及工匠、技师等从宁波慈溪、象山等地(另有说法是从山东沿海)启航东渡日本,"日本至今仍有尊祀徐福为'蚕神'的做法"。[①] 唐朝时期,高僧鉴真东渡日本弘法。在鉴真东渡船上的携带物品中,除了海粮、佛经、佛具、工艺品、香料等物品之外,还有许多开元通宝铜钱:"青钱十千贯、正炉钱十千贯、紫边钱五千贯。"[②]史籍所记载的"紫边钱"、"青钱"和"正炉钱"皆为唐朝开元通宝钱不同炉别的称谓。此外他还向日本传授绘画、雕塑、印刷、榨糖、制药、缝纫、烹饪等技术,鉴真在中日交通史、中日文明史以及日本宗教史、日本文化史上都占有重要的历史地位。鉴真东渡弘法是继徐福东渡促进日本由绳纹文化迈入弥生文化后,日本文化的又一次大飞跃,至今日本文化仍到处可见汉唐遗风。

日本遣唐使和僧侣也频繁往来中国,大量丝织品通过海上丝绸之路运往日本,如今的奈良(当时日本国都)正仓院成为保存中国唐代丝织品的宝库,其中很多丝织品即使在当今中国也难见到了。明清时期,日本仍把从中国开往长崎贸易的商船称之为"唐人船",而这些商船大多是从江浙(主要是宁波)出发,顺风三天(一般七日)可抵达日本,并于次年候季风返航。

"另外一条商路则以广州为起点,以南海为中心,其间途经百余国,全程长达两万八千余里,是当时世界上最长的国际航线。当时的广州港,'大舶参天'、'万舶争先',唐代诗人刘禹锡曾留下'连天浪静长鲸息,映日帆多宝舶来'[③]的诗句。这条海上丝绸之路外输的主要商品是丝绸、瓷器、茶、铜铁器四大宗,回输的则主要是香料、花草等奇珍异宝。除中国人出海经商外,当时汇集广州的各国商人也很多,甚至出现了集中的侨居地(即所谓'蕃坊'、'蕃市'等),堪称'蕃汉万家'。开元二年(714 年),朝廷在广州设立市舶使,由专员负责管理来华船只及关税等问题,由此可见当时的对外

---

① 《专家揭秘"海上丝绸之路"的千年兴衰》,中国丝绸网(引用日期 2019 年 11 月 2 日)。
② [日]真人元开:《唐大和上东征传》宁乐遗文(下册),东京:东京堂,1981 年版,第 895 页。
③ 唐·刘禹锡诗《南海马大夫远示著述兼酬拙诗辄著微诚再有长句》:"连天浪静长鲸息,映日帆多宝舶来。"宝舶,装载珍宝的船,古代多指从事海外贸易的船舶。

贸易之繁荣。"①

"最早详细记载海上丝绸之路航线的是《汉书·地理志》。西汉初年,汉武帝平南越后,即派使臣沿着百越民间开辟的航线远航南海和印度洋,经过东南亚,横越孟加拉湾,到达印度半岛的东南部,抵达锡兰(今斯里兰卡)后返航。汉武帝时期开辟的航线,标志着海上丝绸之路的形成。"②因此早在公元前,便有东海与南海两条起航线。海路西达印度、波斯,南及东南亚诸国,北通朝鲜、日本。

海上丝绸之路东南海上通道。它系指从中国东南沿海出发,途经太平洋、印度洋而连接东亚、东南亚、南亚、西亚以及非洲各国和地区的海上交通线。这条通道,唐以前即有一定发展。自中唐以来,随着中国经济重心的南移,空前繁荣,成为我国对外联系的最重要通道。

"唐代,伴随着中国造船与航海技术的发展,我国通往东南亚、马六甲海峡、印度洋、红海,及至非洲大陆的航路的纷纷开通与延伸,海上丝绸之路终于替代了陆上丝绸之路,成为我国对外交往的主要通道。根据《新唐书·地理志》记载,唐朝时,中国东南沿海有一条通往东南亚、印度洋北部诸国、红海沿岸、东北非和波斯湾诸国的海上航路,叫作'广州通海夷道',这便是我国海上丝绸之路的最早称谓。宋代的造船技术和航海技术明显提高,指南针广泛应用于航海,中国商船的远航能力大为加强。宋朝与东南沿海国家绝大多数时间保持着友好关系,广州成为海外贸易第一大港。'元丰市舶条'标志着中国古代外贸管理制度又一个发展阶段的开始,私人海上贸易在官方鼓励下得到极大发展。但是为防止铜钱外流造成钱荒,南宋政府于1219年下令以丝绸、瓷器代替铜钱交换外国舶来品。这样,中国丝绸和瓷器向外传播的数量日益增多,范围更加扩大。"③

瓷器和丝绸一样,受到世界各国人民的欢迎,被视为财富的象征,有时候可以代替金银货币作一般等价物使用。"当时,中国瓷器不仅深刻地影响了世界上一些国家的政治文明,而且对各国社会生活乃至经济生活也产生了深远的影响,在菲律宾社会生活中,拥有中国瓷器的数量往往成为衡量个人财产、社会地位、名誉声望的重要标志。瓷器还是金银的等价物,在

①金满楼:《海上丝绸之路:最早叫法是"广州通海夷道"》,《海南日报·海南周刊》2014年4月14日。
②金满楼:《海上丝绸之路:最早叫法是"广州通海夷道"》,《海南日报·海南周刊》2014年4月14日。
③《海上丝绸之路千年兴衰史》,人民网2014年5月20日。

市面上流通,可以用来作借贷的抵押品和缴纳法庭罚金的'货币'。1717年4月19日发生了一件世界外交史上的奇闻:奥古斯特二世与邻国普鲁士国王达成一项交换协议,用自己的600名骁勇的御林军将士换回127件中国瓷器。这批瓷器中有18只选型各异、釉彩纷呈的大型花瓶,世称'近卫花瓶',至今仍陈列在德国德累斯顿博物馆内。这是中国瓷器具有与人的'生命'等值的一个例证。"[①]

宋代海上丝绸之路的持续发展,大大增加了朝廷和丝绸之路沿海港城的财政收入,一定程度上促进了经济发展和城市化生活,也为中外文化交流提供了便利条件。宋朝实行全方位开放政策,推动了与周边国家经济、文化的进一步交往,主要表现在设置市舶司,颁布"元丰市舶条"外贸管理条例以促进通商贸易的繁荣,推行友好的"航海外交"、科学技术输出、货币文化传播等诸多方面。当时同中国进行贸易的国家和地区扩大到亚、非、欧三大洲。海上丝绸之路发展进入鼎盛阶段。

唐宋之交,中国经济重心南移,东南沿海一带经济快速增长,对外贸易十分繁荣。宋朝有三大对外贸易主港,分别为广州、明州(宁波)、泉州。

元朝制定了中国历史上第一部系统性较强的外贸管理法则:"至元法则"和"延祐法则"。元世祖在至元十四年(1277年)首先准许重建泉州市舶司,有元一代不变。又命唆都、蒲寿庚"诏谕诸藩",委蒲寿庚长子蒲师文为正奉大夫宣慰使左副都元帅兼福建路市舶提举,旋又命为海外诸藩宣慰使。泉州海舶蚁集,备受称赞,海上贸易东至日本,西达东南亚、波斯、阿拉伯、非洲。《马可·波罗行纪》记载:刺桐(即泉州)是当时世界上最大港口之一,出口陶瓷、绸缎、茶叶、钢铁等,进口香料、胡椒、药材、珠贝等。

元世祖忽必烈在位时由于连年对外征战失败,因此先后进行四次海禁。1322年复置泉州、庆元(宁波)、广州市舶提举司,之后不再禁海。元朝航海家汪大渊,由泉州港出海远航至埃及,著有《岛夷志略》一书,记录所到百国。

明朝初年,朱元璋宣布实行"有贡舶即有互市,非入贡即不许其互市",及"不得擅出海与外国互市"的政策。不过,这一政策也有例外,即准许非朝贡国家船舶前往广东贸易,并由广州市舶司进行管理。及至明成祖时

[①]蔡子谔:《中国瓷器对世界的影响及广义读解》,《中国艺术报》2014年6月13日。

期,明朝开始主动组织大规模的航海活动,这就是历史上著名的"郑和下西洋"事件。1405 年至 1431 年间,在郑和的率领下,明朝官方船队七次下西洋,一路上到过亚洲、非洲 39 个国家和地区,最远到达非洲麻林地(今坦桑尼亚的基尔瓦·基西瓦尼)。

郑和下西洋是中国乃至世界航海史上的一大壮举,每次出访时,船队樯橹如云,云帆蔽日,数万人马如同出征。据《明史·郑和传》记载,郑和于永乐三年(1405 年)首次从苏州刘家港出发航海出使西洋时率领士卒 27800 余人,携带大量金币,共有宝船 62 艘,最大的长四十四丈(151.18 米),宽十八丈(61.6 米)。[①] 这些宝船高大如楼,每艘可载千余人。毫无疑问,这是当时世界上最大的海船和最强的船队。

明成祖之所以要派郑和下西洋,一方面是为了对外商贸与交流,另一方面也有向外国宣示国威的政治用意。与之后达·伽马、哥伦布、麦哲伦等著名西方航海家相比,"郑和下西洋"的规模更大、船只更多、人员更众、时间更久,堪称"大航海时代"的先驱。

在明朝官方的推动下,著名中国科学史专家李约瑟在《中国科学技术史》中认为"明代已有大帆船(非郑和船队)到过非洲南端的厄加勒斯角并进入过大西洋水域"。[②] 这一经历,对后来达·伽马绕过非洲好望角并开辟欧洲到印度的海上航线及对麦哲伦的环球航行都具有先导作用。"从这个意义上说,开始于秦汉的'海上丝绸之路',到明朝已达顶峰。"[③]

海上丝绸之路的开通给世界各国人民带来了幸福。"得益于海上丝绸之路的开通,许多国家的民众生活有了很大改变。三国时期,吴国遣使朱应、康泰访问今柬埔寨时,根据康泰建议,当地人开始使用中国丝绸制成筒裙。《初刻拍案惊奇》所记载的'转运汉遇巧洞庭红'讲述了一只中国南方的小橘子,经过海上丝绸之路,漂洋过海在西欧安家,一度挽救了 17 世纪成千上万名欧洲海员的性命的故事。迄今,它仍被荷兰人和德国人称为

---

①《明史·郑和传》:"永乐三年六月,命和及其侪王景弘等通使西洋,将士卒二万七千八百余人,多赍金币。造大舶,修四十四丈、广十八丈者六十二。"
②[英]李约瑟:《中国科学技术史》,科学出版社 1975 年 7 月版,第 4 卷第 3 分册。
③金满楼:《海上丝绸之路:最早叫法是"广州通海夷道"》,《海南日报·海南周刊》2014 年 4 月 14 日。

'中国苹果'"。①②

王杰认为,海上丝绸之路的开通,使许多国家的民众生活有了很大改变。这个观点是十分正确的。他所举案例:"明·凌濛初《初刻拍案惊奇》所记载的'转运汉遇巧洞庭红'讲述了一只中国南方的小橘子,经过海上丝绸之路,漂洋过海在西欧安家,一度挽救了17世纪成千上万名欧洲海员的性命的故事"③,很有意思。虽然这一说法值得商榷,但据考证,橘、柑、橙等柑橘类果树的确是公元1471年(明成化七年)才从我国传入葡萄牙的里斯本。而凌濛初《初刻拍案惊奇》所记载的"转运汉遇巧洞庭红"的故事主人公文实(字若虚)恰恰是明朝成化年间,苏州府长州县阊门外人。本书认为,这个故事讲述的内容正是明朝时期海外走私贸易的一个真实写照,并非子虚乌有。

二、海上丝绸之路货币文化的交流

货币是文化的载体。货币不仅是价值尺度和流通手段,而且是大众信用媒介,内蕴信用文化。货币又是国家政治、经济、法律道德、文化艺术及综合国力的反映。货币包含十分丰富的历史文化,货币上的优美图案、书法文字、艺术雕刻和制作工艺往往是文明的结晶。中国古代货币,伴随着海上丝绸之路贸易,大量流往世界各国,不仅作为"国际货币"使用,并且是一种文化交流。与此同时,古代外国货币也通过海上贸易不断输入中国。

海上丝绸之路自开辟之日起,至今持续了约二千多年,经历了多个朝代。中国的丝绸、陶瓷、茶叶和其他手工业、农业产品,通过海道,运销到亚洲和非洲的许多国家和地区,重心在南洋,并间接地转销到欧洲和美洲。海上丝绸之路的商品交换,采用何种货币? 用什么作支付手段? 从中国史籍和一些外国史料,以及中外出土的一些资料看,总的来说"以货易货"是

---

① 橘子原产地是中国,主要产自长江中下游和长江以南地区。经阿拉伯人传遍欧亚大陆,橘子至今在荷兰和德国都还被称为"中国苹果"。据考证,直到1471年,橘、柑、橙等柑橘类果树才从我国传入葡萄牙的里斯本,1665年才传入美国的佛罗里达。

② 陈鹏:《海上丝绸之路是一条创新之路——大连海事大学教授王杰访谈》,《光明日报》2015年4月13日5版。

③ 陈鹏:《海上丝绸之路是一条创新之路——大连海事大学教授王杰访谈》,《光明日报》2015年4月13日5版。

主要的,金银是通货、中国铜钱和中国纸钞亦可以使用。[①]

与此同时,丝绸也作为一种货币长期在海上丝绸之路各国通用。丝绸并不是我们想象的那么简单的一种服装原料,它在历史的很长时间里,还承担着重要的货币职能。"素绢,即未染色的平纹丝绸,在唐朝和铜钱一样用作货币。"[②]据专家对吐鲁番文书的研究,"唐武周年间(690 年前后)和天宝时期(745 年前后)的 55 年间,银币与丝织品之间的兑换率一直是一匹绢练换十文银,而铜钱则从一文银换 32 文铜贬值到一文银换 46 文铜,贬值约 30%。很显然,相对来说,绢练对于中西诸方来说具有公认的价值,具有较高的信誉,因此,它在丝路沿途可以作为硬通货来使用。"[③]

唐代货币"钱帛兼行"制度是从东汉以来货币基本结构的继续,因为黄金白银作为上币的地位没有真正确立,唐初白银货币虽已流通,但使用范围不广,而铜钱本身又不方便大额交易,因此绢帛作为实物货币是补上币之不足而出现的。

唐朝初年,市面上的主要商品,如马匹和粮食等,其价格大都以绢帛来计价,贵重商品一律以绢帛计算。唐玄宗开元十六年(728 年)规定绢与铜钱的比价为每匹 550 钱。帛以匹为单位计值,其大小在唐朝是有定式的,如幅宽为 1 尺 9 寸至 2 尺,长不过 40 尺,面积为 72～78 平方尺。这是绢帛作为价值尺度的例证。

绢帛还广泛用于各种支付手段,如赏赐、借贷、薪俸、租金、纳税等。"两税法"[④]实施后,名义上赋税都要用铜钱交纳,但实际上可以用绢帛代钱,后又允许直接用绢帛交税。《新唐书·食货志》记载唐天宝年间朝廷收入的大部分是绢帛、谷粟,铜钱比重不大。在总收入中,铜钱所占比重只有3.7%。朝廷开支也大都用绢帛,官俸一半以匹缎支付,行政费用、军费也以绢帛为主。

绢帛作为货币的突出地位和作用在唐朝前期表现较为明显。到盛唐

---

①吴平:《海上丝绸之路货币探索》,《福建省钱币学会第二次会员代表大会、第五次东南亚历史货币暨海上丝绸之路货币研讨会专辑》,1994 年。

②[美]芮乐伟·韩森著,张湛译:《丝绸之路新史》序言,北京联合出版公司 2015 年 8 月版。

③赵丰:《丝绸之路:鲜为人知的历史细节》,《北京日报》2013 年 12 月 16 日。

④两税法:又称"两税制",是指由征收谷物、布匹等实物为主的租庸调法,改为征收金钱为主,一年两次征税。两税法改变了"租庸调"据丁征税的作法,实行以财产多少为征税标准,于唐德宗建中元年(780 年)开始实行。

时期以后,随着经济的繁荣,铜钱的铸造量大增,绢帛的货币地位开始动摇,唐中期以后,绢帛逐渐退出货币行列。①

海上丝绸之路出现的重要原因之一是经济上互通有无的需求。其主要表现为商贸形式,尤其是民间交往为主流的状态。作为海上丝绸之路贸易媒介的货币,在各个历史时期表现形式是多种多样的,丝绸在海上丝绸之路贸易初期就承担了货币的职能,例如西汉时中国便以输出丝绸、五铢钱与黄金来换取各类异域珍奇。丝绸不仅仅是在唐代普遍在海上丝绸之路贸易中作货币使用,甚至到南宋时期,朝廷因"钱荒"在海外贸易中也明确规定丝绸可以承担货币职能。本书认为,按照马克思主义逻辑与历史相统一的思维方法,研究海上丝绸之路贸易的历史起点是丝绸,同时研究中外货币文化交流的逻辑起点也应该是丝绸。

唐高祖武德四年(621年),朝廷废除五铢钱改铸开元通宝新钱,这种铸工精良的方孔圆钱,不仅是整个唐代的主要货币,而且在高句丽、新罗、百济、琉球、日本以及东南亚各国都通行无阻,实际上是当时的一种国际货币。唐诗有云:"梯航万国来,争先贡金帛。"②伴随着朝贡贸易的勃兴,海上丝绸之路在唐宋时期迎来了空前的大发展,大繁荣。

"中唐以后,布帛货币已不能适应市场交易的需要,其货币作用逐渐趋于衰退。贵金属白银作为货币逐渐受到人们的重视。本来,唐代的法律不承认白银为合法货币,但由于交换、支付使用方便,人们多乐于用白银,致使后来朝廷的经费也使用白银了,所以实际上白银货币在唐代已具有多种用途,如:商品交易、租税、赈济、赏赐、贡奉、军费、布施、官俸、债务等等。"③

唐朝的中国是个开放的国度,与外界的交往频繁,尤其是海上丝绸之路商贸活动至为繁盛。"据李肇《唐国史补》记载,盛唐时每年有大批商船自南海开进广州进行商贸活动。唐中期之后,海路商贸活动尤盛,大食、波斯商人在南方沿海地区常住人口达数十万之众,在广州、泉州、宁波等地还专门设有蕃坊供阿拉伯、波斯商贾驻留。然而,中亚、西亚国家皆用银币,难以与中国的铜钱直接互换相通,要实现贸易交换,用以分量计值的银锭是最便利的。人们在制作相关白银货币时,首先想到的便是如何呈现所用

---

① 戴建兵:《中国货币文化史》,山东画报出版社 2011 年 8 月版,第 69～70 页。

② (唐)王贞白:《王贞白诗词全集·长安道》。

③ 戴建兵:《中国货币文化史》,山东画报出版社 2011 年 8 月版,第 69～70 页。

银两是没有人为掺杂的高纯度银。换言之,贸易用银的形状要让人一目了然地看到,银两本身没有任何机械夹杂和合金混杂。于是,船型银铤便应运而生。具体取形时采用这一奇怪的、酷似舟船的铤型,也许与当时中外贸易要频繁使用水路舟船有某种程度的思想渊源。"①

丝绸之路贸易是促进中国接受白银货币的途径和平台,尤其是海上丝绸之路贸易是中国开始接受白银的重要途径。受朝廷的重视与支持,唐朝对外贸易发展非常迅速。到了唐德宗时,他的宰相贾耽撰写的《皇华四达记》中记载了当时通往周边民族地区和域外七条交通干道:一曰营州人安东道,二曰登州海行人高丽、渤海道,三曰夏州塞外通大同、云中道;四曰中受降城人回鹘道;五曰安西人西域道;六曰安南通天竺道;七曰广州通海夷道。当然还有从首都长安分别通往南诏的南诏道和通往吐蕃的吐蕃道,一直到云南。以长安为中心,全国各地设置大量驿站,除了可以通邮,方便官员出行时休息,最重要的还是互通贸易。据《唐六典》记载当时驿站有1639 所,其中水驿 260 所,陆驿 1297 所,水陆相兼 86 所。在唐朝,驿站无论是对陆上丝路贸易还是海上贸易丝路都起到重要作用。②

两宋之后海上丝绸之路兴起,瓷器和茶叶的外销量逐渐增加,和丝绸一并成为中国大宗贸易的三大支柱。海外贸易对货币的需求更加强烈,使得中原地区的铜钱随着货船大量外流。考古学家们在今天的日本、越南以至非洲东海岸都发现了宋代铜币的踪迹。宋代名臣张方平由此痛陈"钱荒"的原因在于:"以此边关重车而出,海舶饱载而归……钱本中国宝货,今乃与四夷共用。……盖自弛禁数年之内,中国之钱日以耗散,更积岁月,外则尽入四夷,内则恣为销毁。"(《宋史》卷一三三《食货志下·钱币》)沈括在向宋神宗分析"钱荒"时认为:"四夷皆仰中国之铜币,岁阑出塞外者不赀。……近岁,以疥疾乾没之为蠹,一切募民入饩牵于京师,虽革刍牧之劳,而牛羊之来于外国,皆私易以中国之实钱。如此之比,泄中国之钱于北者,岁不知其几何。"(《续资治通鉴长编》卷二八三)"在这个意义上可以说,无论是否出于自愿,宋代中国货币的国际化水平达到了历史上最鼎盛的程度。"③

---

①周卫荣、杨君:《中国古代银铤形制演变刍议》,《中国钱币》2014 年 4 期。
②周卫荣:《丝路贸易与中国古代白银货币》,《宁波晚报·人文周刊》2016 年 4 月 3 日。
③张亚光:《"一带一路"历史中的文化输入与货币输出》,新浪财经网 2016 年 3 月 8 日。

　　南海诸国还有兼用外国钱币的习惯,中国铜钱、古罗马金币、波斯银币,在这些国家的考古遗址中时有发现,其中中国铜钱出土最多。1994年,姚朔民介绍,印度埃格摩尔、马德拉斯和泰米纳德政府博物馆收藏有一批中国古钱,这些古钱出土地点为印度东南部的泰米什纳德邦坦贾武尔地区的窖藏。"窖藏共3个,出土古钱2165枚:1号窖藏有20枚,2号窖藏有1822枚,3号窖藏有323枚。现存资料分析,1号窖藏宋钱占该窖藏古钱总数的83%,2号窖藏宋钱占该窖藏古钱总数的95%,3号窖藏宋钱占该窖藏古钱总数的93%,3个窖藏还出土了少数汉唐古钱。泰米什纳德邦坦贾武尔地区与斯里兰卡隔海相望,位于唐宋时期南天竺注辇国境内,说明宋代钱币不仅在南海诸国使用,在相邻的印度洋国家也有流通。郑和下西洋时代,据马欢《瀛涯胜览》、费信《星槎胜览》等记载,暹罗、爪哇、三佛齐,乃至印度洋的锡兰,都使用中国铜钱(以宋钱为主)。这样,中国钱币在东南亚、印度洋一些国家和地区充当了国际通用货币的角色,大行其道,不仅在南海贸易中发挥重要的作用,而且对相关国家货币制度、经济制度产生了深远影响。如果说连结东西方的海洋航线是一条历史久远的流淌不息的'海上丝绸之路'、'陶瓷之路'、'茶叶之路',那么称之为'铜钱之路'也未尝不可。"①

　　中国货币在当今世界各国大量出土,成为古代丝绸之路贸易的历史见证。自唐代开始,历经宋、元、明三朝,直至清代,中国货币持续不断地流向东亚、东南亚、南亚、西亚及非洲东部诸国,甚至到达欧洲和拉美各地,流播地域十分广阔。据宋人赵汝适的《诸蕃志》记载,宋代,中国商人"往往冒禁,潜载铜钱"②到海外国家贸易。明代马欢《瀛涯胜览》说,"番人殷富者甚多,买卖交易行使中国历代铜钱"。③ 这被世界各国大量出土的中国古代铜钱实物所证实。

　　"'南海Ⅰ号'沉船多次探察发掘都发现钱币,年代最早为东汉的'货泉',其次为隋唐时期的'五铢'钱和'开元通宝';少部分为五代十国钱币,如后周'周元通宝'、后唐'唐国通宝';绝大部分为北宋各年号铜钱,最晚的

---

①李庆新:《货币、贵金属与外销瓷——从考古发现看明前期的南海贸易》,《澳门理工学报·人文社会科学版》2012年1期。

②(宋)赵汝适:《诸蕃志》。

③(明)马欢:《瀛涯胜览》。

年号为南宋'绍兴元宝'。前后出水铜钱约 17000 枚。2004 年 5 月,连续数天都有钱币出水,前后出水 6000 多枚,最多一天达到 4000 多枚。很显然,中国钱币在东南亚、印度洋一些国家和地区充当了国际通用货币的角色,大行其道。"①"目前发现的南宋时期的沉船南海Ⅰ号和在韩国出水的元代新安沉船都发现了数量不少的银铤,说明白银也是海外贸易中重要商品和货币。"②

因为日本是一衣带水的邻邦,日本成为中国古钱流入最多的国家之一。"据入田整三氏在《考古学杂志》第 20 卷 12 号(昭和五年)的考古调查报告中发表的 28 处出土的中国钱币计算,总数达 554714 枚,计 87 个品种,其中超过万枚以上的有 15 种,最早的是唐武德四年始铸的'开元通宝',最晚的是明洪武元年始铸的'洪武通宝'和永乐九年始铸的'永乐通宝',其余 12 种都是宋钱。由此说明宋钱在中世纪时期,对日本经济的发展,起了举足轻重的作用,这是历史货币的佐证。1923 年 9 月,在日本冲绳那霸市域岳贝家距地表 0.3 米处,发现一枚战国时期的'明刀',这是迄今为止在日本境内发现最早的中国古代货币。就窖藏分布而言,截止到 1998 年在日本发现中国古钱币窖藏 275 处,遍及从北海道到冲绳的 1 都 1 道 2 府 39 县,钱币总数估计达 353 万枚。包括唐、宋、元、明钱,可见在一个很长的时期里,日本主要使用的货币为中国钱币。"③

另外,2017 年 12 月 25 日,日本琦玉县莲田市黑滨发掘的一个大瓮中发现大约 10 万到 20 万枚的中国铜钱。报道说,出土的铜钱从中国唐朝的"开元通宝"(初铸年份 621 年),一直到明代的"永乐通宝"(初铸年份 1408 年)等 19 种古钱。由此可以推算这些铜钱于 15 世纪以后埋于地下。④

"在当今朝鲜和韩国出土发现的中国古代货币也很多,其中不乏中国早期货币。据《朝鲜商业史》记述,在朝鲜发掘'明刀'钱的区域有二十余处,每处出土数量至少有数百枚,有时多达数千枚。在平壤周围的乐浪古墓、黄州郡仙峰里 1 号墓葬等处还曾出土过中国汉武帝元狩四年(前 118

---

① 李庆新:《南宋海外贸易中的外销瓷、钱币、金属制品及其他问题——基于"南海Ⅰ号"沉船出水遗物的初步考察》,《学术月刊》2012 年 9 期。
② 李晓萍:《试论元代海外贸易下的几个货币问题》,2016 年中国钱币学会"丝绸之路货币与贸易"研讨会主题发言稿。
③ 涂师平:《中国古钱海外遗存知多少》,《宁波通讯》2011 年 14 期。
④《日本琦玉县发掘出大量中国古代铜钱》,中日网(引用日期 2019 年 11 月 2 日)。

年)铸造的'五铢'钱。在韩国济州道山地港,还出土有中国王莽时期(9～23 年)铸造的'货泉'11 枚、'货布'1 枚和'大泉五十'钱 2 枚以及'五铢'钱等。除了陆地窖藏之外,海洋沉船考古也是宋以后钱币流通种类和数量的重要依据之一。韩国在朝鲜半岛西南部新安海域的沉船中发现了 800 万枚中国古代货币,数量之巨,令世界震惊。"[1]

越南自古以来就一直使用中国货币。"1899 年,在越南河内一处'竞赛场宝藏'的两个陶缸中共计出土各类古钱 23,000 余枚,其中有中国古钱 22,925 枚,其铸造年代从公元一世纪的西汉,直至南宋绍兴时期(1131～1163 年),几乎包括了这个时期历代诸皇朝铸造的钱币,其中唐代占 2,293 枚,北宋 20,618 枚。这批窖藏钱币说明,在越南丁、黎、李、陈朝时期,就有大量的中国钱币在越南流通使用。"[2]

中国钱币在印度尼西亚也大量发现。1956 年宋庆龄副主席《访问印度尼西亚的报告》中提到在巴厘岛上我们发现比别处较多的中国钱币,在国内看不到的铜钱,在那里家家户户都能找到。这种铜钱停止使用,还是不久的事,现在人家把它们一串串吊起来,作为宗教仪式上不可缺少的神器。由此可见,中国与印度尼西亚在历史上文化关系的密切,是符合历史事实的。印度尼西亚在古代和近代一直流通中国的历代货币。"《瀛涯胜览》记载的爪哇国条载:'买卖交易,行使中国历代铜钱。'据于春水在《走马看泉,话东南亚泉情》一文中估计,仅巴厘岛和龙目岛两地,民间保存的中国铜钱可能有 1000 吨或者更多。在明万历罗日耿著《咸宾录》的爪哇条中,也有关于'市用中国铜钱'的记载。而印尼法典《古多罗摩奴法轮》中,关于古爪哇的法律规定:对盗窃、杀人、暴行等违法者,分别要罚款 250 枚至 16 万枚铜钱,这部法典有关罚钱的规则,正好和明朝史书的记载相呼应。"[3]

"新加坡古称单马锡、淡马锡。据新加坡学者邱新民氏报告:1821 年 2 月 3 日,JohnCrawtard 在淡马锡旧壕发掘到中国古钱一批,内中包括宋代太祖(960 年)、真宗(998～1021 年)、仁宗(1023～1063 年)、神宗(1068～1085 年)年间所铸造的不同年号的方孔圆钱,随同古钱一起出土的还有数量不菲的宋代青瓷碎片等。1989 年 11 月,在新加坡国会大厦奠基时获得

---

① 涂师平:《中国古钱海外遗存知多少》,《宁波通讯》2011 年 14 期。
② 涂师平:《中国古钱海外遗存知多少》,《宁波通讯》2011 年 14 期。
③ 涂师平:《中国古钱海外遗存知多少》,《宁波通讯》2011 年 14 期。

300 余件地下遗物,除了瓷、陶、饰物等外,还包括一些中国古钱。泰国出土的中国古钱数量也非常多。1980 年在暹罗湾吞武里海域,曾发现一艘沉船,船上载有十多万枚唐、宋铜钱。在今泰国中央银行博物馆、泰国国家银行博物馆、宋卡博物馆陈列有大量的中国古钱币。"①

作为东方独立货币体系的以方孔圆钱为特征的货币文化,它的影响远远超出东方,而流播于世界各地。

在遥远的中部非洲,这个地区出土的中国陶瓷与方孔圆钱共存,说明中国同非洲之间直接友好往来和贸易关系有了进一步发展,特别到了明初郑和下西洋时,把这种友好关系推到了顶峰。

"在索马里的摩加迪沙先后出土 47 枚具东方货币特点的方孔圆钱。其中有五代'唐国通宝',两宋的'天禧通宝'、'熙宁元宝'、'元丰通宝'、'绍圣元宝',还有 6 枚'永乐通宝'。这与郑和下西洋的船队到过该地有关。布腊瓦、梅尔卡都也出土过方孔圆钱。在肯尼亚的给地与安哥瓦那均出土过两宋时代的方孔圆钱。在坦桑尼亚的桑给巴尔岛上的卡将瓦,发现中国钱币窖藏,出土了 250 枚中国钱币。除 4 枚'开元通宝'外,其余均为宋钱。其中从宋真宗开始到宋度宗均有,说明是南宋末期所藏。刀菲亚岛出土 9 枚宋代方孔圆钱。基尔瓦岛在 19 世纪 80 年代,发现窖藏,除基尔瓦钱币 127 枚,中国钱币有'淳化元宝'、'政和通宝'和'熙宁元宝'。英国东非研究所在当地发掘了 9 枚北宋方孔圆钱,在海滩采集到 11 枚北宋钱,2 枚南宋钱。上述非洲三国共出土中国钱币 330 枚,其中唐钱 4 枚,五代钱 1 枚,北宋钱 142 枚,南宋钱 64 枚,明钱 10 枚,清钱 4 枚,年代不明 105 枚。在这些钱币中宋代钱币占 90%以上。由此说明这些地区也正是宋朝特需商品——香料、象牙、犀角等的产地。为了换取这些商品,宋代的瓷器、丝绸、茶叶……也源源不断地从海上运往东非。同时宋船也带去大量钱币来购买这些商品。"②

非洲出土中国钱币具有重要的历史意义。据《海交史研究》1988 年第 2 期马文宪的文章:(1)索马里摩加迪沙、布腊瓦和梅尔卡三处共出土 50 枚中国钱币,最早是五代钱币,最晚是清"顺治通宝",但大部分是两宋钱

①涂师平:《中国古钱海外遗存知多少》,《宁波通讯》2011 年 14 期。
②许永璋:《北宋钱币在非洲的发现及相关问题》,《中原文物》1993 年 2 期。

币。(2)肯尼亚有给地和安哥瓦那共出土 8 枚中国钱币,除一枚为明代外,其余均系宋代。(3)坦桑尼亚达累斯萨拉姆、桑给巴尔岛、马菲亚岛和基尔瓦岛,相继共出土中国钱币 272 枚,大部分也是宋钱。

"近代以来,非洲出土的大量中国文物(包括钱币、瓷器等),为研究古代中非关系史提供了珍贵的实物史料。就非洲发现的中国古代钱币来说,其年代上自唐代,下至清代,而以宋代钱币的数量为最多。"①

"2013 年 3 月 13 口,美国和肯尼亚联合考察团在肯尼亚曼达岛上发现了一枚由铜、银混合铸成的钱币,钱面上铸有'永乐通宝'字样。考察团成员库辛巴据此称:'人们知道,非洲大陆与世界其他国家一直有着联系,但这枚钱币却可以让我们在中国与印度洋国家之间的关系这一领域展开新的讨论。'"②

这一枚距今约有 600 年历史的明朝永乐通宝钱币,表明中国与东非开展贸易的时间要早于欧洲,而且明朝航海家郑和曾经远涉至东非一带。另据外电报道,1993 年在加拿大育空地区的河狸溪(Beavercreek)也曾发现一枚永乐通宝。证明明代中国人已经到过北美了。

中国日报网 8 月 11 日电(信莲):据澳大利亚媒体澳洲佳报道(王唯),"日前,一群文物爱好者用金属探测器在澳大利亚北领地的艾科岛发现了一枚 18 世纪中国铜钱乾隆通宝。文物专家认为,这枚铜钱作为有史以来的第一件物证,证明了当时的中国商人和澳大利亚原住民之间确有贸易往来。"③

在澳大利亚北领地的艾科岛发现的清代乾隆通宝铜钱

货币发展到近代,许多国家都作了改革,但东方货币体系中方孔圆钱的余波尚在,有的还比较深刻。从 19 世纪 20 年代起,直到 20 世纪 30 年

---

① 许永璋:《北宋钱币在非洲的发现及相关问题》,《中原文物》1993 年 2 期。
② http://news.ifeng.corn/gnndong/detail_2013_03/15/23147194_O.shtml,凤凰网 2014 年 3 月 15 日。
③ 《大众考古》,2014 年 8 月 20 日。

代止,马来西亚版图上出现过许多小国家和地区,著名的有"吉丹兰"、"马六甲"、"槟榔屿"、"丁家奴"、"动捞越"等。其中一些国家铸造发行了书写汉字的钱币。例如"彭享"1884 年(清光绪十年)发行的方孔圆钱"乾盛通宝"书体如童体,而且通字还少写一竖。1878 年(清光绪五年)法国在远东发行方孔圆钱,正面法文,背面书"大法国"与之"安南"书方孔左右,方孔上书"当",下书"二"圆。1898 年(清光绪二十四年),朝鲜光武二年所铸的"五分"分币,"五分"两字仍用汉字。

"在这条海上丝绸之路通道上,自汉代开始,历经唐、宋、元、明数朝,直至清代,中国铜钱持续不断地流向东亚的朝鲜、日本,东南亚的越南、柬埔寨、泰国、新加坡、印度尼西亚、文莱,南亚的印度、斯里兰卡,西亚的伊朗、科威特以及东非的索马里、肯尼亚、坦桑尼亚等地,流布十分广泛。据宋人赵汝适《诸蕃志》记载,宋朝时,中国商人'往往冒禁,潜载铜钱'到海外国家贸易。明代马欢《瀛涯胜览》说,'番人殷富者甚多,买卖交易行使中国历代铜钱'。"[1]发现中国方孔圆钱的国家和地区还有中南美洲的墨西哥、尼加拉瓜、巴西、秘鲁、圭亚那、智利、加勒比海地区及西印度群岛。这都说明东方货币文化已波及到这些国家与地区。在这些国家与地区出土的方孔圆钱多为宋代钱币,说明东方货币体系形成后,至少到宋代开始大量向世界传播。

"自 19 世纪以来,中国铜钱通过海上贸易外流的现象不断被考古发掘和实地调查所证明。在我国近海海域和上述提到的国家,均发现了大批中国古铜钱。在其他许多国家,也发现了数额巨大的中国铜钱。这一方面说明中国铜钱外流的规模相当大;另一方面说明这条通道的每一步都伴随着铜钱交流,存在着一条以中国为主导,输出海外的'铜钱之路'。"[2]

历史上,中国货币通过丝绸之路大量输送到国外,不仅对输入国的货币金融政策产生巨大影响,而且是一种强大的文化输出,有利于中华文化的传播和国家之间的文化交流。

由于宋代铜钱受到海上丝绸之路沿线国家和地区民众的普遍欢迎,需求量巨大,造成铜钱大量外泄,以致宋朝经常发生钱荒。朝廷屡次颁发禁令,限制铜钱外流,都成一纸空文。虽然铜钱大量外流,造成宋朝多次发生

①林文勋:《钱币之路:沟通中外关系的桥梁和纽带》,《思想战线》1999 年 5 期。
②林文勋:《钱币之路:沟通中外关系的桥梁和纽带》,《思想战线》1999 年 5 期。

钱荒,但今天用辩证唯物论与历史唯物论的观点来分析,宋钱外流,对海外各国商品经济的发展,起了推波助澜的作用,同时也促进两宋经济的繁荣,是相辅相成、互惠互利的关系。正如马克思所说:"货币经营业的发展又自然会与商业经营业的发展齐头并进。"①

第二节　海上丝绸之路贸易促进中国经济社会发展

唐代中国对丝绸之路的经营不仅是政治和军事上的成功,也是经济上的成功。成功的秘诀乃在于把丝绸作为货币推向丝绸之路,一直推到北高加索地区,丝绸还在作为货币而流通。两宋之后海上丝绸之路兴起,瓷器和茶叶的外销量逐渐增加,和丝绸一并成为中国大宗贸易的三大支柱。海外贸易对货币的需求更加强烈,使得中原地区的铜钱随着货船大量外流。

一、海上贸易流入的外国货币,见证海上丝绸之路的繁荣

经海上丝绸之路流入中国的外国货币,呈现出阶段性特点。汉唐和宋元时期,流入的主要是波斯银币和拜占庭金币。"1960 年在广东英德南齐墓、1973 年在广东曲江南朝墓、1984 年在广东遂溪县都发现了波斯萨珊王朝银币,总计约 30 余枚。据夏鼐先生的统计,在中国发现的波斯萨珊王朝银币达 1174 枚之多。"②由于外国钱币的不断流入,当时的人在东南沿海一带常能见到这种钱币。"南宋洪遵的《泉志》收录有钱币 348 枚,其中外国钱币有 85 枚,近 1/4。书中还说:'右大食国钱。《广州记》记曰:生金出大食国,彼方出金最多。凡诸贸易,并使金钱。《国朝会要》曰:大中祥符九年十一月,大食国以金钱、银钱各千文入贡。余按,此钱以金为之,面文象形,形制甚小,余至南海尚见之。'"③

流入中国的日本、朝鲜古钱币为数不少,流通范围广,各地时有发现,其中尤以沿海省份最为常见。日本于和同元年(708 年)开铸的"和同开珎",是日本最早自铸的钱币,1972 年在西安何家村唐代窖藏出土 5 枚和

①《马克思恩格斯全集》,人民出版社 2006 年版,第 25 卷,第 453 页。
②夏鼐:《综述中国出土的波斯萨珊朝银币》,《考古学报》1974 年 1 期。
③储建国:《宁波海上丝绸之路与东方货币圈研究》,《宁波与"海上丝绸之路"国际学术研讨会论文集》,2005 年。

同开珎银钱;对于何家村出土的日本钱币,郭沫若考证认为,这种钱币是唐玄宗开元四年日本第七次遣唐使带入中国的。[1] "2005 年在宁波东钱湖陶公山山坡废墟上出土一堆唐朝古钱,其中也有 1 枚和同开珎铜钱;贞观元年(859 年)铸造的'饶益神宝',在日本也非常稀少,2002 年在浙江杭州雷峰塔地宫中出土 1 枚。"[2]

"1995 年 12 月,广东省新会市振兴三路因基建发现地下埋藏着数吨古钱币。出土钱币上至半两,下讫南宋咸淳元宝。以宋币为多,占 95%,其中北宋钱约占 78%。钱币中有秦汉、六朝、隋、唐、五代、辽、金钱币,并夹有高丽的'海东通宝'等货币。"[3]以上这些地方出土的日本、朝鲜古钱币都是早年经过海上丝绸之路贸易传入中国的。

日本和同开珎铜钱　　　　　　波斯萨珊王朝银币

明清时期,随着我国白银货币化的推进,国外的银币不断流入我国。"从明代中后期到清代中期,是西班牙人通过和中国贸易,以银币向中国换取丝绸、瓷器的时代,为此本来产银不多的中国,竟然开始在流通领域中大量使用银两——一种大批将西班牙银币熔化再重新铸造成船形的元宝。"[4]

西班牙双柱银币　　　　　　　　墨西哥鹰洋银币

①陈尊祥:《西安何家村唐代窖藏钱币的研究》,《中国钱币》1984 年 3 期。
②温法仁:《"海上丝绸之路"货币对商贸作用的研究》,《区域金融研究》2016 年 11 期。
③李锡鹏:《新会出土的古钱币》,《文物》2001 年 9 期。
④戴建兵、陈晓荣:《传教士与中国货币》,《江苏钱币》2008 年 2 期。

"1960 年在广东英德南齐墓葬中,出土 3 枚波斯萨珊王朝卑路斯王银币。1971 年至 1975 年,在福建的南安、晋江、惠安等县,曾先后 5 次发现西班牙银币。1973 年在广东曲江南华寺南朝墓中,发现有 9 枚波斯银币。1977 年,在广东的一座明代墓中,发现了三枚 15 世纪中叶的外国银币,其中二枚是满加剌的,一枚是威尼斯的(后者是 1457 至 1462 年威尼斯总督帕斯夸尔·马利皮埃罗所铸的)。"[1]"1984 年广东遂溪又发现 20 枚波斯萨珊王朝银币。1978 年,在上海黄浦区大沽路成都浴室附近则发现了两罐墨西哥银元和清代的银锭。1996 年 4 月 1 日,在浙江普陀山普济禅寺施工时出土 700 余枚西班牙银币。"[2]出土发现的外国银币还有很多。这些外国银币流入我国,是进行海上贸易的实物证据。

二、丝银贸易与明朝白银主币地位的确立

16 世纪 70 年代至 19 世纪初叶,中国和墨西哥之间开通了一条太平洋丝绸之路。这条从中国出发,经马尼拉到美洲的太平洋丝绸之路,促进了拉丁美洲经济的繁荣。中国的生丝促进了墨西哥丝织业的繁荣发展,陶瓷深受当地人的喜爱。墨西哥银元(鹰洋)大量流入中国,因此这条海上丝绸之路也被称为"丝银贸易"之路。

明朝白银的海外来源地主要是日本和美洲,明朝对白银的巨大需求刺激了日本和美洲的银矿开采,并把大量白银输往中国换取丝绸、瓷器、茶叶等商品,逐渐形成了以明朝为中心的世界白银贸易体系。这条"海上白银之路"也是以中国为主导,从海外输入白银的贸易之路。"日本白银输出从早期崛起到堪与欧洲匹敌的过程中,中国商人发挥了十分关键的作用。由于他们不断贩运生丝和其他货物到日本,日本方面为了完成交易而大量开采本地白银。外来的葡萄牙人很快参与到白银开采中来。在这一过程中,中国和葡萄牙商人从日本带走的白银量为数巨大。有学者认为在 1560 年到 1600 年之间,日本白银的年均输出量为 33750~48750 千克。"[3]

"当 1540 年葡萄牙人东来日本的时候,他们一开始只能加入倭寇的海盗团伙,但是,当发现中日间丝银贸易可以获得巨大利润的时候,于是就积

---

① 夏鼐:《扬州拉丁文墓碑和广州威尼斯银币》,《考古》1979 年 6 期。
② 温法仁:《"海上丝绸之路"货币对商贸作用的研究》,《区域金融研究》2016 年 11 期。
③ [印度]奥姆普拉卡什著,王雪莹译:《16~18 世纪输入印度的贵金属》,《中国钱币》2013 年 1 期。

极参与其中,开展了活跃的中介贸易,以中国丝绸交换日本白银,并将贸易范围扩大到欧洲。而西班牙扩张到亚洲以后,也几乎立即发现了以白银换取中国商品最为有利可图,紧接着就出现了美洲银矿的疯狂开采和运输。这些当然都是中国的白银需求推动了世界矿产开发的例证。"①

明朝末年,海禁渐开,葡萄牙、西班牙等海外商人相继来我国经商,葡萄牙人通过澳门、广州、宁波、泉州等地登陆,西班牙人通过吕宋(现菲律宾)经过华侨与中国大陆来往。当时外国商人用银元购买茶叶、丝绸、瓷器等物,而中国则只有少数人购买外国钟表,外国商人的贸易几乎全部是用银元来贸易,其中流通量最多的是"马剑"、"双柱"、"十字钱"等外国银币。

晚明时期浙东沿海私商贸易一度兴盛,西方殖民船队对于宁波已经相当熟悉,在其文献和海图中将宁波表记为"Liampo"。16世纪40年代,葡萄牙人来到宁波进行商业贸易,他们纠集中国海盗和倭寇占据宁波的双屿港,并将其建成东方的世界贸易大港。由于日本盛产白银,中国货物在那里可以赚大钱,葡萄牙人与中国和日本的三角贸易获利甚厚,而且在1542年发现日本白银之后的几年里,这种贸易是对所有人开放的。因此,宁波双屿港不断吸引来大批的葡萄牙人和中外私商,号称"16世纪之上海",并从这里继续前往日本和东南亚各地。

"在随后的历史时期,日本白银产量的绝大部分,以及占美洲产量3/4的世界白银流入了中国,总数极为庞大(日本白银开采的时间大约只有90年)。明朝经海上丝绸之路贸易流入中国的白银,远超本国270余年间国内开采的白银总量。而在明代后期中国拥有的白银总额中,属于国内生产的比重更是甚小。丹尼斯·弗莱恩和阿拉图罗·热拉尔德范曾经提出'世界贸易'在1571年诞生的观点,因为正是从那时起,一个世界贸易网络开始建立,世界市场雏形开始出现;而最为关键的是:白银成为'世界货币',它在世界经济一体化的历史进程中极为重要的作用,也已经显现出来了。"②

---

①《"海上白银之路"(1)五百年来谁著史(北大学者重估新中国体制问题)》,大洋读书网(引用日期2019年11月2日)。
②《为什么白银能成为明朝的合法货币》,中国军事论坛网(引用日期2019年11月2日)。

明后期从西班牙、日本和葡萄牙流入中国的白银数额简表

流出国别	流入中国的白银额（两）	备注
西班牙	87,750,000	根据崇祯年间梁兆阳《海澄县志》卷十一记载推算，此白银总额，折合西班牙比索为439,581,960元，即4亿元以上。
日本	200,000,000	
葡萄牙	42,762,750	
总计	330,512,750（超过3亿两）	

摘自王裕巽：《明代白银国内开采与国外流入数额试考》，《中国钱币》1998年第3期。

　　"白银在中国作为主币地位之确立，决定了明代以降大规模引进海外白银的政策，正是这个货币政策根本上改变了中国原有的联系世界的贸易线路，也逐步重塑了中国认识世界的方式。本来，西洋（印度洋沿岸、欧洲）和南洋（东南亚）是中国海外贸易的主要目标，而为了引进白银，中国的贸易线路开始经过马尼拉，面向太平洋另一端的美洲大陆。"①这条路线及在其上流动的白银，最终彻底改变了中国的金融业，刺激了中国银本位货币的出现。嘉靖年间，浙江巡按庞尚鹏，正是基于浙江沿海商人大量拥有进口白银的实际情况，首次奏请实行"一条鞭法"，后由张居正于万历九年（1581年）推广到全国，正式确立白银的主币地位，从而改变了明朝的货币政策。可以明确地说，正是"丝银贸易"中白银大量流入中国推动了中国银本位货币的根本改革。同时，丝银贸易输入的巨量白银，使明末清初海商迅速崛起，成为当时中国社会阶层中的一支中坚力量。

　　《海上纪略》说："成功以海外弹丸之地，养兵十余万，甲胄戈矢罔不坚利，战舰数以千计，又交通内地，收买人心，而财用不匮者，以有海洋之利也。"②郑成功曾建议隆武帝（即南明绍宗朱聿键）"通洋裕国"，将发展海外贸易作为反清复明的基本国策。郑成功是一个具有近代海洋意识的人，受时代因素影响，他抛弃了农本商末的观念，坚信商业也能立国。他的海上优势是建立在海洋之利的基础上，并且为捍卫海洋之利而存在，故能持久。

　　总体来说，通过海上丝绸之路贸易使中国拥有了大量白银。"在公元1800年以前的两个半世纪里，中国最终从欧洲和日本及亚洲大陆获得了大约60000吨白银，大概占世界有记录的白银产量的一半。最终，中国成

①《为什么白银能成为明朝的合法货币》，中国军事论坛网（引用日期2019年11月2日）。
②郁永河：《〈海上纪略〉伪郑逸事》，申报馆丛书本。

为世界最大的白银'秘窖'。由于中国具有相对更大的生产力和竞争力,因此吸储了最多的白银。"①"而白银的大量流入是由于在明朝对内对外贸易发展的基础上,商业利差和资本利差导致资本追逐的结果,白银的大量流入反过来又极大地刺激了中国商业化和货币化程度,带动了工商业乃至社会生活各个方面的进步。"②明代商业经济的兴盛促进了封建经济的发展与资本主义的萌芽。

日本"贸易银"银币

西班牙"双柱"银币

---

① [德]弗兰克:《白银资本》,中央编译出版社 2008 年 9 月版。
② 李勇五:《货币制度演进与票号产生、衰亡的历史逻辑》,《上海金融》2013 年 4 期。

第四章 中国"海上丝绸之路"
货币交往主要地区

　　把马克思主义货币理论与海上丝绸之路货币交往的实际情况结合起来,才能有效探索海上丝绸之路货币流通与交往规律。

　　从历史上看,随着当时封建朝廷对外政策的变化、海上丝绸之路贸易往来的深入和发展,作为交换媒介的货币也悄然地发生变化。从最初的物物交换,没有彼此认可的通用货币,逐渐固定为可以代替交换媒介作用的商品即实物货币,如丝绸;后来发展到以铜钱、金银、纸钞为货币,极大地方便了贸易结算,进一步推动对外经济交往的深入。海上丝绸之路贸易中充当交换媒介的各类货币主要有:其一,实物货币。有丝绸、瓷器、茶叶等。其二,中国的铜质铸币。主要是各类方孔铜钱。其三,黄金、白银。有中国输往外国的船型银锭、银元宝、金叶子、金元宝、船型金锭等;另有利用国内商品从国外换取的金、银等贵金属铸币。其四,外国流入中国的铜质铸币。主要是方孔铜钱。其五,纸钞(非近代银行发行的纸币)。全部是由中国输往海外的。当时的纸币使用范围很小,只在局部地区使用,还不能够成为世界性的硬通货。在海上丝绸之路贸易中,外国人也主要以具有实际价值的金属铸币交换中国的商品,如东罗马金币、阿拉伯金银币、波斯银币、西班牙银币等等。

　　根据史料,中国海上丝绸之路货币交往主要集中于东南沿海的江浙、福建与岭南地区。另外,山东、江苏等地在中外货币交往中也发挥了较大作用。

第一节　浙江海上丝绸之路货币交往情况

　　浙江省自古盛产丝绸,素有"丝绸之府"之称,同时又是造船和航海最发达的地区之一。"前者提供了丝绸外销的商品来源,后者又提供了运载工具。这两者是古代海外丝绸贸易赖以发展的前提。由于具有上述这些自然条件和社会经济基础,浙江就成为海上丝绸之路中的东海航路的主要干线和南海航路的重要分支,具有非常重要的地位。"①

一、杭州海上丝绸之路货币交往分析

中日两国之间一衣带水,交往十分方便。有记载说公元前 3 世纪,江浙一带的吴地有兄弟二人东渡日本传授蚕织和缝制吴服的技艺,促进了日本蚕织业的发展。还有一个传说,在公元前 219 年至公元前 210 年的秦代,秦始皇为求长生不老仙丹,曾派徐福从宁波一带(也有人认为是从山东沿海)率领童男童女和百工数百人东渡日本,传播养蚕技术。陈炎则认为:"唐代以前,由于造船和航海技术还处于幼稚阶段,为了航行安全,中日航路早期都走北线。其走向是:从日本九州出发,经壹岐、对马,绕朝鲜半岛,横渡黄海或渤海,然后到山东半岛的登州,或再从山东半岛沿海岸线航行至扬州和建康(今南京)。日本到南朝的来使以及遣隋使和早期遣唐使走的都是这条北线。南线是在 702 年,由粟田真人率第八次遣唐使时才开辟的。最初从南岛发航,横越东海至扬州、苏州和明州(今宁波)。《新唐书·东夷传》还记载:'新罗(今朝鲜)梗海道,更繇明、越州朝贡。'这就是为什么从北线改道开辟走南线的原因。"②

杭州是历史上著名的海陆丝绸之路重要节点城市。从交通地理条件上,杭州沟通了海上丝绸之路与陆上丝绸之路。首先,大运河连接了杭州与陆上丝绸之路。

中国运河悠久的历史可从春秋战国时期算起。到了隋炀帝时期,开凿了自京口(今江苏镇江)至杭州的江南运河,打通了洛阳与杭州之间直通航道,促进了南北经济文化交流,当时杭州"川泽沃衍,有海陆之饶,珍异所聚,故商贾并辏"。其次,浙东运河、仙霞古道打通杭州与海上丝绸之路。杭州由浙东运河往东连接宁波港口。浙东运河最早可上溯至春秋晚期越国开凿的"山阴故水道"。东晋时开挖西兴运河,并使之与曹娥江以东运河相接,至此,西起钱塘江古渡西兴镇,东入东海的浙东运河全线贯通,将杭

---

① 陈炎:《海上丝绸之路与中外文化交流(增订本)》,北京大学出版社 1996 年 3 月第 1 版,第 54 页、第 55 页、第 61 页。
② 陈炎:《海上丝绸之路与中外文化交流(增订本)》,北京大学出版社 1996 年 3 月第 1 版,第 54 页、第 55 页、第 61 页。

州与东海之滨的明州港(宁波)连接在一起,成为浙东地区的交通大动脉。南宋建都临安,浙东运河成为当时重要的航运河道。杭州由仙霞古道往西南连接福建。位于浙江江山和福建浦城之间的仙霞古道,是浙闽交通咽喉之一,全长约120公里,因纵贯仙霞岭而得名。由唐末黄巢大军为避开唐军而开辟的,明末徐霞客入闽即经由此道。清朝初年,因南明隆武帝、耿精忠、郑成功先后据闽自守,仙霞古道军事意义凸显,后清军在廿八都设有浙闽枫岭营总府,仙霞古道进入全盛时期。仙霞古道沟通了钱塘江流域和闽江流域这两大富庶的农业带,而福建海港自唐朝以来都是重要的对外贸易港口,尤其以海岸线曲折蜿蜒的泉州湾最有名。

　　杭州,不管是从古代外贸商品产地来说,还是地理位置来讲,都是陆海丝绸之路的重要节点与交汇点。

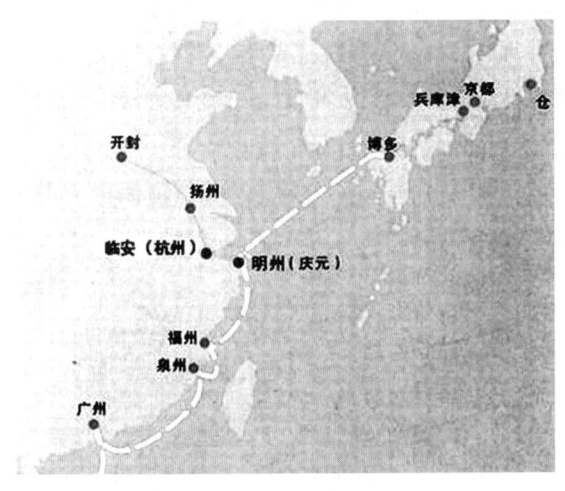

杭州处在海上丝绸之路
南北航线的交汇点

杭州雷峰塔地宫出土的
日本"饶益神宝"铜钱
(非原大)

　　唐末至五代时,杭州就与高句丽、新罗、日本开辟东海海上航线。"杭州雷峰塔地宫曾经出土过一枚日本'皇朝十二钱'之一的'饶益神宝'铜钱珍品,十分罕见,该地宫出土的一个铁函中共存放了约3300枚古钱,最早的钱币是汉朝的四铢半两,最晚的钱币是北宋初年的宋元通宝,除中国古钱外,还包括了饶益神宝这枚日本古钱。雷峰塔完工于北宋初年的太平兴国年间(977年),与日本饶益神宝钱币的铸造年代(859年)相差不远。"①该铜钱在雷峰塔地宫的出土见证了五代至宋初,杭州与日本之间海上丝绸之路货币文化交往的历史。从北宋到元朝,杭州一直是东南沿海最大的港口城市之一,不仅设有专门的对外贸易管理机构市舶司,而且还是外来舶货、朝贡品的集中转运港。从文献史料来看,中国历史上最早的外贸仓储就出现在南宋临安(杭州)城。

一千多年前,意大利旅行家马可·波罗通过海陆丝绸之路在杭州留下了永恒的足迹。元代的杭州被马可·波罗誉为"世界上最美丽华贵的天城"。杭州是马可·波罗所游历过的,联系陆海丝绸之路的重要节点城市,尤其在宋、元两代。南宋定都临安,作为行在的杭州成为当时世界上规模最大、最为富庶的大都市。

"南宋时期,朝廷的各种赋税与专卖收入开始用金银折纳,纸币买卖也以金银为结算本位。岳飞之孙岳珂在《鄂国金佗续编》中说,绍兴四年(1134 年),岳飞所率神武后军所支给的 60 万贯军费中,有 40 万贯即由(杭州)榷货务(茶叶专卖机构)以金银形式交付。如此巨大规模的黄金流动必然带动民间金融机构的勃兴,南宋人所写的《都城纪胜》一书记载,宁宗时,临安从事金银兑换、制品买卖的金银交引铺多达百家,主要业务为兑换官署发放的'钞引',即商人领取、运销盐茶等专卖货物的有价证券。此外,业务还包括金银制品订制与鉴定。与唐代相比,宋代作为货币符号的金铤、金牌在尺寸、量与成色上都有相对统一的标准,铭文也将标明金的成色,诸如'十分金'、'赤金',以及'薛李宅'、'石元铺'等金银铺名,还要附上工匠名与店铺押记。"②杭州近年来出土黄金铸币颇多。"半个世纪以来,特别是最近二十年,南宋金牌、金铤曾多次出土。1998 年 11 月,杭州出土金牌1 枚;1999 年 7 月又出土金牌 3 枚,金铤 32 枚,这是迄今为止该类文物最重要的一次发现。据统计,截至目前,出土(发现)的金牌多达 65 枚。南宋时黄金的世界货币职能显现出双向流动的特点。早在宋代以前,黄金和白银就已发挥着世界货币的职能。南宋时黄金的这一职能得到继续发挥,并显现出输出与输入并存的双向流动的特点。黄金在发挥世界货币职能时,往往是与白银联系在一起的。南宋时宋、金对峙,淮河以北的广大地区为

---

①袁林、和广汉:《杭州雷峰塔出土钱币——日本"饶益神宝"在中国首次出土》,《西安金融·钱币研究》2002 年 8 期。

②朱步冲:《海上丝绸之路:古典全球化时代》,《三联生活周刊》2015 年 30 期。

金人所占,陆上丝绸之路不再畅通,宋廷主要通过海上丝绸之路开展对外贸易。当时南海诸国商船常来广州、泉州、明州等港口贸易,南宋也时有商船运往南海以逐商贸之利。"①在当时的对外贸易中,黄金是重要的出口商品。如据《宋史·食货志》记载:"南渡,三路舶司岁入固不少,然金银铜铁,海舶飞运,所失良多。"黄金等贵金属大量外泄,引起了南宋朝廷的高度重视,因而宋孝宗在淳熙九年(1182年),为防止金银外流,下令"禁蕃舶贩易金银,著为令"(《宋史》本纪·卷三十五孝宗三)。而且朝廷严禁民间向海外输出铜钱。

元代的杭州既是江浙行省的所在地,又是元代在东南统治的中心。而其城市地位,不仅是全国性的,也是世界性的。作为京杭大运河的南部重要商埠,杭州成为大元帝国南北经济文化交流的枢纽。再加上杭州湾良好的港口条件和广大腹地,水陆交通便利,杭州成为当时的世界贸易中心之一。同时,杭州拥有丝绸、瓷器等优势产品,商品经济、商业社会发达,这些成就了杭州作为陆上和海上丝绸之路重要节点城市的地位。此外,杭州也是元代南北文化交流最重要的两个中心之一,儒、释、道三教融通,雅俗文化齐头并进,推动了当时南北及中西文化的交流与融合。

"在元代,杭州与当时东方最大港口泉州之间,还设立过'海站',专门用来转运舶货贡品到大都(北京),中世纪西方大旅行家马可波罗、伊本巴图塔、鄂多立克都曾游历过杭州……可以说,杭州在海上丝绸之路对外贸易中有着非常重要的历史地位。"②

新航路开辟主要是指西方为扩大贸易,寻找海上通往东方的道路,当时陆路被奥斯曼帝国操控。海上丝绸之路专指当时中国政府从海路向西的探索.也就是两者主要区别在于一个是西方向东方探索,一个是东方向西方探索。台湾历史学家全汉升在《略论新航路发现后的海上丝绸之路》中说:"苏杭特别富庶的重要因素之一是海外市场对中国丝绸需求非常大,刺激这个地区丝绸生产的发展,使白银货币所得大量增加。"③

---

①陈浩:《杭州新出南宋金牌、金铤考叙——兼谈南宋时期黄金的货币化程度》,《中国钱币》2000年1期。

②《海上丝路》,学术论文联合比对库,2015年9月17日。

③全汉升:《略论新航路发现后的海上丝绸之路》,《近代中国史研究通讯》1986年2期。

二、浙江其他地区海上丝绸之路货币交往介绍

中国古代海上丝绸之路最早始于汉武帝时期,而台州章安港地理位置优越,更由于秦汉开拓疆土及海上丝绸之路的发展,章安港既是当时海上船只重要的补给港和避风港,同时也是海上丝绸之路上的重要港口。

孙吴时期章安港已经非常繁盛,章安港出土的各式钱币不仅有三国吴钱"大泉二千",还有秦汉五铢钱以及新莽钱币,反映出该地自秦汉以来经济发展状况之一端。此外,孙吴时期章安为浙闽海防重地,政治、军事地位也趋日益重要。

"唐玄宗天宝年间(742~756年),明州(宁波)至日本航路正式开辟。从明州出发,横渡东海直达日本本土以南的奄美大岛,再转向北航,经夜久岛(屋久岛)、多弥岛(种子岛)再从萨摩海岸北上到达博多、难波。752年日本国孝谦朝遣唐使舶3艘至明州,使者转道长安,此为首次记载抵明州的日本遣唐使舶。明州至日本航路,是唐代中后期东渡日本最捷近的航路。"[1]唐代,江浙出产的丝绸直接从海上运往日本,丝织品已开始由礼物转为正式的商品。奈良是当时日本的首都,可以说是中国丝绸之路的目的地之一。五代十国时期,虽然局势动荡,中日两国之间仍保持密切联系。浙江当时为吴越之地,几十年间局势稳定,农业和手工业生产有所发展,对外通商比较兴旺。吴越王钱俶经常派商人与日本开展贸易。据史籍记载:"吴越钱氏多因海舶通信。天台智者教五百余卷,有录而多阙。贾人言日本有之。钱俶置书于其国主,奉黄金五百两,尽得之。"[2]这个史料证明,五代时明州(宁波)与日本仍保持着频繁的贸易往来。吴越国时期,从明州登陆和出海的日本求法僧,除宽建、超会、长安、宽辅等11人之外,还有澄觉、宽延、日延等人。日延是日本京都延国寺高僧,后晋开运三年(946年)前后来到吴越国。回国时,带回吴越王钱俶赠送的宝箧印塔,这是最早传入日本的吴越国造的仿印度式铜塔,至今仍为日本所珍藏。两宋时期,海上丝绸之路进入鼎盛阶段。明州港不仅为主要的海上丝绸之路始发港,而且也是外国入境船只的主要停泊港口。宋人李觏更形容江浙一带丝绸纺织

---

①温法仁:《海上丝绸之路货币对商贸作用的研究》,《区域金融研究》2016年11期。
②(北宋)杨亿《杨文公谈苑》,见(宋)江少虞编纂《皇朝类苑》卷七十八。

业的繁盛为："茧簿山立,缫车之声连甍相闻。非贵非骄,靡不务此。……争为纤巧。"(李觏《直耕李先生文集·富国策》)在唐代,丝绸不仅是礼品和商品,更兼具货币职能。

宋时,对滞留明州(宁波)的日本、高丽等外国人,诏令除每人日供米、钱外,待其所在国来船遣返,"及归国,(每舶)则又给回程钱六百贯,米一十二硕"。① 这是合法外流的钱币。至于对方国经明州(宁波)港中转送给历朝皇室的贵金属钱币,由中国历朝皇室回赠的贵金属钱币更不知其数了。

两宋及元明时代,中国铜钱不仅成为双方贸易交换的主要媒介,而且成为主要的贸易商品。"据《宋会要辑稿》记载,南宋年间,所有进入南宋贩运货物的外国人都必须使用铜钱——这是南宋的交易习惯! 今天,出土文物显示,南宋铜钱已经遍及当时人们所见的全部世界,成为当之无愧的第一代世界货币:福建所铸铜钱在南洋诸国成为当地货币;两浙所铸铜钱成为日本、朝鲜诸国货币;广东所铸铜钱在印度、北非等国也有使用。即便存在很多物物交换的贸易,海外商人也主动要求南宋商人搭配给一些铜钱。周边国家基本没有独立的货币体系,大宗交易全靠南宋铜钱作为交换媒介,当然,铜钱在海外的购买力远高于南宋境内,只要能把南宋铜钱运出国境,那就发财了! 南宋铜钱成为世界货币,这是经济鼎盛的最佳证明。"②

据史书记载:"南宋理宗淳祐年间,尽管朝廷严禁铜钱出口,但日本商船到浙江温州、台州一带私下交易铜钱,以至台州城内一月之间铜钱忽然绝迹。"③元初,朝廷对铜钱出口采取开放政策,铜钱仍大量外流。明朝,随着中日正式邦交的恢复,朝贡贸易再度兴起。此时,中国铜钱已明确成为朝贡贸易中的回赐品。日本派遣明使的主要目的即是交易中国铜钱。

元朝时,浙江设市舶司的贸易港口有庆元(宁波)、温州、澉浦、杭州四处,是元朝市舶司最多,也是最集中的地区。澉浦是元时商贾往来的要冲之地,"远涉诸蕃,近通福广",温州"百货所萃,廛氓贾竖咸附趋之"。温州在历史上与日本、高丽等国商贸往来频繁,瓷器、茶叶是温州出口的主要货

---

①(宋)梅应发、刘锡纂修:《开庆四明续志》卷八。

②陈雨露、杨忠恕:《靖康之乱后的宋室,为何能在江南站住脚跟》,《中国是部金融史2:天下之财》,九州出版社2014年3月版,第198页。

③陈炎:《海上丝绸之路与中外文化交流(增订本)》,北京大学出版社1996年3月第1版,第54页、第55页、第61页。

物。温州造船业也很发达,海上交通运输繁忙。1293 年温州并入庆元,1298 年上海、澉浦也并入庆元,庆元的海外贸易就更加繁荣。浙江的丝绸、瓷器、茶叶等外销商品,由庆元向东运销日本、朝鲜,向南运销东南亚、南亚,向西运销西亚阿拉伯等国家;这些国家的沙金、黄铜、人参、药材、香料、珠宝、象牙、犀角等珍品也运至庆元港再集散转运到各地。时人张翥的诗写道:"是邦控岛夷,走集聚商舸,珠香杂犀象。税人何其多!"这是当时对庆元(宁波)港海外贸易兴旺发达的写照。①

据民间调查,日本宽永通宝铜钱是宁波市历年发现数量最多的外国钱,究其原因,一个据传是宁波历史上的民族英雄张苍水、钱肃录等人,为抗清复明,辅助鲁王朱以海在绍兴监国,曾派人去日本借兵,当时日本虽没有借兵,但在财力上支援了鲁王的南明流亡政府,送给他们数量可观的宽永通宝,故而在宁波、舟山一带出土或传世的宽永通宝特别多。当然,通过海上丝绸之路正常贸易流入宁波等沿海地区的日本宽永通宝、文久永宝、天保通宝等钱币也不在少数。

从对宁波钱币博物馆陈列的邻国钱币;以及对宁波市镇海区招宝山清理甬江航道,吸泥出土的外国钱币;各地旧城改造出土的外国钱币;各收藏家保存的;向金属冶炼部门收购的外国钱币进行不完全的统计,共计 366 枚,157 个品种,属于朝鲜的 28 种,日本的 30 种,越南的 80 种,琉球 1 种,无查考的 18 种。②

第二节　福建地区海上丝绸之路货币交往情况

"福建海外贸易历史悠久,先后出现福州、泉州、月港(漳州)和厦门对外港口,所形成的海上丝绸之路享誉全球。早期的海外贸易往往是易货贸易,金融业出现后开始使用金属货币直接结算。"③通过对外货币交流,不仅推动了福建的经济发展,对福建的货币体制变革也产生了较大影响。

一、福建海上丝绸之路货币交往地位分析

海上丝绸之路的繁荣,导致中国铜钱大量外流,国内市场甚至经常出

①戴建兵:《中国货币文化史》,山东画报出版社 2011 年 8 月版,第 138 页。
②《宁波钱币学会钱币知识》十五讲(内部资料),第 156 页。
③蒋九如:《福建海上丝绸之路的货币交往》,《福建金融》2012 年 7 期。

现"钱荒"。宋初,朝廷虽严禁"铜钱阑出江南、塞外及南蕃诸国,差定其法,至二贯者徒一年,五贯以上弃市,募告者赏之",①但未能有效执行,至熙宁七年(1074 年),神宗削除钱禁。因而,"边关重车而出,海舶满载而回",铜钱外流愈来愈多。元丰八年(1085 年),哲宗"复申阑钱币之禁",乃无奏效,直到宋亡,"钱荒"还是无法根本改变。

　　"自从航海家哥伦布在西班牙王室支持下'发现'美洲新大陆之后,国际贸易格局发生了巨大变化。因为美洲盛产金银,当时世界白银的 80%来自美洲。西班牙人占领大片美洲土地,在盛产白银的美洲殖民地设厂铸造银币,这些银币通过墨西哥的阿卡普尔科港横渡太平洋,经吕宋(即菲律宾)马尼拉中转到达中国的广东、福建、浙江一带,通过交易后,又把中国的丝绸、瓷器运往美洲。这条海上贸易航线,被称为'太平洋丝绸之路'。那时阿拉伯商人在国际贸易中的地位迅速下降,因为对外贸易不再需要西非的黄金,欧洲人可以用美洲的白银购买中国商品。新航线开辟使中国的海上丝绸之路延伸到美洲,这是具有划时代意义的。从明正德十二年(1517年)以后,欧洲、美洲与中国的直接贸易从无到有,逐渐发展到了可观的规模。明代中后期,中国与美洲间的贸易航线起点是福建月港(今漳州龙海海澄)、厦门和广州等地,以马尼拉为中转口岸,终点在墨西哥、秘鲁,依靠转口贸易,马尼拉成为亚洲最大贸易中心之一。由于西属美洲市场需求量大,中国丝织品和棉织品很快跃居马尼拉大商船输往美洲货物榜首。当时满载丝绸和其他货物的中国商船回国后都装载白银。那时世界贸易变为大三角贸易,即西方把工业品运到美洲,从美洲把白银运到中国或运到欧洲,再从欧洲运到中国,从中国购买丝绸、茶叶,贩运到欧洲。结果,世界白银的很大一部分流入中国。1598 年由美洲运回菲律宾马尼拉白银为 100 万比索西班牙银元,每枚重七钱二分,1602 年为 200 万比索,1620 年为 300 万比索,这些白银主要用来购买中国的丝绸、生丝和其他货物。一个西班牙贵族感慨地说:'中国国王能用从秘鲁运来的银条建造一座宫殿。'"②

---

① 《宋史》卷 180《志》第 133《食货》下二等。
② 骆伦良:《谈明朝海上丝绸之路的货币文化特点及启示》,《广西金融研究》2006 年 S1 期。

二、福建海上丝绸之路货币交往特点

这一时期福建海上丝绸之路货币文化主要特点：

1. 银币成为流通主币，银本位货币制度确立。"明朝建立后，曾在全国行用大明宝钞纸币，禁止用金、银作流通手段。但没过多久，纸币价值越来越下跌，到十五世纪中期被迫允许白银作为流通手段，废纸币不用，此后白银成为中国的本位货币，铜钱作为辅币。16 世纪中期国内市场商品 90％用白银交易，不足 10％用铜钱。随着巨额海外白银流入中国，加快了中国货币经济的步伐，中国银本位货币制度逐步得以确立。"①

2. 外国货币在中国流通广泛，并影响着中国货币制度。"随着美洲丝绸之路的拓展，西班牙在美洲铸造的'十字银币'大量流入我国。根据铸地标记和铸造年号区分，'十字银币'有墨西哥、秘鲁、玻利维亚、智利、哥伦比亚等国铸造以及有铸造年号和无铸造年号等多种版本。这些十字银币具有重量统一、可以按枚计算和易于点数的特点，在我国东南沿海一带广为流通，时间长达近 200 年，而且几乎成为当时闽南的本位货币。"②

明、清时期大量外国银币流入国内。明代隆庆开关解除"海禁"时，西方和东南亚一带的国际贸易已广泛使用银币结算。西班牙强占拉丁美洲的墨西哥、秘鲁后，见当地富藏银矿，便大肆开采铸造银币，运至菲律宾马尼拉港后，通过建立东西洋贸易中转站与中国开展贸易。为得到生丝、丝织品等中国商品，西班牙人使用银币进行交换。由于贸易对白银的需求不断增大，迫切需要从其他地方进口白银。为此，中国商船从马尼拉返航时，绝大多数都是满载白银。"东洋有吕宋（今菲律宾），其地无他产，蕃人率用银钱（钱用银制造，字用蕃文，九六成色）易货，今漳人用之。"（清·顾炎武《天下郡国利病书》卷九十三，《福建三》）

通过海上丝绸之路，外国银币（俗称"番银"）大量流入福建。彭信威在《中国货币史》一书中认定："自隆庆五年马尼拉开港以来，到明末 70～80 年间，经由菲律宾而流入中国的美洲白银可能在 6000 万比索（PESO，西班牙货币单位）以上，约合 4000 多万库平两。"③海外白银流入福建的渠道，除

---

① 骆伦良：《谈明朝海上丝绸之路的货币文化特点及启示》，《广西金融研究》2006 年 S1 期。
② 骆伦良：《谈明朝海上丝绸之路的货币文化特点及启示》，《广西金融研究》2006 年 S1 期。
③ 彭信威：《中国货币史》，上海人民出版社 1965 年 11 月第 2 版，第 710 页。

了通过贸易往来外,还有民间的流入。当时在"倚银富国"思潮的影响下,上至皇室,下至富商都竞事积银,民间以白银数量多少表示掌握财富的多寡,因而华侨归国多携带银币返回。其数量究竟有多少,难以估算。从漳州、泉州出土的窖藏外国银币看,近50年来漳州先后出土外国银币上百批;泉州在20世纪70年代,出土10批,计163枚、3.62公斤,以每枚27克计算,共有300枚以上,多数为西班牙早期十字银饼,也有少量的其他机制银币。大量的外国银币流入民间,人们不仅将其作为财富贮藏,也充作碎银,投入市场使用。

"福建历史上的外来货币不下数十种,其中俗称本洋银元的数量最为巨大,输入的时间最早也最长。本洋银元是中世纪以后西班牙及其美洲殖民地所制造的一种银币。本洋银元在四百多年前既从菲律宾输入福建,同时还从粤、浙沿海的一些港口流入。本洋大量的流入,既弥补了当时中国市场银货流通的不足,也推动了生产力的发展。通过本洋银元媒介,中外贸易频繁,增进了中国同拉丁美洲和欧洲的联系,从而进行多方位的文化交流,彼此相互吸纳。中国在输出物产与商品和文化传播的同时,也引进了诸如美洲培植的玉米、番薯、花生、马铃薯和烟草等作物,使我国农作物品种多样化,丰富了生活。本洋银元的重量和成色统一、以枚计值,对于我国后来自制银元也产生了深刻的影响。"[1]

在晚明至清代早期,以福建、广东、浙江等中国各东南港口与日本长崎港之间的"唐船贸易"亦进入高潮。"由于德川幕府的锁国政策,海外贸易只限制在长崎一港,中国沿海倭患断绝后,两国贸易逐渐恢复正常。据日本学者岩生成一统计,每年入港中国商船最多可达70艘以上,中国大宗输出货物为生丝与糖,获利丰厚。福建巡抚陈子贞曾于万历三十八年(1610年)上奏,称'贩于日本之利,倍于吕宋'。中国内地生丝价格百斤在银百两左右,而长崎港口收购价格最高可达500两之多;同样重量砂糖价格为1.5两,而长崎到埠收购价亦高达3两以上,一艘中国'唐船'载货量就可以换银数十万两。例如崇祯十三年(1624年),当年日本全年进口生丝36万斤,而来自中国者就超过四分之一,勃兴的贸易促使大批沿海居民移居日

---

[1]陈国林:《中世纪海上丝绸之路货币——本洋银元研究》,《福建省钱币学会第三次会员代表大会论文集》,2000年。

本,万历年间福建巡抚南居益曾上奏朝廷称,闽、越、三吴百姓,流寓长崎港从事贸易翻译者有数百家之多。"①

第三节　岭南海上丝绸之路始发港货币交往回顾

合浦是汉代海上丝绸之路最重要的始发港之一,也是环北部湾地区海上贸易圈和陆上贸易圈最重要的经济中心城市。"汉朝向环北部湾的发展和向东南亚等地的开拓,促进了合浦等环北部湾经济中心城市的形成;而合浦等地的发展,又有利于两汉王朝对环北部湾地区的开发,有利于中外经济文化的交流。"②

一、合浦海上丝绸之路货币交往情况

岭南地区的徐闻、合浦是我国早期史籍记载的出口港。北海合浦是西汉时我国海上丝绸之路始发港。汉代的中国海船就从徐闻、合浦出发,途经都元国、邑卢浚国、堪离国、夫什都卢国,航行到印度半岛南部的黄支国,然后返航,还途经皮宗国回到合浦、徐闻。换回了"明珠、璧流离、奇石异物"。"在合浦县境内已经发掘的数百座汉墓中,每座汉墓出土的随葬品从数十件到数百件不等。它们中有陶器、铜器以及金、银、铁、玉、漆等器具,另外还有大量五铢钱和料珠。而尤为多见的是大量的琉璃、玛瑙、水晶等舶来品。专家考证,合浦汉墓的主人大部分是佩带印章的'有身份'之人,多为两汉时贬谪百越之地的官员或望族成员,以及从事珍珠、丝绸生意的商贾。这些丰富的舶来品,一方面表明了主人的地位,另一方面也反映了当时合浦对外贸易的盛况。汉代文献的记载和合浦县发现的近万座汉墓及其出土的琉璃、玛瑙、水晶、琥珀等外来玉石器等物,印证了汉代这条以合浦为中心和始发港的'海上丝绸之路'的存在。合浦县望牛岭西汉晚期木椁墓中出土的 2 枚金饼,与前述《汉书·地理志》记载的汉朝译使和应募商人'赍黄金杂缯而往'的史实相吻合。"③

---

① 朱步冲:《海上丝绸之路:古典全球化时代》,《三联生活周刊》2015 年 30 期。
② 廖国一:《汉代环北部湾货币流通圈与海上丝绸之路——以环北部湾地区中国与越南汉代墓葬出土钱币为例》,《广西金融研究》2006 年 S1 期。
③ 滕作林:《合浦古汉墓群——为古代海上丝绸之路作证》,新浪网(引用日期 2019 年 11 月 2 日)。

　　"合浦汉墓与全国其它地方的汉墓不同,众多海外舶来品反映了海洋与大陆经济、文化的结合,海上丝绸之路始发港大量对外交往的物证,对了解古代中国对外交往有特殊价值。"①这是汉代开辟的一条南海航路,也是迄今所称的著名的海上丝绸之路的重要干线。另外有一条由中国东部港口出发,横渡黄海和东海到达朝鲜和日本的东海航路,这是海上丝绸之路的另一条干线。

　　"环北部湾货币流通圈是汉代一个重要的货币流通区域,也是汉朝货币流通圈的一部分,它的形成是西汉开辟海上丝绸之路的结果。这个位于少数民族骆越地区的货币流通圈的形成,为汉王朝在环北部湾地区的开发,促进汉王朝与东南亚等地的经济文化交往起了非常重要的作用。越南北部地区出土的汉代钱币等文物,是汉王朝曾经经营这一地区的历史见证。越南北部地区与广西环北部湾地区、雷州半岛、海南岛等共同构成了汉代环北部湾货币流通圈。这是一个具有区位优势的繁荣区域,是汉朝统一带来的结果。从某种意义上可以说,今天中国和越南两国共同构建的'两廊一圈'经济合作,是一种历史的延续,它对构建新的'环北部湾经济圈'具有重要的战略意义。"②

二、岭南核心区海上丝绸之路货币交往介绍

　　岭南核心区就在广州。"广州是唐代最为繁盛的海上贸易港口,也是海上丝绸之路的始发港之一。文献形容其繁荣程度可谓'舶交海中,不知其数','蛮声喧野史,海邑润朝台',进口大宗货物包括麝香、玻璃、珍珠、香料、珊瑚、琥珀与棉布。唐朝丝绸赋税称为'庸调',在开元年间达到 2100 多万匹。"③

　　通过"广州、泉州两港出海贸易的丝织品种类繁多,绢有白绢、五色绢、红绢,缎有龙缎、草金缎、五色缎、锦缎,绫有水绫、丝帛等。广州市舶司因其地位重要,与岭南节度使并称'两使'。其行政治理官署虽然在广州,但却掌管海外诸国朝贡事务以及东南沿海贸易。9 世纪时期,大食(阿拉伯)

---

①滕作林:《合浦古汉墓群——为古代海上丝绸之路作证》,新浪网(引用日期 2019 年 11 月 2 日)。

②廖国一:《汉代环北部湾货币流通圈与海上丝绸之路——以环北部湾地区中国与越南汉代墓葬出土钱币为例》,《广西金融研究》2006 年 S1 期。

③朱步冲:《海上丝绸之路:古典全球化时代》,《三联生活周刊》2015 年 30 期。

地理学家伊本·郭大贝在省道志中说,中国繁荣的港口有四处,包括广府(广州)、江都(扬州)、越府(明州)以及比景(越南半岛灵江口)。大批阿拉伯与波斯侨民,寓居在南沿海港口贸易城市,大食国人李彦升,在 847 年由宣武军节度使卢均举荐参加会试,最终以进士提名。曾多次因商贸旅行访问广州的阿拉伯商人苏莱曼·丹吉尔于 851 年写成了《中印游记》,记述了中国货船体量庞大、吃水深,抵达波斯湾的西拉夫后,货物必须改装吃水较浅的当地阿拉伯双桅货船。在海上丝绸之路的重要港口印度的故临(Kulam),一般中国大商船要缴纳的税收高达 1000 个迪尔汉银币,是其他普通船只的 5～50 倍之多"。①

唐宋两代,是海上丝绸之路发展的繁盛时期,背后的助推动力就是海上丝绸之路贸易带来的巨额收入与大量贵金属。"南宋高宗时,仅广州、泉州两地,市舶收入每年就达 200 万贯,而每年市舶总收入即占宋代国家总收入的 20%左右。宋代政府采取各种方式,将通过市舶所得的丰厚收入与舶来奢侈产品补贴财政开支,包括直接由官府出售折现,抵付商人依'折中法'捐输至边防粮草,作为保证金收换纸币'会子',转手出口高丽、日本,发放官员手中以抵支俸禄等等。"②

在海上丝绸之路贸易中,许多国家使用金银为货币。"阿拉伯、波斯与东罗马帝国广泛使用的金币与银币,源源不断地抵达广州、泉州、明州、扬州等东南港口,从而迫使中国东南沿海地区率先开始尝试使用银本位币制。据赵汝适《诸蕃志》记载,真腊、三佛齐、细兰等国,番商兴贩都用金、银、瓷器等博易。苏吉丹国民间贸易,用杂白银凿为币,状如骰子,上镂番官印记,64 只准货金一两,每只博米 30 升,或 40 升至百升。其他贸易悉用是,名曰'者婆金'。正如按照日本人加藤繁在《唐宋时代金银之研究》中的论点,为了防止原本作为基本货币单位铜钱的过分外流,唐代朝廷视岭南地区'为一特别经济与货币区域',允许其官开采金银矿山,并流通金银铸币。"③

---

①朱步冲:《海上丝绸之路:古典全球化时代》,《三联生活周刊》2015 年 30 期。
②朱步冲:《海上丝绸之路:古典全球化时代》,《三联生活周刊》2015 年 30 期。
③朱步冲:《海上丝绸之路:古典全球化时代》,《三联生活周刊》2015 年 30 期。

第四节　其他地区海上丝绸之路货币文化交往回顾

一、山东地区出土海上丝绸之路货币

山东出土的海上丝绸之路货币证明我国北方地区沿海港口在古代的对外贸易中也有着不可或缺的地位和作用。

"1984 年 3 月至 6 月,在对蓬莱水城小海大规模清淤发掘中,出土了日本明正天皇江户时代的'宽永通宝'钱币 5 枚,反映了该时期(明末)中国与日本经济贸易的密切关系,见证了山东登州港在海上丝绸之路贸易中的地位和作用。"[①]

"1996 年冬,山东青岛胶州市政府宿舍工地施工过程中,在距地表约 2米深度的宋代文化层中,出土了一批较为重要的宋代遗物。其中,锈蚀粘连的铁钱共出土 30 余吨,这些铁钱的钱文大多难以辨识,可辨认者有圣宋元宝、崇宁通宝、崇宁重宝、大观通宝、政和通宝等,均为北宋徽宗朝的铸币。专家认为,这批巨量的铁钱也有可能用于海上贸易。"[②] 2016 年12 月—2017 年 4 月,山东省文物考古研究院对聊城市东阿县大秦村遗址进行了抢救性发掘,在编号为 H2 的灰坑中出土了三枚波斯萨珊朝银币。[③]

二、非沿海港口城市出土海上丝绸之路货币分析

江苏省出土的海上丝绸之路货币也较多,如波斯萨珊朝银币常有发现。此外南京还出土过古印度金币。"2000 年 4 月,南京市郊基建工地一座被盗古墓葬发现三枚金币。它们是印度中世纪德里苏丹国第二王朝——卡尔奇王朝苏丹穆罕默德二世(1296~1316 年)打制的。这是国内首次发现的印度德里苏丹国钱币,数量虽少,却值得重视。伴出物有卷草纹金银小盒、影青粉盒、铜人烛台各 1 件,均残,铜人造型为宋代风格。该墓附近还有明代回人墓地;附近村名至今仍叫'养回红村',这些均表明回

---

①朱龙、董韶华:《登州港与东方海上丝绸之路》,《中国海洋大学学报·社会科学版》2004 年 4 期。

②郑安新、冯耀东:《青岛海上丝绸之路文化遗产发掘和保护研究》,《中共青岛市委党校青岛行政学院学报》2015 年 2 期。

③刘昕、李宝军:《山东东阿出土波斯萨珊朝银币及相关问题》,《中国钱币》2018 年 5 期。

人聚居此地已有悠久历史。金币可能在宋明之际传入南京地区。"①本书认为,南京市郊发现的古印度金币,很可能是通过海上丝绸之路由印度传入中国的。

2001年,湖北省文物考古研究所在钟祥市长滩镇大洪村二组龙山坡上,发掘了明梁庄王朱瞻垍(1411～1441年)墓。该墓距离钟祥市区25公里,距明显陵32.5公里。依山而建,有内外茔园,均呈长方形,南北向。地宫分前后二室,以甬道相通;前室和甬道均有随葬品,后室并列安放梁庄王及其继妃魏氏的棺床。

梁庄王墓曾三次被盗而未遂,墓内随葬品保存完整,共出土各类遗物1403件(套),计入附件达5342件,有金、银、玉、瓷、陶、铜等;按其功用,分为三类:实用器、丧葬器和法器。据湖北省博物馆馆长王红星等专家介绍,梁庄王墓出土文物有两点值得注意:

其一是出土大量法器,这在以往明代墓葬考古中罕见。藏传密教西夏时传入内地,元朝达到鼎盛,明朝初年密教诸派仍为明朝统治集团所重视。梁庄王墓众多的密教法器随葬品,显示了明代早期藏传佛教对宫廷影响很大。

其二是大量出土遗物来自海外。粗略计算,所有随葬品使用大量金银珠宝,其中金16,000克,银13,000克,玉14,000克,各种宝石700多颗。世界五大名宝中,除钻石外,其他名宝在梁庄王墓都有发现,而且不乏精品。例如蓝宝石中有蓝色极优的品种,有金色的品种,有些大粒蓝宝石重量近200克拉;金绿石多具猫眼效应,有些红宝石、蓝宝石具有星光效应。

梁庄王墓出土的与郑和下西洋有关的带铭文金锭

---

①蒋其祥、杨立昌:《南京发现印度德里苏丹国金币》,《江苏钱币》2000年3期。

最值得注意的是,梁庄王墓出土金器中有 2 件带铭文金锭,其中一件铭文为:随驾银作局销镕捌成色金伍拾两重　作头季鼎等　匠人黄关弟永乐拾肆年捌月　日。另一件铭文为:永乐十七年四月　日西洋等处买到。

专家认为:"第二件金锭可以确信与郑和下西洋有直接关系。永乐十五年五月至十七年七月(1417~1419 年),郑和率领宝船第五次远航,抵达占城、彭亨、爪哇、满剌加、苏门答腊、南渤利、锡兰、沙里湾尼、柯枝、古里、忽鲁谟斯、溜山、木骨都束、卜剌哇、麻林、剌撒、阿丹等国。梁庄王墓出土的金锭,或许就是使团从西洋各国购买回来的,经过重新熔铸,后来赏赐给朱瞻垍。"[①]

朱瞻垍,明仁宗朱高炽的第九子,郭贵妃所生。永乐二十二年七月,成祖驾崩,仁宗继位。十月壬子,立长子朱瞻基为皇太子,封子瞻垍为梁王。享年仅三十岁。无子,封除。

朱瞻垍在诸王中属年幼,人缘不错,可能体弱多病,故得到明宣宗及诸王特别关爱。宣德初,"诏郑、越、襄、荆、淮五王岁给钞五万贯,惟梁倍之"。朱瞻垍生活在永乐、宣德及正统间,享受盛世荣华富贵。他去世后的厚葬特别是使用大量来自海外的随葬品,数额之巨(包括郑和下西洋带回的金锭),质量之高,为已发掘的明代亲王墓之最,反映了永宣时期郑和下西洋和朝贡贸易的盛况。从另一角度看,郑和时代明朝统治集团热衷于经营朝贡贸易,换来无数的海外珍异,主要是供给皇室消费,受益者是统治集团内部少数王公贵族,与国计民生并没有直接的关系,这也是历代官方对外贸易几乎都是由掌管"天子私藏"的内府钦差(特别是派遣宦官)垄断经营的关键原因。明梁庄王墓出土"西洋等处买到"铭文金锭见证了郑和下西洋与朝贡贸易的历史。

三、近海海域发现海上丝绸之路货币

此外,在我国近海海域也大量发现古钱币,见证了历史上海上丝绸之路贸易的盛况。"1936 年春,广东湛江东海岛气象台的工作人员在岛外水

---

①李庆新:《货币、贵金属与外销瓷——从考古发现看明前期的南海贸易》,《澳门理工学报·人文社会科学版》2012 年 1 期。

深约2米的礁盘上发现了一批古代铜钱,并加以采集。1974年,当时的采集者将这批文物献给国家,计有铜钱珊瑚石胶结体五块。五块胶结体一共附有唐到明历代铜钱300余枚,其中能看出文字的有256枚。据推测,这很可能是明代永乐年间一艘船舶触礁所致。"[①]"1974年,西沙群岛北礁礁盘又发现一批古代铜钱,总重403.5公斤,经过整理能够看出文字的单个铜钱达297.5公斤,计8076枚,包括汉至明历代铜钱46种。从中清理出永乐通宝平钱49684枚,另有大中通宝47枚,洪武通宝2851枚。第二次清理时,又发现永乐通宝1215枚。"[②]

①广东省博物馆:《东沙群岛发现的古代铜钱》,《文物》1976年9期。
②广东省博物馆:《广东省西沙群岛文物调查报告》,《文物》1974年10期。

第五章　广州"海上丝绸之路" 分期与货币文化交往特点

　　广东海上丝绸之路贸易从秦汉时期就开始了,历经千余年发展,由南海经东南亚入印度洋再延伸到欧洲、非洲或者向东航行至日本甚至美洲,航海路上的丝绸贸易演变成为经常性的国际海洋贸易活动。

　　"在秦汉时期(约前 221～220 年),广州作为古代海上丝绸之路的始发港,就与海外频繁交往。中国的丝绸、瓷器、铜钱、纸张、金银等商品从广州出发运往海外,换回珠宝、香药、象牙、犀角等外国商品,广州是当时世界上享有盛誉的贸易大港。隋唐时期,广州成为中国的第一大港。由广州经南海、印度洋,到达波斯湾各国的航线,是当时世界上最长的远洋航线。"①

第一节　广东海上丝绸之路货币交往历史回顾

　　汉代海上丝绸之路的开辟,促进了中外经济文化的交往,也促进了环北部湾地区经济的繁荣和发展,使该地区成为汉王朝一个重要的经济圈,并出现了以合浦为代表的货币经济中心。"而合浦汉墓中 2 枚珍贵的西汉金饼的出土,就是合浦作为汉朝海上丝绸之路始发港的有力证明。"②

一、广东发现海上丝绸之路货币综述

　　西汉武帝时(公元前140～前87年),中国商人就乘坐海舶携带大批的丝绸、黄金与铜钱,从雷州半岛起航,途经越南、泰国、缅甸、马来半岛等国到达黄支国(今印度 Kancipuram),开展双边贸易,然后从斯里兰卡经过新加坡返航。《汉书》曾记载了汉武帝时期的一次远洋情况:"自日南(今越南广治省)障塞、徐闻、合浦,船行可五月,有都元国(今新加坡海峡附近);又

---

① 刘亦文:《海上丝绸之路与广州十三行》,《广东蚕业》2002 年 1 期。
② 廖国一:《汉代环北部湾货币流通圈与海上丝绸之路——以环北部湾地区中国与越南汉代墓葬出土钱币为例》,《广西金融研究》2006 年增刊。

船行可四月,有邑卢没国(今缅甸勤固);又船行可二十余日,有谌离国(今缅甸悉利);步行可十余日,有夫甘都卢国(今缅甸太公城);自夫甘都卢国船行可二月余,有黄支国(今印度东海岸康契普腊姆);民俗略与珠崖相类。其州广大,户口多,多异物,自武帝以来,皆献见。有译长,属黄门,与应募者俱入海。市明珠、璧琉璃,奇石、异物,赍黄金杂缯而往。所至国皆禀食为耦,蛮夷贾船,转送致之。亦利交易,剽杀人。又苦逢风波溺死,不者数年来还,大珠至围二寸以下。平帝元始中,王莽辅政,欲耀威德,厚遗黄支王,令遣使献生犀牛。自黄支船行可八月,到皮宗(今马六甲海峡东部之香蕉岛);船行可二月,到日南、象林界(今越南北方沿海)云。黄支之南,有已程不国(今斯里兰卡),汉之译使自此还矣”。①

1984年9月29日,广东省雷州半岛遂溪县附城乡边湾村一位女青年在村背旧屋基地平整土地时,发现地下埋有一个带盖的陶罐,里面装满了大批金银宝器。其家人立即将这批金银器挖回家中。消息传开以后,震动了整个遂溪县城。次日,附城乡(当时称为区)政府及该乡派出所派员前往处理。经过做工作,虽然收回了一部分文物,但流散的器物(金银器为主)估计也不少。收回的金银器计有铜鎏金器、金碗、金花、银碗、波斯银币、银镯、银盒件、金环、银环、银簪枚等10多个种类,共104件,重3500克多,都是具有重要历史价值和艺术价值的波斯文物珍品。波斯银币是这批文物中的珍品之一,共20枚。这20枚银币直径在2.6～2.8厘米之间,正面为国王像,背有祭坛、祭司图案,正背两面均有波斯文字,是缩写的铭文。经过鉴定,专家认为这是一批波斯萨珊王朝时期银币,其铸造年代是沙卜尔三世至俾路斯之间,相当于中国的南朝时期(420～589年),距今已有1400多年的历史了。这些波斯银币传入中国以后,曾经被当地人穿孔作为装饰品使用。②

1987年4月29日,在环北部湾东部,广东省湛江市经济技术开发区的赤坎百姓村,某建筑工地的民工在距离地表2米的地下深处发掘出西班牙银币134枚。这些银币的直径是4厘米,厚2厘米,重26克,含银量大约为91%,现在收藏在湛江市博物馆。在这批出土的银币中,不少银币两面

---

①(汉)班固:《汉书·地理志》卷二十八下,第1671页,中华书局1962年版。
②陈学爱:《南海丝绸之路见证物——遂溪县边湾村窖藏的波斯文物》,《岭南文史》2000年4期。

都有中国钱庄之类的汉字印记,如"明"、"同"、"元"、"恒"、"昌合"、"成记"、"正"等,这是它们曾经在中国流通的标志。据考证,这些银币是18世纪由西班牙波旁王朝发行的。[①]

　　湛江在18世纪就已经成为环北部湾东部地区的商埠,对外开放通商。清朝光绪二十五年(1899年),法国强迫清政府签订了《中法互订广州湾租界条约》,"租借"广州湾(今湛江湾)99年。因此,18至19世纪,湛江与欧洲等地的贸易往来十分密切,这批银币也应为当时海上丝绸之路的文化遗存与历史见证。

　　1964年,位于广州市东山姚家岗,旧永泰寺后的明代广东提举市舶太监韦眷墓被发掘时,已被盗掘,破坏严重,"但还是出土了圆形素面薄金片一枚,残断红色珊瑚一支,宋钱三枚,南汉铅钱一枚及外国银币三枚。外国银币中有两枚是15世纪的榜葛剌(今孟加拉)银币,为榜葛剌(BENGAL)国培巴克沙(RUKNAL-DINBAR-BAK,1459～1462A. D.)于1459年所铸。另一枚是15世纪的威尼斯银币,为威尼斯共和国总督帕斯夸尔·马利皮埃罗(PASQUALE MALIPIERO,1457～1462A. D.)所铸,称'格罗索'或'格罗塞托'银币。"[②]

格罗索银币与榜葛剌银币(非原大)　　　　榜葛剌银币(正面,非原大)

　　在明代中叶以前的海外贸易中,外国商船大都满载货物而来,用货物换取大明铜钱或者白银,然后再拿去购买那些畅销的中国商品,譬如丝绸、瓷器等等。但是明代中叶以后,由于欧洲各国陷入战乱、灾荒、瘟疫之中,从而导致人口锐减、土地荒芜,农业产量下降,再加上"价格革命"的冲击,经济日益萧条,物价上涨,各类商品极为匮乏。在这种情况下,这些国家根

①阮应祺:《湛江市赤坎出土西班牙银币》,《广东省博物馆馆刊》第一集,1988年。
②《明广州太监韦眷墓》,广东文化网(引用日期2019年11月2日)。

本没有什么民生商品可以打进中国市场。从而出现了广东海外贸易的进口商品结构发生了变化。外国商船主要携带的都是白银这种硬通货来跟中国进行贸易,因此威尼斯银币、榜葛剌(今孟加拉)银币、孟加拉银币、墨西哥银元开始大量流入中国,跟中国原有的大明铜钱、白银一起在市场上流通,也因此被像韦眷这样的达官贵人作为财宝在死后随葬。

　　韦眷墓被发掘这一消息报道后,意大利学者毛里齐奥·斯卡尔帕里先生撰写了《中国发现的15世纪威尼斯银币》一文,对威尼斯铸行这种格罗索银币作了综合性的论述。他说:"铸造格罗索钱币是为了满足贸易的需要,主要是满足东方贸易的需要,而在东方贸易方面威尼斯居首位。"①原来格罗索银币犹如后世一些国家铸造的"贸易银币",专供贸易之用。从现有资料看,中国与西方国家贸易自万历年后有了较大的发展,各种外国银元相继涌入中国市场。及至清初时,外国银元已充斥广州"十三行"。明末清初著名诗人屈大均因而有"银钱堆满十三行"诗句,此处银钱盖指"洋银"而言。到了乾隆十年,粤、闽、浙沿海地区已行使多种外国银元。

　　十八世纪,埃姆登普鲁士王家亚洲贸易公司的船只频繁地来往于德国与广州之间,从中国运回大批的茶叶、丝绸和瓷器。除了"普鲁士国王"号外,埃姆登公司至1756年共出航广州6次。中德贸易延伸到欧洲腹地,拓展了海上丝绸之路在欧洲的市场。

　　为此,德国历史上的普鲁士王国曾在1751～1752年间极为罕见地发行了一种有中国商人和丝绸、瓷器、茶叶图案的贸易银币,这是中国人的形象首次出现在欧洲钱币上,币面上的中国人腋下夹着一捆丝绸,身后是两

普鲁士银币:银币的正面为普鲁士国王　银币背面右边为中国商人

---

① [意大利]毛里齐奥·斯卡尔帕里:《中国发现的十五世纪威尼斯银币》,《考古》1979年6期。

个瓷瓶和一个装茶叶的箱子及一艘大帆船。丝绸、瓷器、茶叶这三样货物正是当时中国输往欧洲的主要商品。这枚银币很好地诠释了海上丝绸之路贸易的主要内容,成为德国重视与中国开展海上丝绸之路贸易的历史见证。

二、"南海Ⅰ号"沉船发现海上丝绸之路货币分析

据新华网报导:"南海Ⅰ号"从发现至今,考古人员对其已进行了8次试掘或物探调查,从一个货格里打捞出6000多件珍贵文物。据说有一件年代相近、工艺相当的瓷碗,曾在美国拍出数十万美元天价。估计整船所载文物超过6万至8万件,且多为国家一级文物,因此有权威专家指出,这条沉船的考古学意义重大而深远,不能简单地用金钱来衡量。

这是一艘到目前为止世界上发现的年代最久远、船体最大、保存最完整的古代远洋贸易船只;现在沉船进入位于广东阳江海陵岛的海上丝绸之路博物馆"水晶宫"。据专家称,要打开沉船并将船上6～8万件文物完全整理出来,至少需要5～10年。

专家估计沉船上的文物可能多达8万件,沉船上至今发现的铜钱已超过万枚。"南海Ⅰ号"是中国南宋社会一个典型缩影。这些文物蕴含着丰富的历史文化信息。

曾经有人提出,"南海Ⅰ号"的船载文物那么多,又是一艘远洋商船,它会不会是一艘走私船呢?对此,广东省社科院广东海洋史研究中心主任李庆新研究员作了回答。"中国古代的海上走私,是在明清时期政府实施严厉的海禁政策背景下的现象。而在'南海Ⅰ号'所处的南宋时期,海外贸易政策较为宽松,商家从事正常海外贸易光明正大。从这个角度上讲,'南海Ⅰ号'是一艘正常的海外贸易商船。'南海Ⅰ号'从被发现到探摸,再到馆内试发掘,在船上发现了大量的铜钱。那么,一艘出海的商船为何携带如此大量的货币?对此问题,李庆新又作了回答:虽然南宋初期海外贸易政策宽松,但出于国家安全考虑,对一些特殊物资是严禁出口的。由于铜钱中的铜在当时是贵金属,属于稀缺资源,国家对铜钱的出口管理很严格。在宋太宗时期就有规定,私自与番商贸易,流出铜钱十多二十贯的,流放甚

至服兵役。虽然'南海Ⅰ号'不是走私船,但说它夹带违禁物品是比较合理的。"①

本书认为,虽然"南海Ⅰ号"不是走私船,但夹带违禁物铜钱,属于铜钱随货物走私性质。这一点,是宋代经常出现的商业现象。

"南海Ⅰ号"沉船大量夹带铜钱,印证了南宋大量铜钱外流的社会历史现象。宋代对外贸易兴盛,尤其在南海丝绸之路的海道,两广的外贸港以广州为中心,商船往来穿梭密集。楼钥在《送万耕道帅琼管》一诗中写道:"晓行不计几多里,彼岸往往夕阳春。琉球大食更天表,舶交海上俱朝宗。势须至此少休息,乘风径集番禺东。不然舶政不可为,两此虽远休戚同。"(南宋·楼钥《玫瑰集》)宋代贸易范围的扩大,进出口商品的增加,今天广州的古番禺,在当时汇集了大量海舶,广州已成为宋代的外贸出口中心。

而在海外贸易兴盛的发展过程中,铜钱外流的现象日益严重。东南亚是宋代铜钱出口外流的一个重要地区。

货币是商品交易的重要手段,它在对外贸易中具有重要的作用。环北部湾地区由于地理上的优势和悠久的对外贸易的历史传统,使其自古以来就是中国一个重要的经济文化圈之一,在中国古代货币流通和海上丝绸之路贸易上占有重要的一席之地。环北部湾地区合浦、遂溪、湛江等地发现的古代中国和外国的几种珍贵货币,其年代从公元前后的西汉,一直到18~19 世纪,时间跨度近 2000 年,涉及了环北部湾的东、中、西部地区。它们不但是海上丝绸之路的历史见证,也有力地说明环北部湾地区在中国历代经济文化的对外交往中都具有非常重要的地位和作用,值得重视。

回顾广东海上丝绸之路货币交往的历史,为我们深入探讨广州海上丝绸之路货币文化交往的特点奠定了坚实的基础。

第二节　广州海上丝绸之路与货币文化交往特点

岭南统一后,广州已成著名港市,号称中国九大都会之一。汉初时,广州已闻名于天下,不仅吸引了广州周边的商队,楚地、蜀地的商队也纷至沓来,运货于海外。据班固的《汉书》记载,汉武帝曾派遣使者往南海海域,去

----

① 《"南海一号"第二次室内试发掘进入前期准备》,新浪网(引用日期 2019 年 11 月 2 日)。

往菲律宾各国,最远到达今天的斯里兰卡,进行官方贸易,这是东西方世界海洋航路的正式对接。此时,广州已经发展成为对外贸易的港口。"海上丝绸之路开辟后,在隋唐以前,即公元6～7世纪,它只是陆上丝绸之路的一种补充形式。但到隋唐时期,由于西域战火不断,陆上丝绸之路被战争所阻断。取而代之的便是海上丝绸之路。到唐代,伴随着我国造船、航海与指南针技术的发展,我国通往东南亚、马六甲海峡、印度洋、红海,及至非洲大陆的航路的纷纷开通与延伸,海上丝绸之路终于替代了陆上丝绸之路,成为我国对外交往的主要通道。根据《新唐书·地理志》记载,唐时,我国东南沿海有一条通往东南亚、印度洋北部诸国、红海沿岸、东北非和波斯湾诸国的海上航路,叫作'广州通海夷道',这便是我国海上丝绸之路的最早叫法。当时通过这条通道往外输出的商品主要有丝绸、瓷器、茶叶和铜铁器(含铜钱)四大宗;往回输入的主要是香料、花草等一些供宫廷赏玩的奇珍异宝。这种状况一直延续到宋元时期。"①

一、广州海上丝绸之路货币交往的历史及主要特点

广州作为海上丝绸之路的东方中心,既是西行贸易航线的起点,又是外国人从海上进入中国的门户。唐天宝九年(750年)东渡日本的鉴真和尚在途经广州时曾这样描绘广州的繁荣景象:"(珠江上)有婆罗门、波斯、昆仑等舶,不知其数,并载香药、珍宝,积载如山,其舶深六七丈。"(唐·鉴真《唐大和尚东征传》)唐代与广东有贸易往来的国家和地区有20多个,经过两宋的发展,至元代已达到140余个。

宋太祖开宝四年(971年)六月广州设置市舶司。宋代同广州通商的国家大量增加,同广州贸易量最大的仍是阿拉伯,其次是三佛齐和阇婆(今爪哇和苏门答腊),市舶司用中国商品和"缗钱"②同外商贸易,其后鉴于缗钱外流严重,禁止输出,只以丝绸、陶瓷、漆器及金、银、铅、锡等做交易。南宋时,为了杜绝铜钱外流造成钱荒,瓷器成为国家法定货币之一。景德镇生产的"影青瓷器"与"青白釉瓷器"驰名中外,通过广州、泉州等港口输往世界各地,成为风靡海外的名牌瓷器。据文献记载,荷兰、葡萄牙的商人将

---

① 刘亦文:《海上丝绸之路与广州十三行》,《广东蚕业》2002年1期。
② 缗钱:这里指用绳结扎成串的铜钱。

景德镇的瓷器销往欧洲时,价格几乎与黄金相等。宋时瓷器行销世界五十余国,最远到达非洲的坦桑尼亚。

到了元代(1206~1368年),世界上同广州有贸易往来的国家与地区有140多个。元代广州仍是一个世界著名的港口城市,这个时期的市舶贸易,既对宋代有继承,又有所改进,贸易环境更为宽松。"据《简明广东史》记载,南宋时广东已开始使用纸币,到元代市舶条件更为完备,市舶贸易普遍使用纸钞。元初即已印行'中统钞'。市舶贸易流通手段的进步,也促进外贸的发展,出口商品'仍以瓷器和丝绸为大宗'。"①

据史料记载,"元朝时朝廷开办官本船贸易,由于对外贸易活跃,广州此时出现'舶牙'②,开始使用纸钞交易,成为市舶贸易流通的手段之一,同时严禁金、银和铜钱出口。例如元英宗时,外商哈合达供货用官钞出海,同样买得宝货而回。元代交钞与某些国家和地区的货币兑换比率也比较稳定,如中统元宝交钞十两折合爹国(今缅甸境)银币一枚,交钞一两折合交趾(今越南北部)铜钱60文至70文。"③另据《马来西亚史》记载,1409年郑和访问了马六甲,回国时把拜里迷苏剌也带到中国,明成祖赐宴天门,并赏赐其黄金百两,钞四十万贯。《明史·苏禄传》载,永乐十五年(1417年)其国东、西、峒三王浮海朝贡,三王辞归,明成祖各赏赐他们黄金百两,钞万锭。广州是历史上明确记载用纸钞进行海上丝绸之路贸易的港城,意义重大,特色鲜明,只可惜影响范围较小,元代纸钞未能进一步发展成为世界货币。后因元朝纸币信用制度的崩溃,过早地退出了海上贸易的舞台。明朝纸钞多用于海外朝贡赏赐,实际参与海上贸易流通很少。

明代(1368~1644年),广州成为我国最重要的对外贸易口岸,有了"出口商品交易会"。"洪武三年(1370年),朝廷设立宁波、泉州、广州三个市舶司,并规定宁波通日本,泉州通琉球,广州通占城、暹罗、西洋诸国。洪武七年废除市舶司,只允许少数国家进贡。永乐元年(1403年)又重设市舶司,并在广州西关十八铺设置怀远驿,备有房屋120间,招待外国贡使和

---

① 黄晓宏:《浅谈宋元时期海上丝绸之路陶瓷贸易》,《丝绸之路》2010年14期。
② 舶牙:对外贸易中的牙行。
③ 中国钱币学会东南亚货币研究组编:《瀛海流泉——东南亚货币史研究》,云南民族出版社1998年4月第1版,第276页、277页、277页。

番商居住。"①

　　清代,由于朝廷实行海禁政策,乾隆年间广州成为中国海上丝绸之路唯一对外开放的贸易大港,当时著名的"广州十三行"②就是专门分工做对外贸易的洋行。"十三行"时期从海路大量输入国内的"花边(番)钱",实际上缓解了自明代中后期以来日本、安南一带对中国白银输入不足的局面,促进了国内外商品流通,繁荣了社会经济,对外通商的繁荣也促进了广州与海外的货币文化交流。对外通商的繁荣也促进了广州与海外的文化交流。2014 年 8 月 28 日,美国马萨诸塞州政府通过法定程序将 8 月 28 日定为"广州日"。美国马萨诸塞州为何设立广州日? 源于 1784 年 2 月 22 日,美国开往中国的第一艘商船"中国皇后号"从纽约港出发,在同年 8 月 28 日抵达广州黄埔古港,中美贸易由此开启。"中国皇后号"只是广州外贸的一个缩影,广州作为清朝"一口通商"口岸的 80 余年间,停泊在黄埔古港的外国商船共计 5107 艘,其时之繁盛可见一斑。

　　有清一代,"广州海上丝绸之路贸易比唐、宋两代获得更大的发展,形成了空前的全球性大循环贸易,并且一直延续和保持到鸦片战争前夕而不衰。而这在清代的外贸史上也是重要的转折点。鸦片战争之后,广州进口商品中,鸦片占据了首位,并从原来的走私演化到合法化"。③ 自 1775 年英国商船来华后,外国商船进入广州的数量逐年递升;除了各国商船来广州贸易之外,还有许多广东商人远航至东洋、南洋与欧美各地贸易。当时就合法贸易而言,中国仍处于对外贸易出超地位。"许多外商到广州来做生意,往往拿白银来购买中国的丝绸、茶叶、瓷器等商品,因此,大量外国白银由印度、欧美流入中国,后来由于英帝国主义通过东印度公司大量输送鸦片到广州,致使中国对外贸易长期入超,中国白银又开始大量外流,自 1828～1881 年中国每年外流白银达到一千七八百万两之巨,以后更是有增无减。白银的流入和流出充分反映当时海上丝绸之路贸易的主要媒介

---

① 中国钱币学会东南亚货币研究组编:《瀛海流泉——东南亚货币史研究》,云南民族出版社 1998 年 4 月第 1 版,第 276 页、277 页、277 页。

② 广州十三行:清代专做对外贸易的牙行,是朝廷指定专营对外贸易的垄断机构。又叫"洋行"或"洋货行"。

③ 钟海:《古代海上丝绸之路的兴与衰》,《珠江水运》2015 年 19 期。

是白银。"①

十七、十八世纪,欧洲上流社会流行喝茶,因此,中国瓷器供不应求,商人们开始从中国大量进口瓷器,海上瓷器贸易盛极一时。Geldemalsen号商船也于十八世纪的乾隆时期加入这一行列。1751年12月18日,Geldemalsen号满载中国货物从广东某地(本书认为很可能是广州,其依据是清廷海禁,广州成为唯一的对外贸易港。当然,也不能完全排除从广东其它地方走私的可能)驶往故乡荷兰。1752年1月3日,由于导航失误,Geldemalsen号在中国南海触礁沉没。1984年,这艘沉船被打捞上来,发现有大批的瓷器和数量不菲的黄金(有船型和元宝型两种)。"哈契尔(Michael Hatcher)是一位荷兰商人。1985年哈契尔与他的搭档麦克斯德·拉姆(Max de Rham)一起,在位于南中国海水域发现了荷兰沉船Geldermalsen号,从中打捞出大量的中国瓷器和黄金。这些史称'南京货物'的物品,在佳士得公司(Christie's)于阿姆斯特丹举办的拍卖会上,创造了超过一千万英镑的成交记录。从Geldermalsen号上发现的物品大致可以分为三类:文物、黄金和瓷器。根据荷兰东印度公司的档案记载,此船装载的黄金共有147件,哈契尔打捞到了125件。据研究者的描述,这些黄金有两种形状,长条形107条,每条8×2.5×1.5厘米;鞋型(或称船型)18个,每个5.5×3×3厘米,每个约重350克,并镌刻有中文标志或印记。就其形状而言,这些黄金也就是中国的金条和金锭(金元宝)。从当时的书信记录可知,这些黄金大都购买自南京。"②

这艘沉船上出水的瓷器和黄金表明广州在清代海上丝绸之路贸易中的重要作用,以及船型黄金货币外输的历史见证。这种清代的船型黄金与唐代的船型银锭有异曲同工之妙,颇具特点,有可能是专门为海外贸易设计的造型,以方便检验成色。另外,在《广州海事录》一书中,记载了著名的瑞典哥德堡号贸易船,18世纪多次往返于广州与欧洲之间,后来沉没。近年水下考古在沉船内打捞出大量中国瓷器、丝绸和茶叶,轰动全球。

"鸦片战争后,中国海权丧失,沦为西方列强的半殖民地,沿海口岸被迫开放,成为西方倾销商品的市场,掠夺中国资源和垄断中国丝绸、瓷器、

---

①中国钱币学会东南亚货币研究组编:《瀛海流泉——东南亚货币史研究》,云南民族出版社1998年4月第1版,第277页、277页、277页。
②*The Nanking Cargo* 伦敦,Hamish Hamilton Ltd. 1987年。

茶叶等商品的出口贸易。从此,海上丝绸之路一蹶不振,进入了衰落期,但并未中断。这种状况一直延续了整个民国时期,直至新中国成立前夕。"①

二、"一口通商"后,广州海上丝绸之路货币文化特点交往分析

海上丝绸之路是古代联系东西方之间政治、经济、文化交流的重要桥梁。"古代中国利用这条海上大通道重点发展对外经济交往,因此就成了世界著名的贸易之路。在海上丝绸之路贸易中充当交换媒介的货币就是海上丝绸之路货币,它推动历代封建王朝对外贸易的不断发展。但是到了明朝,海上丝绸之路出现了转折点,那就是由盛转衰和间接开辟至美洲的海上丝绸之路。"②其海上丝绸之路货币文化也呈现出以丝绸交换外国贸易银元为主的特点。明清时期,广州的对外贸易全属官营,而以"洋行"经纪这些事情,所以开设洋行的多半都能获厚利,赚大洋。明末清初的诗人屈大均在《广州竹枝词》中有云:"洋船争出是官商,十字门开向三洋;五丝八丝广缎好,银钱堆满十三行。"足见当年十三行的兴隆以及丝银贸易的盛况。从1773年至1832年广东商行总共向吏部捐输白银3,950,000两。十三洋行威名赫赫,被视为"帝国商行"。"十三行商人不仅被刻印在普鲁士的银币上,而且被列为自古以来世界几大首富之一——他们称得上富可敌国。鸦片战争中,英军侵占了广州,就是十三行首富之一伍家出了600万两银元当'赎城费'。"③据史料记载,"在十三行衰落的末期,怡和行商人伍浩官还有价值2600万元的财产;同文行商人潘启官还有1亿法郎的财产。"④

一口通商是指中国在1757年至1812年签订《南京条约》之前这个时期,清政府规定西洋商人只可以在广州一个港口进行贸易的政策。"从清初实行'海禁'到1811年,作为对西洋唯一的通商口岸的广州接受了大量的外国银元。"⑤

"在清政府实行一口通商时期,外国银元从唯一的通商口岸广州大规

---

①钟海:《古代海上丝绸之路的兴与衰》,《珠江水运》2015年19期。

②骆伦良:《谈明朝海上丝绸之路的货币文化特点及启示》,《广西金融研究》2006年S1期。

③谭元亨:《十三行的谣谚与小说》,《华南农业大学学报·社会科学版》2009年2期。

④蒋祖缘、方志钦主编:《简明广东史》,广州:广东人民出版社1993年版,第382页。

⑤孔智恒:《清朝广州口岸的外国银元输入》,《淮海工学院学报·人文社会科学版》2016年5期。

模输入中国。随着银元在市场的大量流通,这些外来货币对中国的货币体系产生了强有力的冲击。外国银元对广州口岸及其辐射的经济腹地的货币体系乃至经济活动产生了深刻的影响。而对于中国货币的发展,外国银元的进入客观上具有推进中国货币体系改革的积极作用。"①

清代实行一口通商制度后,广州成为中国对外贸易的商品集散地,成为天下的"货仓",输入了数量巨大的外国银元。当时有"广州之货,天下未必有;而天下之货,广州尽有之"②的说法。"当时中国唯一合法出口的广州港经过澳门开往长崎的日本航线是葡萄牙人进入澳门后开辟的东方航线。日本所需要的货物,如生丝、砂糖、棉线、中药等商品也经常由葡萄牙到广州购买后再运到长崎交易。而日本运到中国的货物,主要是银、铜,是由长崎经澳门输入广州,进入中国市场。广州在中日贸易中起到了举足轻重的作用。"日本输入广州的商品以"金、银、铜为大宗。铜等金属是铸造钱币的基本原料,是社会经济中货币流通与国家经济交往中的必需品。清前期社会经济发展,商业活跃,对于商品交换的媒介铜钱需求量增多,然而由于手工业技术发展缓慢,国内铜矿开采和冶炼业落后,便出现了供不应求的情况。早在清政府入主中原后,清朝统治者为解决铸钱所需要的铜材这一现实矛盾,一反明朝对日本实行的海禁政策,鼓励商民到日本贩运'洋铜'。中日两国不谋而合,互有需求,这样清初中日贸易开始迅速发展起来。1751~1763 年,清朝商船每年从日本输入的洋铜为 200 万斤左右;1764~1788 年约为 150 万斤;1789~1803 年约为 130 万斤;1804~1817 年约 100 万斤;1818~1829 年约为 70 万斤;1830~1843 年约 60 万斤。可见证日本洋铜不断输入中国市场"。③

清庾岭劳人著的《蜃楼志》,又称《蜃楼志全传》《情中奇》,清嘉庆九年(1804 年)刊本。该书是清代中期产生的一部较有影响的社会言情小说。全书共二十四回。书中托言明嘉靖时故事,实则描写的是清代中期的社会生活。小说以广东洋行商总苏万魁之子苏芳(字吉士)为主人公,从苏万魁被新任海关关差赫广大敲诈勒索起,展开了较为广阔的生活画面,塑造了众多的人物形象,反映了清乾嘉时期岭南地区商业买办活动和官场腐败、

①孔智恒:《清朝广州口岸的外国银元输入》,《淮海工学院学报·人文社会科学版》2016 年 5 期。
②龚伯洪:《广府文化源流》,广东高等教育出版社 1999 年版,第 74 页。
③尤云弟:《清代一口通商时期广州市场上的日本货》,《中国市场》2010 年 27 期。

官逼民反的社会现实。同时它又是第一部正面描写商人的长篇小说,还是富有时代特色和地域特色的小说,它描写了清中叶唯一的通商口岸广州新兴买办资产阶级——洋商的生活。

《蜃楼志》塑造的苏吉士形象是士子与商人的最佳结合,同时这一形象也让我们认识到了广州十三行洋商不一般的社会地位。该书还为我们展现了一幅多姿多彩的岭南风情画,它体现了岭南地区独特的重商思想,也让我们感叹岭南的繁华之甚,特别是十三行带给我们的惊人财富是足以令人惊诧的。十三洋行总商苏万魁"家中花边番钱整屋堆砌,取用时都以箩装袋捆"(《蜃楼志》第一回)。花边番钱指旧时流入中国的外国银元,边缘有花纹,与我国过去边缘光滑的钱币不同,故俗称"花边番钱",后亦作为对外国银元的统称。由于贪腐,朝廷钦差在粤海关监督赫广大家中搜出大批财物,其中舶来品就有:洋表大小一百八十二个、洋玻璃屏二十四四架、洋玻璃床十六张、洋玻璃灯一百二十对、洋玻璃挂屏一百零四件、洋玻璃盏大小八十个、金花边钱一千八百零三圆、花边钱四万二千零八圆(《蜃楼志》第十八回)。在繁华的背后,也令人隐隐感受到了底层的暗潮涌动以及即将到来的社会变革。《蜃楼志》能够为中国海上丝绸之路贸易、经济史、货币史特别是研究十三行提供重要的参考资料。

"广东乃沿海省份,特别是广州,为古代海上丝绸之路的起点城市,各朝的通关海口,就算清朝实行闭关锁国政策,但仍然独设'广州十三行'为外贸口岸。在世世代代与海洋交往、搏斗的过程中,广东人具有了极强的包容性。而'庾岭劳人'作为土生土长的粤人,同样秉承了这种海洋文化的优良传统,体现在创作上就是他能杂取众长,兼容并蓄地创造了新型的人物形象。而且作者也是第一次在中国小说史上以长篇小说的形式塑造了一个正面的洋商(中国买办资本家)形象,这无疑也体现了广东人'敢为天下先'的精神。"[1]

近代以来,洋务运动兴起,张之洞率先在广州进行币制改革。1887年,张之洞创办了广东造币局,成立了中国第一个机械铸币厂,奏请朝廷在广州试铸银元。1889年,中国用机器铸造的第一枚银元在广州诞生,随后各省纷纷仿效广东铸造银元,国产机制银元从此遍及全国各地。1900年

---

[1] 钟燕:《〈蜃楼志〉研究》,广州大学硕士论文,2011年5月。

李鸿章又在广州仿造英国一仙铜元样式铸造了中国第一枚铜元。

综上所述,广州海上丝绸之路货币文化交往的特点是:其一,唐宋时由于缗钱输出较多,被禁止出口,此后铜钱外输较少。其二,进出口贸易大量使用金银货币现象非常突出,清代还使用船型黄金货币进行海外贸易;清代一口通商时期,广州输入的番银数量巨大。其三,在元朝时期的海外贸易中,广州明确记载使用过纸钞,这一记载具有非常重要的史料价值。其四,广州又是近代中国仿照西洋币制,引进外国机器最早铸造银元和铜元的地方。这为后来实行银本位币制奠定了物质基础。中国自制银元和铜元上均有中文、满文和英文,体现了中西货币文化的交融。

花边(番)钱　　　　　　　西班牙"本洋"银币

广州十三行商馆的景色

第三节　澳门在海上丝绸之路货币交往中的地位与作用

澳门在十五世纪之后的广东地区海上环球贸易中又是一处发光点,谱写了极其重要的篇章。

一、澳门在海上丝绸之路货币交往中的地位

自 1557 年葡萄牙人正式占据澳门后,经过 20 余年的经营,澳门于十六世纪 80 年代进入长达 80 年的经济繁荣的黄金时期,成为沟通东西方经济的重要国际商埠以及东西方文化融汇之地。"在这个黄金时期,逐渐形成了以中国大陆为腹地,以澳门为中转港的明代海上'丝银之路',以澳门为中心,开拓了三大航线:澳门—果阿—里斯本;澳门—长崎;澳门—马尼拉—墨西哥。透过这三大航线及其相互延伸,以澳门为中心向海外辐射,形成了国际贸易大循环。在这三大航线的运行中,中国经澳门运出了大量丝绸,海外经澳门运入中国大量白银,因而是一条名副其实的'丝银之路'。在'丝银之路'中,澳门成为世界性的丝绸贸易中枢,逐步形成了一个世界规模的丝绸市场,获利甚丰。应日本市场的需求,每年对日输出的中国生丝,其中五六成是葡商从澳门输出的。在 1578～1638 年的 60 年内,每年从澳门运往日本长崎的中国生丝,由 1,500 担增至 3,000 担。至于从日本流入澳门的白银,据记载,仅 1636 年即达 235 万两,而历年从日本流入澳门的白银可能达到了 1 亿两。从 1580～1590 年的 10 年间,从澳门运往印度果阿的生丝,每年约为 3,000 多担。从 1574 年至十八世纪末的二百多年间,从澳门经马尼拉至墨西哥的商品中,中国丝织品和棉织品很快跃居首位,在墨西哥的进口总值中、中国丝绸就占六成多。"[1]

通过这三大航线,澳门成为世界白银交易集散地,大量流入澳门转往中国,数量惊人,每年都有较庞大的数字。

二、澳门在海上丝绸之路货币交往中的作用

"中葡交易最初多是实物交易,从 1582 年以后,便由实物转向白银,包

---

[1] 戴建兵:《西属殖民地银元对中国货币的影响》,《中国钱币》2001 年 4 期。

括葡萄牙商船向中方交纳的税项,也以白银计。从 1619～1631 年,澳门—马尼拉交易进入鼎盛时期,每年从马尼拉流入澳门的白银,价值 135 万比索[①]。据另一项统计,1631 年,由菲律宾输往澳门的白银达 1,400 万两。这个数字,相当于明朝自永乐年至宣德九年(1403～1434 年),即大明帝国鼎盛时期 30 年中国官银矿总产量的 2.1 倍,并相当于明朝万历年间明朝国库岁入的 3.8 倍。"[②]

在这三大航线的回流中,大量贵金属流向澳门,澳门成为世界获取贵金属的中心。流入澳门的大量白银被葡萄牙商人用去兑换黄金,实现其东方黄金梦。而更多的白银还是流入了中国大陆。

"葡萄牙人除在其东方的'三角贸易'中,把大量日本白银输入中国外,还每年将一定数量的本土白银,从里斯本运到澳门,购买中国货物后流入中国。20 世纪七十年代,杰弗里·派克据有关档案论述说:'在十六世纪八十年代,葡萄牙人每年大约要用船向远东运去一百万西班牙杜卡特',约合 28,750 公斤,约为明制 770,500 两,葡萄牙有档案直接证实这一说法。档案记载,1601 年,有三艘葡萄牙船驶往澳门,其中一艘沉没于广东沿海,损失了三十万元葡萄牙银币,若以此计算,这三艘葡萄牙船所载白银总数为九十万元银币,约 27,500 公斤左右。这一档案数字,与万历时期中国人的记录相仿,如《粤剑篇》记云:'西洋古国,其国乃西洋诸番之会,三四月间入中国市杂物,转市日本诸国以觅利。满载皆阿堵物也。余驻省时,见有三舟至,舟各赍白金三十万。'这一阶段流入中国的葡萄牙本土贸易银总额为 5,008,250 两。"[③]

广州是历史上著名的海上丝绸之路港口城市,广东地区及澳门的对外贸易都是以广州为核心的,与广州港有着密切联系,广州及周边地区海上丝绸之路贸易货币的诸多发现及相关文献的记载有力地证明了广州作为海上丝绸之路始发港的重要地位及货币交流的悠久历史。

①比索(peso):一种主要在前西班牙殖民地国家所使用的货币单位。
②何芳川:《澳门与葡萄牙大商帆》,北京大学出版社 1996 年版,第 68 页。
③戴建兵:《西属殖民地银元对中国货币的影响》,《中国钱币》2001 年 4 期。

葡萄牙银币

第六章　泉州"海上丝绸之路"的分期与货币文化特点

　　泉州早在公元六世纪的南朝便开始成为对外通商贸易的重要港口,历经隋、唐渐趋兴盛。唐代后期,由于经济重心南移,泉州港海外贸易有了很大发展。"五代时期,泉州港在王审知、留从效等人的治理下,成为福建对外贸易的重要港口。到了宋元时代,泉州与海外各国的通商贸易更加繁盛,当时的泉州港曾以'刺桐港'驰名中外,被誉为'世界最大贸易港之一'。宋代泉州已有定期船只航行亚非各国进行贸易。据宋《梦粱录》记载:'若欲船泛外国买卖,则自泉州便可出洋。'"①北宋元祐二年(1087 年),在泉州设立市舶司,泉州至今仍留存千年涂门水关遗址。宋代,随着海外贸易的兴起、政治中心的迁移,泉州港的地位变得更加重要,甚至可与广州港、明州港相提并论。元代,泉州港成为中国最大港口,海外贸易繁荣之势可与埃及亚历山大港相媲美。由于元末明初的战乱和明初的海禁,明代时泉州港日益萧条,甚至被港口条件不佳的漳州月港所取代;清代的海禁、迁界使泉州港迅速衰落;鸦片战争后成为厦门港的附属港,后来一度湮没无闻,令人感慨! 其历史教训值得总结。

第一节　泉州海上丝绸之路发展概况

　　泉州海上对外贸易交往历史悠久,所形成的海上丝绸之路享誉全球。早期的对外贸易往来是以物易物,随着港口经济的发展,唐朝时泉州开始使用金属货币直接结算。通过对外货币交流,不仅推动了福建的经济快速增长,对福建的货币体制变革也产生了较大影响。

---

①泉州湾宋代海船发掘报告编写组:《泉州湾宋代海船发掘简报》,《文物》1975 年 10 期。

一、泉州在海上丝绸之路贸易中的地位

福建省素有"东南山国"之称谓。"在陆地交通不发达时期,福建利用海岸线长、海湾良港多的地理优势,开展对外贸易是谋求发展的首选。据史籍记载,福建对外交往始于汉代。《后汉书·郑弘传》载:'汉章帝建初八年(公元 83 年),……归交趾七郡贡献转运,皆从东冶(今福州,闽越国首府)泛海而至,风波艰阻,沉溺相系。'这段记载表明,福建早在 2000 年前就已经是中国与越南及东南亚海上交往的港口。至隋唐,'闽广商船,乃更扩张其航路,或自师子国沿印度西岸而入波斯湾,或沿阿拉伯海岸而抵红海湾陈甸'"。①

泉州港口众多,海上交通便捷,历史上有"三湾十二港"之称。泉州人与西至地中海、南至东南亚诸国贸易往来频繁。阿拉伯地理学者伊本考尔大贝所记番商(外商)会集地,"岭南之交府、广府、江南之扬府、福建之泉府(即泉州)"。这些港口"南海番舶常到",商人、学者等往来络绎不绝,其中不少人还定居下来,成为侨民。福州的开元寺早就有印度僧人定居,传授佛经和梵文学,日本僧人还慕名来听讲。因福州外国侨民甚多,朝廷还在福州设置"都番长"一职,管理侨民事务。晚唐,藩镇割据,各地节度使扩展地盘,战火四起,外商会集地扬州因战乱致使番客数千人遭杀害;广州十多万外商死于黄巢义军与唐军争夺战。而福建局势稳定,闽王王审知为发展对外贸易,竭力"招来海中蛮夷商贾"。(《新五代史》卷 68《闽世家》)

王审知侄子延彬担任泉州刺史时重视发展海外贸易,"多发蛮舶,以资公用,惊涛狂飙,无所失坏,郡人籍之为利,号招宝侍郎"(乾隆《泉州府志》卷 40《封爵》)。那时发展海外贸易已成为官府扩大财源,发展经济的重要举措。闽国灭亡后,割据泉州的留从效仍继续发展海外贸易,"以陶器、铜、铁"运至海外销售,"取金、贝而还,民甚称便"(《泉州留氏宗谱·宋太师鄂国公传》)。在其他港口对外贸易遭受挫折之时,福州、泉州港口对外贸易却迅速发展。

"泉州港在宋元时期是一个很重要的贸易港口。为增加国库的收入,

---

① [日]高桑驹吉:《中国文化史》,转引自蒋九如:《福建海上丝绸之路的货币交往》,《福建金融》2012 年 7 期。

两宋朝廷重视且鼓励海外贸易。于10～11世纪,相继在广州、明州、杭州、泉州等地开港,设立市舶司。宋室南迁后,明州与杭州市舶司被废,导致泉州与为全国港口之冠的广州并驾齐驱。及至元代,泉州港一度被称为'世界最大港口',成为东南沿海最大的物资集散地。"①1974年,在泉州湾后渚港发掘出土一艘南宋沉船,成为泉州屈指可数的"国宝级"文物之一。"1976年,东海法石的农行东海营业所(当时俗称农村信用社)在挖水井时,发现类似船板的松木,又一艘南宋沉船从此重新出现在世人面前。1982年5月,中国科学院自然科学史研究所与泉州海交馆经审批联合试掘后,认定该艘南宋沉船为有水密隔舱的'福船'②。"③一座城市发现一条宋代古船已是震惊世界,而泉州竟然发现两条,意义更加非凡,见证了南宋时期泉州港海上贸易的盛况。

宋、元时期,泉州海上丝绸之路贸易空前繁荣。当时的刺桐港(今泉州港)与埃及的亚历山大港,系世界四大港口之一。由于进出船舶甚多,北宋朝廷于元祐二年(1087年)10月6日,"增置舶司于泉州"(《宋史·食货志》,《玉海》卷186)。

该机构历经宋、元两代,至明成化十年(1474年)迁往福州,历时近400年之久。宋廷南渡后,财政收入减少,更致力于拓展海外贸易,为泉州港的崛起提供了千载难逢的良机。明代长乐人谢肇淛在《五杂俎》中说漳、泉之人:"东则朝鲜,东南则琉球、吕宋,南则安南、占城,西南则满剌迦、暹罗,彼此互市,若比邻然。又久之,遂至日本矣。夏去秋来,率以为幸,所得不赀,什九起家。于是射利愚民,辐辏竞趋,以为奇货。"(明·谢肇淛:《五杂俎·卷四·地部二》)

南宋时,都城设在临安(今杭州),因广州远离临安,交通多有不便,明州(今宁波)又地处军事前沿,商船多被征为兵船,商贾畏惧不来。而泉州港系腹地,不受战事影响,相反由于宋室南移,南外宗和西外宗迁入福建,对香药、珠宝的需求量大增。加上泉州一带物产丰富,德化、晋江的陶瓷,安溪、永春的茶叶,南安、同安的蔗糖和泉州的丝织品等多为外商所喜爱,

———————

① 黄晓宏:《浅谈宋元时期海上丝绸之路陶瓷贸易》,《丝绸之路》2010年14期。
② 福船:中国古代海船中的一种船型,是福建、浙江沿海一带尖底海船的通称,是中国"四大古船"之一,为中国古代著名海船船型。
③ 《泉州东海法石地下埋着宋代古船》,新浪网(引用日期2019年11月2日)。

海外商船蜂拥而至。朝廷为了奖励海外贸易者,采取了授商以官的新政。南宋末年,朝廷任命阿拉伯商人后裔蒲寿庚为"提举泉州舶司"、"总海舶"。蒲氏家族在海外商人中颇有影响,为泉州招来更多的商客。"绍兴六年知泉州连南夫奏请,诸市舶纲首能招诱舶舟,抽解物货,累价及五万贯十万贯者,补官有差。大食蕃官啰辛贩乳香直三十万缗,纲首蔡景芳招诱舶货,收息钱九十八万缗,各补承信郎。"(《宋史·食货志》)元灭宋时,蒲氏降元,授行中书省左丞官职,在蒲氏的协调下,泉州港繁荣不衰,成为当时全国最大、最繁荣的贸易港之一。到了南宋末年,泉州市舶司的收入更是高达100万缗①,几乎占全国市舶司收入的一半,远远超过了广州。如果按10%的税率来计算,每年通过泉州市舶司的贸易额达到了惊人的一千万两。泉州被誉为当时世界上最大港口之一②,完全是实至名归。

　　宋元时期泉州港是中国对外贸易的枢纽。"根据南宋赵汝适著的《诸蕃志》统计,宋元两代泉州港的海销产品非常丰富,包括陶瓷、丝绸、金、银、钱币、漆器、茶叶、朱砂、樟脑、荔枝等六十多种,其中以丝织品和瓷器为主要输出物品。同时,宋元时期,从泉州港进口的商品逐渐增多,这些货物刚开始多数是供统治阶级享用的奢侈品,如《诸蕃志》中统计有:乳香、珠贝、玳瑁、犀角、象牙、珍珠、玛瑙等。但是随着贸易往来的增加,一些生产和生活资料也从海外源源而来,如:棉花、贝纱、人参、胡椒、豆蔻、波罗蜜等。"③

　　明初,朝廷鉴于元代远征海外之失,无意海上发展,力行"禁海"之令,致使福建海上丝绸之路贸易由盛极而衰近200年。此时,西方殖民者东来,不择手段谋求中国商品。由于长期禁海,福建沿海素以航海通番为生的居民,无以为生,被迫踏上走私贸易与海盗贸易之路,此时,漳州的月港、浯屿、海沧、梅岭等地走私盛极一时。至隆庆元年(1567年)海禁解除,漳州月港便替代刺桐(泉州)港成为福建对外通商的主要港口,凡往东西洋的商船都在月港集结启航,返航时先至中左所(厦门)支付税款,而后进入月港。当时明廷视西方殖民者为海盗,不予通商,西班牙则利用其占据的菲律宾与中国通商;日本因倭寇之事与中国断交,其所需的中国商品转向菲律宾求购。这样,菲律宾的马尼拉便成为与中国通商的主要港口,隆庆至

---

①缗:古代计量单位,1缗即古时常说的1贯钱或1吊钱,也就是1000文铜钱。
②参阅[阿拉伯]伊本巴都他《印度支那游记》,第422页。
③周文宝:《浅析宋元时期泉州港对外贸易的兴盛》,《青年与社会》2013年6期。

崇祯年间(1572～1644年),共有1086艘中国货船抵达马尼拉港,其中来自福建的991艘,占91.25%。[①]

二、古代文学作品揭示泉州海上贸易状况

前文(第三章第一节)所述凌濛初著《初刻拍案惊奇·卷一》"转运汉巧遇洞庭红,波斯胡指破鼍龙壳"的海外贸易的故事发生在吉零国,该地离苏州只有三五日航程,走私船相对较小,本书认为不可能短短几天到达西欧等国,很可能就是马来西亚的"吉令港",在今马来半岛西岸,指马来西亚的巴生(Klang)河口和巴生港。吉令即Klang译音。中国货物拿到那边,就有三倍价。换了那边货物,带到中国也是如此。一往一回,就有八九倍利息,所以人们都拼死闯这条海路走私贸易。吉零国以银为钱,上有文采(图案)。有龙凤文图案的,最贵重,其次人物,又次禽兽,又次树木,最下通用的,是水草;都是银铸的,份两一致,都是八钱七分。钱币上有龙凤纹图案,说明该国受中华文化的影响,在中华文化圈范围内,不会是印度等地,更不是欧洲。文若虚在售卖洞庭红橘子时无意中发现了该国币制与中国币制的差异,使他以极小的代价换得大量银钱。如果他后来继续去该国经商,专门换取币值低而份量一样的银钱,很可能会导致该国发生"钱荒"。类似的情况就在中国发生过,宋代,由于日本长期采购中国高质量铜钱回国获取厚利,致使中国多次发生"钱荒"。因此,国家币制上的漏洞特别需要引起官方警惕,以防止被不法商人甚至敌国钻空子。

故事主人公文若虚还在归途中从一荒岛上捡得一个大龟壳,由于不识货只是当作普通龟壳收藏,但当船只行驶到福建靠岸时,被一位识货的波斯商人"波斯胡"玛宝哈以五万两白银的巨款购得,原来龟壳中藏有24颗价值连城的夜明珠。这个故事包含许多重要信息:其一福建泉州当时就有波斯人等外国商人长期居住,海外贸易十分频繁,由于故事发生在明成化年间,本书推测该地非泉州莫属。漳州月港、厦门、福州等港口的兴起要晚得多。其二白银是那时泉州海外贸易的主要货币,另外丝绸、珠子等商品也能充当实物货币使用,铜钱较少。

清初,郑成功据守厦门、漳州一带抗清。清廷为了防范郑成功反攻,在

---

①徐心希:《海上丝绸之路综论》,《福建钱币》1994年3、4期。

福建、浙江、广东等沿海省份实施比明朝更加严厉的"海禁"政策,"无许片帆入海,违者立置重典",致使海外贸易完全中断,泉州走向衰落。郑氏为筹措"抗清复明"军费,大力拓展对外贸易。秘密组织商团"五商",其中山路五商代号为"金、木、水、火、土",总部设在杭州,分设京师、苏州、山东等地,专职采购绸、缎、绫、罗、生丝等商品;海路五商代号为"仁、义、礼、智、信",总部设在厦门,分设沿海各港口,负责贩运东西两洋货物,此时厦门便代替泉州和月港成为福建对外贸易的主要港口。郑氏收复台湾后,以台湾为对外贸易主要港口,在厦门和达豪(广东潮阳的海岛)设据点收购内地商品,与日本、英国东印度公司开展贸易,台湾便成为内地出口商品集散地。直至郑氏政权回归清廷,海禁解除,厦门与福州并列成为福建对外贸易两个主要港口。那时,泉州已经衰落,因而,"五口通商"时期,福建只有福州和厦门被列为通商口岸。

第二节　古代泉州海上丝绸货币文化交流主要特点

宋代以前,福建海上丝绸之路贸易往来用何种货币结算,史籍未见记载。但近年来泉州出土一批带铜屑的唐朝"开元通宝"铜钱,说明这批钱是当时泉州本地所铸,弥补了史料记载的不足。"泉州当时之所以要自铸钱,是因为它作为重要的贸易港口,对外贸易十分发达,货币需求量很大,从外地调拨已不能满足需求。"[1]唐代,已有不少福建一带的中国人到菲律宾定居。"在菲律宾班诗兰省博利瑙考古发掘到年代最早为906年的晚唐开元通宝铜钱。而邻近的砂捞越,发现大量唐代陶瓷器等遗物,以及包括铸于723年至768年之间的开元通宝钱币,证明早在唐代中国人已通过海上贸易路线,同东南亚地区进行广泛接触。"[2]

五代时闽国铜矿尚未大规模开发,行使的货币主要是铁钱与铅钱,其自身价值低,难以充作对外贸易结算的主要媒介,很可能是易货贸易,或者主要用丝绸作为实物货币,辅以少量铜、铁钱。闽王王审知铸造了开元通

---

①谢志雄:《谈唐代泉州铸钱与"海上丝绸之路"之关联》,《中国钱币界》2017年1期,总第21期,第24~25页。

②陈鹏:《从泉州发现的西班牙银币说起》,《福建省钱币学会第二次会员代表大会、第五次东南亚历史货币暨海上丝绸之路货币研讨会专辑》,1994年。

宝大铁钱。

　　五代时期的闽国系福建历史上第一个独立的地方政权,闽王王审知铸造了开元通宝大钱。"闽王王审知的继承者之一王延羲在执政期间曾铸'永隆通宝'钱,但在何处铸造,史籍未载。20世纪七八十年代,泉州市区承天寺南围墙处的龙眼树下多次发现形状各异的残破陶块。专家认定,陶块为铸造'永隆通宝'大铁钱时所使用的钱范。"①泉州三中和承天寺后院曾多次出土"永隆通宝"钱范,2002年省市两级文物部门对承天寺南围墙又进行系统考古发掘,证实"永隆通宝"钱铸造地就在泉州。"在唐末五代的闽国时期,'开闽三王'治理福建41年,采取了许多有利于社会民生及海外贸易的政策和措施,为当时和宋元时期福建的繁荣与发展奠定了基础。当时的'永隆通宝'大铁钱以一当铜钱十,当铅钱百。"②这批永隆通宝大铁钱很可能是为了应付海外贸易需求而铸造的,以弥补铜钱之不足。

开元通宝背闽、月大铁钱

永隆通宝铁钱陶质钱范

一、宋代泉州海上丝绸之路铜钱贸易状况

　　宋代铸钱工艺提高,讲求质量,面文书体多变,一种年号钱有两种或三

---

①钱范:古代铸造金属货币的模子,又称为钱模。见苏凯芳、郭晓冰、王柏峰:《泉州"永隆通宝"填补中国铸钱史空白》,《东南早报》2015年11月2日。
②苏凯芳、郭晓冰、王柏峰:《泉州"永隆通宝"填补中国铸钱史空白》,《东南早报》2015年11月2日。

种书体,制作精美。当时,东南亚、阿拉伯及中国周边国家经济发展滞后,贸易往来均乐意使用中国铜钱结算。据《宋会要》记载:外商"得中国钱,分为藏贮,以为镇国之宝,故入蕃者非铜钱不往,而蕃货亦非铜钱不售";另据《宋史·食货志》载:绍兴末,臣僚言:"泉、广二舶及西南二泉司遣舟回易,悉载铜钱";"钱本中国宝货,今乃四夷共用。"可见,当时泉州对外贸易广泛使用铜钱,外国客商用药材、香料、象牙、珠宝等换来的铜钱称为"中国铜",有的还当珍物窖藏,或熔铸成各种兵器、日用器皿。

海上丝绸之路的繁荣,导致中国铜钱大量外流,国内市场出现"钱荒"。宋初,朝廷虽严禁"铜钱阑出口江南、塞外及南蕃诸国,差定其法,至二贯者徒一年,五贯以上弃市,募告者赏之"。但未能有效执行,至熙宁七年(1074年),神宗削除钱禁。因而,"边关重车而出,海舶满载而回",铜钱外流愈来愈多。元丰八年(1085年),哲宗"复申阑钱币之禁"[1],乃无奏效,直到宋亡,"钱荒"还是无法改变。

"1973年2月,泉州湾发现了一艘古代沉船,1974年经过打捞发掘,获得大量的珍贵文物。这艘船全长34.55米,载重量375吨,沉船内装满了沉香木、檀香木、胡椒、朱砂、水银、各类陶瓷制品及延香等大批货物。除此之外还有出土铜钱共504枚,其中唐钱33枚,北宋钱358枚,南宋钱70枚,年号不明的碎钱43枚。铜钱出于全船各舱,出土时除第三舱有39枚缀成一串外,其余均散存于各舱中。这批铜钱,除唐钱外,两宋钱共有44种,除'宋元通宝'、'皇宋通宝'、'圣宋元宝'、'皇宋元宝'等四种外,其余40种均是年号钱。值得注意的是这批铜钱中,年代最晚的是'咸淳元宝'2枚,其背文一为'五',一为'七'。考古学家认为这是一条南宋末年由泉州出发向日本运送货物的船只,由于风暴等原因沉没在当地的港口。"[2]

宋代铜钱外流究竟有多少,无法估算,从日本和东非近代出土的中国铜钱数量看,当年流出的铜钱数量相当可观。"据日本考古者在昭和初统计,18处地下出土的中国铜钱有55.47万枚,其中数量超过1万枚的有15种,12种为宋钱,计36.47万枚,占总数的65.74%,加上未超过1万枚的43种宋钱,数量可能在40万枚上下。"[3]

---

①《宋史·食货志》下八《互市舶法》。

②泉州湾宋代海船发掘报告编写组:《泉州湾宋代海船发掘简报》,《文物》1975年10期。

③肖芳、洋太郎:《日本货币简史》,《中国钱币》1984年4期。

再看东非,"发现中国钱币最多的是东非海岸索马里的摩加迪沙、布腊伐(布腊瓦),坦桑尼亚的桑给巴尔、马菲亚岛、基尔瓦群岛等地,早在 1888 年桑给巴尔已有宋钱出土,1898 年摩加迪沙发现宋钱。1944 年,桑给巴尔岛东南卡全瓦发现窖藏钱币,共 176 枚,其中唐代的'开元通宝'4 枚,北宋钱 108 枚,南宋钱 55 枚"。① 发现钱币的地点离中国帆船常到的翁古贾很近。除东非各国外,在爪哇、泰国、越南、斯里兰卡、印度半岛东海岸和波斯湾延岸等地区也发现许多中国铜钱。

由于中国铜钱大量外流,周边国家受中国货币文化的影响,早期铸币也采用内方外圆的方孔圆钱,币面文字使用汉文,如日本的"宽永通宝",越南的"太平通宝"、"绍圣元宝"、"太平圣宝",印度尼西亚尼的"天下太平",马来西亚的"乾盛通宝"等等。

二、元明时期泉州海上丝绸之路货币交流状况

元代泉州,是海上丝绸之路贸易的重要港口城市,当时,从泉州港出发的商船队与海外一百多个国家和地区进行经济贸易,于是大量中国钱币被随船携至海外。"元代旅行家汪大渊曾经多次跟随船队出海,到过许多国家,他在书中所记载的船队到达东亚、南亚、西亚和东非等地的 99 个国家,在他撰写的《岛夷志略》一书中,就记录有二百多个海外地名,是我国收录外国地名最早、最多的书籍。元世祖至元二十八年(1291 年),意大利人马可·波罗奉命护送蒙古公主阔阔真远嫁波斯,护送团 600 余人分乘 14 艘四桅帆船,从泉州港扬帆出发,经苏门答剌、爪哇、印度到达波斯。在他的《马可·波罗游记》中,大量记录了中国海上贸易的繁荣景况,并由衷赞叹当时中国经济之富裕。"②

在明代的"丝银贸易"中,泉州曾发挥了重要的作用。"福建、广东沿海多次出土 16 至 18 世纪机制西班牙银币,其中泉州是目前国内发现西班牙银币最多的地方。菲律宾与泉州相近,是古代海上丝绸之路经过的区域,泉州自唐宋以来即为中国对菲律宾通航的重要港口,这条航线为以后中国—马尼拉—拉丁美洲的贸易奠定了坚实的基础。1565 年(明嘉靖四十

---

① 田树茂:《东非发现我国文物》,《晋阳学刊》1982 年 6 期。
② 盛观熙:《古代舟山与海上丝绸之路(续)》,《浙江国际海运职业技术学院学报》2012 年 3 期。

四年)西班牙在菲律宾建立了殖民地,自此,中国商船直接贸易对象实际上是踞守在吕宋岛的西班牙人。随着商船贸易,中国丝绸、瓷器等大量商品输入菲律宾转运至拉丁美洲,换回巨量的墨西哥银元。从 1565 年到 1820 年的 255 年间,仅从中国到马尼拉再到墨西哥阿卡普尔港之间的西班牙'大帆船贸易'中,约有四亿枚墨西哥银元流入了马尼拉,其中有一半流入中国。这些银元解决了中国曾经出现的银荒,甚至在闽广一带取代铜钱流通。"[1]

第三节　近代泉州海上丝绸之路贸易与货币交流的特点

闽南沿海泉州、漳州等地自 20 世纪 70 年代以来陆续出土了数十批西班牙银币,泉州地区就发现了十批之多。福建的海外贸易在唐代开始兴起,由于五胡战乱,陆上丝绸之路被阻断,所以阿拉伯商人纷纷取道海路东来中国进行贸易活动。泉州口岸在唐朝时与广州、明州、扬州并驾齐驱,成为中外通商四港口之一。正因如此,十六世纪前后西班牙利用其殖民地墨西哥的阿卡普尔科港横渡太平洋,通过菲律宾马尼拉到月港这条航线从事海外贸易;常年有 130 多艘商船往来于拉丁美洲及东南亚邻国,而漳州的绸缎、纱绢、刺绣,德化窑烧造的象牙白、晋江磁灶窑生产的"龙壶"和"龙瓮",同安汀溪窑生产的"珠光青瓷"以及漳州南胜等地烧造的各类陶瓷器和安溪茶叶为大宗出口商品,换来大量的西班牙银币,并在东南沿海广泛流通。这些西班牙银币在闽南内陆广大腹地流通,几乎成了当时的本位货币,商业结账也以西班牙银币为单位。因而这些西班牙银币在泉州一带就常有出土报道。

一、出土西班牙银币见证泉州在"丝银贸易"中的作用

明代隆庆元年(1567 年)解除"海禁"时,西方和东南亚一带的国际贸易已广泛使用银币结算。西班牙强占拉丁美洲的墨西哥、秘鲁后,发现当地富藏银矿,便大肆开采用于铸造银币,运至菲律宾马尼拉港后,通过建立东西洋贸易中转站与中国开展贸易。为得到生丝、丝织品等中国商品,西

---

[1]刘铮:《第五次东南亚历史货币暨海上丝绸之路货币研讨会论文述要》,《中国钱币》1995 年 1 期。

班牙人使用银币进行交换。此时,商品经济发展,白银已成为中国本位货币,16世纪中期国内市场商品交易90％以上使用白银支付,只辅以不到10％的铜钱。由于对白银的需求不断增大,迫切需要从其它地方进口白银。为此,中国商船从马尼拉返航时,绝大多数都是满载白银。"东洋有吕宋(今菲律宾),其地无他产,蕃人率用银钱易货。钱用银制造,字用蕃文,九六成色,今漳人用之。"(《皇明象胥录》卷四《爪哇篇》)

　　通过海上丝绸之路贸易,外国银币(俗称番银)大量流入福建。彭信威在《中国货币史》一书中认定:"自隆庆五年马尼拉开港以来到明末70～80年间,经由菲律宾而流入中国的美洲白银可能在6,000万比索(peso,西班牙货币单位)以上,约合4,000多万库平两。"[1]银质比索的重量早期一般为27克左右,后期多为26克左右,折合库平约七钱二分、六钱八分,中国人视一比索为一元。按照当时中国商船到马尼拉的数量,福建商船占91.25％折算,其流入福建的白银应在3,650万两以上。

　　20世纪末,国内学者徐心希对明、清时期通过海上丝绸之路流入福建的白银数量曾作专题研究,他认为,明代解除海禁后,乾隆末年以前,中国始终处于出超的地位,为了弥补贸易逆差,西方商船都要向中国支付大量白银。乾隆二十年(1755年),一艘从吕宋启航抵达厦门的西班牙商船,所带米粮货物之外,尚有番银15万元,欲在内地置买绸缎等物。估计明、清年间输入福建的西方白银共计有9,000万两,其中明代4,000万两,清代5,000万两。[2]

　　彭信威、徐心希二位学者对明代海上丝绸之路流入福建的白银数量的估算大体相似,毋庸置疑。海外白银流入福建的渠道,除了通过贸易往来外,还有民间的流入。当时在"倚银富国"思潮的影响下,上至皇室,下至富商都竞事积银,民间以白银数量多少表示掌握财富的多寡,因而华侨归国时多携带银币返回,或从海外侨居地向家乡开展侨汇,这也是近代泉州货币文化交往的重要特点。近代(1840～1949年)以来,随着大量泉州人侨居海外,热爱家乡的泉州侨胞把在海外赚取的大部分积蓄以侨汇的形式汇入国内,其数量有多少,难以估算。从漳州、泉州出土的窖藏外国银币看,

---

① 何乔远:《闽书》卷39,《版籍志》。
② 徐心希:《海上丝绸之路综论》,《福建钱币》1994年3、4期。

近50年来漳州先后出土外国银币上百批;泉州在20世纪70年代,出土10批,计163枚,3.62公斤,以每枚银币27克计算,共有300枚以上,多数为西班牙早期十字银饼,也有少量的机制银币。大量的外国银币流入民间,人们不仅将其作为财富贮藏,也充作碎银,投入市场使用。

泉州发现的西班牙早期打制银币(西班牙"十字钱")

"20世纪60年代以来,福建、广东沿海一带多次出土16世纪到18世纪不规范及规范机制二种形制的西班牙银币,仅福建泉州就先后发现10多批,每批数量在数枚乃至100多枚。出土地点有:泉州鲤城区的埔任、满堂红,丰泽区的法石,南安的诗山、官桥,晋江的安海、内坑,惠安的城关等处。这些银币已被文物部门收藏的有300多枚,尚有100多枚流失,这是目前国内发现西班牙银币最多的地方。"[1]

"2001年12月,福建泉州北门街工地出土了一批窖藏中外银元,经过整理发现,这批银元的铸期为1881~1934年间。其中有民国时期孙中山像开国纪念币31枚,孙中山像23年帆船币2枚,袁世凯像银币103枚;墨西哥鹰洋6枚;英国贸易银币55枚,英国爱德华七世头像银币1枚;法属贸易银币8枚;日本明治银元76枚,日本大正银元16枚,总计298枚。……从地理位置分析,这批中外银币应是客商购货贸易留下的。"[2]

1971年以来,泉州沿海一带的石狮、南安、晋江曾出土过至少5批零星外国银币,多为葡萄牙、荷兰、西班牙、英国等西欧资本主义国家的早期银币。而此次数量、种类如此繁多的外国贸易银币(占此次出土银币总数的44.3%)在泉州市区出土当属首次。它再次印证了地方文献所载清代至民国相当长一段时间内,泉州民间大量流通外国银币(史称"番银")的史

①陈鹏等:《略论泉州法石出土的西班牙银币》,《海交史研究》1981年3期。
②陈锦山:《泉州出土的中外银币》,《收藏》2014年10期。

实。究其原因,唐宏杰认为:"应是与当时东南亚殖民地经济发展和大量闽南人出国移民潮有关。"[1]据彭信威的研究:"外国银元自明代起已流入中国,那时中国同欧美人已有接触,一方面有葡萄牙人来到澳门、广州、泉州、宁波等地经商,同时,菲律宾的华侨往来于中国和菲律宾之间,这些都是外国银元流入中国的途径。"[2]

菲律宾是西班牙银币流入泉州的重要基地。由于首都马尼拉位于吕宋岛中部,所以吕宋也成了菲律宾的别称。因菲律宾所处地理位置与泉州相近,又是海上丝绸之路沿途国家,相互交往已有上千年的历史,故菲律宾华侨90%来自福建,其中泉州人尤其多。菲律宾全境约有四分之一国民有中国血统。泉州和菲律宾早在宋代就有贸易往来,宋元一代及明代西班牙人东来菲律宾之前,泉州一直与菲律宾保持频繁的贸易往来,而且在宋代单向贸易基础上,发展为双向贸易。明代泉州华侨许柴佬成为菲律宾首富,后来做了菲律宾总督,独揽菲律宾的经济,政治、文化大权20多年。菲律宾一直是泉州海外贸易的一个重要中转站,古代泉州海商就是通过菲律宾做为中转站与东南亚各国贸易。另外,古代菲律宾人也常常乘船来泉州经商。据元人汪大渊《岛夷志略》记载:菲律宾三岛"男子常附舶至泉州经纪,罄其资囊,以文其身。既归其国,则国人以尊长以礼待之,延为上座,虽父老亦不得与争焉。习俗以其至唐,故贵之也"。《新元史》也记录:"其人常附海舶至泉州贸易……舶商守信,终不爽约……麻里噜即吕宋岛。"由于泉州与菲律宾有着悠久的贸易传统,尽管在明成化八年(1472年)泉州市舶司移置福州,但泉州百姓仍然去菲律宾经商,并且常驻菲律宾,成为早期菲律宾华侨。"而比岁人民往往入蕃,商吕宋国矣。"而且"往往久住不归,名为压冬、聚居涧内,为生活,渐至数万,间有削发长子孙者。"[3]

"1525~1526年,当西班牙所派遣的罗萨探险队经菲律宾时,也悉知中国帆船每年到菲贸易已成惯例,除以物易物外,1531年麦哲伦抵宿务时,已见毛洛先民用铜币作为贸易媒介,这种圆形方孔用绳子穿缚的铜钱来自中国,西班牙人称之为 Picis,曾在南岛一带流通。"[4]

①唐宏杰:《泉州市区北门街出土银币分析》,《福建文博》2014年4期。
②彭信威:《中国货币史》,上海人民出版社2007年版,第158页、第780页。
③何乔远:《闽书》卷39,《版籍志》。
④[西班牙]布列尔和罗伯逊:《菲律宾群岛》,第225、354页。

　　"从上述材料可以窥见,泉州自唐宋以来即为中国对菲律宾通航的重要港口。输出品有备受菲国人民喜爱的陶瓷、丝绸织物、铜铁器、钱币等货物,移居菲岛的泉州华侨对促进当地经济的繁荣和科技文化交流也起过长足的贡献,为以后长达250年的中国—马尼拉—拉丁美洲大帆船贸易奠定坚实的基础。"

　　自明清以来,客居吕宋从事贸易者多为闽人,中国商船大部分来自泉州、漳州二府,直接贸易对象则是殖民吕宋的西班牙人,因此,这种贸易同西班牙的经济政策以及大帆船贸易有密切关系。所谓大帆船贸易,是指1565年开始,每年在马尼拉和墨西哥的阿卡普尔科港之间西班牙船的贸易。但因大帆船上的货物都来自中国,又称中国船。直到1815年大帆船贸易才终止。通过大帆船贸易,使中国获得大量西班牙银币。其中,多数银币就是从泉州港进入内地的。

　　"十六世纪时,泉漳的商船每年至少有三四十艘到马尼拉,运去各种生丝及丝织品。据《泉州府志》记载,万历(1573—1619年)间泉州商于吕宋的达数万人。当时交易是以西班牙从美洲运来的银币为通货的,因为东洋吕宋地无他产,夷人悉用银钱易货,故归船自银钱外,无他携来,即有货亦无几。明代华侨和商人往来于菲律宾贸易有年,每年都有外币通过他们流到中国。'自隆庆五年(1571年)马尼拉开港以来到明末为止,那七八十年间经由菲律宾而流入中国的美洲白银可能六千万比索以上,约合四千多万库平两。'这些出土于晋江、南安的外币,可能即属于其中的一部分。"①

　　满载西班牙、菲律宾生活必需品前往贸易的中国帆船在返航时的舶来品又是什么货物呢? 对此中外一些历史文献有着翔实的记录。明人张燮记:"东洋吕宋,地无他产,夷人悉用银钱易货,故归船自银钱外,无他携来,即有货亦无几。商人回澳,征水陆二饷外,属吕宋船者,每船更追银百五十两,谓之加征。"泉州人李廷机在乡梓所见帆船"所通乃吕宋番者,每以贱恶什物,贸其银钱,满载而归,往往致富。而又有以彼为乐土而久留者"。②明崇祯十二年(1639年)三月给事中傅元初《请开洋禁疏》一文记载:"东洋则吕宋,其夷佛郎机也,其国有银山,夷人铸作银钱独盛……若贩吕宋,则

①王洪涛:《福建泉州地区出土的五批外国银币》,《考古》1975年6期。
②李廷机:《报徐石楼》卷460。

单得其银钱。""佛郎机之夷,则我人百工技艺有挟一器以往者,虽徒手,无不得食,民争趋之。"《漳州府志》记载:"东洋中有吕宋,其地无出产,番人率用银钱(钱用银铸造,字用番文,九六成色,漳人多用之)易货。"清朝时,西班牙大帆船仍装洋钱及珠宝细货来贸易,故中国帆船遇之辄获厚利,得到大批外国银币。

二、近代泉州对外贸易的衰落

鸦片战争以后,泉州没有被列入通商口岸。泉州作为对外贸易重要港口的地位,从此完全为福州和厦门两地所取代,这就是近代福建对外贸易港口的基本格局。而此时延续千年以上的南洋航线,也完全为外国洋轮所占夺。失去了对外贸易港口地位的依托,泉州商人不得不另辟途径,开辟"北洋航线",即自泉州港起航,到福州、温州、宁波、上海、青岛、烟台、威海、天津、大连等港口,用三桅到五桅的帆船运载货物,从而出现了新的海上贸易组织形式——郊商。①

"由于近代以来泉州的港口地位已为他港取代,失去了引领商业潮流的机遇,宋元时代的那种令人神往的财富朝气,犹如江水东流,一去不返。运行了数百年的传统商业模式大多依然在泉州大地的城乡运转着,而与之相联系的传统商人占据着商人队伍的绝大多数,例如传统的金融业、杉木业、国药业等在当地仍颇有基础和势力。然而,大部分传统商业在近代新式商业模式的影响下,随着新形势的变化,不可避免地附加了新的内容,有的向新的方向转化。比如泉州地区的茶商,虽然与国际市场密切相关(主要在东南亚地区),其购销活动已从属于资本主义的流通过程,应当属于新式商业范畴,但在产地,其行业的基础环节(即收购方面),基本上还是沿袭传统的贱买贵卖的经营方式,低价收购,压级压价等手段,存在着浓厚的封建性。泉州的新式商业模式伴随着近代以来外国资本主义商品不断输入中国形成和发展起来。泉州主要进口商品有洋布、棉丝、煤油、火柴、鸦片、绸缎、面粉、海产品等。洋布来自英、美,棉丝来自日本、印度,煤油来自美国和苏门答腊,面粉来自美国,火柴来自日本,鸦片来自印度、波斯,大米来

---

① 福建与台湾一带的郊行商人,是清代地方商帮的一个特殊组织名称。

自安南等等。"①

　　"在上述进口货中,起初以英国货最多,其次是美国,而日本则后来居上,逐渐占了上风。英国等老牌资本主义国家的货物,主要经过香港、上海、厦门转口输入,日本货则多由台湾转运经由厦门进口。20世纪初,受资本主义商业模式和外国货物倾销的影响,催生了新式商业在泉州的出现,譬如经营南北航线上的商品运输工具——传统帆船被轮船取代,新式的商业联合经营商号——'公司',以及包罗各业的工商团体组织——'商会'等开始不断出现。毋庸置疑,这些新生事物的出现都与泉籍海外华侨和侨商的积极影响和推动有密切关系。"②

　　明、清以来泉州晋江一带,因地少人多没出路,人们逐渐向海外迁移,到菲律宾、新加坡、仰光等地谋生,从事劳工、经商等各种行业。为赡家养口,海外华侨都不断将自己在海外辛苦赚来的积蓄寄回家乡,是为侨汇。大量的侨汇促进了当地钱庄、当铺等民间金融业的兴起。同时,侨汇和侨资也带动了侨乡经济的繁荣,尤其是晋江市石狮镇最为著名。

第四节　外国银币流入福建促使币制改革

　　明、清年间,福建货币体制与全国一样,"大数用银,小数用钱,兼行纸币"。白银作为货币,要称量计重,还要验成色,系称量货币,人们普遍称之为"银两"。

一、福建币制改革的原因

　　在商品交易中,使用银两,既要评成色,又要称重量,特别是银两衡量的标准因地、因事而异,标准不一。福建境内的衡量标准至少有八种:一是"库平"官府征税用,一两等于37.301克;二是"关平"海关收税用,一两等于37.7994克;三是"台新议平"福州南台钱庄用,7.416钱等于福州通用银元1元;四是"天平"泉州用,相当"库平"0.995;五是"建平"、"芝平"建瓯用,一百两等于福州"台新议平"100.6两;六是"宁化平"一百两等于银元

---

① 晋江市地方志编纂委员会编:《梧江县志》,上海三联书店1994年3月版,第608~609页。
② 陈丽华:《民国时期的泉州商人》,《闽商文化研究》2014年2期。

133.33 元；七是"连城平"一百两等于银元 131.58 元；八是"长汀关平"银7.5 钱等于银元一元。商人异地交易，论质议价时，还要商议银两使用衡量标准，甚为繁琐。外国银币流入中国之初，人们视之为碎银，称量使用，日久发现其成色、重量规范，便按块数使用，一块当作壹元。

宋元以来以台湾为中心的东洋航路（菲律宾—台湾—日本）也开始启用，并在明季以来逐步繁荣兴盛，新的贸易网络体系逐渐形成。东洋航路的贸易也成为郑芝龙、郑成功父子经略的重点。当郑成功赶走荷兰殖民者治理台湾时，曾在日本人协助下铸造过"永历通宝"铜钱，以筹措军费，其中两次在日本长崎铸造，一次在台湾铸造，流通于台湾与东南沿海一带。福建漳州就出土过不少郑成功的永历通宝钱币。虽然郑成功借助日本铸币技术，仿造日本钱币式样铸行永历通宝取得成功，但其财政收入主要渠道来自对外贸易的收益，收入的货币主要是西班牙十字银饼和其它外国银币，他便将这些银币投入市场流通，使台湾百姓长期行使外国银币，铜钱使用较少。

郑成功铸永历通宝（草书、行书、篆书三种）

二、台湾银饼对清末实施机制银元币制改革的作用

历史上闽台长期同属于一个行政单位，合省同治。清朝统一台湾后，于康熙二十三年（1684 年）设台湾府，隶属福建省，为福建第九府。康熙二十七年（1688 年），清廷设置台湾钱局，铸造"康熙通宝"背满汉文"台"字铜钱，该钱是台湾历史上第一次在台湾本岛自铸的流通货币，与其他康熙背满汉文钱风格一致，见证了台湾与大陆的统一关系。康熙通宝"台"字铜钱在台湾与大陆沿海地区流通较广，说明当时台湾与福建等沿海省份密切的经贸联系。但台湾因遭受荷兰殖民者较长时间的统治（1624～1662 年），回归清廷后，当地民众仍习惯沿用外国银币。郁永河于康熙三十六年

（1697年）游览台湾后，所著的《裨海纪游》中有这样的记载："市中用钱，独尚番钱。番钱者，红毛人所铸银币也。圆长不一式，上印番花，实则九三色。台人非此不用，有以库帑予之，每蹙额不顾，以非所见耳。"乾隆《台湾府志·食货》中有乾隆年间，台湾流通的番银种类的记载："剑银，以银铸成，重七钱，来自西洋；圆钱，一名花栏钱，重七钱二分，小者二当一，并有四当一者；方钱，重与圆钱同，俗呼番饼；中钱，重三钱三分；茭亦银钱，有重一钱八分，亦有重九分及四分五厘，以上皆来自咬溜吧、吕宋。"嘉庆二十三年（1818年）八月，闽浙总督董教增奏台湾府屯地屯租清厘折中，收付金额均用番银表示："屯租、屯丁番银合计1,680圆，还给佃首辛劳番银450圆"；每年征收已垦田园租番银38,185圆，支付"屯饷番银33,240圆"。以上史料表明，台湾在清初，无论是民间和官府都主要使用外国银元。[①]

清廷视台湾为海上严疆，比于九边重镇，置戍兵驻守，制万人。驻兵所需粮饷均由省城福州调拨，发放时如将大块银锭分割成小块银锭，在市场使用，鉴于台湾人长期使用番银的习俗，铜钱难以畅通，于是仿效番银，将大块银锭熔铸成"军饷银饼"。自乾隆五十二年起，先后于道光、咸丰、同治年间，铸造了"谨慎军饷"、"道光寿星军饷"、"如意军饷"、"笔宝军饷"、"同治寿星军饷"等5种银饼，币面饰纹，第一枚以签字花押表示诚信，后四种则比照番银，道光、同治寿星军饷银饼以拄杖寿星图像为主；如意、笔宝军饷银饼，正面为聚宝盆盛满财宝，背面为双如意、双笔等图案。

我国使用银两，始于汉代，盛于明清。台湾在长期使用银两的年代，铸造银饼使用，是对传统的货币体制的一种变革。这种变革显然是外币流入促成的。在鸦片战争前，林则徐、魏源曾有铸造银元之议，未获朝廷采纳，直至光绪十三年（1887年），两广总督张之洞才奏准用机器铸造银元，背纹蟠龙称之为"龙洋"；光绪十五年（1889年）第一枚中国机制银元于广东正式诞生，此后各省纷纷仿效，中国银元制度正式建立。台湾铸造的第一枚"谨慎军饷"银饼，虽非机制币，却出现在乾隆五十二年（1787年），两者相距103年，系我国自铸的首枚银元。[②] 台湾银饼的铸造具有重要的历史意义，为清末机制银元的诞生作了铺垫。

---

① 蒋九如：《福建海上丝绸之路的货币交往》，《福建金融》2012年7期。
② 蒋九如：《福建海上丝绸之路的货币交往》，《福建金融》2012年7期。

清代乾隆年间台湾铸造的"谨慎军饷"银饼

清代道光年间台湾铸造的寿星军饷,俗称"老公饼"

第七章　宁波"海上丝绸之路"的
分期与货币文化特点

明州港(今宁波),位于东海起航线和南海起航线之间。"两宋时山东半岛的港口为辽、金占据后,明州就成为东海起航线最重要的海港。除了与朝鲜、日本有频繁的贸易往来外,从明州起航的商船还同泉州、广州的商船一起,航行于南海航线,同占城(越南)、真里富(泰国)、暹罗(泰国)、三佛齐(印尼苏门答腊)、哗婆(爪哇)、麻逸(菲律宾),乃至印度和阿拉伯国家都有丝绸和瓷器等商品的交换贸易。输往这些国家的丝绸名目繁多,有:生丝、锦绫、缬绢、丝帛、五色缬绢、皂绫、白绢、杂色帛等。中国商船到达哪个国家,哪个国家人民就以当地的特产交换来自中国的丝绸和瓷器(绝大部分是浙江的产品——越州窑和龙泉窑青瓷)。这在宋人赵汝适的《诸蕃志》和《宋史·食货志》等都有详细记载。"①

大量史料证实,宁波海上丝绸之路的开通是在汉代,唐代是发展时期,到了宋元时期臻于鼎盛,进入明清时代,虽然"海禁"和鸦片战争使海上丝绸之路逐步衰微,然而由于宁波港的特殊地位和宁波商帮的崛起,海上丝绸之路贸易仍得以存续,一直延续到近现代,从未中断。

第一节　宁波海上丝绸之路的开通与货币流通

宁波先民的海上活动源远流长,距今七千年前,当时的河姆渡先民已从江河湖泊向大海进军了。"如果说,河姆渡文化是宁波海上丝绸之路的源头,句章港是其发展的历史基础,那么,汉代遗址出土的数量众多的舶来品,上林湖古窑址生产的大量外销陶瓷,则树起了一座新的里程碑。"②它标志着宁波的海洋文化已经进入到一个以东西方文明对话为核心的时代。

---

① 陈炎:《海上丝绸之路与中外文化交流》(增订本),北京大学出版社 1996 年第 1 版,第 60 页、359 页。

② 徐学敏:《宁波"海上丝绸之路":海洋文化的标志》,《浙江日报》2004 年 7 月 6 日。

三江区域经济经过自秦至晋六个多世纪的开发建设,贸易渐盛,文化交流向海内外拓展。

一、宁波海外交往溯源

《史记》等历史文献记载过徐福(本名徐市,字君房,秦代方士)分别在秦始皇二十八年(公元前 219 年)和秦始皇三十七年(公元前 210 年)两次率领童男童女入海求仙的传说。徐福东渡日本并带去了古代中国的“百工之事”,汉字、水稻和中草药,成为中国古代海上丝绸之路的发端。当时的中国领先世界各国,徐福给日本不仅带去了新事物、新思想与新技术,而且给日本带去大批童男童女和许多技术人才。这对日本经济发展和社会进步起到很好作用。日本人非常尊敬徐福,并为他修建了神社纪念他。慈溪秦渡庵是宁波历史上最悠久的遗迹之一。如今,这个 2000 多年前徐福东渡日本时的出发地已不再重现史书中举火明航、千童祭海的盛况,仅留遗迹供后人遐想。《后汉书》中说:“会稽海外有东鳀人,市舶分为二十余国。又有夷洲及澶洲。传言秦始皇遣方士徐福将童男女数千人入海,求蓬莱神仙不得,徐福畏诛不敢还,遂止此洲,世世相承,有数万家。人民时至会稽市。”(南朝宋·范晔《后汉书》卷八十五《东夷列传》)

“一般认为,夷洲为今台湾,澶洲指日本海岛或韩国济州岛。当时的鄞、鄮、个、句章同属于会稽郡。‘人民市至会稽市’正好说明这样一个事实,即当时沿海一带的宁波人民就与海外人民进行着频繁的贸易。”[①]

汉代,宁波被称为“句章”,因此港口亦称“句章港”,其港区已由春秋战国时代的古句章(城山一带)移至“三江口”(今宁波城区余姚江、奉化江、甬江三江交汇处),还包括镇海、北仑等沿海地带。在西汉元鼎六年(公元前 111 年)东越王余善反叛朝廷,汉武帝派横海将军韩说率领军队从句章港出发,于次年冬攻入东越。这是一次大规模的海上军事行动,说明当时从句章到东越的海上航运已相当畅通。

从全国范围来说,封建朝廷采取通使等手段,开创对外交往与丝路贸易,明确记载最早亦在汉代。

据《汉书·地理志》记载:“自日南障塞、徐闻、合浦船行可五日,有都元

①乐承耀:《宁波古代史纲》,宁波出版社 1995 年第 1 版,第 40～41 页。

国(今印度尼西亚苏门答腊西北巴赛河附近),又船行四月有邑卢没国(今缅甸甘城附近)……步行可十余日,有夫甘都卢国,自夫甘都卢国航行二月余,有黄支国(今印度南部)……汉之译使还矣。"(汉·班固《汉书·地理志》卷二十八下)汉武帝平定南越后,曾在日南、徐闻、合浦等地派遣使臣远航至印度,带去黄金、杂缯,换来明珠、琉璃璧(蓝宝石)、奇石等异物。这是迄今有明确记载的古代中国对外进行海上丝绸之路贸易的先导。

二、宁波海上丝绸之路开通时间考证

鉴于没有统一的评判标准,"在宁波海上丝绸之路开通的时间上限问题界定上,目前学者们存在不同看法。宁波考古所的林士民研究员根据宁波地区汉墓出土的舶来品文物,判定宁波的海上丝路应该开通于东汉时期。而浙江省博物馆的鲍志成先生则依据有关春秋时期越国的古文献记录判断宁波海上丝路发源于春秋战国时期"。[1]

究竟宁波海上丝绸之路何时开通?虽然尚未找到明确的文献记载,徐福东渡日本的传说还需要寻找更多有力的佐证材料,但是从考古发掘资料表明,本书认为应该始于汉代,可能在西汉时即已开通,不会晚于东汉,至三国与西晋南北朝时已经相当畅通,并在海上丝绸之路贸易中开始使用铜钱。其主要物证有:

1."2006 年 4 月舟山市朱家尖蜈蚣峙码头附近一座小山取土时发现大量窖藏古铜币,其中包括两汉钱币、王莽钱币、三国钱币和魏晋南北朝钱币。该批钱币中铸造年代最早的一种是西汉高后二年(公元前 186 年)的八铢半两,最晚的是南朝梁末天成元年至太平二年(555~557 年)的萧梁对文五铢。"[2]舟山历史上属于宁波,这批古钱在古航道附近发现,由商舶运来,与海上丝绸之路贸易有很大的关联。

2."宁波老城区周围有不少汉代墓葬,如南门祖关山、大禹王庙一次就发掘两汉时期墓葬 65 座,江东道土堰、江北乌龟山、西门湾头等汉墓葬群一个接一个。在那些大的木廓墓和砖室墓的出土物中有制作精美的海外舶来品,如玻璃串珠、玛瑙、琥珀制作等。另外鄞县(现为宁波市鄞州区)高

---

①陈艳:《线路遗产与"海上丝绸之路"——以海上丝绸之路(中国宁波段)个案研究为例》,《世界遗产论坛》,2009 年。
②杜美燕:《舟山朱家尖出土古钱币》,《东方博物》2007 年 2 期。

钱乡钱大山东汉墓中,也出土了水晶、玛瑙、琉璃。其中有五粒玲珑剔透的耳坠,由玛瑙组成,表面非常光洁,色彩鲜艳,小巧精致。一串琉璃珠有一枚形状似耳坠,蓝色透明,造型美观。宁波在汉代没有生产水晶、玛瑙、琉璃这样高级贵重的器物。"①钱大山等汉墓出土的这些贵重物品,据有关专家考证,都是从海外输入的。这一发现说明宁波在汉代确实存在着海外贸易,对外通商。

3."在东汉晚期至三国两晋时期出现的'早期越窑',如五联罐、人物堆塑罐等器物上,出现了大量西方胡人和佛像。这些青瓷作品上的胡人有的在斗兽,有的在耍杂技,有的倒立,有的吹奏,有的弹奏。不但场面热烈,而且个个神态逼真,加之大批佛像堆贴的出现,则反映了西域胡人早在汉代已通过海道来到浙东宁波、绍兴一带,把他们信仰的佛教和文化传入宁波。

4.在墓葬的砖头上也出现了佛像,以绍兴市三国时期吴墓中出土的有'建衡'纪年的佛像砖头为典型。建筑材料上亦有佛像出现,这说明佛教从海道传入浙东宁波、绍兴后,在三国时期其传播已相当广泛。

5.印度高僧那罗延通过水道在三国东吴时到句章(港)慈溪,创建了浙江境内最早的由外来僧人建立的佛寺,使慈溪五磊寺成为中外佛教文化交流的先导。

6.三国东吴战乱,吴地居民通过句章等港从海道移民日本列岛,同时把高超的制镜技术也传入东瀛。日本自 20 世纪六七十年代以来,以畿内为中心的古坟中相继出土的被学术界称为'三角缘神兽镜'的铜镜就有 300 余枚,伴出的还有'三角缘佛像镜'。据考证,这些均为东吴时期的吴地工匠在日本所铸。"②

第二节　宁波海上丝绸之路的发展与货币交往特点

唐代十分重视港口建设,为发展海外贸易和各国的友好往来,实行开放政策,使明州(宁波)海上丝绸之路得到了长足发展。浙东鄞县,由县级建署提升为州级行政机构,从越州划出,建立明州府,经过 80 多年的建设,

---

①林浩:《关于宁波"海上丝绸之路"各个时期特点的探讨》,《东方博物》2005 年 2 期。
②林浩:《关于宁波"海上丝绸之路"各个时期特点的探讨》,《东方博物》2005 年 2 期。

到唐朝长庆元年(821年),明州迁治三江口后,建州城,兴港口,置官办船场,修杭甬运河等一系列重大举措,使明州成为中国港口与造船业最发达的地区之一。明州迅速发展成为与交州(现属越南)、广州、扬州并称的唐代四大名港。朝廷指定明州与日本列岛、朝鲜半岛进行直接的通商贸易与文化交流。明州港成为日本遣唐使入港登陆和放洋归国的主要口岸。日本遣唐使先后四次在明州登陆入唐。明州商团崛起,丝绸与越窑青瓷远销世界各地。"9世纪仅仅以明州商帮而言,他们所带的产于浙江(宁波)的锦、绫、罗等高级丝织品是大量的。据传日本正仓院还收藏着从明州输出的丝绸织物,越(明)州所产的陶瓷,尤其是著名越窑青瓷大量地输向日本,日本目前考古发掘出土的大批的越窑青瓷就是例证。"[1]

一、唐宋时期宁波海上丝绸之路与货币交往的特点

"丝绸是古代丝绸之路贸易的代表性商品之一,但丝绸只是中国丝织品的一种泛称。唐代对外输出的所谓丝绸应称之为'绢帛',且主要的品种是'绢'这种丝织品。绢帛是唐代重要的商品,同时也是唐代的法定货币形式之一。"[2]

宋代的海上丝绸之路贸易,最初主要用铜钱换取海外诸国的香料、药材和其他奢侈品,香料、药材和奢侈品的大量进口,使铜钱不断流出海外,引发"钱荒",于是朝廷改用绢帛、瓷器等实物作为交换媒介,严禁铜钱外泄。此时绢帛等丝绸及瓷器便起了实物货币的作用。"到南宋时,丝绢作为礼品回赠外国使团,作为交换货物的礼品数量越来越大。如1200年,柬埔寨属邑真里富派使进献货物,宋朝回赠红徘罗绢1,000匹,绯缬绢200匹。"[3]用丝绢代替货币与外国交换货物。

该时期海上丝绸之路贸易与货币文化交流的主要特点是:

1.开通"南路航线"。明州港是一个不冻不淤的深水良港,由于港口地理位置优越,又有洋流和季风的配合,形成了一条从朝鲜半岛南端至明州港(含舟山),或经日本列岛到明州的自然航线"南路航线"。

---

①林士民、沈建国:《万里丝路:宁波与海上丝绸之路》,宁波出版社2002年版,第59、60页。
②辛瑞、杨红丽:《丝绸之路的"绢帛"输出对唐代货币流通的影响》,《新疆财经大学学报》2015年
　3期。
③陈永华:《两宋时期中国与东南亚关系考略》,《求索》2005年8期。

"自京杭大运河与浙东运河联通后,明州港的腹地延伸到了京杭大运河的两岸,明州港城'三江口'码头成为大唐东南沿海的一个主要物资集散地和外国商船出入口岸。由于大运河沿岸的绍兴、杭州、南京和扬州等城市都是贸易活跃的城市,所以各国使节、商旅都从明州港入口岸,通过明州官府呈报朝廷,待批准后,人员和物资可通过大运河直达京都。"①

2. "朝贡贸易"从宁波输出大量货币。当海上丝绸之路发展到一定阶段,以大唐、新罗、日本三国为主体,在朝贡贸易发展到"商团贸易"的过程中,到 9 世纪时形成了以大唐为中心的东亚贸易圈,极大地促进了东亚的经济繁荣与文化的发展。东亚贸易圈以丝绸、银锭和铜钱为国际通用货币。大唐在国际商品交易中实行开放式的货币政策,不仅允许本国货币输出境外,许多境外货币也可以在唐朝流通。"日本各地出土的大量唐代铜钱及唐以前的中国钱币表明,唐朝及唐以前中国钱币曾随着中日朝贡中方的回赐品而流入日本。尤其是在唐朝时,日本全方位向中国学习,中国高度发达的货币制度也是日本学习、照搬的主要内容之一。因此,通过官方的朝贡贸易获得中国钱币以供模仿或使用,应为不争之事实。"②

3. 越窑瓷器本身在海外贸易史上曾当做实物货币使用。南宋为了杜绝铜钱外流,造成钱荒,朝廷明文规定在海外贸易中用瓷器充当货币使用。除陶瓷外,还有典籍、茶叶、丝绸、铜钱等大宗商品也通过明州港输出海外。

二、明州港在中华文化圈形成中的地位与作用

明州港的文化影响力巨大。明州港在中华文化圈(包含以中国为中心的东方货币文化圈)形成的过程中作用独特,是中华文化输出的主要通道之一。"唐时的明州港经济繁荣,文化发达,已成为浙东政治、经济、军事、文化的中心。仅在老城区就有唐国宁寺等 13 处寺庙,加之市郊天童、阿育王等全国著名的寺院,都是国内外高僧敬仰的圣地。而入唐八大家之一的日本遣唐使最澄,唐贞元二十年(804 年)入明州,去天台山留学后,归国时还从明州带去了一批经书文物,在日本比叡山(延历寺)创建天台宗,成为

---

①林浩:《关于宁波"海上丝绸之路"各个时期特点的探讨》,《东方博物》2005 年 2 期。
②周爱萍:《古代中国货币流入日本的主要途径》,《河南教育学院学报·哲学社会科学版》1996 年 2 期。

日本天台宗的发源地。"①

　　遣唐使停止后,日本官方入唐以头陀亲王为典型。亲王不但要明州著名造船师张友(支)信亲自打造大海船,而且还要这位大唐著名航海家亲自驾航。在"南路航线"中快速、安全地航行到达目的地后,还得到明州官府的热情接待。

　　"大唐明州港、新罗莞岛港(清海镇)、日本博多港(博多津)是东亚贸易圈中三大著名贸易港,以新罗张保皋商团和明州李邻德、李延孝、张友(支)信等海运商团为主,沟通三国贸易。在日本的博多港(博多津)与值嘉岛港还保存了张友(支)信驻地的城堡、祭祀堂、水井、码头等遗址、遗迹。在博多鸿胪馆遗址有遣唐使船舶的舶寄地碑刻、古航塔,以及遣唐使、商旅使用的井和张友(支)信商团打造的大型海船、经营海运活动的遗迹等,在遗址中还出土了大量从明州运去的唐代越窑青瓷和长沙窑彩瓷。"②在中国瓷器贸易史上,越窑青瓷是中国最早大批量销往海外的贸易陶瓷。明州港是越窑青瓷最主要的外销港口,是名副其实的"海上陶瓷之路"始发港。

　　在中华文化圈形成的过程中,"新罗国商人沿着张保皋所开拓的足迹,通过明州港在浙东留下了新罗礁(航标)、新罗村(象山)、新罗园(国清寺)、新罗山(葬地)等许多文物史迹,是两国人民在开拓发展海上丝绸之路中的历史见证"。③

第三节　宁波海上丝绸之路的兴盛与货币文化的繁荣

　　宁波海上丝绸之路在唐代取得长足发展的基础上,到了两宋和元代臻于鼎盛时期。朝廷实行了全方位的开放政策,推动了与周边诸国经济、文化的进一步交往,主要表现在设置市舶司以促进通商贸易的繁荣、推行友好的"航海外交"、制瓷技艺输出、货币文化交流、佛教信仰传播等诸多方面。

---

① 林士民:《明州港在东亚汉文化圈中的作用》,《三江论坛》2004 年 3 月第 132 期。
② 宁波市文化局:《千年海外寻珍》,"太宰府与鸿胪馆"(日本商贸活动中心),2003 年。
③ 林士民:《唐吴越时期浙东与朝鲜半岛通商贸易与文化交流之研究》,《海交史研究》1993 年 1 期。

一、宁波对海上丝绸之路贸易与货币交流的重要贡献

1. 设置市舶司使市舶商贸活跃。"宋元时期,明州(庆元)设置了市舶司,标志着朝廷控制了舶商的贸易权,以增加国家的财政收入。北宋明州为'三司'(广州、杭州、明州)之一,南宋属户部管理,元代宁波称'庆元',为'三司'之一的大埠。"①中外市舶的活跃,促进了东亚贸易圈的兴旺发达。

"北宋时明州市舶司签发给商舶的'公凭',不但记录舶商船主从明州港出运的各类货物,还明确记载必须遵守的法规。熙宁九年(1076年),宋神宗令杭州、明州、广州三司共议,并令修改明州和广州市舶条例,这说明了在北宋时'三司'的并列地位。到了1085年,朝廷下令'诸非杭、明、广州而辄发过南海船舶者,以违引论'。南宋庆元元年(1195年)之后两浙路各港口市舶司撤销,仅保留明州一处。元朝至元三十年(1293年),元廷下令'并温州舶司入庆元',来往于温州港的海商也需赴庆元(宁波)办理进出关手续,庆元市舶司管理海域扩大。元成宗大德三年(1298年),元朝'又并澉浦、上海入庆元市舶提举司,直隶中书省',不但庆元的辖区权力扩大了,而且海外贸易被置于朝廷直接控制下。至此,全国港口设立市舶司的只剩下庆元、广州、泉州三处。北宋明州孙忠、朱仁聪商团17人,从熙宁五年到元丰五年的10年中(5年侨居日本),先后6次来往于明州与日本之间进行海运贸易,明州商人陈亮和台州商人陈维绩商团147人与高丽国进行海运贸易。据统计,到北宋末55年中,明州商团到高丽经商有文献记载的就达120多次,南宋时明州进口货物160余种。明州(庆元)海外贸易之盛居两浙路之首。"②

"迄今为止发现的古代最大商船是元代从庆元启航的贸易船,该船行驶到高丽西南岸木浦港不幸沉没。20世纪七十年代开始,经过韩国10年水下考古,出水的文物仅陶瓷器一项就达20,661件,包括浙江龙泉窑外销瓷一万多件。其中的'使司帅府公用'铭文碗,是元代'浙东道宣慰使司帅府'治庆元府时官署衙门的公用器物,为龙泉窑定烧之物,'使司帅府公用'是上述官署名的缩写。船上还有'庆元路'铭文的铜权、铜钱28吨等等。

---

① 陈高华、吴泰:《宋元时期的海外贸易》,天津人民出版社1981年9月版。
② 林浩:《关于宁波"海上丝绸之路"各个时期特点的探讨》,《东方博物》2005年2期。

出水器物之多、品种之丰富,是世界考古史上的一大奇迹。这个重大发现不仅反映了庆元港是海上丝绸之路的始发港,而且见证了当时庆元港贸易的繁荣以及铜钱外输的盛况。"①这艘载有大量中国铜钱的商船的发现足以证实,宋元至明代,中国铜钱确已成为中日两国民间贸易的主要物品。另外,中日两国的史书记述也证实了此点。

明州与东南亚及波斯、阿拉伯的交往也相当频繁。在宋代,明州港与南洋阇婆(爪哇)、占城(越南)、暹罗(泰国)、勃泥(加里曼丹)、三佛齐(苏门答腊)以及大食(波斯)等国和地区都有贸易往来。宋代阿拉伯、波斯商人寓居明州,并驻有"波斯团"。城内从宋代开始至清光绪时,尚存阿拉伯、波斯商人聚居的"波斯巷",并建立起他们信仰的清真寺。至今,在宁波市区还能发现一些古代波斯银币。元代,朝廷派周达观于 1295 年从庆元出使真腊(今柬埔寨),带去了庆元著名的草席,翌年返回庆元,著有《真腊风土记》。

2. 推行"航海外交"。"宋朝为了睦邻友好,积极推行航海外交,促进海上丝绸之路的畅通与发展。如北宋与高丽国关系史中,朝廷批准在明州建造高丽使馆,两次命明州打造万斛神舟出使高丽国。第一次于宋神宗元丰元年(1078 年)命安焘、陈睦两学士出使高丽国,当时明州造万斛船两只,赐号为'凌虚致远安济神舟'和'灵飞顺济神舟'。第二次在宋徽宗宣和时,派使者路允迪等出使高丽国,又诏明州打造两只神舟,一为'鼎新利涉怀远康济神舟',另一为'循流安逸通济神舟',巍然如山,浮动海上,锦帆鹢首,屈服蛟螭。"②

3. 输出先进制瓷技术。"约 10 世纪中叶,浙东越窑制瓷技术全盘移植到朝鲜半岛,为明州海上丝绸之路先进科学技术向外传播的重要标志。越窑是我国古代最著名的青瓷窑系。越窑在东汉到南宋的一千多年烧造历史里,经历了创烧、发展、鼎盛和衰落的发展过程。自中唐至北宋早期的两个世纪是越窑的鼎盛时期,其生产规模、工艺水平、产品质量在各大名窑中均居领先地位。越窑青瓷不仅上贡朝廷,下供庶民,而且还远销亚洲、非洲的近二十个国家和地区。越窑青瓷外销始于中唐晚期,大量外销于晚唐、

①林浩:《关于宁波"海上丝绸之路"各个时期特点的探讨》,《东方博物》2005 年 2 期。
②宁波市文化局:《千年海外寻珍》,"太宰府与鸿胪馆"(日本商贸活动中心),2003 年。

五代至北宋早期。浙江慈溪是越窑青瓷的核心产区,也是海上陶瓷之路的起点之一,上林湖及其周围的古银锭湖、杜湖、白洋湖地区规模巨大的青瓷窑场铸造了唐宋时期越窑的所有辉煌,堪称唐宋瓷都,所烧造的秘色瓷备受推仰,代相传颂,在中国陶瓷史上具有极为崇高的地位。越窑青瓷制瓷技术在海外传播影响最大的是朝鲜半岛。朝鲜半岛的高丽国,在五代北宋时期直接引进人才,全盘移植浙江越窑青瓷制瓷技术。考古学研究表明,韩国康津等地区的窑场,在窑炉结构、装烧工艺、产品造型乃至装饰纹样等都受到以上林湖为代表的越窑的深刻影响。以龙窑为例,底部铺沙,使用匣钵烧制,一直到制品的纹饰中采用的鹦鹉纹、莲瓣纹等均如出一人之手。在国与国之间交往中,科学技术交流,包括引进技术、人才,属于深层次的交往,直接推动生产力的发展。浙东制瓷技术东传就是一例,所以在五代北宋时高丽就能烧成真正的高丽青瓷瓷器,比日本要早几个世纪,从陶瓷输入国一跃成为陶瓷输出国。"《阿拉宁波人开创的"海上丝绸之路"》,新浪网(引用日期 2019 年 11 月 2 日)。

4.传播妈祖信俗文化。宁波是妈祖信仰从民间走向官方的重要转折点。宣和五年(1123 年),给事中路允迪等乘定海(今宁波市镇海区)打造的 2 艘"神舟"和 6 艘"客舟",从明州(宁波)出发奉使高丽。回来时途经黄水洋,突遇狂风巨浪,舵折船覆。危急时刻,路允迪等求祷于妈祖,五昼夜后终于顺利抵达明州定海(镇海)。路允迪将此事奏明朝廷,宋徽宗封妈祖为"顺济夫人",赐"顺济"庙额。"顺济",即为宋神宗元丰元年(1078 年)宁波镇海招宝山船场建造的一艘万斛大船的船名。① 妈祖第一次封神源出镇海神舟,此后,历代封建皇帝对妈祖的褒封逐步升级,使妈祖成为航海保护神。南宋时福建商人即在宁波东渡门外建立"灵慈庙"(天妃宫),后来妈祖信俗文化不断从宁波传向海内外。"由于宁波南北航运漕帮和对外交流的兴盛,妈祖得到北宋朝廷的褒封,由此从民间供奉上升为朝廷封神。妈祖文化由宁波沿两条线路向外传播:一路是借助海上丝绸之路从宁波向东南亚一带传播,另一路通过运河向运河沿线及北方(以天津为代表)传播。宁波成为妈祖文化弘扬与传播极为重要的转折点。"②

---

① 陈青、丁洁雯:《重置宁波天妃宫遗址碑的背后》,中国宁波网(引用日期 2019 年 11 月 2 日)。
② 谢安良:《河与海的文明对话——大运河与海上丝绸之路双重维度下的宁波》,《宁波日报》2010 年 12 月 8 日 A8 版。

二、宁波对外文化艺术交流的贡献

1.传播建筑、雕刻艺术。宁波建筑(雕刻艺术)传入东瀛,对促进和推动日本建筑的发展产生了深远的影响。"宁波江北区保国寺大殿为我国江南惟一保存完整的北宋殿宇,比《营造法式》还要早90年,《营造法式》中的作法在保国寺可找到实例。到南宋时,东瀛的高僧不但留学学禅,而且专攻建筑,如日本高僧荣西、重源大师,对移植宋式建筑、推动日本建筑的发展作出了贡献。1167年重源入宋学习"天竺式"建筑,后又两次入宋,助建明州阿育王舍利殿作为实践。重源回国后,于1181年邀请明州著名建筑师陈和卿赴日担当日本重建东大寺重任,在陈和卿的直接指导下,以《营造法式》有关的形制和制作工艺来重建东大寺。东大寺南大门就是陈和卿主持重建的,南大门木柱为陈和卿与重源大师亲自到山口县德地山中挑选的木材。东大寺大佛殿也是陈和卿参与重建的。陈和卿不但是浙东著名建筑师,而且也是雕刻艺术名家。东大寺南大门石刻狮子,系1196年陈和卿等将明州鄞县梅园石运去后雕刻而成。上述建筑、石刻现均为日本国宝,列入世界文化遗产保护名单。南宋明州与陈和卿一起赴日的伊行末建筑师不但参与东大寺南大门、大佛殿重建工作,定居日本博多津后,从事石作业,般若寺十三重石塔也为其所建。伊派石作集团,成为南宋明州赴日匠师中影响最大的一支队伍。"[①]

"东大寺大佛俗称奈良大佛,为世界第二大佛,系1185年由陈和卿指导铸成。陈和卿由于成功地铸成东大寺大佛而名震亚洲。"[②]"铜铸阿弥如来坐像,为日本第二大佛,又称'镰仓大佛',系1252年由南宋工匠采用陈和卿的铸造技术铸成,同时,经专家研究,镰仓大佛的金属成分与北宋铜钱一致,很有可能是用宁波出口到日本的'渡来钱'熔化后建造的。这些建筑、雕刻艺术的直接移植传授,对推动日本建筑、雕刻艺术的发展起了很大的作用。"[③]

2.传播佛教文化。"日本佛教源于中国。鉴真和尚东渡日本弘法,引发12至14世纪日本禅宗创建和发展。如日本临济宗建仁寺派、临济宗建

---

① 林浩:《关于宁波"海上丝绸之路"各个时期特点的探讨》,《东方博物》2005年2期。
② 林士民:《明州港在东亚汉文化圈中的作用》,《三江论坛》2004年132期。
③ 林士民、沈建国:《万里丝路:宁波与海上丝绸之路》,宁波出版社2002版,第59、60页。

长寺派、日本曹洞宗、大觉派,1282 年庆元府(宁波)鄞县人、天童首座高僧无学祖元创立的最有影响的禅派‘佛光派’等,都是以明州的天童寺、阿育王寺为东传的中心。高丽国王派高僧 36 人受法于天台高僧德韶(891～972 年),回国后创立法眼宗;高丽高僧义通,留学于天台山,后于 968 年起在明州城内弘扬天台宗教义 20 年,由一名外国僧人成为著名天台宗第十六祖;高丽王文宗第四子义天率弟子寿介入宋,回国时带去教典经书千余卷,并在 1096 年创立了天台宗。随着佛教东传,宋元明州(庆元)车桥街、石板巷一带职业画师陆信忠、金大受、陆仲渊等创作绘制的佛画作品,通过僧侣与商人大量携入日本。这些画如《十王图》、《十六罗汉像》、《释迦三尊像》、《骑狮文殊图》等一部分传入寺院,一部分成为当时日本佛画作品的样本。”[1]目前,不但原作成为日本国宝,而且后人以那些佛画为蓝本创作的作品也都被作为国宝收藏。

　　南宋时,由于奉行了重视中外经济交往的政策,以明州为中心的对高丽贸易港口的商业活动开展得热火朝天。时人描述明州当时的场景曰“商舶往来,货物丰衍,舶务颇盛,江夏一代风樯林立”。[2] 大量的商业活动带来了丰厚的税源,充实了南宋朝廷的国库,成为了维持南宋朝廷统治的一大支柱。

第四节　宁波海上丝绸之路后续发展
与近代金融文化的崛起

　　尽管明代初期就实行“海禁”政策,但是宁波海上丝绸之路仍得到了后续发展。由于海外贸易的兴盛,明清时期大量外币流入宁波,道光时,“自闽广江西浙江江苏,渐至黄河以南各省……通用洋钱”(《清宣宗实录》,卷163,道光九年十二月丙子)。“这样一来,到了 16 世纪中叶,随着商品经济的发展,国内银钱并用以及外国银元的流入,首先使宁波当地的货币兑换业发展起来,出现了众多兑换庄、兑换摊贩,当时许多南北货号、杂货店、土烟店等一些行业,也都兼营货币兑换业务。以后,随着商品经济的进一步

①林浩:《关于宁波“海上丝绸之路”各个时期特点的探讨》,《东方博物》2005 年 2 期。
②林浩:《关于宁波“海上丝绸之路”各个时期特点的探讨》,《东方博物》2005 年 2 期。

发展,逐渐发展成为经营存、放、汇业务的宁波钱庄。"①

一、明朝"海禁"下宁波海上丝绸之路的衰微

明朝实行"海禁",除禁止本国人民出洋贸易外,对外国来华的商舶也严加限制,仅允许与明朝以朝贡形式来华进行贸易。如在《唐船进港回棹录》中记有明景泰四年(1453 年)四月,第二期第三次的 10 艘日本勘合贸易船到达宁波普陀山,在莲花洋停泊时,明朝官府派出彩船百艘去欢迎,向贡船送酒、水和粮食。抵达沈家门后,又有画船 50 余艘,吹角打鼓迎接,接至定海(今宁波市镇海区)进入宁波港,入城中嘉宾馆。

"1996 年 4 月 1 日,中外著名的佛教圣地普陀山出土了一批外国银元。这批外国银元是在位于普陀山普济禅寺(前寺)西侧的承恩堂寺庙内,基建施工工地上发现的。施工人员在距离地表约 1 米深的土层中,发现一只浅口陶甏内装有近千枚西班牙银元。舟山市公安局人员曾携部分样品让钱币专家鉴定,经过专家鉴定,该批外国银元年号最早者为 1779 年,即西班牙国王卡洛斯三世时铸造;年号最迟者为 1895 年,即西班牙国王阿列丰索十三世时铸造。这批外国银元均为机械冲压制造,形制规整精美,轻重适中划一,体现了西方的文化艺术和高超的制币工艺。同时出土的还有卡洛斯四世、菲迪南七世、伊莎贝尔、阿列丰索十二世等国王制造的银元。明代嘉靖年间,西班牙商船经过菲律宾群岛,来中国东南沿海一带进行贸易活动,此时的普陀山佛教已经名噪东南亚,而双屿港与普陀山仅有一水之隔,出土西班牙银元证明了当时属于宁波的舟山在海上丝绸之路中的地位。"②

由于明朝国家法令禁止私人出海贸易,故迅速发展起来的海上民间贸易实际上是带有"非法"走私性质的贸易。据王世贞《弇州史料》、《明通鉴》和葡萄牙人品笃的《远游论》等记述,明代中期,当时结集在走私贸易基地宁波双屿港内常有中外客商万余人,停靠船舶千余艘。后来朝廷派了大批水军,一举把这个走私贸易基地夷为平地。17 世纪时,许多中国(宁波)商人去日本贸易,大多泊宿于长崎,"唐人屋敷"就是在这样的背景下形成的。

在明代"海禁"下,日本国海上与明朝互派使节进行外交活动,文化交

---

①王苏英:《近代宁波钱庄业的发展历程及其经营特色》,《浙江万里学院学报》2006 年 3 期。
②盛观熙:《古代舟山与海上丝绸之路(续)》,《浙江国际海运职业技术学院学报》2012 年 3 期。

流仍在继续,其中雪舟、策彦两位日本文化名人与宁波关系特别密切。

雪舟为了探求中国文化真谛,千方百计地找机会入明,在日本西海岸整整等候了4年,才于明成化三年(1467年)作为日本使团成员进入宁波,在天童寺修禅,后升为"天童山第一座"。这位日本"画圣"不但在宁波考察了风景名胜,创作了许多以宁波为题材的画作,而且广交社会名流,交流思想心得。他的足迹在四明大地上留下了深深的印记。

"策彦于明朝嘉靖十八年(1539年)任日本副使进入中国,嘉靖二十年归国(1541年);嘉靖二十六年(1547年)任正使再次入明,旅居3年后归国。策彦均由宁波港出入大明,与宁波文人交情甚深,关系密切。例如策彦的《城西联句序》,由明州书法家、藏书家丰坊为之题词,还为他作《谦斋记》;明宁波书画家柯雨窗为其题《衣锦荣归图》等等,这些作品都已成为日本珍宝,目前均为日本妙智院收藏。"①

作为文化重要载体的书籍也经常通过海上丝绸之路广为传播和交流。作为世界第三、亚洲第一的宁波天一阁藏书楼自明代起就开始收集藏书,书楼也仍保持原貌。其主人范钦不仅藏书宏富而且亲自刻书流传,通过海道传入日本,目前在日本就收藏了"范氏奇书"多种,天一阁也收藏了不少日本学者撰写的汉文书籍。

二、清朝"开禁"后的宁波海上丝绸之路的恢复

清朝于康熙二十四年(1685年)实行开放政策,正式在宁波设立浙海关。此后,宁波与日本等国的通商贸易获得了很大发展,促进了海上丝绸之路的发展。主要表现为:

1. 长崎港与宁波港对口贸易发展迅猛。长崎港是日本锁国时唯一的通商口岸。1685年至1688年由宁波开往日本长崎的商船占总数19%。《唐船方日记并配铜帐》还详细记载了宁波商船活动的详细情况。大批商人、工匠赴日,把宁波先进的建筑技术也全盘移植到长崎。如长崎的崇福寺,系专门供奉航海保护神妈祖的寺庙,就是继承唐宋之传统,把建筑成套地输出的典型实例。寺内大殿、护法堂、钟楼、鼓楼都是明末清初的"宁波式"典型建筑。其中崇福寺"第一峰"山门为宁波建筑师在宁波完成构件全

①陈夔龙:《梦蕉亭杂记》卷一,北京古籍出版社1995年版,第15页。

套制作后,于清康熙三十六年海运至崇福寺并组装完成。现存的"第一峰"山门成为日本国宝。

2. 旅居日本的宁波商人也为宁波海上丝绸之路的后续发展作出了不可磨灭的巨大贡献。如爱国华侨中的杰出代表吴锦堂,宁波慈溪人,清末在日本大阪、神户定居经商,以海运创业,后排名日本豪富第十三位。由于吴锦堂对日本社会和人民作出了很大贡献,所以他多次受到日本天皇的嘉奖,成为中日通商贸易的友好使者。又如明末鸿儒朱舜水(名之瑜,字鲁屿,号舜水,宁波余姚人)于 1659 年流寓日本,在长崎、江户讲学达 22 年,被水户藩主德川光国尊为国师。他积极传播中国传统文化,倡导"实理实学",为日本江户时代儒学的传播与文教事业的发展作出了极大的贡献。朱舜水的学说对日本水户学派影响很大,他本人被日本学术界奉为一代宗师,号称日本的"孔夫子"。

3. 宁波钱庄业在乾隆十五年(1750 年)以后的一百多年中,得到迅速发展。这一时期,宁波钱庄业资本雄厚,不仅在本地大力发展,而且大批宁波钱商到全国各地开设钱庄,去上海的人数最多。同时,鸦片战争后,宁波成为"五口通商"口岸之一,西方列强到宁波来开设洋行与银行,宁波钱庄与外国洋行、银行联系密切,呈现出一定的买办性。据浙江巡抚乌尔恭额称:19 世纪 40 年代以前,在浙江境内,宁波府属的鄞县,"逼近海关,商贾辐辏,钱铺稍大"[①]。"鸦片战争后,上海开埠通商,因其条件优越,'自上海发达,交通日便,外人云集,宁波之商业,遂移至上海,故向以宁波为根据以从事外国贸易之宁波商,亦渐次移至上海。'另外太平天国在浙东地区频繁发动的战事,也导致大批的宁波钱商赴上海经营。鸦片战争后,尽管受上海崛起的冲击,宁波外贸较通商前还是有所发展,当时'凡民间米、面、麦、豆、油、烛、花布……等物,悉仰郡城,肩挑背负,聚集镇海,附搭航船出口'。宁波开埠通商后,外商洋行纷纷设立,通过这些洋行的活动,外国商品,诸如洋纱、洋布、煤油及家用杂器开始充斥市场。这样,在新式银行产生以前,宁波钱庄几乎是单独地承担了协助外国洋行推销洋货、搜罗土产的金融周转任务。"[②]

---

① 杨荫杭:《上海商帮贸易之大势》,《商务官报》1906 年 12 期,第 3 页。
② 王苏英:《近代宁波钱庄业的发展历程及其经营特色》,《浙江万里学院学报》2006 年 3 期。

4.清代"开禁"后,宁波港海外通商贸易兴旺发达,同时也是妈祖信仰传播达到鼎盛的时期。浙东沿海一带兴建妈祖庙似雨后春笋一般。清朝咸丰三年(1853年)由甬埠行驶北洋的舶商捐资建成的庆安会馆既是商帮会馆又是著名的妈祖天后宫。官府、商旅、渔民等海事活动都要在天后宫举行祭祀妈祖的仪式,妈祖信仰流传至今,成为世界非物质文化遗产,也是中国首个信俗类世界遗产。"东出大洋、西连江淮、转运南北、港通天下"的地理优势,使宁波港成为沟通中国南北,联通世界水上通道的枢纽,也推动了宁波商帮会馆的发展,使得两者在历史长河中发展成为一个有机整体:一方面妈祖信仰随着会馆贸易拓展向全国甚至世界各地,另一方面,妈祖信仰为会馆贸易保驾护航安定人心,推进了会馆的发展和会馆文化的传播。

5.有清一代,由于宁波港对外通商贸易的兴盛繁荣,来自全国各地商帮,在城区各居一方,形成各具特色的商号与街巷。会馆成了商帮集团议事机构,统筹南北商品,汇聚甬城,运销全国。宁波成了会馆文化的发祥地。以宁波商帮会馆为纽带向全国与世界各地拓展,形成了以其为主体的通商贸易集团。

宁波商帮主持创办的会馆,从建筑风格到祭祀仪式都具有浓厚的海商文化气息,这些会馆成为商业文化重要载体之一。它始于明晚期兴盛于清代,以海内外会馆为纽带,结伙经商,推动了世界各国与各地区商贸文化的交流。遗留下来的史迹与文物,是宁波近代"海上丝绸之路"兴旺发达的历史见证。

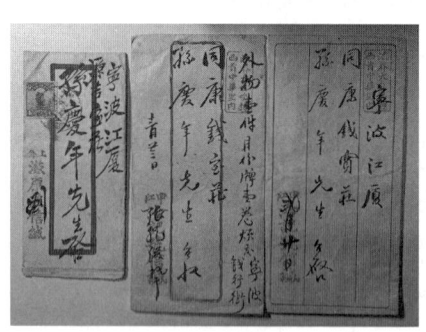

宁波钱庄信函

宁波发现的外国洋行木质广告牌(爱礼司洋行是
一家德国洋行,总部在上海,宁波设有经销行)

宁波市区出土的"西洋铅并",直径:37.91mm,厚:2.5mm,重:17.6g。
该钱铅质,仿西班牙地球双柱银元制式,却印有"西洋铅并"汉字,首见。

宁波市区发现的西班牙地球双柱银元(1757 年)

第八章　宁波是"海上丝绸之路"货币文化交流的集散地

宁波不仅是我国海上丝绸之路与海上陶瓷之路始发港之一,还是"海上货币之路"始发港和目的港。伴随着海上丝绸之路贸易,大量的货币经由宁波港输出海外,同时,也有大量外国货币进入宁波港。宁波在历史上成为海上丝绸之路货币交流的重要集散地。

第一节　宁波是我国独特的海上货币之路始发港

宁波从唐代开始,历经两宋、元、明、清,长期充当海上货币之路始发港的角色,扬名海内外,这在全国都是首屈一指的。

一、宁波在历史上长期充当向海外输出货币的重要港口

随着海上丝绸之路贸易的发展,中国货币作为商品交易的媒介物,发挥着十分重要的作用,中国铜钱被当作特殊商品输往国外,长期充当国际货币。据宋人赵汝适的记载,宋朝时,中国商人"往往冒禁,潜载铜钱"(宋·赵汝适《诸蕃志》)到海外国家贸易。明代马欢说:"番人殷富者甚多,买卖交易行使中国历代铜钱。"(明·马欢《瀛涯胜览》)这被世界各国和各地区大量出土的中国古钱币文物所证实。

虽然中国历代封建朝廷都严禁钱币外流,但事实上屡禁不止,始终在外流,有时还会产生严重的"钱荒"。"原因很简单,自汉代以来伴随丝绸之路开通而流布世界各地的中国钱币,一方面是国际硬通货,作为商品的媒介物,在东亚、东南亚可以流通;另一方面中国钱币也是一种纯粹的商品,可以赚取高额利润。中国铜钱从宁波港出发输往东亚和东南亚,长期在其流通界起着主币的职能,有效地克服了东亚与东南亚诸国因技术和资源限制不能完全铸造本国流通货币的矛盾。从958年日本天皇发行乾元大宝,到江户时代初期的1636年宽永通宝再度问世,将近七百年间,日本国家铸

造货币几乎为零,仅在相当明代中叶时由长崎府仿照中国北宋年号钱铸造了一批贸易钱,如天圣元宝、祥符元宝、熙宁元宝、元丰通宝等等。中世初期,日本社会一度回到物物交换的时代。这当然不能适应商品经济发展的需求。于是,中国铜钱以'渡来钱'方式走进日本,成为日本市场的流通手段,而且持续了五百年以上。"①正如日本学者木宫泰彦在谈到中国铜钱大量流到日本的作用时说:"这笔钱币,对于日本国内钱币的流通,当然产生了很大影响,在日本货币史上和经济史上是特别值得注意的。"②中国有些古钱币流往异国他乡,主要不是作货币使用,而是起一种文化交流、仿效和鉴赏的作用。"如中国铜钱从明州(宁波)流到东亚的朝鲜,并没有作货币使用,而是'藏之府库,时出以示官属传玩焉'(宋·徐兢《宣和奉使高丽图经》),纯粹是一种文化意义。历史上的爪哇,在通行中国铜钱的同时,在宗教仪式、中式医药、民间风俗等日常生活里都离不开中国的方孔圆钱。在印度尼西亚的一些岛国还有一种很有意思的习俗,即把铜钱视作护身符,一种宗教仪式的神物。这种情况颇有点类似中国古代先民用玉佩作护身符,在有关宗教活动中使用厌胜钱的习俗。"③

　　明州(今宁波)至日本航路于唐玄宗天宝年间(742~756 年)正式开辟。"752 年日本国孝谦朝遣唐使舶 3 艘至明州,使者转道长安,此为首次记载抵明州的日本遣唐使舶。"④两宋时期,海上丝绸之路进入鼎盛阶段。明州港不仅为主要的海上丝绸之路始发港,而且也是外国入境船只的主要停泊港口。宋人李觏更形容江浙一带丝绸纺织业的繁盛为:"茧簿山立,缫车之声连甍相闻。非贵非骄,靡不务此。……争为纤巧。"(宋·李觏《直耕李先生文集·富国策》)在唐代,丝绸不仅是礼品和商品,而且兼具货币职能,绢帛等丝织品是唐朝明文规定的法定货币。

　　宋时,对滞留宁波的日本、高丽等外国人,诏令除每人日供米、钱外,待其所在国来船遣返,"及归国,(每舶)则又给回程钱六百贯,米一十二硕"(宋·梅应发、刘锡同撰《开庆四明续志》卷八)。这是合法外流的钱币。至于外国经明州港中转送给中国历朝皇室的贵金属钱币,以及由中国历朝皇

①鲍展斌:《名闻天下的宁波钱币文化》,《宁波日报》2011 年 12 月 23 日。

②木宫泰彦:《日中文化交流史》,北京:商务印书馆 1980 年版,第 580 页。

③鲍展斌:《名闻天下的宁波钱币文化》,《宁波日报》2011 年 12 月 23 日。

④宁波市地方志编纂委员会编:《宁波市志·大事记》,中华书局 1995 年 10 月版,第 25 页。

室回赠的贵金属钱币更不知其数了。

历史上,宁波港长期充当海上丝绸之路货币始发港。几百年间,日本从中国进口的所谓"渡来钱"绝大部分是从宁波港装运出海的。"从宁波港始发的装满钱币的船只不计其数,到底有多少钱币外流实难统计。例如明代,日本第二期遣明使团从宁波去北京前,先从南京运出硫磺两次,每次五万斤,从北京返回途中,在南京又退还他们硫磺三万斤,铜一千二百五十杠,次日又退还铜及苏方木,并领货款铜钱三千万贯。这种贸易方式,使得货币大量外流。"①另外我们可以从当时朝廷规定合法携带出境和非法外流的分析中略知一二。"鉴于明州商人携带铜钱去海外经商人增多,北宋元丰二年(1079 年)朝廷规定,商人去高丽贸易资金达 5,000 缗者('缗'为货币单位,1 缗为 1 贯,1 贯为 1,000 文),须向明州市舶司登记、具保,领行照,无引照者按走私论处。次年,又规定,惟限明州市舶司可签发去高丽、日本贸易引照。1085 年,再次规定,非明州、杭州、广州三市舶司,不得签发去南海诸国的贸易引照。② 这个 5,000 缗,可以理解为携带铜钱的贸易资金。时人包恢在他的《敝帚稿略》卷一《禁铜钱申省状》称之'一船可载数万贯文而去',可以说明当时铜钱外流的严重情况。5,000 缗即 5,000,000 钱,按每枚铜钱 4 克计算,即 20 吨。据《宋史·食货志》记载,在宋神宗元丰年间(1078~1085 年),全国各地钱监每年铸钱总量为 570 余万贯。按此类推,如果每家商户去境外按朝廷限制的 5,000 缗携带,全国各地钱监一年钱币的铸造总量仅能供 1,140 家商户使用。可知从宁波港外流的铜钱数量之巨。"③难怪宋代铜钱年年禁止外流还是年年钱荒,即便增设钱监大量铸造铁钱,和从宋徽宗时期开始铸造"崇宁通宝"当十大铜钱,还是弥补不了流通需要。

历史上从宁波港私运出入境的钱币数量更大。据民间调查,日本宽永通宝钱是宁波一带发现数量最多的外国钱,究其原因,据传系宁波民族英雄张苍水、钱肃乐,为抗清复明,辅助鲁王朱以海在绍兴监国,曾派人去日本借兵,当时日本虽没有借兵,但在财力上支援了鲁王的南明流亡政府,送

①中国钱币学会东南亚货币研究组编:《瀛海流泉——东南亚货币史研究》,云南民族出版社 1994 年版,第 289 页。
②宁波市地方志编纂委员会编:《宁波市志·大事记》,中华书局 1995 年 10 月版,第 31 页。
③涂师平:《中国古钱遗存海外知多少》,《宁波通讯》2011 年 14 期。

给他们数量可观的宽永通宝,故而在宁波、舟山一带出土或传世的宽永通宝特别多。当然,通过海上贸易流入宁波等沿海地区的日本宽永通宝、文久永宝、天保通宝等钱币也不在少数。

　　大量日本钱币混杂在清钱中,宁波一带市面上流通的外国钱币有时甚至比清钱还多。20世纪九十年代,宁波市政工程拓宽药行街时,曾出土以乾隆、嘉庆、道光等年号为主的五六斤清钱,其中竟有十枚宽永通宝混在里面。同时期,市区解放北路拓宽,在解放北路与苍水街南边交汇处,一幢民居中发现一处清钱窖藏,也是一堆以乾隆、嘉庆和道光年号为主的清钱,共有几十斤,大多数为市文管会所获,少数落入民工与一些拾荒者之手。宁波当地古钱币收藏爱好者张世彪闻讯后,当即前往工棚向民工征集,觅得二三斤铜钱,在这批铜钱中竟然有宽永通宝十枚,其中有一枚宽永钱是小平大样背水波纹。以上两处发现的宽永钱,钱文有粗笔与细笔之分,粗笔为早期铸造,细笔为后期铸造。多数为光背,也有若干有背文,如"文"、"元"等字。张世彪在这两批出土钱币中还发现一个现象:宽永钱的数量远远超过了顺治、雍正、咸丰、同治、光绪、宣统等年号的清钱。日本开铸宽永钱,据史料记载始于1626年,正值我国明末清初,历史大变动时期。当时中国正处于政局动荡、经济崩溃边缘,百姓倒悬、民不聊生之际,各地农民起义风起云涌。清兵入关,乘机夺得政权。在当时这种动荡的恶劣环境下,宽永通宝钱见证了宁波商贾与日本商贾迎着巨大困难,互通有无,进行长时期贸易活动,维持着两地的商业运行,为民生发展作出较大的贡献。

　　据宁波钱币界与文博界老前辈虞逸仲先生撰文介绍,从他对宁波钱币博物馆陈列的邻国钱币,以及对镇海区招宝山清理甬江航道吸泥出土的钱币,和各地旧城改造出土的钱币,各收藏家保存的,向金属冶炼部门收购的钱币,进行不完全的统计共366枚,157个品种,属于朝鲜的28种,日本的30种,越南的80种,琉球1种,无查考18种。[①]

　　"1973年,从宁波市海曙区和义路至东门口约750平方米地段中,发掘出一批珍贵的唐代越窑青瓷,同时出土的还有唐代龙舟。这是迄今为止宁波发现的年代最为久远的古沉船。如今龙舟的原件陈列在庆安会馆。

---

① 宁波市钱币学会主编:《钱币知识十五讲(内部资料)》,第156页。

1979年,宁波东门口交邮大楼建设工地发现了北宋时期海运码头以及一艘外海船。这是我国首次发现北宋时期的船舶。"①2003年,和义大道建设工程抢救性考古发掘过程中,在战船街北部、和义门瓮城基址南侧出土了一艘南宋沉船。在这两艘宋代沉船中均发现了古钱币。另据宁波市镇海区钱币学会专家介绍,宁波镇海区后海塘淤泥中曾发现几批次南宋钱币,数量多达数千枚,绝大部分为南宋钱币,为甬江沉船所遗留,很有可能是南宋时期外输钱币的一部分。这些古代沉船和古钱币的发现,标志着宁波作为"海上丝绸之路"、"海上陶瓷之路"与"海上货币之路"始发港的重要地位。

1968年在日本北海道函馆市一次就发掘出374,000多枚"渡来钱"。另据《新京报》报道,日本一支考古队于2017年底在埼玉县发掘出一只硕大的陶瓮,内有超过26万枚古钱币。这些古钱币年代最早的是唐代的开元通宝,最晚的明代的永乐通宝,绝大多数都是中国历朝历代的古钱币。由此可见渡来钱数量之大。有日本书研究者推测,运到日本的宋钱,约占中国宋钱铸造量的十分之一。渡来钱的使用不止于货币。铜钱本身可以熔解作为铜材使用。东京近郊的镰仓大佛约建于1325年,是名扬日本国内外的景点。多位日本学者在对大佛材质作化学分析后指出,其各种金属比例与渡来钱几乎一致,大佛极有可能是用宋钱化铜铸造的。通过海上货币之路输入日本的宋钱对日本的经济文化发展起到了巨大的推动作用。

"近百年来随着考古学的发展,在中国周边一些国家和地区经过科学发掘出土了大量中国古钱。日本学者藤田亮策在帝国大学所编《史学论丛》中介绍:'在朝鲜北部曾出土数量丰富的战国明刀和布币,其中仅1924年,在宁边南薪面都馆洞石室中一次发现百余枚明刀。在渭源崇正面龙渊洞三次出土明刀1,327枚(其中完整者51枚)。1935年,在平安道江界前川面仲岩洞筑路,发现战国明刀完整者184枚,残片122枚。1937年,又在平安南道江界化京面吉多洞发现4,000多枚明刀。在日本出土的中国古钱币种类更加丰富、数量更为众多。据小田富士雄氏报告,元文五年(1740年),山口县宇部市小串村一次出土汉代半两钱20枚,五铢钱105枚(含残片)。'另据日本昭和五年《考古学杂志》第二十卷12号,刊载的调查报告中

---

①《随着5艘古沉船去"穿越":看看宁波的故事》,人民网(引用日期2019年11月2日)。

提到,18 处出土的中国钱币超过万枚的就有 15 种,计开元通宝钱 45,696 枚,至道元宝钱 10,101 枚,景德元宝钱 12,709 枚,祥符元宝钱 18,860 枚,天禧通宝钱 12,875 枚,天圣元宝钱 21,214 枚,皇宋元宝钱 69,483 枚,熙宁元宝钱 58,765 枚,元丰通宝钱 69,771 枚,元祐通宝钱 42,055 枚,绍圣元宝钱 15,593 枚,圣宋元宝钱 20,853 枚,政和通宝钱 12,419 枚,洪武通宝钱 10,631 枚,永乐通宝钱 29,225 枚,中国古钱数量之多对日本经济社会发展起到不可估量的推动作用。"[1]

"新安沉船"是 20 世纪 70 年代在朝鲜半岛西南部新安海域发现的一艘中国元代沉船,学术界认为该沉船的发现,对于了解中国元代的海外贸易情况,瓷器与钱币的生产和输出以及航线等,具有重要的研究价值。

"1975 年,韩国渔民在新安外方海域中发现一艘古代沉船,考古队员从沉船里发掘出了两万多件青瓷和白瓷,两千多件金属制品、石制品和紫檀木,以及 800 万枚重达 28 吨的中国铜钱,这一考古成果震惊了全世界。沉船上有个铜权(铜制称砣)刻着'庆元路'字样。学术界普遍认为这条沉船是元朝时从庆元(宁波)出发的。"[2]经专家考证,新安沉船为元朝宁波起航,开往日本,但在中途沉没于韩国新安海域。"新安沉船"曾被评为 20 世纪全世界十大考古发现之一。它为海上货币之路研究提供了宝贵的实物资料。

清朝道光年间,一艘满载大量精美青花瓷和宁波特产梅园石的商贸货船从宁波港出发,沿海上丝绸之路航行,出发不久便触礁沉没。直到一百多年后,这艘沉船的水下"遗址"才被人们发现,这就是全国著名的宁波市象山县渔山岛"小白礁沉船",这条清代远洋商贸运输船出水了一些中国及海上丝绸之路贸易国货币,研究价值较高。船上发现的铜钱,包括清代"康熙通宝"、"乾隆通宝"、"嘉庆通宝"、"道光通宝"及日本"宽永通宝"、越南"景兴通宝"等;另有西班牙银币、"盛源合记"玉印、锡盒等珍贵文物。这些钱币应该是当时进行海外商品贸易的流通货币。

二、发现海上丝绸之路货币,见证宁波对外贸易历史

明州港的海外贸易,始于汉代,至唐宋已趋于鼎盛时期,它对日本、高

---

①盛观熙:《海上丝绸之路与舟山的关系研究》,新浪网(引用日期 2019 年 11 月 2 日)。
②《历史上宁波制造》,新浪网(引用日期 2019 年 11 月 2 日)。

丽、安南……进行交往成为重要贸易港口,也是去南洋、东南亚、西亚诸国的商港,是我国海上丝绸之路的始发点之一。南宋至元明,明州(庆元)、广州和泉州为全国三大贸易主港。货币是商品交换的媒介,对外贸易同国内贸易一样,都要使用货币。由于古代中国在世界政治、军事、经济上都处于领先的地位,因而中国货币就形成了东方世界的国际货币,不仅中国货币在日本、高丽、安南等国流通,而且这些国家均仿铸汉文本国方孔圆钱和中国年号钱,在贸易中互相通用,这一点从镇海招宝山周围出土的大量邻国货币可以反映出来,其中有邻国货币 573 枚,占出土总数 5,365 枚的10.68%,反映了邻国货币在宁波地区的流入量,其中日本钱币占60.73%,安南钱币占 37.7%。

(一)宁波市海曙区发现日本长年大宝钱

"20 世纪九十年代中期,宁波市鄞县栎社(现为宁波市海曙区石碶街道栎社村)在基建中出土了 10 余公斤古钱币,大多数是开元钱。开元钱中,有背星、背月等多种版式,还有许多会昌开元有背昌、京、洛、益、平、越等十多个品种,另有乾元重宝小平钱、乾元重轮钱。此外还有数枚蜀五株面星、背阴文'川'、常平五铢、隋五铢。特别值得一提的是从这批窖藏古钱中还发现了一枚日本皇朝十二珍钱之一的'长年大宝'。该钱生坑、小样,品相佳美,直径 19 毫米,穿宽 7 毫米,厚 15 毫米,重 2.3 克。日本自八世纪初,元明天皇和铜元年(唐中宗景龙二年,708 年)仿效唐制试铸'和同开珎'钱,至村上天皇天德二年(后周世宗显德五年,958 年)铸乾元大宝钱,共铸有十二种面文的钱币,史称皇朝十二钱。长年大宝是皇朝十二钱之一,皇朝十二钱在日本存世极少,流入中国的更少,能保存到现在的更是稀罕。鄞县栎社出土的这批古钱,其中最早的钱币是蜀汉五铢钱,大量的是唐朝会昌开元通宝钱。鄞县属五代十国中的吴越政权,978 年为北宋所统一。而日本的长年大宝钱,始铸于唐宣宗大中二年(848 年),流入中国需经数年后才有可能。而在这批钱币中,既无一枚五代十国钱,也无一枚北宋钱,据此分析,这批古钱的窖藏时间最早不超过 9 世纪 50 年代,至迟在五代十国时期或北宋初年,即 907～960 年。日本长年大宝钱流入中国,大致有两种途径。一是随遣唐使来中国的学者、僧侣、工匠、商贾等人带入,一是日本商人在海上或陆上贸易中,散落在中国商民之手。"①

从唐高祖武德四年(621年)开始,在宁波设置了鄞州,州治设在今宁波市三江口。唐玄宗开元二十六年(738年),定名为明州,州治设在今海曙区鄞江桥悬磁村,下辖郧城、慈溪、奉化、翁山(今舟山群岛)四个县。唐长庆元年(821年),州治迁移到三江口。

(二)宁波市镇海区文物普查发现多种海上丝绸之路货币

据2015年10月9日中国宁波网转发镇海新闻网讯(记者林颖、通讯员虞永杰报道):"墨西哥费迪南六世1757年地球双柱8R银币,南宋铜铸牌钱,由宝川局鼓铸的康熙通宝铜钱……最近,在镇海区第一次全国可移动文物普查队员在对国有单位所藏钱币进行数据采集时,惊喜地发现了多件'宝物',这为研究我国的钱币文化提供了难得的实物依据。据区文保所所长介绍,这些旧藏是镇海几十年来出土、拣选、采集、征集、捐献而来,包括从我国开始金属铸币时代到近现代各个历史时代的钱币。还有越南、墨西哥、法国、埃及、荷兰等外国钱币,这从一个侧面反映出宁波镇海港历史上作为海上丝绸之路重要码头的盛况。"②

(三)宁波市范宅古玩市场发现一批外国钱币

2001年宁波当地的古钱币收藏者在宁波范宅古玩市场发现一批铅质外国古钱币。出售钱币的商贩称全部由舟山某地出土,舟山历史上属于宁波,因此这批外国钱可能与宁波的海外贸易走私有关。"这批钱币数量大约有百余枚,由于文字拙劣,人多不识,因此一出土就流散到宁波等地的收藏品市场上。经审视,其中有安南神宗黎维祺永寿元年(1658年)铸造的'永寿神宝'铅钱,日本明治年间(1868～1912年)铸造的'明治永宝'铅钱,不知年代品'祥元通宝'铅钱,以上三枚钱的钱文均为隶书;此外,还有'祥符通宝'铅钱,唯这枚钱的形制、钱文类似北宋真宗赵恒大中祥符年间(1008～1016年)的祥符通宝铜钱,疑为安南或日本仿铸。"③

(四)宁波市象山县发现品种数量众多的日本古钱

宁波市象山县众多的钱币学会会员在收集古钱中都遇到过日本的古钱,日本古钱留在象山的品种数量之多令人感叹。仅会员黄忠言在县域内

①王宏福、徐君杰:《宁波市鄞州区发现日本长年大宝钱》,《中国钱币》1996年4期。
②《镇海惊现多件"宝物"》,中国宁波网(引用日期2019年11月2日)。
③盛观熙:《海上丝绸之路与舟山的关系研究》,新浪网(引用日期2019年11月2日)。

集到的日本古钱就有 140 多枚,其中"和同开珎"小平铜钱一枚,"仙台通宝"方形方孔铜钱一枚,其余是"宽永通宝"铜钱。"宽永通宝"四字变化丰富,背面有的铸有星、水波纹或"文"、"元"、"足"、"久"、"小"、"佐"、"卜"等表示铸地的汉字。石浦何永台、纪乃同等会员的日本古钱藏品除了黄忠言所有的品种之外,在当地渔区还收集到了"文久永宝"和椭圆的当百"天保通宝"等日本古铜钱。日本皇朝十二钱之首"和同开珎"铜钱能够在象山民间出现,见证了象山与日本交往的悠久历史。象山县地处浙东沿海,港湾众多,有渔盐之利和通商之便。古代象山县的陆上交通尤为不畅,而海上交通四通八达,日本与象山县的民间海上贸易往来虽然记载不详,但是从保留下来的日本古钱情况可以推断是十分频繁的,故海外各种制钱多有流入,尤其是日本的"宽永通宝"铜钱之多不足为奇。《清稗类钞·度支类》的记载,在乾隆二十年(1755 年)前后,东南沿海市面上流通一种既薄又暗的铜质"宽永钱",乾隆疑为私铸,后知乃日本所铸,由商船带回。遂下诏,严禁商舶携带倭钱,并由官府收买已在国内流通的"宽永钱"。"宽永通宝"应该多为乾隆时期通过民间商贸交往进入象山的。《象山县志》载,境内相传建于唐的蒙顶山天寿寺,僧众成千,日本历代高僧数度前往朝拜,并献"海上奇观"匾,至今尚在。明永乐年间,礼部侍郎衔曾从石浦渔港启航出使日本,可见象山县的沿海港口在古代便是闻名于世往返日本的宁波港口之一部分。① 象山县泗洲头镇的灵岩山顶北宋时建有广福禅院,中国禅宗临济派著名高僧兀庵普宁(1197~1276 年)在 1276 年东渡日本之前,在此任住持。兀庵普宁到日本后,曾担任镰仓建长寺住持,被幕府拜为国师,成为日本禅宗"宗觉派"宗祖,灵岩广福禅院是日本禅宗中宗觉派的一个祖庭。②

历史上明州(宁波)是我国海上丝绸之路的始发港之一,吴越大量的丝织品和越瓷通过明州港走向世界。而象山县石浦港就是海商文化的桥头堡,自明清以来一直是海上贸易的中转站。它的市场之开放,商业之繁荣,资本之集中,经营方式之世界性在当时当地是罕见的。石浦古城里至今还留存着一座源生钱庄的古建筑,石浦港是一个历史悠久的海港商埠。

①黄忠言:《流入我县的日本古钱》,《象山县钱币学会论文集》(内部资料),2015 年。
②杨古城、曹厚德:《宁波文化丛书——四明寻踪》,宁波出版社 2002 年 10 月版,第 295~296 页。

(五)慈溪河道清淤发现外国古钱

浙江在线·浙江城镇网 2014 年 6 月 11 日讯：宁波慈溪市东埠头中心河道清理扩建时，挖出古币和篆刻着墓志铭的石碑。据附近的村民介绍，他们从这条溪坑中挖出了大概 200 枚古币，其中，年代最久远的要数顺治

慈溪河道清淤发现日本宽永通宝铜钱

年间的古币。古钱币大都是顺治、康熙、光绪年间的，但其中也有一枚日本的"宽永通宝"古币。

(六)宁波市区旧房拆迁出土大批外国银元

宁波目前出土银元数量最多的地方要算 1999 年 7 月海曙区昇阳泰商场后面的一座大房子拆迁，房子拆光后，半夜推土机作业，将一个大坛子打破，夜里黑暗，没有被人发现，第二天一早被人看到，至少有几百枚银元散落在土中，还有许多银角子。这批银元除了本国的龙洋、袁大头、孙小头外，还有大量本洋、鹰洋、站洋、日本龙洋等外国银元。当时，据在场的一位老者介绍，此处原是一座祠堂，或许当资金不够时，这批银元埋藏起来派用场的。

鸦片战争以后，宁波于 1844 年被列为"五口通商"口岸之一，随着欧美商船来中国通商，带来了西洋各国的无孔机制硬币，从而影响我国货币体制的改革。清末仿外国货币形式，相继铸造银元和铜元来取代已行用 2000 多年的银两和方孔铜钱。宁波镇海区出土的外国钱币中，按国别来说有英、美、德、法、俄国、意大利、日本；美属菲律宾，法属印度支那，印度以及缅甸、泰国、文莱、苏丹、朝鲜等国货币，其中朝鲜五分背面龙纹铜元，与我国大清龙纹十文铜元相似，也发现有的朝鲜钱币上重改铸成广东、湖北、浙江、山东诸省份图文铜元，用鱼目混珠的手段，以 200 余枚，换取银洋一

圆。[①] 光绪二十九年清廷才明文禁止。宁波地区发现的邻国货币传世品中，也有各国铸造的硬币，这充分说明宁波港对外贸易货币交流的悠久历史。

第二节　宁波港海外货币贸易的历史地位与作用

日本学者木宫泰彦在《中日文化交流史》中，将782～1191年间中日贸易往来作了统计，中国商团由明州启程，来往于日本达百多次，平均三年往返一次，带去大量丝绸、瓷器、铜钱、书籍出售，贩回金砂、水银和锡。从中国输出的钱币对促进输入国贸易活跃、经济繁荣起到了很大的作用，也直接促使中国外贸经济的发展与繁荣。在海外货币贸易中，宁波港具有举足轻重的历史地位，既是始发港，又是目的港，长期发挥重要的作用。

一、宋代铜钱从宁波外流的历史作用

北宋时期明州在中国与朝鲜半岛海上丝绸之路贸易中具有重要的地位和作用。北宋政和七年（1117年），明州太守楼异奉宋徽宗旨意，在明州设置"高丽司"，管理与高丽国往来的有关政务，并在风景秀丽的月湖东岸"菊花洲"上（今宁波市海曙区月湖东岸宝奎巷一带），创建了国家级迎宾馆——高丽使行馆。明州高丽使行馆是御批高丽王朝在北宋的唯一正式使驿行馆。两宋时，北方遭受战事影响，港口先后被辽、金所占，外贸大量转移到明州，并置市舶司。南宋建都临安（杭州），明州与之靠近，外贸地位更为重要，因进口货物增多，往往一时不及转运，还建立了市舶库。这一时期，进出明州港的外国商人络绎不绝。《宁波港史》记载，这一时期，西亚的波斯（今伊朗）商人经常来明州做生意，当时的官府还专门在波斯商人聚居地设置了一个"波斯馆"，波斯商人在附近还造起了清真寺，他们长期聚居的街巷被称作"波斯巷"。两浙路丝绸生产规模大、技术精、品种增多，宋龙泉窑举世闻名，雕版印刷在全国名列前茅，这些产品不少通过明州远销海外。

南宋时，从明州输往日本的主要商品是绢、帛、绵绮、瓷器、书籍、漆、香药、文具及大量的铜钱、银锭等。从日本进口的货物主要是黄金等。南宋

---

①江苏省钱币研究会：《中国铜元资料选编》，丹阳人民印刷厂，1989年7月第1版，第78页。

绍定五年(1232年),宋朝黄金1两值铜钱4万文,日本黄金1两值铜钱630文,中日商人以贩卖黄金牟取高利,宝祐年间(1253～1258年)庆元府(今宁波)一年就输入黄金四五千两。[①]

南宋后期,日本船舶每年到庆元(宁波)的不下四五十艘,这些商船"所酷好者,铜钱而已","一船可载数万贯文而去"。淳祐二年(1242年)七月,日本一次就从中国运去铜钱十万贯,相当于朝廷一年铜钱铸造量[②]。

根据《宋史·食货志》记载:"南渡,三路舶司岁入固不少,然金银铜铁,海舶飞运,所失良多,而铜钱之泄尤甚。"这段论述,分析了海外贸易对南宋王朝的利与弊。大量的市舶收入,对弥补宋廷财政亏损无疑有巨大作用。当时仅明州、杭州两地,在南宋初年,市舶收入占总收入的20%。绍兴年间浙闽广三个市舶司一年收入达200万缗,超过北宋时期最高收入的2倍多。明州港在北宋时据《东坡全集》有关记载:北宋元丰三年(1080年)规定:"诸非广州市舶司,辄发过南蕃纲舶船,非明州市舶司,而发过日本、高丽者,以违制论。"由此说明,明州港成为宋代发舶去日本、高丽的特定港口,故"南则闽广,东则倭人,北则高句丽,商舶往来,物货丰衍",其海外贸易之盛,居两浙路首位。由此说明现在海外各国出土的宋代钱币,大部分从宁波港输出是可信的。对铜钱外流应看其主流得失:其一,体现了宋王朝的国力强盛,经济之发达,货币信用之高,这是历史上中国经济地位曾一度领先于世界的一种重要标志。其二,使中国钱币取得了国际通用货币的资格,它促进了东南亚地区的经济贸易,方便了人民生活,这是历史上中国对世界的一个重大贡献。其三,虽然包含了铜资源的流失,但更重要的是中国货币文化的输出,使中国货币在世界货币史上一直居于举足轻重的地位。其四,虽然钱币外流一去不复返,但与掠夺是两码事。它们仍然是一种等价交换,是各取所需,各有所得,它不仅沟通了中国与世界各国的交往,而且促进了中国的文明、进步和昌盛。其五,钱币外流,对某一地区来说,暂时遇到了钱荒,但从宏观上看,它促进了两宋楮(纸)币的流通和发

---

① 俞福海主编:《宁波市志·对外经济贸易卷》,中华书局1995年第1版,第1536页、第1537页、第1537页、第1538页。
② 林士民:《宋代明州(港)铜钱外流日本之研究》,《宁波市钱币学会(第五期专辑)论文集》(内部资料)。

展,为纸币发行理论——"称提之术"①奠定了基础。宋代钱币外流,虽有利有弊,但利要大于弊。

　　"中国铜钱的大量输出,虽然造成了国内的钱荒,但在商品交往的同时,也促进了国际间的文化交流和文化进步。这些国家从使用中国钱币,到仿铸中国流通钱币,从而在一定地域内正式形成了以方孔圆钱为代表,钱币名称沿用'通宝'钱制,铸币标准、大小依照中国小平钱,钱文用汉字,铸币取材以铜料为主,大小、厚薄、规格、质地与中国铜钱相似的东方货币体系。这是中国对世界货币文化的一个杰出贡献。中国货币文化通过海上货币之路的输出,对确立以中国货币为核心的东方独立货币体系有着重大的历史意义。这些从中国输出的钱币对促进输入国贸易活跃、经济繁荣起到了很大的作用,也直接促进了中国外贸经济的发展与繁荣。"②

二、白银大量流入宁波双屿港推动中国银本位货币的改革

　　元代亦设市舶司,庆元(今宁波)仍为中国主要外贸港口之一,并设立庆元市舶司。元朝虽然禁止使用铜钱与外国贸易,但是来往于庆元与博多间的中日贸易商船所载的从宁波出口的主要商品却是铜钱、经卷、书籍、金钞等,从日本进口的贸易品主要是金、银等。③

　　明洪武十四年(1381年),朱元璋把明州改名为宁波,取"海定波宁"之意。明代海禁,宁波港衰落,但宁波港仍是中日官方勘合贸易的唯一登陆港。明朝永乐二年(1404年)中日第一期勘合贸易规定:"限期为十年,人数两百,舟为二艘。全国定三个市舶司,限定宁波港只准接纳日本勘合贸易的'贡船'"。④勘合贸易出口的商品主要有铜钱、丝、丝绵、锦绣、瓷器、古书等等,和元代一样,铜钱排在出口商品第一位。明朝时,宁波相继设立市舶司机构,整修市舶司仓库,设置安远驿、四明驿、迎宾馆、嘉宾馆(堂)

---

① 称提之术:形成于南宋的纸币发行与管理理论。主要内容包括规定纸币发行总额,纸币的现金准备,以现金收兑跌价纸币,出售专卖凭证以使纸币回笼,分届发行新纸币以收换旧纸币,民间纸币的流通或兑换须与票面额相符,以纸币纳税和现金兑换来维持纸币的流通信誉等。当时有人借用"称提"一语分析楮币以外的问题。
② 鲍展斌:《名闻天下的宁波钱币文化》,《宁波日报》2011年12月23日。
③ 俞福海主编:《宁波市志·对外经济贸易卷》,中华书局1995年第1版,第1536页、第1537页、第1537页、第1538页。
④ 俞福海主编:《宁波市志·对外经济贸易卷》,中华书局1995年第1版,第1536页、第1537页、第1537页、第1538页。

等,专门接待国外使者。明嘉靖二年(1523年)由于在宁波发生"争贡事件",日本各封建主之间为争夺对中国通商特权在宁波相互残杀,受害的是宁波人民。明朝下令停止市舶,撤销宁波等三个市舶司,实行海禁与闭关政策。[①]

明代由宁波港输入的日本货物,以刀剑、硫磺、铜、苏方木等为主。明朝对此主要用铜钱来给价。[②]"从宁波港输往日本以铜钱为第一。光刀剑一项,支付的铜钱就不下50万贯。再加上硫磺、铜、苏方木等给价总额就更大。勘合贸易中,日本获益较大,除了经济利益外,大明铜钱的输出,促使日本国内的钱币流通,为发展商品经济创造了条件。硫磺、铜等输入对大明朝的造币业、军工业、冶炼业等等手工业发展也有一定的促进作用。"[③]

明朝海禁导致海外贸易被迫转型为走私性质的私商贸易,而宁波双屿港一度是浙江乃至江南最大的私商港。"洪武三年(1370年)明朝于明州、泉州、广州设市舶司,其中浙江市舶司是专为了管理日本进贡贸易而设的机构。这机构曾一度撤销,永乐初重新恢复,名叫市舶司提举司,隶属布政司。司置提举一员,从五品,副提举二员,从六品,吏目一员,从九品,主持进贡贸易事宜。后来太监成为这个司主宰者。浙江市舶提举司设在宁波,接待安置外国进贡使者的驿馆安远驿在其附近。日本贸易使团进出港口,都在这里食宿。日本贸易使团自入宁波起至回国时止,不仅口粮、菜金等,而且进贡方物往返一应脚力,全由明朝供应,甚至拨给回国途中的口粮。明朝不时的馈赠还不算入其中。总体算起来,只日常生活供应这一项,按三百人计(其中六十名官员),每月约为三百八十余贯,每次贸易往返以平均一年计,明朝约支出生活费用五千余贯,相当于日本筹措一次三只勘合贸易船的全部费用。"[④]这种主要出于政治需要的不对等贸易不仅消耗了许多财力,而且使铜钱大量外流。

明朝中后期"中国开始以白银为通货,银价比较高;日本盛产白银,又以黄金为通货,白银对黄金的比价远低于中国。葡萄牙人和中国海商利用金银的差价,将中国的丝绸、瓷器等换成日本的白银,再用日本的白银到中

---

① 俞福海主编:《宁波市志·对外经济贸易卷》,中华书局1995年第1版,第1536页、第1537页、第1537页、第1538页。

② 《光绪鄞县志》卷七十。

③ 林士民、沈建国:《万里丝路——宁波与海上丝绸之路》,宁波出版社2002年版,第251页。

④ 沈富伟:《论唐代对外贸易四大海港》,《海交史研究》1986年10月第2期。

国购买货物,获取丰厚利润。日本白银流入中国的每年在 100 万两以上。在中国,盛产丝绸的湖州府成为白银输入的最先受惠者,成为中国的银城。而介于苏州、嘉兴、湖州之间的南浔镇,富户比比皆是,成为中国的'银库'。由于嘉靖帝关闭了玉门关,陆上丝绸之路中断。当时,海外汇入的侨汇每年达 1,000 万两白银以上,半数或半数以上的白银由宁波双屿港涌入,流往江苏、浙江和徽州地区,流向全国,使中国的银价在 100 年内下降一半,白银成为主要的流通货币。明初,禁用白银,正统年间,弛禁。成化年(1487 年)以后,官吏的薪俸以白银支付。16 世纪初期,当宁波双屿港成为白银流入的主渠道以后,一切商品交易都普遍用银两计算"。[1] 从 16 世纪初至 1549 年,从双屿港流入的白银为中国的赋税改革奠定了货币的物质基础。张居正从 1578 年开始,1581 年在中国所推行的"一条鞭法"明确规定用白银纳税,基本上完成中国赋税制度由实物税转入货物税重大改革。

第三节　宁波港地域文化中蕴含的外国货币

据史籍记载,宁波在明朝中叶,就流通使用外国银元了。"《鄞县通志》称:'当内地及沪上通用银两之际,而甬(甬为宁波简称,笔者注)上已于百年前流通银元。'明朝中叶,西方资本主义势力东侵,葡萄牙人在南洋一带建立商站,从事海盗式的贸易活动,宁波在对外贸易中,出口商品以丝绸、茶叶、瓷器为大宗,价值量大,远非进口商品所能抵补,外商多以银元支付,并由菲律宾等地的华侨带入西班牙和法国银元,俗称'佛洋',又叫'洋钱'和'番饼'。"[2]

由于贸易往来的需要和外国商人用银元兑换碎银以获利的动机,从清朝初期西方的银元就开始大规模流入中国。鸦片战争前,外国银元的流入对我国货币流通产生很大影响,首先是日常结算中钱票的使用被大幅取代,人们更喜欢用银元结算;其次银元以"元"为货币单位,一定程度造成银两结算的被动局面。外国银元在国内大量流通,使中国社会受到西方货币文化的深刻影响。也为经销银元的外国银行入主中国铺平了道路。作为

---

①杨成鉴:《海上丝绸之路的起点站——双屿港》,《浙江纺织服装职业技术学院学报》2005 年 1 期。
②宁波金融志编纂委员会编:《宁波金融志》(第一卷),中华书局 1996 年 4 月第 1 版,第 11 页。

海上丝绸之路始发港之一的宁波港,较早地受到西方货币文化的影响。

一、宁波市区发现的早期西方货币文化碑碣

碑刻是古代反映当时社会道德、法规、书法艺术等信息的珍贵历史资料。"几年前,宁波市钱币学会首批会员、宁波市资深文保员姚光明先生在鄞州东钱湖韩岭村考察文保情况时,在韩岭村花桐殿内发现一块石碑,这块石碑被人当作石台使用,奇怪的是这块石碑边道上刻有'大明乙卯岁狮子山汪文明助叁拾叁元'十六个铭文。经查,明代277年中一共有五个'乙卯'岁,一为明太祖洪武八年'乙卯岁',即1375年;二为明宣宗宣德十年'乙卯岁',即1435年;三为明孝宗弘治八年'乙卯岁',即1495年;四为明世宗嘉靖三十四年'乙卯岁',即1555年;五为明神宗万历四十三年'乙卯岁',即1615年。经过笔者分析,这块石碑上所刻的'大明乙卯岁'是洪武八年、宣德十年、弘治八年的可能性不大。嘉靖三十四年和万历四十三年都有可能,而万历四十三年'乙卯岁'的可能性最大,也就是说这块石碑上的铭文很有可能是1615年所刻。从这块石碑上的铭文来分析:在大明乙卯岁(1615年)这一年,'狮子山'(应该是个以山为名的地名)的汪文明在村里重建或翻修花桐殿时,捐助叁拾叁元(银元)。[1] 这块石碑的发现具有重要的历史价值,不仅证明早在明朝中晚期宁波已流通外国银元,而且受外国货币文化影响,当时的宁波人已开始使用"元"这个货币单位。

明朝宁波碑刻

① 王建明:《宁波海上丝绸之路历史文化足迹石碑考——从一块甬城发现的明代石碑看明清时期外国银币在宁波的流通》,《宁波钱币》2019年1期。

海曙区是宁波市历史文化名城核心区。当地专家在文物普查工作中发现了许多碑碣刻石，内容广泛丰富。宁波作为商贸城市，货物交易的中介是货币，有几通碑上就出现"洋银"两个字。外国银元在古代称"洋银"，明代时称"番"或"番银"，清代百姓按银元上的图案称其为"双柱"、"马剑"、"鹰洋"、"坐洋"、"站洋"、"佛头银"等等，最后统称为"银洋钱"。但这么多品种中以"双柱"为标准，俗称"本洋"，其余统称"洋银"。宁波市海曙区发现的碑碣中出现"洋银"的共有四通。具体碑文如下：

其一，《柳汀义学捐助提名碑》，清道光十七年（1835年）五月立。碑上刻有二十三位捐助者，第四位吴循铎捐"洋银"六百元，作钱五百七十七千八百九十五文。第十位吴虹桥捐"洋银"一百元，作钱九十四千五百文，其余的捐田、捐钱。此碑原在海曙区居士林对面超然阁内，后因柳汀街拓宽，碑同超然阁一起迁至月湖西岸。

其二，《延庆寺大乘会捐资助田提名碑》，清道光二十八年（1848年）二月立。碑额题："大乘会"三字，捐助者四十七位，最后一位信士杜氏捐"洋银"叁拾元。"叁拾元"三字已有风化，细观仍能辨清。此碑在延庆寺（宁波佛教协会）西厢房山墙壁上。

其三，《重修福建老会馆碑》，清同治九年（1870年）九月立，介绍会馆环境，修馆原因。后为资助者，温陵糖帮捐洋银肆佰拾壹元；兴化帮捐洋银叁佰元；厦门帮捐洋银叁佰元；深沪帮捐洋银壹佰元。此碑已迁入天一阁，竖在东园秦氏支祠后墙边碑廊内。"帮"是商业帮派之谓也。

其四，宁波府城隍庙《重修大殿并暖阁捐资提名碑》，光绪十四年（1888年）二月立。碑文：宁波府城隍庙重建大殿并暖阁捐数支目刊后（下为上、中、下三列），洋药建商捐助"番银"（即洋银，笔者注）收数：乾源一千五百九十四元一角；德泰一千三百五十四元五角；合源九百九十七元八角；坤源九百九十四元七角；乾茂九百三十七元六角；荣懋一百二十一元四角；和利五十六元；和利五十六月六角。德祥十三元三角；协昌七元八角；顺昌八元。顺发七元四角；复宝四元六角，福昌四元。共收番银六千零九十八元四角。

洋药商捐助番银（洋银）收数：晋源一千四百四十七元一角；茂源九百九十元九角；聚源九百六十八元八角；茂生九百三十二元八角；萃利八百二十三元八角；慎昌六百三十七元五角；乾泰一百四十九元九角；广泰恒八十一元二角；恒源三十五元七角；共收番银六千另六十七元三角；余付番银收

数庄息九十九元一角。木、石、木屑余料一百另七元二角,共收番银二百另六元三角。总共计收番银一万二千三百七十二元。

大殿、暖阁、木、石、甏、砖、泥、漆工料及各项支用款:上梁陛座三百六十二元五角;暖角一千三百五十元;木连雕花四千七百四十元七角;石一千另八十六元五角;甏、砖、泥一千九百七十三元七角;漆八百六十九元;助后殿余料八十元;司账薪水暨佣人工食三百六十四元四角,总共计付番银一万二千三百七十二元。此碑石嵌于县学街城隍庙大殿内东墙中间。上述四通碑碣,从道光十七年至光绪十四年间隔五十三年,后两通均为"元"市值,是商人捐助也,前两通三位资助者中未注是何方人氏,但道光十七年一通注有"元"的市值,每"元"为九百四十五文,这同《宁波金融志》上银钱兑换价目表基本接近。[①]

二、宁波方言中蕴含的货币文化

语言是客观世界和社会历史文化的反映,而客观世界和社会历史文化又会使某一方言形成其自身的特色。

宁波地处东部沿海,便利的海运和内河航运,高度发达的海上丝绸之路文化是宁波的地域特色,它们构成了宁波方言的外部世界环境。这种外部环境影响着宁波人的群体心理世界。比如,宁波人倾向于选择与海上丝绸之路文化有关的事物作为源域来进行隐喻和转喻等认知加工,从而使得宁波方言的词义演变具有其地域特色。

在商贸经济环境下,宁波方言中蕴含大量钱币文化的词汇。例如:

"扳价钿:价钿,价格。扳,(用力)拉,卖方坚持高价或买方拉低价位都可叫'扳'。该词现引申为'讨价还价'。如,'我先回来了,老张还在那里扳价钿'。价格在商贸经济活跃的区域是最触动人们神经的事物之一。人们往往会把价格这类相当熟悉的事物有形化而产生空间隐喻。在'扳价钿'的隐喻操作过程中,源域激活目标域基于两点:(1)'价钿'被视作有形物体;(2)如同用力牵拉有形物体一样,讨价还价往往是一种买卖双方耗时耗力的过程。

明分账:该词原义为'明确记录合作各方或买卖双方各自经济事务的

---

①宁波金融志编纂委员会编:《宁波金融志》(第一卷),中华书局 1996 年 4 月第 1 版,第 374 页。

账目'。'明分账'的特点是'明确、明了、显而易见'。以此语义为相似性，该词现演化为形容词，意为'显而易见、理所当然，特指理所当然应该得到某种权利或履行某种义务'。比如，'前几年我没有休假，今年我休假是明分账咯'。

赚:赚的原义为经济交易中获利。宋代丁度等编的《集韵》把'赚'解释为'市物失实'。换而言之，如果等价交换，是无所谓'赚'的。只有当货物的价格与价值发生偏差，即'市物失实'时，才有可能赚钱。以'失实'为相似性，从商品经济领域投射到其他领域，宁波方言把'赚'引申为'错误'。在宁波方言中，'算赚''写赚''讲赚'实际上就是'算错''写错''讲错'。

脚头钿:佣金。意为跑腿的辛苦钱。如'卖依介点钞票(用如此低的价格卖给你)，做做脚头钿还不够'。此处'脚头'指代'整个脚'，所用转喻机制是部分代替全体。'脚'原为走路或跑腿的器官，此处转喻机制是工具代替跑腿这一动作。'脚头钿'牵涉两种模式的转喻。

认知机制是宁波方言词义演变的内部原因，而地域社会经济文化则对宁波方言的演化产生外部影响，它使得宁波方言形成其鲜明的地域特色。语言是人们认知加工的结果，必然取决于人们的认识，也必须考虑到客观世界的具体情况。通过隐喻和转喻等认知手段，人们对宁波方言中的词汇本义不断挖掘和扩充。"[1]

地域文化使得宁波方言带有浓郁的海商文化特色，富含货币文化。宁波方言的词义演变是地方社会经济文化和人们认知特点双重影响的结果。

三、宁波方言中的外国货币

伴随海上丝绸之路贸易大量涌入的外国货币，对宁波的方言文化产生许多影响。宁波方言中的外国货币词汇比比皆是。譬如：

小吃类方言:洋钱饼。

钱币类方言:洋钱、洋钿、银洋、银洋钿、番饼、银子番饼、本洋(双柱)、马剑、佛头洋、英洋、鹰洋、站洋、坐洋、花边、洋元、洋角子等等。

行为类方言:"这小鬼，偷了五分洋钱去看西洋景。""拿出五元洋钿，剃了一只光郎头。""该人赚过大洋钱嘞。""我挖出洋钱来替你抬一个老女(老

---

[1] 戚国辉:《地域文化与宁波方言的词义演变》，《现代语文》2013 年 8 期。

婆)。""做人像老版洋钿勿开窍。"

谚语:"勿识洋钿叫人估,勿识人头一世苦。"

童谣:一双皮鞋美国货,两块洋钱买来哦。三天穿过就要破,四穿凉篷洞眼多。你讲罪过不罪过,落去还要重买过。切切勿买美国货,百样东西拆烂污。究竟要买什么货? 实在要买中国货。

从前有个老伯伯,年纪活了八十八,清早爬起八点钟,路过一座八字桥,吃了一碗八宝饭,洋钱用了八千八百八十八块八角八。

游戏:麻将语言中的"番"有番饼(外国银元)的含义。

钱庄招牌:兑换英洋(英洋即墨西哥鹰洋的别称)。

洋泾浜英语:"洋泾浜"在上海话里多泛指学得不伦不类的人或语言。上海人以前把中国化的英语就称为"洋泾浜"英语。开始洋泾浜英语多以广东地方的发音为准,以后随着宁波商人的大量涌现,逐步以宁波方言发音来注音。 如:"来叫克姆(come)去叫戈(go),一元洋钱混淘箩(one dollar)。""多少洋行讲白驮(comprador)。""讲白驮"即讲讲话就能白白拿好处的人。它是英语 comprador 的译音,意思为洋行买办。但宁波人的"讲白驮"生意是不容易做的啊,你必须有本事。"非常感谢你(thank you very much)"说成"生发油卖来卖去"等等。

在中国,洋泾浜英语曾经存在近两个世纪之久,并在近代对外贸易、外交和文化接触中扮演了重要的角色,其影响极为深远。作为通事用语,它成了当时通事们与外国人进行交流的必要工具。

另外,近代以来,宁波一带民间流行在冥币上印上一首《洋票经》的佛教偈语:"洋票要念洋票经,张张洋票如纹银,洋票当中一尊佛,四四方方放光明,五金山上尊菩提,知王大帝摩诃西,南无阿弥陀佛!"洋票旧指洋行发行的有价证券或纸币。把《洋票经》印在冥币上反映了宁波一带百姓对外国货币的认同,使之成为当地的一种民俗文化。

美国飞鹰银币

荷兰马剑银币

希腊银币　　　　　　　　　　英国马剑银币

四、宁波钱庄信函中记述的外国货币

据考中国民信局及信客业起源于钱庄,特别源自从鸦片战争五口通商前后各地纷纷兴起的票号,尤其是东南沿海一带经商者日众,推动金融业迅猛发展,仅就宁波一地大小钱庄达百余家之多。各地钱庄商行之间的汇通,钱庄与客户之间银票与划汇传递,钱庄与商号之间清单互换,市场即时银钱兑换行情、商情等等都需迅速传递,民信局与信客业随之架起桥梁兴盛起来。下附几件同钱庄相关的信局(信客)封笺,看起来似不十分起眼,但是它实证自清代直至民国中国金融界钱庄业同民信局、信客间的密切关系,并从中发现当时钱庄汇划的货币中有许多外国货币,如英洋、洋(洋银简称,笔者注)、小洋①、洋钱等词汇。

一、清末张志清(浙江平湖城守署守备)长子张懿承从上海经甬申线信客周良翁邮宁波的信函。托办宁波资新钱庄划汇招商局六十五元(银元)。红条封上书"内要信烦周良翁袖递至车桥弄口,资新钱庄内呈陈有彩先生升,寓申江张意诚托干"。背书"甲辰十一月二十三日封"。附函书"有彩妹夫大人阁下雅照昨日接得,堂叔父递来尊书一封内详一切……委写字画王君前日赴轮驾至金陵迄今未回且看抵申弟再去领去可也。……尊号英洋

――――――――――
①小洋:小面额外国银币。

八十元前日来示取过五元又堂妹支过拾元尚有六十五元务望阁下合数划于招商局周君良堂兄处为要,切勿误期……阁下来示寄申英二马路兴中南里内第一弄第299号门内养正书局内弟收可也,余不多言后信再详。太亲翁不另札代为问候,近好。姻弟张懿承"。

这是一件非常标准由甬申线信客传递的钱号间划汇银信。

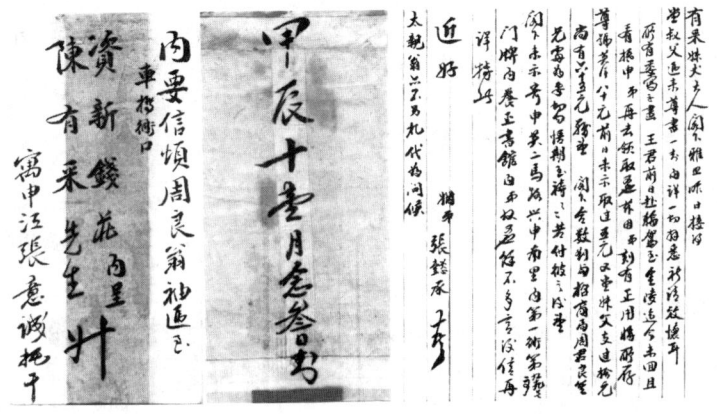

张志清长子张懿承从上海经信客周良翁邮宁波的银信

二、张见棠从平湖寓经"平湖全盛信局"邮发宁波泰巽宝庄陈有彩的绿色美术信封,封背盖框式"平湖全盛信局"戳,至上海中转盖红色"上洋全盛信局"戳。另盖封口等花章。右为张见棠蓝绿色美术信笺,上书"有彩姐夫大人阁下久未通问……兹启者刻下申厘见好谅因秋庄发动,洋有走俏,近时甬地规元如在七元左右,奉托代做多洋叁千两,倘甬元已短,约价离远,烦我兄代为酌定,弟路遥似难悬议拜托……台安,内小弟张见棠七月卅"。托办宁波泰巽钱庄甬地规元叁千两做多头,看来清代浙省商界和官僚已具有资本主义金融理财头脑,官商结合,通过钱号兑换银两与货币之中间差价获取较高的利润,张见棠是平湖城守署武官,后转业从商,张志清次子,在多空博弈中获利颇多。

三、张见棠从平湖邮发宁波泰巽钱庄的信笺内书"有彩姐夫大人阁下昨荷……并蒙受指示周详,感佩至至,准备秋庄发动,稍有走化,再行奉托。兹寄上纱线三机至望转交尊姬阿朱,前寄小洋……六月十四内小弟张见棠"。银钱差价多空炒作博弈还有庄家,规元差价由各地方钱业公会合作议决。再托准备秋庄发动,稍有走化下注做多①。

下为陈有彩留存上海《申报》所载当日金市和钱市"本埠商务市况"。

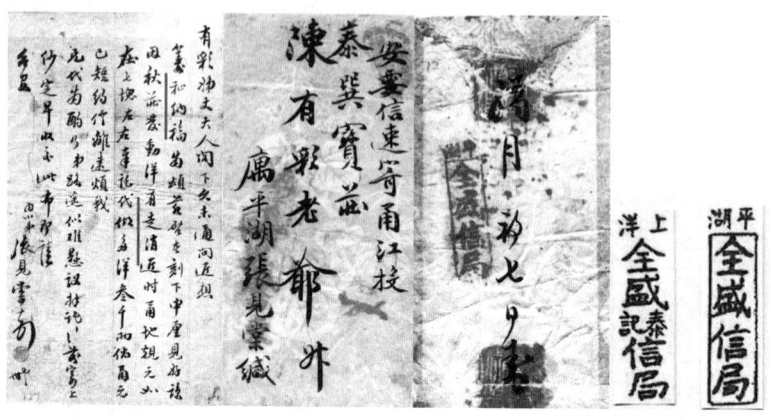

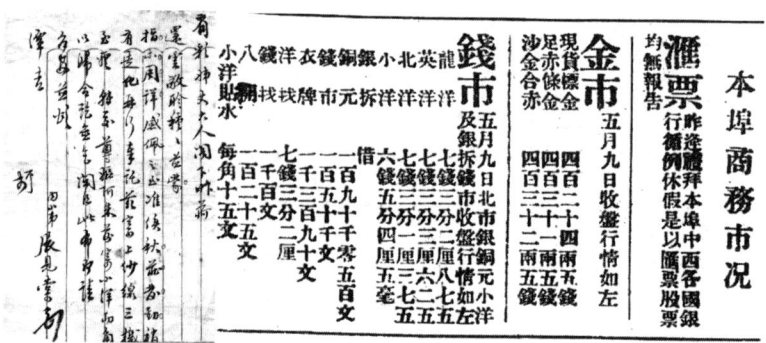

第九章　宁波"海上丝绸之路"
货币文化交流实证

　　宁波既是海上丝绸之路对外贸易的重要港口,又是海上丝绸之路货币文化交流的重要港口。宁波港海上丝绸之路贸易古钱币的大量发现,见证了海上丝绸之路促进中外货币交流的盛况。由于中国铜钱大量外流,周边国家深受中国货币文化的影响。海上丝绸之路推动了东方货币文化体系的形成与发展。

　　"宁波自古以来作为海上丝绸之路的东方主要始发港和目的港之一,在东西方交流历史上一直具有重要地位,尤其是在东亚地区的海上贸易和文化交流方面,起着核心的作用,至今在日本列岛、朝鲜半岛、东南亚等地留下了大量珍贵的历史文化遗产。与福建泉州、广东广州、韩国清海、日本博多、长崎等港口相比,宁波港在海上丝绸之路的历史中,延续时间最长,所达范围最大,长期以输出为主,现存文化遗产相当丰富,且类型众多,尤其以丝绸、瓷器、茶叶、铜钱几大宗商品的出口和香药等奢侈品的进口,以及以佛教传播为主流的文化艺术交流为特色,从而更具有古代中国对外开放前沿、远东贸易大港和文化交流窗口的特征。"[1]一个港口的繁荣,需要发达的船运为支撑。"作为航海的必备条件之一,是造船技术的发达,而宁波自古以来就是我国著名的造船业重镇。'宁波船'享誉海内外。历代浙东造船以贡或浮海外航的记载,屡见于史。"[2]"尤其北宋时,一些出使海外的大航船都是宁波打造的[3]。直到鸦片战争前夕,宁波一带的'浙东沙船'仍然是活跃在海上的劲旅之一。"[4]

---

① 鲍志成:《试论宁波"海上丝绸之路"的历史地位及主要特征》,宁波"海上丝绸之路"申报世界文化遗产办公室《宁波与海上丝绸之路论文集》,科学出版社 2007 年版。
② 鲍志成:《浙江古代的海上交通》,《浙江方志》1991 年 5 期。
③ 宋神宗元丰元年(1078 年),命安焘、陈睦出使高丽,明州造万斛船两只,号为"凌虚致远安济神舟"和"灵飞顺济神舟"。宋徽宗宣和时,派使者路允迪等出使高丽,诏明州打造神舟两只,一为"鼎新利涉怀远康济神舟",一为"循流安逸通济神舟",巍然如山,浮动海上,锦帆鹢首,屈服蛟螭。
④ 田汝康:《17—19 世纪中叶中国帆船在东南亚洲》,上海人民出版社 1957 年版。

宁波作为海上丝绸之路对外贸易的重要港口地位显而易见,在海上丝绸之路文化交流中的地位同样举足轻重。位于宁波市海曙区的鼓楼、高丽使馆遗址、四明驿、延庆寺、清真寺等遗址,体现了宁波港在海上丝绸之路形成及兴盛过程中作为文化交流重要窗口的地位和作用。始建于唐朝的鼓楼是宁波建城的重要地标,亦是古代宁波对外交往的历史见证。现在的鼓楼位于唐长庆元年所建的南城门位置,它既是浙东政治、经济、文化中心,同时又是官方接待各国使节、商团的场所。而迄今全国唯一保存的高丽使馆遗址则是明州作为北宋时朝廷指定的通往高丽的主要出入口岸、接待来明州的高丽贸易商团和进京进贡官员的场所,它是中韩两国人民友好交往的历史见证。四明驿原址位于海曙区柳汀街佛教居士林,是日本勘合贸易船赴京进贡的起程站和其返国补充水源的基地,其中不少日本遣明使,入明后与宁波当地文士联系密切,切磋书画技艺与交流文化习俗,产生了真挚的友情,并留下许多墨宝。而海曙区延庆寺是历史上日本、高丽天台宗僧人朝圣、问法释疑的场所,清真寺是古代伊斯兰文化在宁波传播的象征。这些遗址充分体现宁波作为海上丝绸之路著名港口是世界各国多元文化的融合。

第一节　宁波港海上丝绸之路贸易货币的重要发现

据有关文献记载,以及宁波和周边地区出土文物佐证,宁波海上丝绸之路兴起的历史上限为汉朝,下限包括整个清代甚至民国时期;文化遗存地理坐标就是宁波现在所辖地区以及舟山地区。

一、宁波港周边出土汉唐时期海上丝绸之路贸易货币

舟山一带曾出土大量中外历史货币。"根据出土文物和资料记载,舟山最早发现的货币为汉代'半两'和'五铢'钱。1961年2月,定海义桥大队在城北水库工地,发掘出的一座古墓中,出土数枚锈蚀结成块的汉代半两和五铢钱,同时出土的文物中还有一面汉代铜镜,由于当时对这类钱币实物重视不够,致使出土实物不知下落,但从同一墓葬出土的汉代铜镜来

分析,半两、五铢钱应该属于汉代无误。"①"2006 年 4 月,承建中国佛学院普陀山学院土建工程的朱家尖围垦开发有限公司施工人员,在舟山市朱家尖蜈蚣峙码头附近一座小山取土时发现大量窖藏古铜钱,重达百余公斤,钱币无任何盛器,只用麻绳串系。古钱币出土时遭当地百姓与工人的哄抢,经有关部门的积极追缴,共收回约 16 公斤,6000 余枚。经过清理,该批古钱币共有 4 大类 30 余品种,其中包括两汉钱币、王莽钱币、三国钱币和魏晋南北朝钱币。该批钱币中铸造年代最早的是西汉高后二年(前 186年)的八铢半两,最晚的是南朝梁末天成元年至太平二年(555~557 年)的萧梁对文五铢,两者铸期前后跨距超过 740 年。"②

　　舟山在历史上属于宁波管辖。"秦汉时舟山地属会稽郡句章县(今属宁波市鄞州区)。这批钱币的发现地点近海,山脚前原本就是石牛港航道,直到 1949 后修塘围垦才成为陆地。因此钱币专家认为这批钱币是从海上而来,系古代商舶留下,与海上丝绸之路有关。"③

　　唐高祖武德四年(621 年),朝廷废除五铢铸行"开元通宝",这种铸造精美的方孔圆钱,不仅是唐代二百余年的主要货币,而且在高句丽、新罗、百济、琉球、日本以及东南亚各国都流通,成为当时的一种国际通用货币。

　　舟山一带在历史上是海上丝绸之路必经之地,当地出土的古钱币见证了海外贸易的历史。"舟山地区窖藏唐代钱币出土最重要的一次为 1976年,定海区长白乡前岸村村民罗考先在自家后门口的山坡上挖土搭建小屋,在距离地表 0.8 米深处,挖出一只四系陶罐。陶罐内装有铜钱 51.5 公斤,钱币原有绳子系穿,出土时已经腐烂,铜钱表面布满绿锈,有的已经蚀结成锈块状。钱文清晰完整者有 2442 枚,破损和钱文模糊不清者有 3186枚,共计出土各类古钱 5628 枚。这批出土古钱中最早者为唐高祖武德四年(621 年)铸造的开元通宝钱。出土的开元通宝钱文清晰,铸造工整,部分尚未流通,且版式十分丰富,有各类月纹图案,平均重量 4 克左右,应为该时期铸造的标准开元通宝钱。同时伴随出土的还有部分'乾元重宝'钱,该钱为唐肃宗在乾元年间(758~760 年)铸造,根据实物形制推断,这部分

---

① 盛观熙:《古代舟山与海上丝绸之路》,《浙江国际海运职业技术学院学报》2012 年 2 期。
② 杜美燕:《舟山朱家尖出土古钱币》,《东方博物》第二十三辑(钱币研究)》,浙江大学出版社 2007年版。
③ 盛观熙:《舟山出土窖藏五铢中的记号钱》,《江苏钱币》2009 年 1 期。

古钱币当为乾元初期所铸,发行以后并经过流通。"①这批唐代窖藏钱币经考证也很有可能是用于海外贸易而遗存的。

二、宁波和义路战船街宋代沉船与宁波对外铜钱贸易

"1973 年,从宁波市海曙区和义路至东门口约 750 平方米地段中,发掘出一批珍贵的唐代越窑青瓷,同时出土的还有唐代龙舟。这是迄今为止宁波发现的年代最为久远的古沉船。如今龙舟的原件陈列在宁波市庆安会馆。"②明州除建造大量漕运船外,还建造大批远洋船舶。"宋神宗元丰年间(1078～1085 年),朝廷命明州建造'万斛船'——远洋海船二艘,一艘名'凌虚致远安济神舟',另一艘名'灵飞顺济神舟',这两艘船'自定海(今镇海)绝洋而东,既至(高丽),国人欢呼出迎。'元丰二年(1079 年)正月,敕内殿王舜封携医往使,这是中国医药传入高丽的开始。同时朝廷颁立《高丽交易法》,鼓励民间通商,规定'贾人入高丽,资及五千缗者,明州籍其名',经人作保,发给'引'(出国护照),以便途中受到官府的监督。"③"1979年,宁波东门口交邮大楼建设工地发现了北宋时期海运码头以及一艘外海船。这是我国首次发现北宋时期的船舶。"④

"1976 年,在历史上属于宁波的舟山市定海区长白乡出土窖藏的一批钱币中,一部分是北宋钱币。上迄北宋太宗太平兴国时期(976～983 年)铸造的'太平通宝'钱,下至徽宗赵佶宣和时期(1119～1125 年)铸造的'宣和通宝'钱,这部分钱币的时限上下跨距 160 余年,几乎涵盖了北宋铸造的所有年号钱。这次窖藏出土钱币的另一部分为南宋钱币,根据出土资料报道,出土的这部分南宋古钱,既有小平钱,亦有折二钱;既有光背钱,也有纪年钱,品种丰富,基本涉及南宋各个朝代。"⑤

宋代明州港的主要码头位于"三江口"到今天灵桥一带的江厦国际海运码头,经考古发掘沿奉化江内侧有三个基本平行用条石砌筑的码头,其中一号码头离现在的奉化江码头仅 70 米左右。从出土的"大观通宝"、"绍

①盛观熙:《古代舟山与海上丝绸之路》,《浙江国际海运职业技术学院学报》2012 年 2 期。
②《随着 5 艘古沉船去"穿越":看看宁波的故事》,人民网(引用日期 2019 年 11 月 2 日)。
③盛观熙:《古代舟山与海上丝绸之路》,《浙江国际海运职业技术学院学报》2012 年 2 期。
④《随着 5 艘古沉船去"穿越":看看宁波的故事》,人民网(引用日期 2019 年 11 月 2 日)。
⑤盛观熙:《古代舟山与海上丝绸之路》,《浙江国际海运职业技术学院学报》2012 年 2 期。

兴通宝"等钱币推断,当兴建于南宋绍兴年间之后。二号码头出土有"熙宁元宝"、"元丰通宝"等北宋铜钱,其砌筑时间当早于一号码头,在两个码头之间的地层中,还出土一艘宋代尖头、尖底、方尾残长 9.3 米的三桅外海船。[①] 后来又有考古发现,"2003 年,宁波市区和义大道建设工程抢救性考古发掘过程中,在战船街北部、和义门瓮城基址南侧出土了一艘南宋沉船。"[②]另外,20 世纪九十年代宁波市镇海区后海塘淤泥中曾发现几批次南宋钱币,数量多达数千枚,据宁波市文物专家考证为甬江沉船所遗留,很有可能是南宋时期外输钱币的一部分。这些古代沉船和古钱币的发现,见证着宁波作为海上货币之路始发港的重要地位。

(一)两宋时期,宁波成为重要的海上货币之路始发港

中国历代封建王朝都禁止货币外流,但事实上屡禁不止,始终在外流。"因为自汉代以来伴随丝绸之路开通的中国钱币,一方面是商品的媒介物,在东亚、东南亚可以流通;另一方面中国古钱币本身也是一种纯粹的金属类商品,可以作为铜料赚取高额利润。《宋史·食货志》《文献通考》《宋会要辑稿》中都专列《钱币》一章,对宋代铜钱从铸造到发行,以及因贸易而产生的大量外流现象所造成的社会经济生活的各种困顿进行了较为详细的描述。'钱荒'一词屡见于史书记载,是当时铜钱外流对社会经济、百姓生活产生巨大影响的最精辟的表达。'铜禁'(即'铜钱出口之禁')是当时统治者频繁地用于控制铜钱外流的主要方式。除官方记载外,部分文人也对两宋时期的铜钱外流现象阐明了自己的观点,如刘挚在著作《乞复钱禁疏》中强调开放钱禁会对社会经济造成极大的危害,张乐平《论钱禁铜法事》也对钱禁政策表示支持。《宋史·食货志》记载:'凡大食、古逻、阇婆、占城、勃泥、麻逸、三佛齐诸蕃,并通货易。以金银、缗钱、铅锡、杂色帛、瓷器市香药、犀象、珊瑚、琥珀、珠琲、镔铁、玛瑙、车渠、水精、蕃布、乌樠、苏木等物。'说明宋钱当时在许多国家通用。"[③]

宁波从北宋开始,历经南宋、元、明、清,长期充当海上货币之路始发港的角色,扬名海外。"宁波为我国著名的海上丝绸之路、陶瓷之路和货币文

①林士民:《宁波城市考古亲历记》,《宁波文史资料》第二十辑,2000 年 12 月,第 53 页。
②《随着 5 艘古沉船去"穿越":看看宁波的故事》,人民网(引用日期 2019 年 11 月 2 日)。
③涂师平《中国古钱遗存海外知多少》,《宁波通讯》2011 年 14 期。

化输出的始发港之一。"①"以这条友好之路为纽带,从明州(宁波)港出运大量货币,货币流通与世界各国地区通商贸易同时展开,这为建立东方独立的货币体系作了准备。"②两宋时期,朝廷为了增加财政收入,对海外贸易十分重视,早在宋太祖开宝四年(971年),先后在杭州、明州、温州、广州四地设置市舶司,管理对外贸易的事务,全国四个对外通商口岸中浙江就占三个,可见朝廷对两浙之偏重。高宗绍兴七年(1137年)上谕:"市舶之利最厚,若措置合宜,所得辄以百万计,岂不胜取之于民。"③高宗绍兴年间,仅浙、闽、广三市舶司收入就达200万贯,超过北宋时期英宗治平年63万余贯的三倍多,占南宋财政总收入的百分之五左右。当时的明州港已是南宋对外贸易的重要商港,其繁荣更是"万里之舶,五方之贾,南金大贝,委积市肆,不可数知"。④

"南宋庆元元年(1195年),朝廷废江阴、秀州、温州市舶务,存庆元府(今宁波)市舶务作为对日本、高丽等国的贸易口岸。"⑤

自汉至唐,中国钱币对外交往,主要是属于文化交流上的意义,无多大经济上的作用,但到了宋代情况就发生了根本变化,中国铜钱已成为重要的国际通货。"入藩者非铜钱不往,而藩货亦非铜钱不售。"⑥"两宋时期,朝廷一改历朝铜钱禁止出口禁令。在北宋初期和宋神宗时,朝廷允许铜钱作为商品出口,这样,中国铜钱随着日益繁荣的贸易交往而被源源不断地输往其他国家。一些东南亚国家如日本、越南、朝鲜等,因自己不铸钱或少铸钱,或以本国币制紊乱,铸钱质量低劣,皆乐于使用中国钱币。尤其是日本镰仓时期(1185~1333年),商业发达,而其国内币制紊乱,铜钱质量低劣,所以对中国铜钱需求十分迫切。"⑦

前文提及宁波市镇海区后海塘淤泥中曾发现几批次南宋钱币,为甬江

---

①林士民、沈建国:《万里丝路——宁波与海上丝绸之路》,宁波出版社2002年版,第134、133、134、139~140页。
②林士民、沈建国:《万里丝路——宁波与海上丝绸之路》,宁波出版社2002年版,第134、133、134、139~140页。
③《宋会要辑稿·职官》卷44之20。
④(宋)陆游:《淮南文集》卷19"明州育王仙买田记"。
⑤《宁波市志·大事记》第34、35、35页。
⑥《宁波市志·大事记》第34、35、35页。
⑦鲍展斌:《名闻天下的宁波钱币文化》,《宁波日报》2011年12月23日。

沉船所遗留,很有可能是南宋时期外输钱币的一部分。本项目负责人在20世纪九十年代去镇海调研,实地了解到镇海古钱币收藏爱好者金向阳先生,曾先后数次在镇海区后海塘甬江疏浚船倾倒的淤泥中挖掘出5,000多枚南宋钱币及少量北宋铜钱,大多数是南宋淳熙年以后的折二铜钱,全部是水坑。这批甬江沉船留下的古钱币具有重要的史料价值。

(二)两宋时期外输钱币的主要作用

中国古代铜钱在海上丝绸之路贸易中是国际通用货币,作为商品的媒介物,在东亚、东南亚可以流通。中国铜钱从宁波港出发输往东亚和东南亚,长期在其流通界起着主币的职能,有效地克服了东亚与东南亚诸国因技术和资源限制而不能完全铸造流通所需货币的矛盾。"中国货币大量流入朝鲜,并作为流通手段、结算手段被使用。"[1]"从秦汉直至隋唐五代千余年间,越南所使用的钱币,是中国各代王朝所通用的钱币。不仅如此,直到10世纪中叶,越南独立以后,中国钱币仍在越南大量流通使用。2000余年来越南受中华文化影响,越南历代钱币从形制、工艺,到文字、书法艺术,都与中国钱币如出一辙。"[2]"日本长期把中国铜钱作为主要流通手段,在北宋时已开始。例如在崇宁年间,三次往返于明州与日本之间经商的李充商团和朱仁聪、孙忠、周文裔等商团,向日本输出主要商品瓷器、丝绸……及铜钱等,这类商团在北宋载入文献的有七十多次,大量铜钱作为输出商品。958年日本天皇发行了最后的货币乾元大宝,到江户时代初期的1636年,宽永通宝再度问世,近七百年间,公币发行几乎为零,仅在明代中叶由长崎府仿照中国唐宋年号钱铸造了一批贸易钱,如祥符元宝、熙宁元宝、元丰通宝等等。中世初期,日本社会一度回到物物交换的时代,这当然不能适应商品经济发展的需求。于是,中国铜钱以'渡来钱'方式走进日本,成为日本市场的流通手段,而且持续五百年以上。"[3]正如日本学者木宫泰彦在谈到中国铜钱大量流到日本的作用时说:"这笔钱币,对于日本国内钱币的流通,当然产生了很大影响,在日本货币史上和经济史上是特别值得注

---

[1] 林士民、沈建国:《万里丝路——宁波与海上丝绸之路》,宁波出版社2002年版,第134、133、134、139~140页。

[2] 王民同:《越南古钱币史述略》,《中国钱币》1992年4期。

[3] 鲍展斌:《名闻天下的宁波钱币文化》,《宁波日报》2011年12月23日。

意的。"。①

中国货币文化通过海上货币之路的输出,对确立以中国货币为核心的东方独立货币体系有着重大的意义。"这些从中国输出的钱币对促进输入国贸易活跃,经济繁荣起到了很大的作用,也直接促使中国外贸经济的发展与繁荣。中国两宋时期钱币的大量输出,虽造成了国内的钱荒,但在商品交往的同时,也沟通了文化交流和促进了文化的发展和进步。这些国家从使用中国钱币,到仿铸中国流通钱币,从而在一个地域内正式形成了以方孔圆钱为代表,钱币名称沿用'通宝'钱制,铸币标准、大小依照中国小平钱,钱文用汉字,铸币取材以铜料为主,大小、厚薄、规格、质地与中国钱相似的东方货币体系。这是中国对世界货币文化的一大杰出贡献。"②

三、宁波发现元代窖藏银锭,见证海上贸易用银的历史

"2002 年 6 月,在宁波市海曙区天一广场施工中被民工发现并藏匿的一批珍贵元代银锭,经宁波市海曙公安分局 3 个多小时的追查,终于及时将文物追缴,并安全移交给宁波市博物馆。在天一广场药皇殿的旁边,有一对在天一广场建造时发掘出来的宋元时代的赑屃石雕,为保护这两座巨型赑屃石雕,特意在这里建造了一座仿宋风格的碑亭——灵亭加以妥善保护,也能够供游客参观。在这块'风水宝地'上,民工发掘出 18 枚具有研究价值的元代银锭。"③此次发现说明在古代这里就是商贾云集之地。

在中国货币史上,正式把金银锭称作"元宝",始于元代。"经(浙江)省文物鉴定委员会鉴定,这批银锭均为元代银锭,距今已有六七百年的历史了,其中,3 块分别戳印有铭文'元宝'、'花银'、'金花银'的银锭为国家二级文物,有'元宝'字样的银锭在全国仅有 7 块!其余 15 块银锭则为国家三级文物。浙江省文物鉴定委员会委员林士民告诉记者,花银、金花银是表示银子的成色不同;从银锭的腰形造型和葫芦图案看来,约为元代晚期铸造;而由银锭浇铸粗糙这点来看,很可能是私人制造。这么多的元代银锭在宁波出土尚属首次。"④

---

①木宫泰彦:《日中文化交流史》,商务印书馆 1980 年版,第 580 页。
②鲍展斌:《名闻天下的宁波钱币文化》,《宁波日报》2011 年 12 月 23 日。
③沈荣江:《罕见元代"元宝"银锭在宁波出土》,人民网(引用日期 2019 年 11 月 2 日)。
④沈荣江:《罕见元代"元宝"银锭在宁波出土》,人民网(引用日期 2019 年 11 月 2 日)。

罕见元代银锭在宁波出土

　　本书认为,元代时宁波海外贸易十分繁荣,在濒临港口的闹市区发现大批元代私人藏银,极有可能是当时用于海外贸易的货币遗存。这批银锭颇有可能是用从日本进口的白银熔铸而成的。因为元朝表面上禁止民间买卖金银,但民间仍然以银两为价值尺度,后来朝廷只能默认这个现实,民间的大宗贸易都用银两计值。因为当时的对外贸易规模非常庞大,在对外贸易中使用金银现象十分普遍,当时中国就从日本大量进口白银用于铸造银锭。与天一广场邻近的宁波元代庆元路永丰库遗址的发现见证了元代时宁波海外贸易的规模与盛况。永丰库遗址占地面积 6126 平方米,保存完整,布局清晰,这是首次发现的我国古代地方城市的大型仓库遗址,是宁波城市发展过程中保留下来的惟一的一处大型元代建筑遗址,为元代海上丝绸之路贸易港口城市保存了一处无可替代的珍贵历史遗存。

　　元代银锭在日本也有发现。"一枚流传至日本的元代银锭,卫月望先生从日本矢部仓吉《古钱与纸币的收集和鉴赏》一书中查出。此银锭表明刻数文字为:上方横刻两行,'协办蒙山银课'、'天字号'。下方直刻四行'江西等处行中书省课银提举□□忠□目张忠/□炉匠陈□立/都目高世荣□匠人徐云/至□年月日造'等字,当中砸印文字多漫德不清。"[1]这表明元代银锭很可能参与过中日之间的海上丝绸之路贸易。另外,从韩国出水的"新安沉船"上也曾发现过元代银锭,这是十分重要的海上贸易用银的证据。

四、韩国"新安沉船"确证宁波"海上货币之路"始发港地位

　　朝鲜与中国相邻,两国自古以来就进行着直接与间接的经济文化交

──────────

①李逸友:《元代银锭浅识》,《内蒙古金融研究·钱币文集(第六辑)》,2006 年。

流……古朝鲜灭亡后，汉朝廷在此建郡县，三国、南北朝交往频繁。其后"中国货币大量流入朝鲜，并作为流通手段、结算手段被使用。五铢钱在平壤周围的东浪古坟、殷栗郡云石里、黄州郡仙峰里一号坟等都有出土。统一时期的新罗遗物中也有五铢钱及唐朝的开元通宝"。① 韩国出水铜钱，最多当推元代的一条沉船，从庆元（宁波）港始发的东方最大贸易船，沉于韩国新安（木浦）海域。沉船打捞出水的中国铜钱多达 28 吨，共计 64 大类 298 种，最早的铜钱有西汉"五铢"与新莽"货泉"，最晚的铜钱铸于元武宗至大三年（1310 年）的"大元通宝"和"至大通宝"。根据《元史·日本传》记载："至元十四年（1277 年）日本遣商人持金来易铜钱，许之。"（《元史·日本传》）新安沉船中数量巨大的中国铜钱，体现了宋元时期中日紧密的贸易往来，以及日本社会对中国社会高度的依赖关系。这批铜钱是日本商人用黄金从庆元路民间兑换的。兑换之比值为 1 两黄金兑换 4 万枚小平铜钱，而在日本 1 两黄金只能兑换 630 枚小平铜钱，两者相差 63 倍。由于日本商人大量用黄金兑换铜钱，因此明州（庆元）曾几度出现钱荒，当地官员以及民间百姓以物易金，皆踊跃囤积黄金。据相关史料记载，南宋时期，日本建造高达 18 米的奈良大佛和高 13 米的镰仓大佛都是用中国青铜钱币熔铸的。原因是日本只产金和铜，却少锡，因此铜佛就用铜锡合金的中国青铜钱币来铸造。

"新安沉船"的发现，对于了解元代的海外贸易情况，瓷器与钱币的生产和输出以及航线等，有重要的研究价值。

"1976 年，韩国渔民在新安外方海域发现一艘沉船，考古队员从沉船里发掘出了两万多件青瓷和白瓷，两千多件金属制品、石制品和紫檀木，以及大量中国铜钱，这一考古成果震惊了全世界。沉船上有个铜制秤砣刻着'庆元路'字样。学术界普遍认为这条沉船是元朝时从庆元（宁波）出发的。经专家考证，新安沉船为元朝宁波起航，开往日本，但在中途沉没于韩国新安海域。新安沉船曾被评为 20 世纪全世界十大考古发现之一。考古学家证实这艘元代沉船是从庆元港（宁波港）始发的贸易船。一次就打捞出中国古代铜钱 470 箱，重 28 吨。"②

① ［韩］李忠起：《试论朝鲜古代货币（二）》，《舟山钱币》1994 年 4 期。
② 韩国文化公报部、文化财管理局编：《新安海底遗物·资料篇 1～3》1983～1985、《新安海底遗物综合篇》1988 年 12 月。

　　"新安沉船是 20 世纪 80 年代在朝鲜半岛南部发现的一艘元代商船，从出水的文物信息得知，该商船是从庆元港（今浙江宁波）出发，在去日本博多港的途中，遭遇意外而沉入海底。该船共出水宋元时期的文物二万多件，其中发现有从王莽时期到元代中期的中国铜钱 28 吨，尤其是铸造于 1310 年的至大元宝和至元通宝铜钱，同时也出水了少量的银铤，从而再次证实了中国的铜钱和白银依然是海外贸易中不可或缺的重要媒介。"①新安沉船及其出水的大量铜钱和其它货物见证了 600 余年前宁波作为"海上货币之路"始发港的重要地位。

五、输往日本的"渡来钱"绝大部分是从宁波港出口的

　　日本是中国古钱流入最多的国家之一。"就窖藏分布而言，截止到 1998 年在日本发现中国古钱币窖藏 275 处，遍及从北海道到冲绳的 1 都 1 道 2 府 39 县，钱币总数估计达 353 万枚。包括唐、宋、元、明钱，可见在一个很长的时期里，日本主要使用的货币为中国钱。"②历史文献研究表明，日本"渡来钱"来自中国。中国铜钱以"渡来钱"的方式走进日本，成为日本市场的流通手段，而且持续五百年以上。从 10 世纪到 17 世纪，将近 700 年时间日本的公币发行为零，来自中国的"渡来钱"成了市场的流通手段。中国铜钱何以能取代日本货币？理由很简单：中国铜钱是国际硬通货。由于日本进口铜钱主要是南宋和元、明三朝，"宋元时期，宁波已经成为一个繁荣的外贸港口，为我国三大国际贸易港之一。北宋淳化二年（991 年）始设市舶司，成为中国通往日本、高丽的特定港，同时也始通东南亚诸国。两次受旨打造'神舟'，造船技术居当时世界领先地位。明代的宁波，是中国与日本进行贸易往来的唯一合法的港口。"③"十六世纪的双屿港是当时亚洲最大的海上走私贸易基地，被日本学者藤田丰八称为'十六世纪之上海'。"④而双屿港在明代也属于宁波。由此可见，当时这些输往日本的"渡来钱"绝大部分是从宁波港出口的。

　　日本，特别是镰仓时期（1185～1333 年）商业发达，货币广泛流通。日

①李小萍：《试论元代海外贸易下的几个货币问题》，《区域金融研究》2016 年 12 期。
②涂师平：《中国古钱遗存海外知多少》，《宁波通讯》2011 年 14 期。
③《宁波"海上丝绸之路"》，新华网（引用日期 2019 年 11 月 2 日）。
④《双屿港》，360 百科（引用日期 2019 年 11 月 2 日）。

本把中国铜钱作为主要流通手段,在北宋时已开始,例如在崇宁元、二、三年三次往返于明州与日本之间经商的李充商团和朱仁聪、孙忠、周文裔等宋商团,向日本输出主要商品瓷器、丝绸……及铜钱等,这种商团在北宋载人文献的有七十多次,大量铜钱作为输出品。南宋时官员曾说,不仅"倭(日本)好铜钱",而且"海外东南诸番国无一国不贪好"①。"日本考古学家在九州福冈(旧称博多)港,发现大批青、白瓷和'元丰通宝'、'绍圣通宝'等钱币。长野县出土宋钱币 15.3 万余枚,水富正宗寺出土宋钱 18.8 千枚。目前在日本已有 18 处出土中国钱币 55.3 万余枚,其中北宋钱币占 80.4%,元丰熙宁等 12 种年号钱,占北宋钱 80.99%,约 36 万余枚。"②这些宋代铜钱对促进日本贸易活跃、经济繁荣起到了很大的作用,也直接促使中国贸易发展与繁荣。

有宋一代,由于对外贸易频繁,铜钱外流始终禁而不绝。由于对外贸易十分发达,铜钱通过贸易的方式大量流往海外。《宋史·食货志》载:"南渡,三路舶司岁入固不少,然金银铜铁,海舶飞运,所失良多,而铜钱之泄尤甚。"铜钱沟通东西方的"海上丝绸之路"沿途国家和地区,甚至形成使用国际货币的流通区。中国钱币在东亚、东南亚乃至印度洋一些国家和地区大行其道,充当了国际通用货币的角色,从某种意义上说,"海上丝绸之路"也可以称之为"海上货币之路"。

第二节　明州港中外货币交流的几种形式

在古代历史长河中,中国作为泱泱大国,对周围小国采取怀柔政策,"长驱远驾,通道于乖蛮革夷",而东南亚、东亚"联数十国,翕然而归拱"纷纷前来朝贡,而中央王朝也给予大量赏赐,这当中就包括货币。

一、朝贡与赏赐

历史上进贡与赏赐的事件十分频繁,成为货币交流的一种重要形式。据《西洋朝贡典录》记载:锡兰山国(今斯里兰卡),"其交易以金钱";榜葛剌

①《宁波市志·大事记》第 34、35、35 页。
②木宫泰彦:《日中文化交流史》,商务印书馆 1980 年版,第 580 页。

国(今孟加拉、印度西孟加拉一带),"其交易以银钱",而其朝贡物品中,除当地产物外,"均有金戒、金银物等件";榜葛刺国王对中国使者也有赏赐,于"正使有金盔、副使有银盔",于兵士有"银钱之献"。另据记载:元世祖明命史弼、高兴发舟千艘,持一年粮,虎符十、金符四十、银符百、纱锭四万去犒劳爪哇国;九世纪时,伊拉克商人伊木瓦哈卜来中国,中国皇帝准他谒见,还钦赐了许多金银钱,后来他带了钱财返回了伊拉克。

二、公私贸易

历史上国与国之间的正常贸易,乃至民间走私贸易,也都是货币交流的一种重要形式。仅以《宋史·外国传》中所记载,就有 29 个国家得到宋王朝的铜钱。这些铜钱都是官方给的。至于私下交易,特别是随着海上陶瓷之路、海上丝绸之路的延伸,铜钱所到的国家和地区,那就更广泛了。《宋史·食货志》互市舶法条中记载:"凡大食(阿拉伯帝国)、古逻(泰国)、阇婆(印度尼西亚爪哇岛)、占城(越南)、勃泥(马来西亚)、麻逸(菲律宾)、三佛齐(印度尼西亚苏门答腊岛)诸蕃并通货易,以金银、缗钱、铅锡、杂色帛、瓷器、市香药、犀象、珊瑚、琥珀、珠琲、镔铁、鼊皮、璃帽、玛瑙、车渠(蚌壳)、水精、蕃布、乌樠、苏木等物"。宁波天封塔地宫内出土的南宋绍兴十四年放置的东渠(蚌壳)、宝瓶中香水,就是最好的实物例证。

宋时,中国输出海外的商品,以金银、铜钱、绢、瓷器为主,铜钱作为商品的输出一度甚至超过丝绸与瓷器。除了官方许可的贸易外,铜钱的走私活动也十分猖獗。如日本曾派商船到宋朝从事贸易,货物全部售完后,却不再进货,只收铜钱,一次就运走了铜钱十万贯。南宋理宗淳祐年间,日本商人在温州、台州一带低价出售日货,交易铜钱,此后长达一个月的时间,台州城内几乎找不到半枚铜钱,城内交易几近瘫痪。大臣包恢惊呼:"台城一日之间,忽绝无一文小钱在市行用。"这充分证明民间走私中国铜钱的严重性。从都城到沿海,在江南形胜之地,"钱荒"一直成为宋朝的梦魇。发端于唐朝中叶,一直到明朝才被白银治愈的"钱荒",在两宋时期频频发作,给国家以沉重打击。

根据小叶田淳《日本货币流通史》统计,在日本 28 个地方出土的中国铜钱多达 55 万多枚,其中 80% 以上是宋钱。1266 年,镰仓幕府更公开承认宋铜钱为日本的法定货币。此外,宋代铜钱也是高丽、交趾等国的主要货币,并流向南亚和西亚,成为印度南部地区,乃至阿拉伯地区的辅币。同一个货币体系引发了同样的货币病,当宋代"钱荒"肆虐时,依赖走私宋钱流通的日本也出现了"钱荒"。

三、借款与仿铸

国与国之间的借款也是货币交流的一种形式。古代历史上此种形式较少,在近代中国被迫借款的事情屡有发生。如南明时,根据黄宗羲《乞师日本记》载:"鲁王的侍郎冯京第,曾向日本借兵未遂,而借得宽永钱数十万,1648年运至舟山,故舟山和宁波地区发现的'宽永通宝'钱特多,就是这个道理。"其次,日本、安南等邻国仿铸的中国年号钱,有"天圣、元丰、元祐、太平、元符、崇祯、大中通宝"等,但仿铸最多的钱币则是"洪武通宝"和"永乐通宝",成为中外通用的货币。

四、设立银行

近代中国,西方列强在对华进行经济侵略的过程中,陆续设立了各国的银行。如1848年,英国在上海设立的东方银行(又名丽如银行和金宝银行),接着先后又设立了有利银行、麦加利银行、汇丰银行和美国的花旗银行,还有法国的法兰西银行、德国的德华银行、沙俄的道胜银行等。它们在中国发行纸币,进行贷款,操纵中国的金融市场,成为西方列强对中国进行经济掠夺和金融侵略的重要工具。但是从某种意义上,促进了货币之间的交流与中国近代货币制度的改革。

五、人口移民

移民也是中国铜钱外流的一个因素,现在世界各国所谓"唐人街",实际上是中国商贾、移民在海外集中居住的地方。他们从国内带去了大量的中国铜钱。宋代的铜钱为什么发现在东非三国海域的岛屿:桑给巴尔(坦桑尼亚)、摩加迪沙(索马里)、安哥瓦那(肯尼亚)和基尔瓦岛(坦桑尼亚)等,据十二世纪艾德里西的记载:"中国人每遇到国内骚乱,或者由于印度局势动荡,战乱不止,影响商业往来,他们便转移到桑奈建及其所属岛屿,进行贸易。由于他们(中国人)买卖公平,举止温和,态度适中,很快与当地居民发生密切关系,所以该岛人丁兴旺,外来者也安居乐业。"由此说明桑给巴尔岛有中国人居住。在遗址中出土中国青瓷器和宋代铜钱,事实也证明中国船舶宋代已到达非洲。

再譬如日本,早在十二世纪中叶,为了适应中日贸易发展的需要,在多港内开凿了一个长袖形的人工港,取名"袖凑"。近来就在这个"袖凑"遗址附近发现有中国商人居住的遗物,从中出土了"元丰通宝"、"绍圣通宝"等宋代钱币。另据《中国文物报》1994 年 4 月 3 日记载:"在日本八王子城出土的中国文物"为题的报道;1993 年发掘遗址出土中国瓷器和钱币,其中钱币方面有唐代的"乾元重宝";北宋的"元丰通宝"、"天禧通宝"、"太平通宝"、"祥符元宝"(通宝)、"元祐通宝"、"咸平通宝"、"皇宋通宝"、"嘉祐通宝"、"政和通宝";金代的"正隆元宝";明代的"洪武通宝"、"永乐通宝"等。瓷器中有很多龙泉窑的产品,少量有文字落款,如:"大明万历年制"、"大明年制"。这些遗址中出土的钱币,其最低年限是明代永乐年间的实物,说明中国钱币在日本流通使用,这与移民也有着密切的联系。

第三节　宁波海上丝绸之路货币的新发现

一、宁波市区发现波斯萨珊王朝银币与西班牙早期银币

古代波斯,又称安息,即现今的伊朗,位于西亚。20 世纪九十年代初,笔者在宁波市区调研中发现的波斯萨珊王朝银币充分说明在海上丝绸之路开辟之后,古代中国和古波斯之间曾经有过的经济文化方面交往的悠久历史。也见证了宁波作为海上丝绸之路和海上钱币之路始发港的重要地位。

波斯萨珊王朝银币　　　　　　西班牙银币(1777 年)

　宁波市区发现的安南"太平兴宝背丁"　　　　　日本"宽永通宝铁母"

　　景兴通宝：安南钱，安南即今之越南。该钱为安南后黎朝显宗景兴年间(1740～1777年)铸，为安南货币史上铸期最长、品种最多、数量最大的一种钱币，价格不高。面文"景兴通宝"直读，有真、行、隶、篆多种书体，文字变化各异。景兴通宝大钱少见，景兴巨宝系近年由笔者在宁波市区发现的安南钱新品种，十分罕见，为巨宝之变异书体。另外，笔者在宁波市区调研过程中还发现了少见的安南明命通宝"美号大钱"与朝鲜常平通宝母钱。

　安南"景兴巨宝"　　安南景兴巨宝　　　日本"和同开珎与神功开宝"
　　（创见品）

 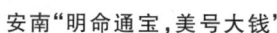  

　　　安南"明命通宝，美号大钱"　　　　朝鲜"常平通宝母钱"

二、宁波古玩市场上发现一批海上丝绸之路货币

　　宁波本地收藏爱好者于2001年1月，在宁波市范宅古玩市场上发现了一批海上丝绸之路货币。这批货币全为铅质，为前所未见的新品种。由于钱谱无载，识者不多，有人误以为是臆造品或是冥钱类。笔者在经过搜集、调查、翻阅相关资料后认为，该类铅质钱应属海上丝绸之路货币的新品

种。这些钱币经调查是 2000 年在舟山出土的,数量不详。舟山在历史上属于宁波,因此这类钱币与宁波港的对外贸易有密切联系,很可能与明代舟山六横双屿港繁荣的走私贸易有关。根据目前掌握的资料,发现有四种钱文,但据知情者言至少有五种钱文。

第一种为"明治永宝"铅质钱。考"明治"为日本年号,其他国家没有这个年号。

第二种为"永寿神宝"铅质钱。虽然安南也有"永寿"年号,但只有"永寿通宝"和"永寿之宝"两种钱币,没有发现有称"神宝"的钱币。而日本钱中却有"富寿神宝"和"饶益神宝"等称"神宝"的品种。

第三种为"祥元通宝"铅质钱。

第四种为"祥符通宝"铅质钱。这是一种仿宋朝"祥符通宝"铜钱的一种铅钱。

这四种钱币中的"永寿神宝"和"祥元通宝"的"宝"字均为简书,钱文写法颇有异趣,不类中国钱币。

因此对这四类铅质钱币,笔者推测有可能是日本民间私铸的海上贸易钱。

"海上货币之路"铅质贸易钱:明治永宝、永寿神宝、祥元通宝

长崎贸易钱是中日之间海上丝绸之路贸易的历史见证,宁波一带发现的日本古钱特别多,2008 年 10 月 8 日笔者在宁波范宅古玩市场发现了这批长崎贸易钱。

日本长崎贸易钱:祥符元宝、天圣元宝、熙宁元宝

荷兰泽兰1765年6S帆船银币,是海上丝绸之路的见证物,非常稀少,宁波出土,2019年12月7日笔者在宁波范宅古玩市场发现。

荷兰泽兰 1765 年 6S 帆船银币

第十章　宁波历年发现的
"海上丝绸之路"货币实录

宁波是一座有着千年历史的商贸古城。最近二十多年来,大规模的旧城改造,除了极少数被市文物管理所抢救性地发掘和考古的地域外,在这座古城的绝大部分地块,在工人与挖掘机的作业下,变成了断壁残垣,连千万年来未见阳光的原始泥土,都裸露在光天化日之下。数不清的断砖、碎瓦、残陶、破瓷……像一部部活生生的教科书,一页一页地展示着这座千年商贸城市在各个历史时期的兴旺和发达。而无数泥迹斑斑、绿锈满身的不同年代的古钱币的出土,更加印证了这座城市从无到有,从小到大,一直发展成为一个欣欣向荣的现代化城市的过程。

第一节　宁波海上丝绸之路货币之发现

宁波港是享誉世界的海上丝绸之路始发港之一。宁波港在历史上主要指市区三江口一带。因此,在宁波市区及周边地区发现的古钱币有许多是与海外贸易有着直接或间接的联系。以下为宁波古钱币收藏家张世彪先生二十多年来的集币经历,见证了宁波市区在旧城改造中古钱币的出土情况,窥一斑而知全豹,从中可以深入认识宁波发现的海上丝绸之路货币。

一、宁波市区出土唐朝以前古钱币概述

早在 20 世纪九十年代初,宁波市开明街三法卿对面的南苑鞋城的建筑工地,就曾出土百余枚五铢钱。除了几枚赤仄五铢外,其余清一色是上林三官五铢。这是张世彪先生二十多年来见到的出土钱币中属于宁波老城区中发现的最早的古钱币。这些上林三官五铢钱,证实了宁波城区中心地带,在汉代不但有人居住和开发,而且初步形成了商贸市场,钱物交换,经商买卖。20 世纪九十年代中期,鼓楼步行街基建过程中,曾出土一个陶罐,内部盛有三国时期钱币——大泉当千数枚。在如今新华联商场,原东

渡门遗址曾出土大泉五百及蜀汉的直百五铢十几枚,又听泉友说,城外曾出土过魏五铢。无独有偶,当时在解放北路,一民工挖下水道时,曾出土一枚残破的大泉五百。可见三国时期,宁波老城区的中心地带,商贸市场范围在迅速扩展,宁波的商人已经走出本地区,与四川的蜀汉、北方的魏国通商做买卖。让我们再来看两晋南北朝时期宁波市中心及边缘地区出土的六朝五铢情况。在药行街亚细亚商城地段,一民工挖下水道时,曾出土细长陶罐一个,内有六朝五铢二百余枚,多是延环与剪边五铢。拓宽解放南路时也曾出土过类似的陶罐,而六朝五铢钱相对多些。现在的基督教百年堂当年重建时,发现基座处原来是一条河道,也曾出土数十枚六朝五铢。当年中山广场搞建设时,府后山被铲平,露出一古墙角,墙角下出土一陶罐,内有十几枚六朝五铢和一枚西汉四铢半两。西门板桥重建加宽,一民工挖泥时,出土一枚常平五铢,证明当时河道要比现在阔许多。市区中心出土古钱颇多的应该要算宁波剧场后面的当年建设银行工地了。当年民工建设者们挖出的各朝五铢(其中六朝的占大多数)及货泉、半两等多达数千枚。出土这么多数量的古钱,很可能是窖藏。这还不算最多,比宁波剧场出土数量更多的是宁波近郊鄞县①石碶镇的一次古钱出土。一位当地农民在挖土修水利工程时,发现了一批六朝五铢,当即报告了鄞县文管会,经考古人员发掘,数量多达数百斤之巨(装满了好几个编织袋)。因出土古钱数量实在太多,还有一些残留的古钱被当地农民挖走,也有好几斤重。这批古钱显然系一处窖藏。它的来龙去脉值得研究。大量六朝五铢出土,充分说明两晋南北朝时期,宁波三江口一带,当时繁荣的港口贸易景象和发达的商业经济,这是东汉与三国时期远远不能相比的。那么,在两晋南北朝时期,宁波为何如此发达?其一,由于北方战争频发,兵荒马乱,百姓苦不堪言,纷纷渡江南下,以求生存之道,给落后的江南带来了先进的农业技术和生产工具,以及先进文化与人文理念,促进和推动了我国南方(包括宁波地区)农业生产和其他行业的发展。其二,浙东陶瓷业的迅猛发展,海上贸易成倍增长。从日本、韩国的博物馆馆藏的被他们视为国宝的越窑青瓷:如鸡首壶、青狮插座、虎子等等来看,浙东的青瓷,源源不断地流向亚洲各国。亚洲各国的农副产品及其他商品也从海上输入浙东地区。当然,我

---

① 今为宁波市鄞州区。

国的丝绸、茶叶和其他手工业产品通过三江口和其它港口输送给亚洲和其它国家。两晋南北朝三百多年的历史,大大地促进了宁波地区的繁荣发展,为以后在大唐盛世时,宁波成为著名的"海上丝绸之路"始发港之一打下了坚实的基础。

二、宁波市区出土唐朝以后古钱币概述

隋朝统治中国年代短,出土的隋五铢在宁波市区较少发现,在鄞县五乡镇曾出土过一批隋五铢。而唐朝的开元通宝在宁波市区与各区县皆有发现,不是稀罕之物。20 世纪九十年代,宁波市区中心地带的建筑工地上,总有数量不等的开元通宝出土,有时几枚,有时十几枚。在出土的开元钱中有初唐开元、中唐开元和晚唐开元,有南唐李璟的篆文开元,还有铅质开元与乾元重宝。笔者还见到过南唐的汉元通宝、天汉元宝、光天元宝,甚至还发现了五代十国时期的钱币珍品——广政通宝。出土开元通宝较多的地方主要有两处:一处在市区原开明街和中山东路交汇处,当年民工挖下水道,曾出土初唐开元 300 枚左右,另外在附近还发现了一大批五代十国时期的铅质开元,装在大陶罐里,数量多达上万枚,多为光背小钱,也有一些是背"福"、"闽"等字的铅开元,笔者从中拣选出一枚罕见的铅质开元通宝背"殷"字;另一处在鄞州区横涨镇,一个农民曾在地里挖出 600~800 枚开元通宝。我们暂且不谈这两批铜钱的来龙去脉,这些开元钱的出土却引发宁波市历史上鲜为人知的大事。唐高祖武德四年(621 年),明州的州治设在三江口,但在武德八年(625 年),又将州治迁入小溪鄞江桥。这是何原因呢?当时的地方长官看到三江口一带人口众多,市场繁荣,岸上商铺比比皆是,三江口千桅百帆,发达的经济与巨大的港口优势,自然而然选择三江口作为州治所在地。但时隔四年,却废之,迁至小溪鄞江桥,何故?这是因为"滨海多飓风",当时三江口一带虽则繁华,但地势低洼,每年七八月份大潮汛时定有台风与海水入侵,顿时海浪滚滚,咸潮滔滔,大潮水汹涌而至,人们难以抵挡。在三江口的四年州治中,每逢飓风灾难,当局无法办公事,只得忍痛弃之。但是宁波的先民,一代又一代的长期形成的与自然灾害作斗争的意志和决心是永不退却和永不磨灭的。他们建碶设塘,抵御洪水,与风灾作斗争,使三江口一带的港口贸易,长期保持着发展的趋势。开元二十六年(738 年),因地处四明山,朝廷立明州统治之。821 年,刺史

韩察,向浙江东道观察薛戎建议:以小溪北临鄞江,地势卑隘为由,请移州治,很快朝廷就批准了,州治又重新设立在三江口,于是韩刺史在现在的宁波市区公园路一带设子城,建办公地点。从此之后,以子城为明州的政治中心,明州逐渐成为浙东重镇。唐乾宁五年(898年)刺史黄晟,构筑罗城(又称外城,后称环城),罗城不仅可以御敌,更重要的是可以抗御风灾,抵御大潮汛于城外,对抗洪救灾起到重要作用。从此以后,城内百姓免遭天灾之苦,商家不受影响,街市井井有条,生活安然无恙。

　　唐王朝在当时是世界上最强盛的国家,在整个人类历史的发展过程中,曾经引领世界,发挥先导作用、楷模作用和东西方文化交流的桥梁作用。由于唐王朝进行了一系列如贞观之治、开元改革、永贞革新与元和中兴等政治改革,国力大增,且雄心勃勃地向海外拓展。随着"陆上丝绸之路"淡出,"海上丝绸之路"兴盛,扬州、明州、泉州与广州作为海上丝绸之路始发港,迅猛地向海外发展贸易。由于海上贸易的利润一本万利,当时的明州,人口众多,经济发达,钱粮盈实,百姓富足,且大兴土木。先后建造了天封塔、天宁寺、施祥寺、万寿寺、白衣寺、寿昌寺等建筑,至今还留下江南唯一的唐塔,中山西路海曙中心小学旁的天宁寺塔(又名"咸通塔")。海上丝绸之路贸易需要大批的航海人员,这样造就了以张友信、李德邻、李延寿为代表的明州籍外贸家、航海家、造船家。他们驾驶着庞大的船队,活跃在日本、韩国、琉球、菲律宾、印尼等地,甚至穿过马六甲海峡,劈波斩浪、驶向波斯湾、东非、远到达雷斯萨拉姆港口,航程长达一万多公里。唐代海上丝绸之路飞速发展,使国内外商品的交换品种和数量都得到大规模的增长。唐朝时期海外贸易输出的主要商品是:丝绸、瓷器、铜钱、铜铁器、茶叶和各地土特产及手工业产品,返回时采购的是珍贵药材和珠宝、香料、稀有矿物和奇珍异宝。其实,海上丝绸之路不仅仅是商贸市场上的物质交易,联合国教科文组织的观点认为:更重要的是思想和文化上的交往,是中国人民与诸多国家人民的文明交流与融合,也是东西方文明的碰撞和汇聚。通过丝绸之路贸易,不仅促进东西方的风土人情,而且是双方伦理道德、文化哲学、法治意识的沟通与交流。经过综合性糅合,以求达到人类尽善尽美的境界。

　　作为与广州、泉州齐名的海上丝绸之路始发港的明州,如同《旧唐书》

中描绘:"弘舸巨舰,千艘万艘,交贸往还,昧旦永日。"①一派繁荣的码头贸易景象,带动了各行各业的发展,为我们留下了宝贵的文化遗产。最值得一提的要算鄞州区栎社出土的一批会昌开元钱,内有少量五铢和汉半两钱的窖藏。在这批钱币中竟有一枚在日本也十分罕见的"日本十二皇朝钱"之一:长年大宝。这是一枚从唐朝时期就来到宁波的舶来珍品,这位古老珍贵的"客人",在宁波一住就是一千多年,是目前宁波市唯一,全国稀有的有明确出土记录的日本古钱币珍品。这样的日本十二皇朝钱在象山和杭州雷峰塔遗址也曾各出土一枚;近几年,宁波在建设和义大道时也曾出土过一枚,但是,它们却与北宋、南宋钱币和元明早期钱币混杂在一起,是否是唐朝时期来甬或来浙江做"客"已经难以考证。但有一点可以确定,就是它们都是经过海上丝绸之路来到宁波与浙江的。说起老祖宗留下的海上丝绸之路文化遗产,早在20世纪七十年代,宁波市区挖防空洞时,市考古工作者在和义路发现罗城遗址,在遗址中伴有祥符通宝、天禧通宝等钱币出土,就断定这道城墙是北宋所建。再往下深挖时,又发现玉璧底碗、盘和刻有"大中二年"(848年)两边大砖砌成的两道城墙,气势雄壮,结构规整,这就是一千多年前的唐朝城门。1978年8月,宁波市东门口交邮大楼筹建时,市考古工作者认定此处为东渡城门口,地处余姚江、奉化江、甬江的汇合处两侧,这一带原为唐宋时期的国际海运码头,也是相当繁荣的江厦国际市场。市考古工作者进行艰苦细致地发掘,发现多处海运码头遗址,在清理一处条石接缝时,出土了北宋"大观通宝"和南宋的"绍兴通宝"等钱币;另一处在石砌码头中又清理出"熙宁重宝"、"熙宁元宝"、"元丰通宝"、"元祐通宝"等北宋钱币;此外,又在另一处出土了"绍兴通宝"等钱币。由此可以断定,这一带两处为南宋、一处为北宋的海运码头。在今江厦公园一带码头遗址中出土的以上两宋时期古钱币,充分表明当年码头旁桅杆林立,码头上商贾拥挤;城外码头工人装货运货繁忙,城内商店客商买卖交易兴旺。自20世纪九十年代以来,宁波市区出土的两宋钱币数不胜数,在范宅和其它地方的古玩地摊上,收藏者只要付出几角、几元钱便可购得一些古钱。这些古钱多为当时商贸交易中不慎掉落的。有一处古钱出土地特别值得一提:20世纪九十年代中期,宁波市改建中山广场时,在原府学孔

---

① 《旧唐书》卷九四《崔融传》。

庙遗址,市文管所在考古过程中,发现一处下水道内竟埋藏有十余枚两宋小平钱币,有元丰、元祐、圣宋、绍圣等北宋钱,只有一枚南宋淳熙元宝小平钱。从这些钱币中,使我们得知,当时宁波的府学孔庙,在南宋淳熙年间修理过下水道。由于当时宁波中心城区的繁荣与发达,自然也辐射到宁波江东与江北区域。特别是江东区的百丈街一带(现为宁波市鄞州区百丈街),在近几年的旧城改造中,时常有历代古钱币出土,尤其是两宋钱币居多。张世彪先生曾征集到一枚北宋折二大观通宝钱币和一些南宋钱币。在江北区槐树路原沃家巷的建筑工地,他发现民工手中有百余枚两宋钱币,一问才知道,是几天前挖到的,就挑选了十余枚南宋折二钱,以丰富自己的藏品。

在1998年宁波市区中山公园扩建过程中,公园管理部门需要把公园内一部分名贵树木迁移。这项任务由安徽民工承包。令人称奇的是,多数树木在移植过程中,民工们总是发现泥土中有几枚清钱。然而在一棵叫不上名字的树木底下,竟有两块墨西哥鹰洋埋在土中。当年先人植树,埋上几枚小铜钱,以志纪念,也是很自然的事。至于埋上两块鹰洋,很可能是当年洋人所埋。宁波对外开埠甚早,鸦片战争后,被列为"五口通商"城市之一。众多洋人在开埠后来宁波从事传教、办学、开厂、经商等活动,有些洋人也有植树习惯,因此很可能在中山公园植树时埋上鹰洋。[1]

宁波市区发现的墨西哥大小鹰洋

从汉朝、三国、两晋南北朝到唐宋……宁波从无到有,从小到大,从分散到集中在市区三江口一带,历代古钱也是从无到有,从少到多,伴随着这座古城近两千年的历史,同这座城市共同走过了兴旺发达、繁荣昌盛,见证了宁波的辉煌历程,使我们感到无比幸运。

_____

①张世彪:《从中山公园出土钱币谈起》,《宁波钱币通讯》1998年10月第4期。

第二节　宁波海上丝绸之路货币发现原因探析

宁波市区大量出土古钱币的主要原因都与宁波港悠久的贸易历史与丰富的航海文化有关,形成颇具地域特色的宁波钱币文化。

一、海上丝绸之路贸易的繁盛

20 世纪八九十年代,在我市大规模旧城改造中,宁波老城区的旧房拆建及马路扩建,时有各个朝代的古钱币出土。在研究这一系列出土钱币中,有些现象值得深思与探讨。我国北方有许多少数民族政权,如辽、西夏、金都铸造过铜钱。可是辽与西夏的钱币在宁波出土少之又少,难得一遇。张世彪先生在 20 世纪九十年代早期的解放北路下水道扩建中,发现一位民工挖掘到十几枚两宋钱币,其中竟有一枚辽大安元宝(小安),后被一位钱币收藏爱好者购去。像天盛元宝这样普通的西夏小平钱,至今在宁波市区还没有见到过出土。而金朝的钱币出土状况就完全不同。早在 20 世纪九十年代,宁波市区老实巷小区的建筑工地上就曾出土过一枚泰和重宝折十篆书大钱;在同时,江东区一摆地摊的老汉曾挖到过一枚泰和通宝折三铜钱,以当时六百元人民币的价格,被一位上海泉友买走。近几年,宁波市政建设海曙区和义大道,在土基中挖出一批古钱币,被民工私下瓜分。这批钱币以两宋钱币为主,还有少量的唐朝开元通宝与乾元重宝,最晚的钱币是元朝的至大通宝小平钱,其中还有正隆元宝、大定通宝金代小平钱。在这批古钱币中,竟然还有一枚铸工精细、品相完好的泰和重宝篆书折十大钱,细观此钱,文字挺拔、轮廓俱在、风韵犹存、美轮美奂,似乎未曾流通。多年来,张世彪先生曾奔走于宁波市区各个建筑工地,陆续从建筑工地的民工手中征集到金代正隆元宝和大定通宝,特别是大定通宝小平钱竟有二十多枚。同时还亲眼见到或了解到其他钱币爱好者也得到与他同样的收获。在这里需要说明的是:多数大定通宝小平钱存放在一个陶瓷钱罐内,这种小罐有越窑青瓷或龙泉窑瓷器,还有质量较差的陶器,每个小罐放置6～12 枚不等的钱币。这是当时的先民在建房时,将钱罐内的大定通宝作为镇宅之用。"大定"二字作为吉语,以求安定吉祥。而埋于房屋地基下,照宁波老话来说是:"讨个彩头"。说实话,金代小平钱的出土数量,还远远超过大一统的元朝钱币。1127年,金灭北宋,宋高宗偏安南宋小朝廷,向金人屈膝求和,愿作儿皇帝,丧权辱国,割地赔款,并以每年二十五万匹彩绸,二十五万两白银作为赔款,来保全自己的帝位,使南宋百姓受尽了灾难与痛苦,生活在水深火热当中。当时的宁波(时称明州后称庆元)与都城临安相邻,从唐朝以来,凭借优良港口,进行海上丝绸之路贸易。由于经济的积累相当厚实,在北宋元丰年间,明州港定居人口为57184户,而客居人数也有57334人,当时的明州或后来的庆元,成为浙东的政治、文化和经济的中心。明州人杰地灵,人才荟萃,与当时的其他城市比较,经济与综合实力,遥遥领先,所以南宋的权贵们,在各个方面都依赖着明州,以致造成"朝中紫衣贵,皆是四明人"的局面。甬人入朝为官,把持朝政,给甬地各方面带来极大的好处。南宋朝廷一方面鼓励甬商加快与加大海上丝绸之路贸易,扩充经济源,增加财政收入;另一方面加快加大农业、手工业的投入与发展,生产出大量海上贸易所需要的产品。明州虽曾遭到金人的洗劫与破坏,但在明州各行各业的努力下,海上贸易迅速得到恢复。绍兴七年以后,明州逐渐成为"风帆海舶,夷商越贾、利原懋化,纷至沓来"的盛景。"海外杂国贾舶交至",明州东渡门一带系国际商埠,这里不仅有日本、高丽的商贾,而且还有东南亚的占城、阇婆、三佛齐诸国和西方的大食国的商贾。明州真正成为"千年海丝路,万国通商埠"的繁忙景象。明州商贾在扩大海外贸易的同时,又深入北方,与金国人做生意,各取所需,各类物资在南北贸易中畅通无阻,达到了双赢,使宋金两国的经济与政治得到了促进与稳定。由于双方人民的努力,使南宋与金朝相对安定了一百多年。在漫长的商品贸易中,金代的正隆元宝、大定通宝小平钱在宁波的出土数量要远多于西夏钱与辽钱,甚至多于元朝小平钱就不足为奇了。

　　1234年,蒙古灭金,1260年,忽必烈称帝,1271年,正式定国号为元,后挥蒙古铁骑,横渡长江,攻破临安,南宋灭亡。此时,称为庆元府的宁波,在蒙古铁骑的冲击下,城毁人逃,成为空城。但是,元朝统治者还是颇有眼光的,他们了解到庆元府是南宋政权举足轻重的都市,是南宋朝廷主要的经济来源,也是全国商品流通的贸易集散大市,最关键的是对外政治、经济、文化交往以及海上丝绸之路贸易窗口和港城。于是,很快就把州治设在子城(今鼓楼和中山公园一带),改庆元府为庆元路,迅速重建被毁的外城,制定和颁布发展庆元路的政令,用极其宽松的政策招贤纳士,这样一来,很快就恢复了庆元的繁荣。前几年,海曙区鼓楼旁原公安局地块,宁波市文物考古队发掘的当年列入全国十大考古新发现的元代"永丰库"遗址出土的大量文物充分说明,元朝对当时庆元的恢复、繁荣和发展的有力支持,也印证了当年海上丝绸之路商品贸易中,永丰库作为物资集散地所起的重要作用。因元朝盛行纸币,初期曾废止铜钱,所以元朝铜钱在宁波出土甚少。但是,张世彪先生在20世纪九十年代却有幸在中山东路扩建中,征集到至大通宝小平钱一枚、至正通宝背蒙古文"卯"折二钱一枚;至正通宝背蒙古文"十"大钱三枚:一枚得自市区解放南路大梁口街,一枚为药行街扩建时出土,另一枚来自西门口外建筑工地。更幸运的是,他还在苍水街国医小区建筑工地征集到一件刻有"至元十年造"字样的铜权,此铜权体型较大,品相完好,颇有收藏价值。当时还听说在药行街建筑工地出土过一件"泰定"年间的铜权,被一个同好购去。但是,最有价值的一件铜权则被市文管所收藏,此铜权铸作甚精,品相完好,重约半市斤,八面九角形状,六面有字,二面无文,具体文字如下:1.皇庆元年,2.录司事,3.无文,4.玉字一号,5.庆元路总管府(阳文),6.鲛堪相目(阴文),7.无文,8.称一□(阴文)。很显然,这件铜权是本市官制的东西,弥足珍贵。它对深入研究宁波(元称庆元路)在元朝对内对外商贸中所起的重要作用具有重要意义,是探索元朝政府和庆元路地方政府制定商贸政策和条例的重要依据。总之,这件铜权是宁波市经济发展史上难得的实物资料。此铜权在原市公安局对面的海曙大厦工地出土,刚好在永丰库的对面,经专家考证,此铜权出土处刚好是元朝时庆元路政府下属的一个经济管理机构,关于铜权中的铭文,更具有学术研究价值。

　　元朝后期,统治者极端腐败,全国各地农民起义风起云涌,庆元路被方国珍攻占。而各路义军为筹集军饷纷纷铸钱。翰林儿(称小明王)占据亳州(今安徽亳县),建元龙凤,铸造"龙凤通宝"铜钱。张士诚占据高邮(今江苏高邮县)建元天佑,铸造"天佑通宝"铜钱。徐寿辉建都汉阳(今湖北武汉),后迁都江州(今江西九江),先铸造"天启通宝",后又铸造"天定通宝"铜钱;其部下陈友谅杀徐寿辉自立为王,铸造"大义通宝"铜钱。朱元璋攻取集庆(今江苏南京)后建都,铸造"大中通宝"铜钱。方国珍既狡诈善变,又工于计算。他不铸造铜钱,却认为庆元路为经贸要地,就竭力保全庆元商行正常运行,利用商贸的经营发展,获取巨大利益,以此扩充军粮、武器和人马,巩固地位,逐步实现自己的政治抱负。当时全国形势一片乱象,战乱四起,民不聊生,极少有贸易城市。唯庆元不同,凭着庆元商人精明能干、机警灵活、工于计算、颇有谋略与冒险精神,商业运行依然兴旺。方国珍鼓励和促使甬上商贾深入各地义军处买卖商品,又引入各路义军来甬采购军需和粮草及生活用品。这样周旋于各路义军之间巧妙地进行商贸活动的成功做法,保证和发展了当时庆元路的经济与市场,并给后人留下了一些十分难得的元末农民起义钱。改革开放以来,宁波旧城改造时,屡有元末农民起义钱的出土与发现。宁波已故钱币收藏家戴某,专题收藏元末农民起义钱,他收藏多枚的龙凤通宝、天启通宝、天佑通宝、天定通宝、大义通宝,还有许多大中通宝几乎都出于甬地。宁波钱币收藏家朱中华也藏有多枚元末农民起义钱,同样有数枚出自宁波,其中龙凤通宝折三大样一枚、龙凤通宝折三一枚、天佑通宝折三一枚。张世彪先生曾于20世纪九十年代初在市区孝闻街土基改造时觅得天启通宝折二一枚,九十年代中后期中山西路拓宽工程中征集到天定通宝折三一枚。笔者也从宁波范宅古玩市场购得两枚出自本地的龙凤通宝折三、一枚天佑通宝折三与一枚天定通宝折三钱。该工地除了出土唐开元通宝、宋钱及至正、大中、洪武等钱币外,还出土天定通宝折三三枚,大义通宝一枚及各式大中通宝钱币。另外,在20世纪九十年代,在宁波三市旧货市场,一个来自镇海区的老汉,手持一枚龙凤通宝折三钱,索价一千元人民币,因无人问津而怏怏离去。明代钱币虽然没有宋代钱币出土数量多,但在宁波也时有出土。不论是在月湖,还是在中山公园;不论在海曙区,还是在江东区、江北区,总是有明钱出土的踪影,尽管是零星出土,数量不大,但常看到一些民工在待币而贾。

　　根据出土情况:洪武通宝小平钱、永乐通宝小平钱居多,洪武十一两、洪武五钱、洪武背浙等大钱也时有出土,但数量颇少。宣德通宝、弘治通宝、嘉靖通宝的出土相比洪武通宝、永乐通宝少得多。而隆庆通宝在宁波的出土可谓凤毛麟角。泰昌通宝的出土也极其稀见。万历通宝出土又多一些,并有零星折二钱出土。明天启通宝的出土与万历钱相差不大,但一些背有文字的小平钱及天启通宝大钱出土颇少。崇祯通宝出土数量颇多,甚至比万历、天启钱还多些,出土的崇祯钱版别复杂,但大钱很少。与此同时,还出土了南明诸王的钱币,如福王的弘光通宝、唐王的隆武通宝、永明王的永历通宝,唯南明鲁王的"大明通宝"较少见到。明末农民起义钱如李自成的永昌通宝、张献忠的大顺通宝虽然只出土了区区数枚,但也见证了明末农民起义对宁波的影响。而清初"三藩"钱的出土要比明末农民起义钱多些,昭武通宝、利用通宝、洪化通宝较多,而裕民通宝略少。以上钱币既有单枚出土,多数还是与乾隆通宝、嘉庆通宝和道光通宝等清钱混杂在一起。混杂在清钱中,甚至比上述这些钱还多的竟然是舶来品——日本的宽永通宝钱币。20世纪九十年代,市政工程拓宽药行街时,曾出土以乾隆、嘉庆、道光等年号钱为主的五六斤清钱,其中竟有十枚宽永通宝混在里面。同时期,市区解放北路拓宽,在解放北路与苍水街南边交汇处,在一幢民居中发现一处清钱窖藏,也是一堆以乾隆、嘉庆和道光年号为主的清钱,共有几十斤,大多数为市文管会所获,少数落入民工与一些拾荒者之手。张世彪先生闻讯后,当即前往工棚向民工征集,觅得二三斤铜钱,在这批铜钱中竟然有宽永通宝近十枚,其中一枚是小平大样背水波纹。以上两处发现的宽永钱,钱文有粗笔与细笔之分,粗笔为早期铸造,细笔为后期铸造。多数为光背,也有若干有背文,如"文"、"元"等字。张世彪先生在这两笔出土钱币中还发现一个现象:宽永钱的数量远远超过了顺治、雍正、咸丰、同治、光绪、宣统等年号钱。日本始铸宽永钱,据史料记载在1626年,正值我国明末清初,历史大变动时期。当时中国正处于政治混乱、政局动荡,经济处于崩溃边缘,百姓倒悬、民不聊生之际,各地农民起义风起云涌。清兵入关,乘机夺得政权。在当时这种动荡的恶劣环境下,宽永通宝钱见证了宁波商贾与日本商贾迎着巨大困难,互通有无,进行长时期贸易活动,维持着两地的商业运行,为民生发展作出较大的贡献。

当时在解放北路苍水街交汇处出土的这批钱币中,竟然还有一枚"天国太平"背横"圣宝"的太平天国铸造的小平钱。其实,太平天国小平钱在宁波屡有发现,且有许多版别。宁波市钱币收藏家吴伟成先生,在2000年8月"太平天国在浙江铸钱学术研讨会"上的获奖论文:《宁波市区发现太平天国钱币的浅见》,文中收录太平天国各式小平钱图拓36枚,这些小平钱均出自宁波市区,在注解中加以说明。1985年,宁波市区中山西路拓宽时出土不少太平天国钱币,并据当时民工反映,大概出土了近十枚。从20世纪九十年代开始,宁波市旧城改造,房屋拆迁,太平天国小平钱发现较多,总有人持钱在古玩市场出售。笔者也在那个时期,收集到多枚各式太平天国小平钱,在汪弄、后马家漕、开明街拆房民工处购得"太平天国"背横

"圣宝"各一枚,药行街旧房子中征集到"太平圣宝"背"天国"一枚,江东大河路得到"太平天国"背直"圣宝"一枚。宁波许多泉友也收藏了多枚本地发现的太平天国钱币。为什么宁波的太平天国钱币发现颇多,笔者认为,其一,宁波是商业城市,在商品买卖过程中,流通于宁波。其二,太平天国领导层为了控制浙江,曾出兵占领宁波,太平天国钱币由太平军将士携带而来。尽管如此,事与愿违,宁波商贸受到太平军冲击,市场几乎瘫痪。以杨坊为代表的宁波商界和江浙财团不满太平军的占领与破坏,组织雇佣军,聘请洋人培训和指挥,斥巨资购买洋枪洋炮,抵御太平军,以保持江浙财团势力范围得以继续运行。最终太平天国亡于1864年。

　　宁波港在对外贸易交流中,也输入了大量东亚与东南亚诸国的货币。"在中国明州港,仅镇海港区内一地出土日本'宽永通宝'329枚,大量出土事实表明已流通到中国的沿海港城。在宁波地区发现的朝鲜常平通宝名类繁多,因重量、质量上似乎要比越南的'光中、明命'钱好,故民间乐于通用;在明州港出土了20余种越南钱币,大多为明清两代所铸钱币,镇海港区一地出土216枚,证明了越南钱币不仅国内流通,在与中国港口城市贸易交往中也在流通。"①宁波镇海口的招宝山是"以番舶货宝来集其下,故名招宝"。②"自从20世纪七十年代宁波镇海区建港开始以来,从招宝山周围出土了大量货币,其中有相当数量的邻国货币及外币,按时代来说,上自汉代半两、五铢,下至民国铜元,时间跨度长达二千年。在累计出土11564枚钱币中以两宋和清代制钱为主。两宋钱有4350枚,占37.61%;清钱4792枚,占41.44%,其它朝代770枚,占6.66%;清代邻国制钱573枚,占4.96%;近代无孔硬币1079枚(其中外币25枚),占9.33%。清代邻国制钱与清钱之和5363枚,邻国钱占10.68%;无孔外币只占近代无孔硬币的2.32%。按出土地域不同可分为二类:一类是招宝山外海中吸泥围堤吹填出土,以制钱为主;另一类是镇海城关房屋拆建时,屋基地下出土,近代铜元及其它材质硬币以此为主。"③

---

① 林士民、沈建国:《万里丝路——宁波与海上丝绸之路》,宁波出版社2002年10月版,第139~140页。
② 《镇海文史资料》第一辑(内部资料)。
③ 金颐、金向阳:《宁波港对外贸易与镇海出土邻国货币及外币的概况》,《宁波市钱币学会第五期专辑》,1991年12月(内部资料)。

二、保佑吉祥与航海平安的信俗文化

几千年来,历代货币在不同朝代、不同时期的政治、经济、文化中起到重要的作用,而且渗透到老百姓生活的各个领域。出于对金钱的敬畏和追求,产生了各种与钱有关的民俗活动。在宁波的众多传统民俗文化活动中,钱币也发挥着重要的作用。

21世纪初,宁波市大规模旧城改造,在拆旧房造新房的过程中,中山路、药行街、碶石街、解放路等地,不时出土盛有五铢、宋钱等钱币的小陶罐和小瓷罐,这些小罐基本上都埋在房屋的墙角下,里面钱币最早是东汉五铢、三国的大泉当千与大泉五百,最晚的是洪武通宝,数量6至12枚不等。这种现象缘于古人信阴阳,讨吉利的习俗:钱罐寓意既有钱,又做官("罐"与"官"谐音)。明朝永乐、宣德之后就没有那么讲究了。海曙区西门汪弄,当年拆除一座清代民宅,房屋的基础可能是明朝的,几个石柱础下放着几枚古钱币,除了北宋钱,还有几枚永乐通宝和宣德通宝。江东大河路(现为鄞州区大河路)一座清代民宅中,在石柱础边放着几枚顺治、康熙、雍正几枚年号钱相伴。宁波多数的老房子都有古今钱币在楼板、地板和石板底下发现。有些钱币是造房子时主人有意放的,有些钱币则是人们不慎失落的。在海曙区孝闻街原孝闻派出所内,有一座中西式样的大房子,当年造中央花园时被拆除,在两个很大的石柱础下竟然放着两枚民国20毫银角子,巨大的堂沿石下面一左一右也放着相同的银角子。更令人震惊的是,在江东堰头一幢民国大房子的一块大青石板底下,发现一坛以"孙中山开国纪念"壹圆银币为主,并伴有"袁大头"和几枚清代龙洋及鹰洋的窖藏。西门郎官巷拆房时也出土一坛二十枚左右的袁大头银元。迎凤街一座民宅的青石板下,也同样挖出一小坛银元,数量只有十几枚。目前出土银元数量最多的地方要算昇阳泰商场后面的一座大房子,房子拆光后,半夜推土机作业,将一个大坛子打破,夜里黑暗,没有被人发现,第二天一早被人看到,至少有几百枚银元撒落在土中,还有许多银角子。这批银元除了本国的龙洋、袁大头、孙小头外,还有不少本洋、鹰洋、站洋等外国银元。当时,据在场的一位老者介绍,此处原是一座祠堂,或许当资金不够时,这批银元埋藏起来派用场的。以上这些民俗,从古人信阴阳、讨吉利发展到为子孙后代修缮祠堂派用场,这也算是宁波历史上民俗文化发展的一个进步吧。

宁波人认为造房子是一件大事,上梁钱非用不可!海曙区中山路闹市区马路拓宽时,一座民宅被拆掉,大梁上两头,竟藏有两枚银钉和几枚清钱及几个机制铜板。笔者询问一位民工后得知,类似状况有几户人家,其中一户人家房梁上的银钉还镀过金,可能是房屋主人希望自己儿孙满堂,人丁兴旺。寓意情真意切,使人感慨系之。但也有一些钱币贮藏令人不解。江东彩虹路一座楼房房顶被拆掉时,掉下一堆国民党统治时期的纸币,有中央银行、中国银行、交通银行、农民银行的纸币,由于贮藏时间过长,这些纸币几乎全部霉变,品相完好者极少。西门汪弄也有同样一座楼房,梁上藏有国民党时期的东北地方银行纸币。还有一些少见的现象:江北区后马路街面三楼的一座店面房拆迁,最高层的砖墙里藏有一个铁质烟罐,罐内藏有镍币近百枚(一式为"十分"面额);在海曙区鼓楼原公园路,一座民国时的大楼房,民工在拆屋顶时,发现梁上藏有一个大木箱,箱内是一套品相完好的《四书五经》。这说明了宁波的民俗文化并不是一成不变的,而是随着时代发展不断变化,有自己的特色。

古时皇家大婚有撒帐钱,而宁波人嫁女有压箱钱。张世彪先生曾征集到嘉庆通宝、道光通宝小平大样压箱钱,明亮如新,闪闪发光。已故宁波压胜钱藏家朱德忠,收集到一枚乾隆通宝宝泉局小平大样压箱钱,品相俊美,见到过的泉友都赞不绝口。这种嫁女藏压箱钱的习俗到近代为银元和存折压箱所替代。有些民俗则从古至今,代代相传,几千年不变。常言道:"从小做寿坟,到老用得着",从汉代至今,寿坟中放几枚钱币,防止野鬼进入的习俗一直不变。还有传说人死后,到阴间还需要用水,死者家属往往向河中扔几枚小钱,向河神买水,用盛水器象征性地舀上几勺,仪式完毕,就心安理得了,这个民俗沿袭至今。人死之前,极度虚弱伴有幻觉,感到床前屋后有鬼神出没,心理极度恐惧,惶惶不可终日。于是家属在病人床前挂上"铜钱宝剑"及"八卦生肖压胜钱",这个习俗虽然有些荒唐,但其实也是一种心理暗示的精神疗法。使病人平安地度过人生最后一关。从前,我们还看到算命测字先生用的卜卦钱币。友人之间互赠信物往往有景泰蓝"罗汉钱"和"一帆风顺"、"万事大吉"吉语钱及"福如东海"、"寿比南山"等祝寿钱。另外,还发现一种博彩场所使用的由正用币改造的赌博用具钱币等等,这样的情况数不胜数。在我们甬城,还有一种把钱币放在灶台里很少有人知道的习俗。当年海曙区卖鱼路房屋拆迁,一户人家有三眼大灶,拆掉以后,内藏十余斤清代小钱,以乾隆、嘉庆、道光年号钱为主,还有咸丰、同治、光绪、宣统小钱。海曙区药行街和江东大河路(现为鄞州区大河路)民宅中,也发现过类似情况。只不过这两处出现的小钱数量较少。这个民间习俗很可能是房屋主人希望自己及子孙兴旺发达,薪火相传。20世纪八十年代,宁波市政府改造大卿桥,原桥基挖开后,出土了一批古钱币(数量不详),以南北宋钱为主,最晚的是明代洪武通宝。20世纪九十年代中期,中山西路拓宽,也出土过一批钱币,最晚的钱币同样是明代的洪武通宝。人们普遍认为此处是一处窖藏,但也有人质疑:此处应是"缸桥头",钱币出土地应属于缸桥头桥基。后几年,鄞州区栎社、横涨地域,有座"元贞桥",在改建时也出土了同以上二座桥同样年代的钱币,张世彪先生闻讯后即赶到出土现场,挖土基的民工早已走空。他四处打听,终于在兴宁路福海大酒店附近一个工棚里找到一位民工,从该民工分到的几十枚两宋为主的钱币中,他挑选了两枚南宋钱币和一枚朱元璋铸造的大中通宝折二钱。笔者认为三座桥梁在当年修造时,埋钱情况如此相同,可能系明朝洪武年间,在建桥和修桥过程中,当局尊重宁波当地习俗,以埋钱的形式"求河神"、"拜桥神",保佑一方平安,保佑桥上行人与桥下船只平安顺利。20世纪九十年代,宁波甬江镇海口曾出水大量古钱币,笔者认为这些古钱币与海上丝绸之路贸易密切相关。这可能是宁波先民庞大的船队在开拔远航之前,举行声势浩大的祭祀活动,在盛大庄严的气氛中,把大量的钱币撒在镇海口,撒入大海,以祈求海神爷、龙王和妈祖娘娘保佑船队风平浪静、一帆风顺、生意兴隆、钱财满仓。另外,浙东民俗在打造远洋船舶时往往在龙骨部位放上一些古钱币以祈求平安。宁波海曙区东门口出土的北宋沉船与韩国新安出土的元代宁波沉船在龙骨保寿孔处均发现了古钱币即为例证。

民俗文化是人民大众的文化,在宁波历史上有关钱币的民俗文化何止上述几个例子,宁波市每个钱币收藏爱好者或多或少都藏有宁波出土的古钱币,而每一枚宁波出土的古钱币,总有一段令人难忘的故事。让世人和后人知道这些钱币背后的故事,弘扬钱币文化,是我们这代人的责任。如果做到了,我们的目的也算达到了。

附录　宁波历年出土记录的海上丝绸之路货币

1.1956 年,宁波市区祖关山建造宁波南火车站,市文管部门考古发掘从战国到明代古墓葬 128 座。在东汉时期木椁墓中,除发现青铜、陶瓷、玛瑙、琥珀等器具外,还有秦半两和汉五铢古钱币出土。

2.江北区原宁波动力机厂后面的乌龟山,也有一处历代古墓葬群。20 世纪五十年代初建造江北区政府办公楼,市文物考古部门曾抢救性发掘,在汉墓中出土了各种日常生活用具,同时,也有半两和五铢铜钱发现。以上二则出土案例说明,宁波地区在两千多年前的汉朝就有向墓中撒钱这一习俗。这一习俗沿袭至今,可见民俗文化强大的持久力与影响力。

3.20 世纪八十年代末、九十年代初,已故甬上泉家戴某,曾在市区苍松路一带的建筑工地上征集到"定平一百"小平钱(数量和情况不详)。此钱铸于蜀地,三国时期的钱币"定平一百"钱在宁波的发现,见证了宁波与当时的蜀国早有贸易往来,蜀地路途遥远,"蜀道难,难于上青天",可见当年宁波商贾坚韧不拔的意志和不惧艰险的品质。

4.1973~1975 年间,宁波市文管会配合城市基建部门,在市区和义路唐代码头遗址和城墙遗址中,发掘出大量的瓷器和其他文物,并且还出土了许多唐宋时期的钱币。这些钱币与出土的瓷器等文物一样,见证了宁波在唐宋时期海上丝绸之路的辉煌成就。

5.1982 年 7 月,宁波市重建天封塔,宁波市文管会研究员虞逸仲先生著文《天封塔出土古钱初探》,该文详细介绍了天封塔下地宫出土古钱的情况。在天封塔基础勘探中,考古人员在塔心底层部位清理"地宫殿"一座,出土了一批文物,其中有历代古钱币二百余斤。在这批钱币中,有秦半两、西汉半两、五铢,新莽时期的货泉、货布、大泉五十,北周的五行大布与永通万国,唐朝的开元通宝、乾元重宝,五代时的汉元通宝与周元通宝,十国时的通正元宝、光天元宝、咸康元宝,以及南唐的永通泉货、大唐通宝、唐国通宝,北宋的宋元通宝、太平通宝、淳化元宝、至道元宝、咸平元宝、景德元宝、祥符元(通)宝、天禧通宝、天圣元宝、明道元宝、景祐元宝、皇宋元宝、庆历重宝、至和元(通)宝、嘉祐元(通)宝、治平元(通)宝、熙宁元(通)宝、元丰通宝、元祐通宝、绍圣元宝、元符通宝、崇宁通(重)宝、大观通宝、圣宋元宝、政和通宝、宣和通宝,以及南宋的建炎通宝、绍兴元(通)宝。除此以外,还有越南(古代称"安南")黎桓于天福五年(984年,北宋雍熙元年)铸造的天福镇宝背"黎"钱。这批钱币总共有四十余种年号,时间上起秦汉、下迄南宋绍兴,长达一千三百多年,而且绝大部分是"对钱"。其中不仅有一般常见的钱币,而且有少数不多见的钱币,如唐朝叛将史思明铸造的顺天元宝、南唐的永通泉货等等。在这四十余种钱币中,最大的是大观通宝当十钱币,直径4.1厘米,最重的是顺天元宝钱币,重量达22.1克。数量最多的是周元通宝,占总数的四分之一,达四十余斤。其次是开元通宝与太平通宝。虞逸仲先生的文章最后写道:天封塔出土的这批古钱币,对研究宁波在唐宋时期的海外交通贸易、文化交流及经济发展,对今天宁波港的开发、利用、探讨、研究都具有极其重要的现实意义和历史意义。近三十年过去了,虞逸仲先生的文章给我们留下了相当重要的历史资料。文中提到的天封塔出土的古钱币还存在许多悬念,留待后人去研究与破译。

6.20世纪九十年代初,在甬江航道镇海口段进行疏浚工程时,出土了85枚安南铅质嘉隆通宝背七分古钱币。

7.2009年,宁波市月湖西区拆迁改造,次年,市文管部门在月湖边的偃月街小学内进行崇教寺的考古发掘,发掘出原属崇教寺的唐宋年间精美建筑构件及"须弥座"等。原小学教学楼前,竟发现崇教寺僧人墓地,在寺院条石砌就的撒骨池里,考古出土堆积如山的僧人骨灰,可见当年寺院规模宏大,僧侣众多。撒骨池西面还有用青砖砌就的僧人墓穴。在僧人骨灰中,竟发现数量不少的北宋铜钱,有景德元宝、祥符元宝、天禧通宝、天圣元宝、景祐元宝、皇宋通宝等等。通常情况下,在一般老百姓墓穴中,撒点钱币以示辟邪或表达家属对死者的情义符合人之常情,但作为出家和尚还崇尚这个礼数,使人难以理解。有一点可以解释,佛教从印度传入中国,在宋朝早已深入人心。佛教的教义在普通民众和上流社会普遍得到弘扬,并与中国的传统文化融合。佛教文化与道教、儒教文化融合生长,成为中华文化的有机组成部分,所以僧人骨灰中出土古钱币也可以理解了。

8.2002年5月下旬,宁波市区兴建天一广场时,施工人员在CBD二标段内施工时,挖出18枚古银锭。经专家鉴定,为元代货币,属于国家二级与三级文物。这么多的银锭在宁波出土尚属首次,这批银锭对研究宁波在元朝时的经贸发展和海上丝绸之路贸易具有很大的价值,是极为难得的实物资料。说实话,在许多关于元朝历史的文献中,多为记录负面的史料,记录正面的资料极少。通过这批银锭的出土,使我们能够客观地认识元朝的各项政策在宁波的落实和实施。尽管蒙古人的铁骑,冲垮了宁波的城池,给宁波人民带来伤害与痛苦。但成吉思汗的子孙们,毕竟是中华民族中极为聪慧的民族,他们看到南宋小朝廷对于宁波各方面的支持,使整个朝廷受惠。元朝在占领宁波以后,很快颁布法令稳定宁波的经济与社会,使宁波各方面得到迅速恢复。从永丰库遗址的发掘,各种元朝铜权在宁波的出土,在韩国海底发现元代宁波沉船,以及天一广场出土的银锭,见证了元朝时宁波发达的海外贸易盛况。

三十多年来,在改革开放大潮中,宁波进行大规模市区改造,房屋拆迁、马路拓宽等等,古老的宁波变成了高楼林立的现代化城市。在旧城改造期间,出土了数不胜数的古钱币,笔者的记录只是冰山一角。宁波出土发现的古钱币见证了宁波辉煌的历史文化和"海上丝绸之路"中外货币文化的交流。

第十一章 近代宁波"海上丝绸之路" 贸易及货币文化交流

　　宁波在历史上曾是全国的三大市舶司、四大海关和"五口通商"口岸之一,比上海外滩开埠还早 20 年,近代以来的海外贸易也发展迅速。

清末宁波口岸码头实寄明信片

第一节　近代宁波海上丝绸之路贸易的历史作用

　　作为全国五口通商的口岸之一,宁波较早地接受了西方近代文明,自开埠以后,由原来"幅播"力度较大的港口转为吸纳型港口城市。宁波商帮的崛起与近代宁波的开埠有密切联系,他们在学习和借鉴西方先进文明的同时,也将中西方文明融会贯通,进行创造性转化,并将成果传播到毗邻地区和海外。

一、海外贸易使宁波较早步入近代社会

　　"当时与宁波通商贸易的主要国家有英国、法国、美国、德国、俄国、西班牙、葡萄牙、瑞典、荷兰等国。就全球而言,这些国家是当时世界上资本

主义国家的主要代表。这就促使宁波港与西方资本国际市场直接接轨,使宁波较早步入近代社会。主要体现在如下方面:

其一,1845年庆安会馆的北号商会,率先引进中国近代史上第一艘轮船(宝顺轮),成为中国采用西方先进技术创办洋务的先声。"①

庆安会馆位于宁波市鄞州区江东北路156号,庆安会馆为我国八大天后宫之一,七大会馆之一,是宫馆合一的典范。清道光三十年(1850年),宁波北号舶商在南号舶商"安澜"会馆一侧建"庆安"会馆。庆安会馆作为泊商航工娱乐聚会场所,既是宁波古代海上交通贸易史的历史见证,也是一座祭祀天后妈祖的宫殿。妈祖信仰自北宋以来由福建传入宁波。北宋宣和五年(1123年),经宋徽宗加封妈祖为"顺济夫人",御赐"顺济"庙额,妈祖信仰借助明州港而获得朝廷认可,由民间信仰成为官方信仰并传播到全国。妈祖成为中华民族航海的保护神。庆安会馆的舶商,引进西方的轮船"宝顺轮",不仅标志着中国木帆船向轮船的转型,而且成为创办中国近代洋务的先声。

"其二,港口发生质的变化,出现了新式轮船码头和新式导航灯塔以及新式管理模式和服务方式,一改帆船时代落后的旧貌。

其三,出现了近代公司,著名的有正大火柴公司、通利源榨油股份有限公司、宁波电话公司、宁波永耀电力股份有限公司、镇海三北轮埠公司等。

其四,出现了近代工厂,著名的有正大火柴厂、宁波和丰纺织厂等。

其五,出版、印刷业方面开始使用印刷机器。1845年7月,美国长老会传教士柯相理夫妇带着印刷机器从澳门到宁波,创建"华花圣经书房",成为外国人在中国最早创建的印刷厂之一。1858年,美基督教浸礼会在宁波创办《中外新报》。

其六,成立近代银行,著名的有宁波商业银行和宁波大清银行。"②

近代海上丝绸之路对于宁波较早地进入近代化的影响十分巨大。在中国近代史上,宁波新兴工商业与金融业发展较早,在全国处于领先地位。宁波商帮作为近代中国著名商帮的崛起更是蜚声海内外,并且对中国近代金融业的发展发挥了举足轻重的作用。

---

① 李英魁:《"海上丝绸之路"宁波文化遗存界定之管见》,《宁波与"海上丝绸之路"国际学术研讨会论文集》,科学出版社2005年版。

② 郑绍昌:《宁波港史·大事记》,人民交通出版社1989版。

二、罪恶的鸦片贸易使宁波近代化进程受阻

根据 1844 年中英《南京条约》规定,广州、厦门、福州、宁波、上海五个口岸被辟为中国首批对外开埠通商的港口,俗称"五口通商"。"宁波和上海,在开埠后经历了截然不同的命运。前者是对外贸易逐渐式微,沿海商业和金融中心地位丧失,经济发展缓慢。后者则迅速崛起成为全国对外贸易的中心,继而又成为全国的商贸和金融中心,交通枢纽和轻纺工业基地,远东最负盛名的国际大都会。为什么这两个同处东南沿海地区,又同时期对外开放的港城,在近代化过程中会形成如此强烈的反差呢? 近代宁波的发展与上海之间又有何种内在的联系?"[1]

宁波是中国古代最早进行对外贸易的地区之一。近代,宁波又成为最先被清廷列为对外开埠通商的口岸之一。但宁波开埠后并未发展成为西方列强渴望的倾销工业品和掠夺原料的一个繁荣新市场,对外贸易停滞不前,宁波近代化的进程因此深受影响。

为什么宁波这个传统的贸易港口在开埠后,贸易竟如此不景气? 其内在的原因何在? 固然,鸦片贸易和自给自足的自然经济结构是英国侵略者在宁波难以开展贸易的重要原因。马克思曾一针见血指出:"除了鸦片贸易之外,对华进口贸易迅速扩大的主要障碍,乃是那个依靠着小农业,与家庭工业相结合的中国社会经济结构。"[2]宁波是西方列强大量倾销鸦片之地,"鸦片贸易的猖獗,使得社会上本已有限的白银滚滚外流,宁波本地资金非常短缺,严重影响了民众对进口工业品的购买力。同时,宁波作为中国封建社会商品经济最为发达的地区之一,自然经济的解体虽早已开始,但仍是一个极其缓慢的过程,生产力发展水平依旧相当低下,劳动者还是相当贫困,而且封建剥削又极为苛虐,这一切决定了开埠后的宁波,既不可能迅速增产大量出口的原料特产,也不可能迅速扩大洋货的销售市场。宁波对外贸易的衰落,一定程度上也受制于英国资本主义经济侵略战略的调整。这里主要指的是英国放弃舟山(当时属宁波),大力经营香港。"[3]

---

①竺菊英:《近代宁波对外贸易衰落原因探析》,《浙江学刊》1996 年 2 期。
②《马克思恩格斯全集》第 13 卷,北京:人民出版社 2006 年版,第 601 页。
③竺菊英:《近代宁波对外贸易衰落原因探析》,《浙江学刊》1996 年 2 期。

　　此外,上海的迅速崛起极大影响了近代宁波的对外贸易前景。"宁波近代化进程迟滞、缓慢的原因是极为错综复杂的,除了自身所具有的各种主观因素外,客观上很大程度地受到上海崛起的影响和制约,这首先表现在对外贸易上,上海对宁波投下了巨大的阴影。上海在清代中后期已开始初露头角,它作为水运枢纽逐渐成为中国东南地区的漕粮转运中心,被称为'江海之通津,东南之都会'。开埠后,由于它位于中国沿海海岸线中点,又有'黄金水道'长江连接广阔的内地,襟江带海的地理位置和交通条件,使得它的对外贸易迅速发展起来,不久就取代广州成为中国对外贸易的中心。上海成了连接中国广阔内地和国外市场的中介后,与之仅一水之隔的宁波,并未深受其惠,却实实在在经受了众多负面影响。"①

　　上海不仅吸引走了宁波的外商,大批宁波商人也纷纷来到上海开辟新市场,"自上海发达,交通日便,外人云集,宁波之商业,遂移至上海,故向以宁波为根据以从事外国贸易之宁波商人,亦渐次移至上海。"②"上海是宁波销售其出产物和购买所需物资的市场。"③宁波的大量金融资本也随之流入上海,有一部分又从上海流向全国各地。宁波本地的商业和贸易自然就大受影响。

　　"而近代宁波对外贸易的衰落,直接对宁波城市的近代化和近代宁波社会经济的发展产生了诸多不利影响。社会生产既已失去了贸易为导向的经济机制,商业、农业、工业、手工业及金融、交通运输业等的发展自然深受制约,大量人才和资金亦严重外流,最终造成了近代宁波的发展速度和发展规模远远不及上海,也不及其它开埠通商的沿海城市这样一种令人遗憾的格局。"④当然,唯物辩证地看待宁波近代海外贸易的历史,上海的开埠与高速发展,离不开宁波与宁波商帮所做的巨大贡献。大批宁波商帮精英与大量资金从宁波涌入上海,极大地推动了上海近代化的进程。从近代中国发展的整体格局来讲,未必不是好事,真所谓"失之东隅,收之桑榆"。

①竺菊英:《近代宁波对外贸易衰落原因探析》,《浙江学刊》1996 年 2 期。
②杨荫杭:《上海商帮贸易之大势》,《商务官报》,1906 年 12 期,第 3 页。
③*Decennial Reports*,1882～91,Ningpo,第 362 页。
④竺菊英:《近代宁波对外贸易衰落原因探析》,《浙江学刊》1996 年 2 期。

三、近代宁波海上丝绸之路贸易的历史见证

在中国古代对外文化交流中,陶瓷与丝绸、铜钱一样,也是连接东西方文化交流的纽带。海上丝绸之路的发展则使陶瓷器皿的大规模出口成为可能。从唐代开始,宁波陶瓷生产与出口一直延续到近代,象山县是其中的代表。慈溪上林湖越窑青瓷在近代出口衰落后,象山青瓷出口并没有受其太大影响。

"宁波象山地方烧瓷历史十分悠久,从目前发现的遗址来看,主要有唐代陈岙青瓷窑址、东塘山宋代青瓷窑址、山厂明清青花瓷窑址等。其中唐代陈岙青瓷窑址在中国古瓷窑历史中也有记录,时属著名'越窑'之一。著名陶瓷专家李知晏先生认为:'东海之滨唐代初期青瓷窑址的发现,在全国来说是第一次,这在我国瓷器研究上有重要意义。'据李知晏先生分析,该窑场范围不小,堆积层也比较厚,估计生产规模不会很小。生产的成品,当地居民只能使用一部分,大部分产品就利用便利的海路交通运往外地销售。从其经营性质来说,这个窑场是手工业作坊,生产的瓷器主要是为了外销,可以用船运往我国沿海城镇销售,也可以输出到海外,供应外国需要。在瓷窑附近的海滩上,我们看到不少的瓷器碎片,有的就泡在海水里,这可能就是装船时损坏而遗留下来的。"[1]象山青花瓷在明清时期还在大量生产和出口,一直延续到近代。

清朝道光年间,一艘满载大量精美青花瓷和宁波特产梅园石的商贸货船从宁波港出发,沿海上丝绸之路航行,出发不久便在象山沿海触礁沉没。直到一百多年后,这艘船的水下"遗址"才被人们发现,这就是全国著名的象山渔山岛"小白礁沉船",这条清代远洋商贸运输船"小白礁Ⅰ号"出水文物(含石板材)共计1050余件。包括品相精美的青花瓷,名家制作的紫砂壶,标明商号的玉石印章,此外还有不少中国清代铜钱以及海上丝绸之路沿线国家的货币,如西班牙银币与越南、日本等外国钱币,研究价值颇高。

---

[1] 郑松才等:《略论象山在宁波海上丝绸之路史上的重要历史地位》,《浙江纺织服装职业技术学院学报》2014年4期。

铜盖　　　　　　　　　　　　　西班牙银币

　　为什么在中国的船上会出现西班牙银币？因为在 18 世纪,西班牙国力仍很强盛,这种银币是西班牙人在美洲殖民地墨西哥铸造的,在与中国及东南亚诸国进行海上贸易时都是作为硬货币流通,以前在中国沿海地区考古中也常有发现。这次发现再次证明了宁波在近代仍是一个十分重要的对外贸易港口。

　　宁波古往今来都是中国重要的商埠,也是著名的海上丝绸之路始发港之一,象山海域是宁波港区的重要组成部分,渔山岛是海上丝绸之路的"驿站",它南接泉州、广州,北连渤海湾、连云港,东南通日本,东北向高丽,是海上商贸的必经之路。而这次沉船的发现,又成为象山海域曾是繁华黄金水道的有力佐证。

　　"象山北渔山岛等沿海灯塔是宁波开埠通商的重要见证之一,更是海上交通避险保航的重要保障设施。渔山岛灯塔位于象山县石浦镇东南 25 海里的渔山列岛,北渔山山巅,建于清光绪二十一年(1895 年)。'北渔山灯塔'曾被称为'远东第一大灯塔'。2013 年列入第七批全国重点文物保护单位名单。"①

　　象山县的海上贸易活动主要集中于南部的石浦镇一带,石浦是海上贸易的桥头堡。至今还有石浦南关桥外的闽广会馆(重建于清康熙年间),延昌的三山会馆(清嘉庆年间建)很好促进了当地与福建、广东和海外人员的交往和物资交流。例如:民国 8 年(1919 年)金飞鲸夹板轮不定期行驶于沪闽间,皆靠埠石浦。民国 11 年(1922 年),金宝康夹板轮不定期行驶于长江沿岸各埠,及上海至香港各埠,远至越南、泰国、新加坡。同年,沪商达兴商轮公司三江轮行驶于沪闽间,皆靠埠石浦。

---

①郑松才等:《略论象山在宁波海上丝绸之路史上的重要历史地位》,《浙江纺织服装职业技术学院学报》2014 年 4 期。

历史上的石浦镇市场之开放、商业之繁荣、资本之集中、经营方式之世界性在象山境内是十分少见的,石浦是一个早就步入商业化社会和城市倾向的商埠。

第二节　近代海外贸易与宁波商帮金融业的崛兴

宁波是中国钱庄业的发祥地之一,是近代中国东南沿海的金融中心。宁波的钱庄业最早发端于明朝,盛于清朝。宁波钱庄业适应社会发展需要改革实施"过账制度",率先完成中国封建社会传统资产经营向现代资本经营的转型。宁波商帮钱庄业的"过账制度"是宁波人发明的中国最早的非现金金融结算制度,也是最具地域特色的宁波商帮近代金融业非物质文化遗产代表作之一。

一、近代海外贸易与宁波钱庄和近代金融业的发展

宁波的经商历史相当悠久。早在先秦时期,这里就有相当发达的盐鱼集市贸易,所以秦时宁波被称为"鄞城","鄞"字即"贸邑"两字的合写,"以海人持货贸易于此故名",意为贸易的地方。汉代,宁波商人已开始从事海外贸易。宁波自唐宋以来一直是中国对外贸易的重要港口。日本的遣唐使就多次从宁波登陆。即使在明代倭寇侵犯最猖獗时期,宁波对日本的贸易也未中断。明代实行海禁之后,宁波出现了一批走私、海盗团体,许栋、汪直等海盗集团就在这一带活动。清代初期,实施禁海闭关,宁波商人还是通过沿海小岛走私日本、朝鲜诸国,这些贸易除了物物交换外,一般大额交易以白银结算,小额交易以铜钱结账。中国的铜钱在这些贸易国可以流通,外国的铜钱也随着对外贸易流入宁波参与流通。据《宁波金融志》记载:历年"出土的邻国汉文钱币,包括日本、朝鲜和越南等国的钱币,共67种。其中越南钱币最全,从1400年的圣元通宝到1847年的绍治通宝,前后400余年,几乎代代衔接,这也证明宁波在历史上很早就同各国有频繁的交往"。[①] 又载:"然民众多崇尚现钱,向来以钱为出纳,明清亦然。土地价虽有上扬,但百物售价依然低廉。故海外各色制钱多有流入,尤以日本

---

①宁波金融志编纂委员会编:《宁波金融志·第一卷》,中华书局1996年版,第1页。

的宽永钱,质量低劣而流通甚广。《东华实录》载:'乾隆十七年七月甲申,谕军机大臣等,向闻滨海地方有行使宽永钱文之处……米市、盐坊行使尤多,每银一两,所易制钱内,此项钱文几值其半。'宁波既是鱼米之乡,又是通商之埠,宽永钱多有流入。"①

1844 年,宁波被辟为五口通商口岸之一,英、法、美等国在甬(宁波简称)纷纷设立洋行,使宁波人擅长对外贸易的优势得以充分发挥。光绪《鄞县志》载:宁波港"旧称渔盐粮食码头,及西国通商,百货咸备,银钱市值之高下,呼吸与苏、杭、上海相通,转运既灵,市易愈广,滨江列屋,大都皆廛肆矣",②原先渔盐粮食码头发展成"百货码头"。

据《宁波通史》记载:同治六年(1867 年)至同治十三年(1874 年)"宁波从外洋进口的物品有棉制品(洋布、洋纱)、毛织品、铁钉、铅、锡、黑胡椒、白胡椒、丝绒、大米、乌木、檀香木、苏木、煤油、鸦片等,而出口的物品是铜钱、棉花、墨鱼干、纸扇、草席、药材、本色棉布、绸缎、生丝、绿茶、烟叶和小麦"。③ 从史籍记载可以看出,宁波港在同治年间的铜钱出口竟然超过了棉花、丝绸与茶叶,位居首位。

"19 世纪 50 年代以前,宁波商号之间交易,要么赊账,要么用银钱进行现金交割,不通过钱庄直接进行交易。针对汇兑业务日益增加的市场需求,宁波钱庄创新了'分户账',给客户一个分户,所有的汇入汇出都在这一账户下进行。第二次鸦片战争期间,商贸流通的繁荣导致货币需求增加,但此时恰逢太平天国运动,正常的货币供应受阻,市场上现金严重短缺。为了'谋增加货币效用之办法',宁波钱庄在'分户账'的基础上推出'过账制',极大地便利了同城范围的转账结算和票据交换。根据'过账制',各商号均在钱庄开立账户,钱庄发一本'过账簿'给商号,使商号之间交易不再需要现金交割,而只需双方在各自的账簿上记录应收应付之数并交给钱庄,委托钱庄清算相关款项。如果双方均在同一钱庄开户,则仅需在双方账户上记上一收一付即可;如果涉及两家不同钱庄,就通过同业组织,在钱业市场上向付出方钱庄收取。一般而言,双方钱庄的往来客户均有不同的收付业务,双方只需就收付余额作最后交割。过账制度大幅降低交易成

---

①宁波金融志编纂委员会编:《宁波金融志·第一卷》,中华书局 1996 年版,第 1 页。
②(清)董沛、徐时栋、张恕纂:光绪《鄞县志》。
③傅璇琮主编、乐承耀著:《宁波通史·清代卷》,宁波出版社 2009 年版,第 274 页。

本,增强了宁波商帮对近代外贸和近代金融的主导权,堪称宁波钱庄凭借自身智慧、以市场需要为导向独创的一项金融制度。马寅初对此给予了很高评价:'既无长途运现之烦,又无中途水火盗贼之险,而收解又可以两清。'"①

近代以来,宁波钱庄业加速发展,成为近代中国东南沿海的金融中心,宁波江厦街一带钱庄林立,俗语云:"走遍天下,不如宁波江厦",指的就是宁波当时发达的金融业盛况。宁波繁荣发达的钱庄业也引起了一位英国人福布斯的关注,他在回忆录《在华五年(1842~1847)》中描述了在钱庄云集的江厦街附近所看到的场景:"据说,宁波是帝国最大的金融城市,事实上,这类的银行机构,不论其规模大小,在大清国都是随处可见的。突然,一阵喧闹声从一群衣着体面的人群中传出,这群人正站在街道中央的钱庄门口。有人告诉我们,这是钱庄老板们在给美元和其它货币定兑换比值,与美元的汇率波动范围在 1100 文到 1400 文⋯⋯"②在"中国的银行业"一节中,福布斯还专门记述了自己在宁波汇兑钱庄庄票的愉快经历。他由此断言:"经过长期的发展,如今中国的银行系统已更加完善。"③宁波发达的钱庄汇兑业务从一个侧面反映了海上丝绸之路贸易的繁荣和中外货币交换的频繁。

据《鄞县通志》记载,"至五口通商后,邑人足迹遍履全国、南洋、欧美等地,财富日增,甬人挈子携妻游申者更难悉数"。④ 至清末,宁波人赴沪经商已达 40 万人,故有"无宁不成市"之美称。上海成为近代宁波商帮的大本营与走向海内外的中转站。宁波商帮对近代上海钱庄业与金融业的兴起厥功至伟。嘉庆十四年(1809 年),宁波商帮在上海的 64 家钱庄创立上海钱业总公所,控制了上海钱业市场。

西方资本主义列强对中国源源不断的商品与资本输出,以及随之而来的外国银行与洋行在中国的金融扩张,对中国钱庄业造成致命威胁,严重影响了宁波商帮钱庄业的生存与发展。西方列强为了进一步扩大对中国的掠夺与方便他们的经济活动,在原来洋行的基础上设立专门的金融机

---

① 俞罡:《因势而变的宁波近代钱庄》,《中国金融》2014 年 11 期。
② 转引自田力:《近代西方人眼中的宁波》(十五),《宁波晚报》2018 年 4 月 29 日 A06 版。
③ 同上。
④ (清)董沛、徐时栋、张恕纂:光绪《鄞县志》。

构——银行。这些外国银行不仅从事贸易上的资金融通业务与国际货币兑换、结算业务,而且凭借先进的经营方式和有效的业务手段迅速掌控了中国金融市场的全局。中国传统钱庄业由于其经营方式的保守落后以及传统经济性质等局限,在外国银行、洋行的打压下,生存空间急剧萎缩,难以为继。而钱庄由于规模小,资金薄弱,也难以满足中国商人与民族资本家对资金的需求。外国银行把大量盈余资金向中国钱庄拆借放息的做法,变相控制了钱庄业的生存与发展,从而进一步控制了中国的金融市场。

鸦片战争后,宁波崇商敬贾的社会风气愈益浓烈。清末民初人士张原炜指出:"海禁弛而互市起,商业更为世重。大商豪贾,俨然与操国柄者相息消,势位骤隆,才者益以起。"宁波以商起家者衡宇相望,甚至出现了"满路皆商贾,穷愁独缙绅"的世情。① 觉醒的宁波士绅子弟纷纷前往日本和欧美留学,这些年轻学者,学成后回国经商,既保留了儒学传统,又吸收了西方先进文化,成为新一代儒商。西风东渐,在宁波商帮捐助下,宁波的许多私塾变为学堂,宁波人比较早就开始进入新式学堂接受现代教育。著名学者、犹太文化研究专家贺雄飞指出,宁波人与犹太人有很多相似之处。"犹太人之所以能这么成功,是因为爱学习的民族进步快,而宁波人重视读书和知识的传统与犹太人很相似。此外,宁波人有重商的传统,有闻名世界的'宁波商帮',这个传统也与犹太人相似。"②但宁波人尤其重视儒学的传统教育,注重仁义道德、义利并举,实事求是,经世致用,这种地域的文化基因可以说是宁波钱庄能够及时向近代新式银行转型的重要文化因素。

鸦片战争是中国由封建社会变为半殖民地半封建社会的历史转折点。在这一历史转折时期,其他商帮都未能实现转型,或者努力了,没有成功,最终在清朝灭亡之后都衰亡了。只有宁波商帮虽形成于明清时期的封建社会,但在社会更迭时成功地实现了转型,并在新形势下发展壮大。这种转型包括两种,其一是由从事纯粹的商业活动转为投资于现代产业,其二是在金融领域,近代宁波商帮拥有发达的钱庄业,并对钱庄业进行改革创新,及时将钱庄业向银行业转变。宁波商帮主力移民到上海之后,又创办证券、信托、保险等新兴金融业,成为近代中国民族金融资本的一股重要力

① 王耀成:《宁波帮的经营理念》,《宁波通讯》2005 年 9 期。
② 李臻:《孩子,今天提问题了么?》,《东南商报》2012 年 3 月 24 日 A12 版。

量。他们长期领导和掌控"上海钱业公会"、"上海银行公会",左右着上海银钱两业,"执上海金融之牛耳"。这种转型使传统封建社会商人转变为资本主义企业家。

宁波商帮为中国民族工商业的发展做出了杰出贡献,推动了中国工商业的近代化。如第一家近代意义的中资银行(中国通商银行),第一家中资轮船航运公司,第一家中资机器厂等等,都是宁波商人所创办。宁波商帮对清末上海的崛起和二战后香港的繁荣都做出了贡献。宁波商人遍布世界各地,其中不乏世界级的工商巨子。1916年孙中山先生曾对宁波商帮作过高度评价:"凡吾国各埠,莫不有甬人事业,即欧洲各国,亦多甬商足迹,其影响与能力之大,固可首屈一指者也。"[1][2]

综观宁波帮近代创办的银行,凡是能够迅速发展的,其董事长和总经理大都接受过相当程度的文化教育,有的则留学于欧美和日本。他们在国外不仅学到了丰富的专业知识,而且通过考察了解资本主义经济的运行规律,回国后自然对现代金融业驾轻就熟。如慈溪人童今吾,早年在日本早稻田大学学习经济,毕业回国先供职于大清银行,后为东陆银行协理、中国垦业银行协理、明华银行总经理。鄞县人胡孟嘉,1906年以优异成绩从南洋公学毕业,1908年参加庚子赔款留学考试,被选派到英国留学,入读英国伯明翰大学,主修经济学,获得经济学硕士学位后于1912年回国,历任交通银行、中国实业银行总经理等职。余姚人杨天受清华大学毕业后取得了官费留学美国劳伦斯大学的资格,专修经济学,于1921年转入哥伦比亚大学读研究生,获得政治经济学硕士学位,回国后历任大陆银行副经理、河北省银行总经理等职。[3]

宁波商帮转型成功的原因之一是他们始终是"草根商人",没有像山西票庄那样依靠"官商结合"。由于中国传统钱庄业经营规模与资本都比较弱小,为了能够生存与发展,钱庄不得不依靠一些外国洋行与银行来拓展自身业务,这是一种饮鸩止渴的行为,因为一旦外国银行出现银根紧缩现象,钱庄的资金链就会断裂,就要面临倒闭风险。传统的宁波商帮钱庄业

---

[1] 1916年8月22日下午2时,孙中山在原浙江省立四中(今宁波中学)讲堂,宁波各界欢迎会上的演讲。

[2]《孙中山全集》第3卷,中华书局1984年版,第349~352页。

[3] 储建国编著:《宁波帮与中国近代银行》,中国文史出版社2008年版,第20页。

主要的业务是向客户提供商业金融贷款和个人信用放款,对资本积累不够重视,因此,一旦遇到经济危机与金融危机,钱庄就无法正常地收回放款,经济损失全部由自己承担,造成经营困难甚至倒闭。另外,由于业务上的局限性,譬如不接受抵押贷款以及机构分散、资金短缺等因素,就经不起金融风潮的冲击。随着近代工商业的发展,市场对获得大规模融资的需求越来越强烈,弱小的钱庄业越来越不能满足民族工商业的发展。社会存在决定社会意识,为了自身的生存发展以及适应时代潮流,抵御西方资本主义列强的金融侵略,宁波商帮钱庄业开始积极转变,"师夷之长技以制夷",通过学习借鉴外国银行业先进的管理方式与经营理念,抵制外商银行的打压,革故鼎新,迅速向近代银行业转制。

宁波商帮还推动中国旧式钱庄业向现代银行的成功转型。宁波商帮实力雄厚,鸦片战争后,上海钱业总公所分为南公所和北会馆,总董先后由宁波人担任。宁波商帮最早认识到钱庄会被银行取代,于是积极参与筹建中国第一家商业银行——中国通商银行。宁波商帮代表人物严信厚、朱葆三、叶澄衷均为该行总董。宁波商帮还在上海和其他城市组建了多家银行,成为中国近代银行业的先驱。

二、宁波商帮创立的过账制度是中国近代金融制度的核心

中国近代金融业的发展往往与港口开埠有着密切的关系。上海开埠后,宁波商帮凭借"过账码头[①]"的雄厚财力,在上海钱庄业中占据举足轻重的一席。19世纪末期,旅沪宁波商帮又积极参与创办新式银行,中国通商银行、四明商业储蓄银行、中国垦业银行等创建、管理中,无不有宁波人的功劳。据1934年浙江兴业银行调查报告称:"全国商业资本以上海居首位,上海商业资本以银行居首位,银行资本以宁波人居首位。"[②]

过账制度,即各行各业的资金收支,从使用现金改为借助宁波钱庄进行汇转,实行统一清算,不用票据而改用簿折。"过账制度以'过账簿'代替票据,实际上起着'票据结算'和'票据交换'两种制度的作用。从商业本性

---

① 宁波不仅是我国钱庄业的发祥地之一,它的最大贡献是发明与实施"过账制度",有"过账码头"的美誉。这"过账制度"是宁波钱庄商人的一大创举,在金融史上占有光辉的一页,是中国最早的金融结算制度。

② 穆雯瑛:《晋商史料研究》,山西人民出版社2001版,第12页。

上讲,只有商业银行发展到一定阶段,票据交换制度和同城结算制度才能够得以实施,由此可以看出近代商业银行的信用功能(信用中介功能、信用支付功能和信用创造功能)在交易过程中得以体现。过账制度的重要意义在于为钱庄的经营植入了近代金融元素,使得传统金融发生了制度性的变革。这些元素的核心是开户结算与实现同城票据交换。将西方银行尤其是商业银行与参与过账的宁波钱庄(大同行)相比较,宁波钱庄无疑具备了近代商业银行最为根本的货币信用制度,过账解决了社会货币供应量的短缺问题,社会货币量得到了创造与扩张。从货币理论上讲,实行过账制度(开户结算、票据交换)的宁波钱庄(大同行)具有了商业银行的本质特性,应该归属近代商业银行的范畴。"①

宁波商帮创立的过账制度,随着宁波商帮经营钱庄业的发展和金融势力的扩大,从宁波本地迅速扩张到浙江全省和上海地区,然后影响全国。为了能够在竞争中获胜,宁波商帮钱庄业率先对钱庄传统的经营模式和管理方式进行革新,从而适应新的金融组织制度和社会环境。在宁波商帮钱庄业向银行的转变过程中,改进了以往的业务手段,逐渐注重抵押放款、客户的信用调查,以及活期和定期的储蓄存款;同时开办票据的贴现业务和银镜和引进银行的汇划制度。这些业务手段的革新,使宁波商帮钱庄吸引了更多的存款客户,从而保证了钱庄充足的资金来开展业务。由过账制度演化而来的汇划制度的实施,简化了手续,大大提高了宁波钱庄内部的工作效率。过账制度使得各地的工商企业通过开户方式网罗到宁波商帮创立的金融体系下,提高了交易支付的效率,节约了交易费用。这一制度不仅使结算便捷化,而且使金融信用发挥到极致,使我国近代经济摆脱了现金交易的限制与束缚,适时地满足了以对外贸易为主的新经济模式对金融中介的需求,从而使它成为中国近代金融制度的核心,为宁波商帮领导中国近代金融业提供了制度保证。

三、海上丝绸之路贸易与宁波海商文化

宁波是中国钱庄业的发祥地之一。宁波的钱庄业最早发端于明朝,盛

---

① 张跃、孙善根:《论中国本土商业银行的发轫——宁波钱庄过账制度研究》,《宁波教育学院学报》
　2009 年 3 期。

于清朝。那时有一个特殊的契机,16世纪末西方强国西班牙在美洲墨西哥发现了一个巨大的银矿;年产白银10～13万吨,用于铸成"本洋"①。因大清国以银两为本位货币,西班牙特地在殖民地马尼拉(今菲律宾)建立基地,通过海上贸易和南洋的侨商,用大量本洋(近四～五成)向大清国以银易物(丝绸等商品)。乾隆年间,大量本洋等外国银币涌入中国,钱庄银钱贷兑业兴起。由此促使一向与南洋有密切商贸联系的江浙民间商团(主要是宁波商帮)迅速地发展并改革实施"过账制度",率先完成中国封建社会传统资产经营向现代资本经营的转型。清末及民国时期上海建埠繁荣,多得益于宁波商帮钱庄业银钱贷兑交易。

清代设在宁波的浙江海关是当时全国四大海关之一。清后期,漕运废除,北洋航线开通,上海崛起,开始替代宁波成为南北两大航线的枢纽并成为中国最大港口。尤其在鸦片战争后,随着五口通商的逐步放开,上海取代广州成为中国对外贸易的中心,取代宁波成为金融中心,中外航路由此发生了新的变化。

由于宁波商帮长期在波涛汹涌的大海上讨生活,险恶生存环境激发了宁波商帮的群体意识,与风浪搏斗的谋生方式培养了宁波商帮的团结合作精神。他们重视团体的力量,善于发挥联合优势。史称宁波人"团结自治之力,素著闻于寰宇"②。在近代中国乃至海外,凡是有宁波商人活动的地方都有同乡会一类的组织。他们亲邻相帮,同乡扶持,风雨共济,勠力同心,大大增强了抵御经营风险和超经济因素干扰的能力,从而取得成功与发展。

又据《鄞县通志》记载,宁波人具有冒险性格,与西洋人接触较早,接受资本主义经营思想较快。与传统商帮晋、徽帮相比,宁波商帮最早具有近代资本主义的经营手腕和经济观念,这也使其能够在现代经济发展中立足。

19世纪末,在上海经营钱庄的宁波商帮意识到钱庄不久将被银行所替代,便设法成立了银行。"1897年,宁波商帮参与创办了中国第一家华人银行——中国通商银行,这是中国传统金融业迈向现代的响亮信号。而真正独立创办以一个城市为标志的股份制商业银行,是四明银行(全称四

---

① 本洋:旧时对流入中国的西班牙银元的俗称,明万历年间开始流入中国,清中叶流入最多,曾为我国长江流域的主要货币。
② 摘自清光绪《鄞县通志》。

明商业储蓄银行),1908 年成立的时候,董事会、总经理,全部都是宁波商帮人士。第一次世界大战爆发后,西方列强在华的势力一度松懈,宁波商帮迅速抓住机遇,在一年之内就创办了上海煤业银行、民新银行、日夜银行、中华劝业银行等十余家银行。同时,又接盘创办了中国垦业银行、中国企业银行等多家新式商业银行。以宁波金融家为主体的上海银行家队伍,一时被誉为'江浙财团'。"①

　　位于宁波市海曙区战船街的宁波钱业会馆,是国家重点文物保护单位。宁波钱业会馆前身始建于 1864 年(清同治三年),后毁于战火。1926年(民国十五年),在宁波战船街新建了现在的钱业会馆。它是昔日宁波钱庄业聚会、议事、交易的场所,是我国目前保存最完好的钱庄业历史古建筑。钱业会馆见证了中国"北有票号,南有钱庄"的中国近代金融兴衰历史,拥有极其丰富的钱庄业历史文化内涵。宁波钱业会馆正处在世界文化遗产大运河的入海口,又恰好位于海上丝绸之路的出海口。在这个交汇点上,宁波钱庄成功地实现了从传统向现代的转型。土生土长的宁波金融家们积极参与到新式银行的创建和经营本国银行的活动之中,使他们在中国的第一批新型银行中迅速掌控实力。同时保险、证券、信托投资等现代金融业,也被甬商捷足先登。从宁波钱业会馆走出去的宁波商帮,如甬江入海,随着洋流分赴五大洲四大洋,开启海上丝绸之路,承载了富国兴邦的梦想。同时,宁波钱庄业从业者以诚信为基石,以协作为柱梁,适应市场形势因时而变,构筑起宁波近代金融业发展的辉煌。②

　　由于宁波濒海的地理优势和五口通商的历史原因,形成了丰富的"海商文化",明利重商,诚实守信,勇于挑战,敢于创新是宁波"海商文化"的重要特征。它赋予宁波商帮天然的商业思想和贸易能力。

　　"顺风大吉,满载而归"背归航图吉语花钱(见下图)。该钱黄铜质,清代苏炉铸造,浙东沿海一带民间常有发现,是近代海商文化吉祥物。该花钱正面楷书"顺风大吉,满载而归"八字,边缘上装饰十六个银元宝;背面为归航图。该钱精妙之处就在归航图上:钱图下方两艘航海的帆船正鼓满风帆,载着货物从远方归航,顺风顺水,波平浪静。前船帆上书"大吉"两字,

①宁诗:《宁波商帮:无宁不成市》,《名人传记(财富人物)》2013 年 3 期。
②《传承与发扬,续写宁波金融文化新篇——写在宁波钱业会馆建馆 90 周年之际》,《宁波日报》2016 年 3 月 28 日。

船舱里隐约可见船员,人形虽小,却轮廓清晰,形态毕肖。钱图上方是起伏的山峦和连绵的小岛,一轮红日徐徐落下,数只海鸟(也有学者认为可能是麻雀)正匆匆飞向岸上的树林。整幅归航图布局巧妙,意境优美,很像一幅铜雕版画,刻画出海商外出贸易获取大量白银货币满载而归的景象,令人赏心悦目。

"顺风大吉,满载而归"吉语花钱——海商的吉祥物

第三节　近代海上丝绸之路货币文化游戏
——麻将的诞生与传播

　　麻将这种如今风靡全球的海洋非物质文化遗产,是海上丝绸之路的遗物,货币文化的衍生品,体现了人类与海洋博弈的精神,深受我国和世界各族人民的喜爱,被誉为中国的"国粹"。

一、麻将是海上丝绸之路非物质文化遗产

　　麻将的前身据传是郑和下西洋时发明的纸牌"马吊",甚至被郑和带到西非的索马里;而近代宁波陈鱼门改进发明的"骨牌"麻将则与五口通商有关。据说当时用于海上丝绸之路贸易的丝绸都是卷成一条条的,海上搓麻将时,用一条条的丝绸来押宝,就是麻将"条"或"索"的由来,这个称谓留存至今。宁波发达的航海业,带动麻将牌的出口,20世纪20年代起,麻将牌通过宁波、上海等口岸大量出口到海外,被欧美国家视为富有东方情趣的古董,形成一条"海上麻将之路",客观上促进了麻将在世界各地的传播,成为世界性的文化遗产。

　　据宁波天一阁麻将博物馆考证,麻将(由麻雀的宁波话音译而来)是清代宁波人陈鱼门发明的,这与宁波发达的海上贸易及钱庄文化有关。历史

证明,麻将在近代的发明是宁波钱庄文化衍生出来的一大创举。因此,麻将文化实际上也是一种货币文化。

从唐朝起,宁波就作为中国著名的港口城市,开展对外交流,宋元时,宁波已开辟到日本的日常航线,双方贸易往来频繁。在地理上,宁波属于南北港口的交汇处,宁波以北,海岸线多平坦滩涂,沙船多平底,宁波以南,海岸线多暗礁,沙船船底为尖型。为此,南北沙船船队常常在宁波进行易货运输。宁波1842年被迫辟为五口通商口岸之一,由于水陆交通方便,商贾云集,又邻近舟山渔场,宁波成为渔货转运要地,因此钱庄业应运而兴。其中实力较雄厚的宁波商帮大钱庄大多与从事海上运输的沙船发生资金联系。沙船在出海时经常向钱庄借入大宗款项,在宁波购进货物前往南北销售。据史料记载,宁波钱庄是江南最早的金融业之一,始于明盛于清。宁波在太平天国管辖时就有许多钱庄。太平军退出后,因战乱,宁波市面萧条,钱庄业一度不振。1876年宁波地方官陈鱼门筹措债务筹码,重整旗鼓发展贸易,钱庄业趁此机遇,提高存储利率,因此存款骤增而兴旺起来。各行各业扩大经营,钱庄贷款是有力的后盾。在太平天国运动期间,因京杭大运河阻断,江南漕运受阻,为此清廷开辟海上漕运路线。作为鸦片战争后五口通商的首批港口,宁波港的航运业由此达到鼎盛,有数万船工常年奔波于海上。麻将发明后就成为他们的重要娱乐活动之一,并通过海上贸易与文化交流,传播到中国沿海省份和美国、日本和欧洲等世界各地。

二、麻将作为近代中国一种货币文化衍生品的输出

陈鱼门(1817~1878年),字政钥,号仰楼,鄞城(今宁波市鄞州区)人,中国近代麻将发明人。"他在清同治三年(1864年)将40张一副的纸牌马吊改造为竹骨麻将,形成了当时流行的136张牌一副的麻将,并将麻将传授给在宁波的外国人。陈鱼门发明的麻将很快成为宁波上流社会和商界的热门娱乐活动。陈鱼门后至上海经商,成为宁波商帮人士,与当时上海滩上的工商名人常以搓麻将作为交际手段,进行业务联络。麻将是宁波话'麻雀'的读音,而且日语中的所有麻将术语,也都采用宁波方言的读音。麻将文化与宁波钱庄兴起有很大的关联度,麻将属于货币文化,并不是说麻将可以用来赌钱,当然赌博也是一种文化现象,而是说麻将本身就是'铜钱的游戏'。唯物史观认为,社会存在决定社会意识,社会意识是社会存在的反映。近代麻将就是陈鱼门根据马吊的基本花色和牌九的基本形式以及宁波钱庄文化背景新创的一种骨牌博弈方式。'筒'、'索'、'万'分别由马吊的'文钱'、'索子'、'万贯'演变而成。"①马吊牌面上所画的图案都与钱币有关:文钱即是一文铜钱,一贯是一千文铜钱,索子是穿钱的绳子,即钱串;古时候一千文钱也叫一吊钱,这样看来,马吊牌的"马"应为筹码钱的谐音简称,"吊"则是将钱穿起来。这个时候,马吊牌的形制跟麻将已经非常接近了。麻将万、索、筒,本身是古代货币量的概念,筒即是铜钿(外圆内方的铜钱)与文钱相同,一千枚铜钿用绳索相穿而成一贯,一万贯即一万个钱贯(注释:钱贯是指穿钱的绳子或成串的钱)之和,合一千万枚铜钿。也就是"筒"的图案象征铜钱;"索"的图案象征穿钱的索子,代表一贯钱;而"万"则是钱财万贯的简称;财神、元宝等花色更与钱币、银两直接相关。"钱"(筒、索、万)不够用了,就向钱庄借,而借钱,则需要写借据,找中人担保,由银库发出,"白板"象征一张空白借据,寓意宁波钱庄"大信不约"(即真正讲信义,不订约盟誓)的行业规矩,"红中"象征中人,"绿发"象征发出铜钱,换个现代词汇,就是凭证、担保、兑付,典型的钱庄文化;另外,"中"还具有中正、中庸等含义,"发"有发达、兴旺的含义,"白"则具有清白、纯洁的含义。麻将用竹骨材料制作,寓意讲诚信,有骨气。这种大信不约、团结协作的麻将精神与钱庄业精神一脉相承,体现了宁波商帮作为儒商的优良传统。后来,赌博场上出现的不按规矩出牌而作弊的"老千"实在是对麻将文化的亵渎。"东西南北"除方位外,还有可能是宁波钱庄的四个方向的分号。搓麻将的过程其实还是一个金融资产不断重组的过程,因为每一次麻将牌的推倒重来都会形成新的资产积累。在麻将桌上,麻将牌的价值是在不断变化着的,留牌弃牌随时可以转换,并且发挥着不同的作用。弃牌是为了更好的留牌,麻将牌的每一次更换都是追求最终的"和"(音胡"hú")牌。放走手中旧牌,谋取带来希望的新牌,实际上就是通过资产重组去获取最大的利润。麻将的玩法与钱庄经营之道如出一辙。与此同时,清同治年间,正是宁波钱庄业兴盛时期,陈鱼门新创了"杠"、"吃"和用骰子定位的方法,"杠"可能是码头工人杠钱粮等货物的含义,"吃"有可能是吃了别人

---

① 鲍展斌:《对争议性非物质文化遗产保护的哲学思考——以麻将文化为例》,《宁波大学学报·人文科学版》2017 年 2 期。

的牌就有钱吃饭的意思,"和"牌的意思是和为贵。用"台"来计番象征钱庄的柜台数量与财富数量有关。搓麻将使用筹码代替现金,类似宁波钱庄的"过账制度"(即非现金的金融结算制度)。"通过近代'海上丝绸之路'贸易,麻将从宁波传到世界各地。最早传输时间大约在清同治、光绪年间,正是宁波钱庄业发展的鼎盛时期。由于宁波在历代海外贸易和近代金融业中具有重要地位,推动麻将文化向世界各国的传播。到20世纪20年代,麻将出口达到鼎盛时期,竟然成为上海港对外出口商品中排名第六位的重要货物,宁波港也一直在出口麻将,到20世纪八十年代还向海外出口带有英文字母的高级麻将牌,于是麻将号称近代中国最强大的文化输出。"①

还有一种说法是,麻将的发明与航海有关,因为行船靠的是风,便有了东、南、西、北风,白板则代表白茫茫的大海(也有人认为代表白色的船帆)。陈鱼门加入"东南西北"四张风牌,寓意帆船时代航海业对季风的依赖。"宁波航海业一向发达,陈鱼门对麻将的创造及麻将的流行均与航运密切相关。帆船时代航海业深受季风的影响,陈鱼门在麻将中增设风牌即受航海启发,而宁波民间关于麻将若干术语的起源性解释就有船舶航海的原理在内。如:索子牌源于船上的缆索和渔网;筒子牌源于船上盛粮盛水的桶;万字牌源于船家对财富的渴望(家财万贯);风牌源于船家对风向的敏感;碰:两船迎面相撞曰碰,打牌时碰吃对家;嵌:宁波话读(kàn)嵌档,即三张牌组合中间的一张,意谓航船嵌进泊位;停:宁波话读"听",船舶靠岸曰停,意即自己的牌局组合停当;放铳(chòng):宁波传统习俗中放铳放炮仗是庆典时的重要礼仪,庆贺船舶顺利返航,不是用铳来打麻雀杀生!搓麻将时放铳是打出牌让别人成和,有成人之美值得庆贺的意思。"②

从民国时期到20世纪八十年代,宁波、上海等地都在向世界各国大量出口麻将牌,成为非常重要的出口文化产品。例如1923年,从中国出口到美国的竹骨牌麻将竟然达到150万副。中国近代翻译家杜亚泉先生在《博史》中就有过这样描述:"民国十年前后,马将③牌流行于欧美,骨牌之输

①鲍展斌:《对争议性非物质文化遗产保护的哲学思考——以麻将文化为例》,《宁波大学学报·人文科学版》2017年2期。
②鲍展斌:《对争议性非物质文化遗产保护的哲学思考——以麻将文化为例》,《宁波大学学报·人文科学版》2017年2期。
③马将:即麻雀的宁波方言,音同麻将。

出，几成为巨额之商品。"（杜亚泉《博史》）

"宁波商帮非常注重团结协作，主张'和而不同'。这就好比四个人搓麻将，三缺一不行，一缺三更不行，大家需要形成一个精诚合作的局面，自觉遵守游戏规则。宁波商帮的那些金融巨头们在团结协作基础上做大做强，从不出局。"①

陈鱼门在宁波商帮中虽然不是影响力巨大的人物，但他是一个伟大的发明家，他受到宁波钱庄文化的启发改进发明的近代麻将，不仅融汇了宁波钱庄业与航海业的精粹，成为一种深受民众喜爱的十分重要的社交娱乐工具，而且一开始就成为中外文化交流的载体，对向世界各国传播中华文化作出巨大贡献。虽然，社会上有些人对此抱有偏见，但历史终将证明麻将这一宁波钱庄文化的衍生物是真正的国粹和宝贵的海上丝绸之路非物质文化遗产。

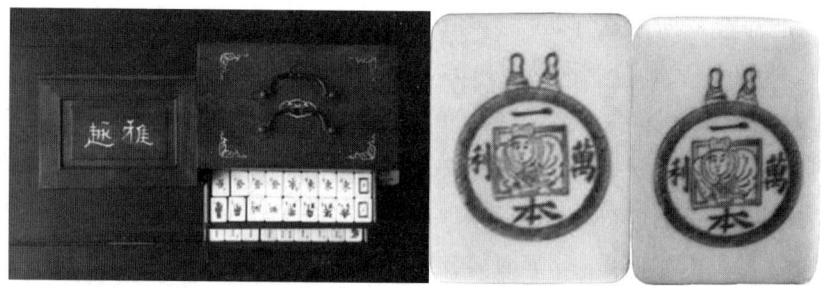

20 世纪八十年代宁波外销麻将牌"铜钱眼里翻筋斗"（上有英文字母）

①鲍展斌：《对争议性非物质文化遗产保护的哲学思考——以麻将文化为例》，《宁波大学学报·人文科学版》2017 年 2 期。

第十二章　中国近代"海上丝绸之路"贸易及货币文化交流

　　清代,由于清政府实行海禁政策,其间广州成为中国海上丝绸之路唯一对外开放的贸易大港,广州海上丝绸之路贸易比唐、宋两代获得更大的发展,形成了空前的全球性大循环贸易,并且一直延续到鸦片战争前夕而不衰落。"鸦片战争在清代的外贸史上也是重要的转折点。鸦片战争后,中国海权丧失,沦为西方列强的半殖民地,被迫开放沿海口岸,成为西方倾销商品的市场。西方殖民者掠夺中国资源并垄断中国丝绸、瓷器与茶叶等商品的出口贸易。鸦片占据了进口商品的首位,并从原来的走私变成合法化。从此,海上丝绸之路一蹶不振,进入了衰落期。这种状况在整个民国时期一直延续,直至新中国成立前夕。"①

　　1840 年爆发的鸦片战争,标志着古代海上丝绸之路的结束。罪恶的鸦片贸易是破坏海上丝绸之路正常贸易的一个重要原因。近代以来,西方殖民者通过经济掠夺和武力征服,陆续控制了印度、东非、中南半岛、印度尼西亚等丝绸之路沿线国家和地区,西方殖民者对中国进行的鸦片贸易与鸦片战争严重破坏了海上丝绸之路的祥和氛围。尽管如此,由于文明的积淀和历史的传承,以及中国人民的积极抗争,海上丝绸之路正常的商贸往来与文化交流并未完全中断,近代海上丝绸之路在鸦片战争后仍在延续。

　　明清时期,中国的帆船仍然频繁出没于东南亚乃至印度洋一带。这一时期,劳务输出是海上丝绸之路贸易的一大特色。通过海上丝绸之路走出国门的大批华侨在东南亚、美洲等地从事农业垦殖、农产品加工、矿业开采等工作,一些发迹后的华侨和华人还从事贸易、金融,并创办企业,在侨居地扮演着举足轻重的角色。如在十九世纪美国西部淘金热中就有大量华人的身影。旧金山,这是个曾和中国劳工关系密切的城市。1848 年该地发现金矿后,中国劳工蜂拥而至,掀起了淘金热。许多华人作为"契约劳

---

①钟海:《古代海上丝绸之路的兴与衰》,《珠江水运》2015 年 19 期。

工"被白人资本家雇佣来此挖金矿、修铁路,备尝艰辛。此后大批华工在此地安家落户,他们称这座城市为旧金山(以区别于澳大利亚的新金山)。淘金热带动了加利福尼亚等地的经济发展,华人功不可没。大批出洋谋生的华人聚集在一起形成"唐人街"。唐人街也被称为华埠或中国城(Chinatown),是华人在其他国家城市聚居的地区。唐人街的形成,是因为早期华人移居海外,成为当地的少数族群,在面对新环境需要同舟共济时,便群居在同一个区域内,所以多数唐人街是华侨历史的一种见证。从经贸角度上讲,这种向海外的劳工输出也是海上丝绸之路的一部分。从文化意义上说,海上丝绸之路的内涵十分丰富。由于唐朝对海外的巨大影响,在宋代时,"唐"就已经成了东南海外诸国对中国的代称。历经宋、元、明、清,外国将中国或与中国有关的物事称之为"唐"。不仅以"唐"作为"中国"之地的代称,而且称中国人为"唐人"。此外,许多华侨非常有爱国心,近代华侨在出国谋生时,身边都要带上几枚清朝"龙洋"银元,不忘自己是龙的传人。尤其是近代许多华侨在海外谋生,不忘报答家乡亲人与报效桑梓,经常向国内汇款,极大地促进了侨乡经济发展。

鸦片战争后,海上丝绸之路民间正常贸易也不曾中断,通过海上贸易继续推动中外货币文化的交流。

西班牙在菲律宾殖民时期(16～19世纪),中西贸易的主要特征概括为"丝绸流向菲律宾,白银流向中国"[1],也即著名的"丝银贸易"。"西班牙银元是真正意义上的全球货币。继而,墨西哥鹰洋则是推动中国走向国际社会的最重要货币工具,它不仅开创了并行于本土农贸市场的洋行洋货市场,而且统一支付的兑换与储藏价值手段也冲垮了中国金融业原有的钱庄和票号结构,逼迫中国政府迅速推进统一货币的进程。"[2]

16至19世纪大致是明代中期至清代中后期。"这一时期中国经历了外国白银由流入再到流出的转变,经历了银钱钞并行的货币体系,并在19世纪末期发生了清朝改铸银元、铜元的货币变革。从中可以直观地感受到,白银在货币结构中的地位越来越突显。这自然与海外白银的流入密切相关。"[3]

①严中平:《丝绸流向菲律宾白银流向中国》,《近代史研究》1981年1期。
②王巍:《墨西哥鹰洋与中国货币的全球化》,《资本市场》2011年11期。
③别曼:《近代海外白银流入的货币效应分析:中西方比较的视角》,《经济问题探索》2011年8期。

第一节　中国近代海外贸易及货币文化交流

从海上丝绸之路性质及其发展情况看,过去学术界一直将鸦片战争爆发视为海上丝绸之路的终结,本书认为这样采取一刀切的方法过于武断,既不符合唯物辩证法与唯物史观的基本立场、观点与方法,也非历史发展的实情。况且,各地情况不同,不能武断的一刀切以求整齐划一。现在有不少学者研究认为,鸦片战争之后,仍然存续近代海上丝绸之路,这期间的文明碰撞给世界各国带来很大的变化,使中国逐渐步入近代化社会,是海上丝绸之路的重要组成部分。

一、近代海上丝绸之路贸易的主要特征

第一,和平共处、友好往来虽是海上丝绸之路的主旋律,但也有侵略和战争。战争是政治冲突的最高形式。"西方列强用坚船利炮打开了我国的国门,给中国人民带来无比的屈辱,但从历史的角度讲,这种文明碰撞导致了历史上的'西学东渐',而西学东渐无疑应属海上丝绸之路的范畴。"[1]

第二,近代百年间,西方列强在推行殖民政策的同时,客观上也向中国传播了西方近代文明。"这种传播表现在社会诸多方面。仅就教育而言,美国教会先后在中国创办了很多学校,中国人称之为洋学堂,起初规模不大,只限于小学和中学。19 世纪 90 年代末办学重点逐步转向高等学校。当时中国的国立大学只有三所,分别是:京师大学堂(北京大学)、山西大学堂(山西大学)和北洋大学堂(天津大学),私立大学也为数不多,而美国教会大学比中国人自己办的大学还要多,几乎占外国人在中国创办的大学的十之八九。"[2]

第三,近代百年间,是中国学习吸纳西方近代文明的历史。"洋务运动就是这种学习和吸纳的重要表现形式。为了更好地学习西方文化,洋务派创办新式外语学校和京师图文馆,积极兴办近代军事工业。曾国藩于

---

[1] 李英魁:《"海上丝绸之路"宁波文化遗存界定之管见》,《宁波与"海上丝绸之路"国际学术研讨会论文集》,科学出版社 2005 年版。

[2] 李英魁:《"海上丝绸之路"宁波文化遗存界定之管见》,《宁波与"海上丝绸之路"国际学术研讨会论文集》,科学出版社 2005 年版。

1861 年筹建我国近代第一座兵工厂——安庆内军械所,仿造火药、炸炮、劈山炮和火轮船。1862 年李鸿章在上海创办洋炮局,1868 年中国第一艘兵轮——恬吉号试航成功。左宗棠于 1866 年在福州创办我国近代第一个造船厂——马尾船政局,生产了大量商船和兵舰。1875 年中国海军建立组织南、北洋海军,标志着中国近代海军正式成为独立兵种。为求强求富,洋务派在兴办军事工业的同时,还兴办近代银行,全国兴办了 20 多个民用企业。"①

第四,传统商业贸易在近代海上丝绸之路贸易中仍在延续。从运输工具和大宗贸易商品来看,这期间虽已进入轮船时代,帆船仍旧被大量使用;丝绸、陶瓷和茶叶仍为海外贸易的大宗商品,占据近代海上丝绸之路贸易重要地位。

例如"山东省昌邑市是'昌邑茧绸'的发源地,也是近代海上丝绸之路的起点之一。在第三次全国文物普查中,该市发现了大量相关文物与史迹,是研究和见证'昌邑茧绸'、'近代海上丝绸之路'历史的珍贵实物资料。"②近代海上丝绸之路中的昌邑民族工商业者,"在中国近代社会剧烈变革的背景下,凭借昌邑茧绸这一国货代表产品和难能可贵的商品经济意识开发出又一条海外贸易商路,前后存续了近 100 年时间,它的出现,续写了海上丝绸之路辉煌的一页。当地大量存世的相关史迹与文物,赋予了这条商路以更深层次的文化内涵。若从整体着眼,再将昌邑之外的烟台、潍坊、青岛、上海等地相关重要史迹纳入进来,其内容还要深厚得多。"③

第五,"银元风潮"对近代中国金融与货币制度变革影响巨大。"五口通商以后,中外贸易得到了较快发展。然而进入 1850 年后东南各省发生了以银元问题为核心的金融风潮。由于鹰洋无法正常流通,本洋价格不断上涨,导致流通货币供应紧张,鹰洋与本洋比价失衡,还对本洋与纹银比价、白银与汇票比价以及银钱比价产生了深刻的影响,并由此引发了东南数省的金融风潮,致使内外商业周转困难,甚至严重扰乱了广大普通民众的正常经济生活。银元风潮是五口通商时期金融风潮的核心问题,并由此

---

① 李英魁:《"海上丝绸之路"宁波文化遗存界定之管见》,《宁波与"海上丝绸之路"国际学术研讨会论文集》,科学出版社 2005 年版。
② 王伟波:《山东昌邑:"近代海上丝绸之路"的起点》,《中国文物报》2013 年 5 月 3 日 6 版。
③ 王伟波:《山东昌邑:"近代海上丝绸之路"的起点》,《中国文物报》2013 年 5 月 3 日 6 版。

引起了近代中国以银元问题为中心的金融风潮与金融改革。"①

第六,海外华侨汇款,成为近代中国外汇收入的重要来源。中国人移居海外历史悠久,数量众多。"据估计,目前全世界的华侨和华人约有2,000多万。这些华侨和华人绝大多数是在19世纪60年代以后至第二次世界大战前,移居世界各地及其后裔繁衍下来的。侨汇大约始于19世纪60年代。起初由'水客'②带回,汇款数额估计不会太多。到了两次世界大战期间,随着华侨人口的增加以及经济的发展,华侨汇款的数额也日益增多。关于汇款的数字,各方面发表的资料不全,且中外经济学者推估迄无定论,据有关统计,从1915～1941年的27年中,全部华侨汇款,折合美元为224,600万元,约占近代(1562～1949年)华侨汇款总数351,000万美元的64%。华侨出国多半是为了谋生。他们大都无能力将其家属全都带到国外,家庭人口多数一半在国外,一半在国内,这种特殊关系的存在,就产生了华侨同国内家庭和亲属保持密切的经济关系,也就是华侨汇款产生的社会根源。在近代中国,由于经济落后,国际收支长期入超,而侨汇则是用来平衡国际收支的主要砝码。华侨投资还加速沿海城市金融业的兴起。尤其是两次世界大战期间,东南亚华侨汇款数及其在中国投资,在中国近代史上所占比重最多,因而对中国社会经济发展的作用最大,其历史意义是不可低估的。"③

第七,中国传统货币金融思想的转型。鸦片战争之后,"中国以经济发展的内在需求为基础引进外来先进思想,并通过对其学习、选择与变通来实现传统金融思想的现代化"。④ 这不仅为后来中国货币金融思想的进一步发展提供了理论、人才和经验,也推动了本土新式金融事业和制度建设的发展。

第八,民族金融业在国际竞争中不断壮大。"鸦片战争后清廷被迫开放五口通商,上海在二三十余年间发展成为中国最大的对外贸易中心和国际金融中心。开放使得上海不得不直接面对来自国际市场的冲击。1873

①林日杕:《五口通商时期的银元风潮与近代中国金融的发展》,《福建师范大学学报·哲学社会科学版》2007年3期。
②水客:通常指从境外携带商品进入中国境内,而又没到海关或出入境处报关登记的商贩。
③林金枝:《两次世界大战期间东南亚华侨汇款及其作用》,《近代史研究》1988年3期。
④程霖、岳翔宇:《晚清金融思想的现代化转型》,《财经研究》2014年6期。

年,国际性金融危机爆发于欧洲,波及上海,引起市场银根紧缩,钱庄行店倒闭,导致上海当年也陷入金融危机。软弱的清王朝对此无所作为,上海的金融、贸易各界商人积极自救,改变贸易方式,增加出口品种,取得良好的效果,显示了晚清时期上海的市场经济组织仍具有相当的活力。"①

二、银本位货币制度的衰退对原有金融体系的破坏

由于对外贸易往来的需要和外国商人用银元兑换碎银获利的动机,从明朝中后期开始外国银元就流入中国。"鸦片战争前,外国银元的流入对我国货币流通产生很大影响,首先是日常结算中人们更喜欢用银元;其次银元以'元'为货币单位,一定程度造成银两结算的被动局面。外国银元在国内大量流通,也为经销银元的外国银行入主中国铺平了道路。截至甲午战争,英、法、德、日四国在香港和上海设立的银行共有14家。到1913年,外国在华银行共21家,分支机构达125处。正如蔚丰厚票号北京分号经理李宏龄指出:'至于外国银行,渐将及于内地,所有商家贸易,官绅存款,必将尽力所夺,外人之素习商战,则非我所能敌。'(清·李宏龄:《山西票商成败记》)除了银元流通和外国银行入华,对中国票号与钱庄冲击更大的是外国银行发行的纸币。最先受到打击的是中国的制钱②制度。太平天国时期,云南滇铜难以运出,铸钱产量下降,铜钱走私十分严重。咸丰年间又发生了严重通货膨胀,朝廷虽然通过鼓铸铜、铁大钱和滥发纸币艰难度过危机,但钱荒问题并没有得到根本解决。因缺钱,一些地方甚至用鸦片来代替制钱使用。为缓解钱荒,最终在清末由洋务派仿效西方币制,购置机器铸造银元、铜元来替代制钱。"③

辛亥革命前后,中国市场上流通的外国纸币达到泛滥成灾的地步。"一开始外国银行发行的钞票基本上可以兑换银元,因此信誉尚佳,但随着流通日广,发行量的剧增,列强对中国民众剥夺加深,纸币再也无法兑换银元,信用骤降。据统计,1910年花旗银行发行纸币23.3万美元,1912年麦加利银行发行74万镑纸币。辛亥革命前后发行纸币的银行还有日本横滨

①辜晓红:《1873年上海金融危机与对外贸易》,暨南大学硕士论文,2004年4月。
②制钱:明清两代按其本朝法定的钱币体制由官炉铸行的钱币,以别于前朝旧钱和本朝的私铸钱。因形式、分量、成色皆有定制,故名。
③李勇五:《货币制度演进与票号产生、衰亡的历史逻辑》,《上海金融》2013年4期。

正金银行、台湾银行(日管)、大清户部银行等。纸币的大量发行,使传统存、放、汇的金融业务被银行垄断,广泛流通的纸币使市面流通的银元、银两的使用大为减少,加之清朝向西方列强的巨额赔款,使大量白银外流,票号主营的汇兑业务锐减。"[1]为应付对外赔款,弥补财政赤字,清廷不断向票号借钱,以维持财政支出,以致到清末,户部竟然拖欠票号银两达 700 万两之巨。票号严重依赖朝廷与官府,丧失独立性,与腐朽的清政府捆绑在一起,为其衰败埋下重重伏笔。"19 世纪末至 20 世纪初,票号在官商银行、外商银行和私人银行的联合夹击下,摇摇欲坠。票号更因其自身的落后性和保守性错失改革重组良机。辛亥革命后,振兴票号已无计可施,加之国内经济危机引发金融危机的影响,票号这一辉煌百年的金融机构轰然倒塌。从根本上看,银本位的货币制度才是票号的生命之源,银源枯竭,票号终结。票号从起源、兴盛到衰亡的生命周期,折射出银本位货币制度从确立、发展、成熟到衰落的历程。随着保守落后的封建币制的衰亡,票号已完成其历史使命,退出历史舞台也在情理之中。"[2]

第二节 不平等贸易与金融侵略对近代中国货币制度的影响

近代中国在帝国主义列强的坚船利炮的进攻之下,主权沦丧,海上丝绸之路贸易转变成不平等贸易,封建货币制度逐步丧失独立性,在西方列强的金融侵略下,被迫作出变革。

一、近代帝国主义列强对中国的金融操控

近代中国,列强在对华进行经济侵略的过程中,陆续设立了各国的银行。如 1848 年,英国在上海设立的东方银行(又名丽如银行和金宝银行),接着先后又设立了有利银行、麦加利银行、汇丰银行和美国的花旗银行。还有法国的法兰西银行、德国的德华银行、沙俄的道胜银行等。它们在中国进行贷款,操纵中国的金融市场,成为列强对中国进行经济掠夺的重要工具。但是从某种意义上也促进了中外货币之间的交流。鸦片战争以后,

---

[1]李勇五:《货币制度演进与票号产生、衰亡的历史逻辑》,《上海金融》2013 年 4 期。
[2]李勇五:《货币制度演进与票号产生、衰亡的历史逻辑》,《上海金融》2013 年 4 期。

广州、厦门、福州、宁波、上海五处于 1844 年被列为五口通商口岸,随着欧美商船来到中国通商,带来了西洋各国的无孔机制硬币,从而影响我国近代货币体制的改革。

帝国主义列强利用货币对中国人民的残酷剥削之烈,莫如在华发行纸币,这些外国纸币不讲信用,除了几家银行信誉稍好,略有发行保证者外,许多外国银行发行纸币就如设置种种金融骗局!第一次世界大战和 20 世纪三十年代初期世界经济危机时期,西方经济不景气,许多银行倒闭,连带在中国设立的一些外商银行也纷纷倒闭,对它们所发行的在中国流通的纸币,也就不了了之,无人过问,成为废纸,致使中国人民遭受巨大损失,无处去申理。鸦片战争后十数年,香港的丽如银行首先到广州、上海设分行,发行纸币。随后英国的麦加利、汇丰等大银行也相继在上海等商埠设立分行并发行纸币。汇丰银行还垄断了上海的金融市场和外汇、外贸市场,甚至左右当时的中国政局。美国的花旗银行、法国的东方汇理银行、沙俄的国家银行和华俄道胜银行、美国的联邦储备银行、日本的横滨正金等几大银行,都发行在中国流通的纸币,形成势力范围。英美控制东南地区,沙俄霸占东北、蒙古、新疆,法国控制云贵,德国控制胶东,日本控制福建和辽东,均与各地方军阀相勾结。以后美国势力日益扩张,第二次世界大战之后,更形成由美元独霸局面,直至全国解放。在三十年代和抗战期间,日本军国主义扶植的伪满洲国和伪蒙、伪华北、冀东及汪伪政权,发行过各种纸币和军用票,残酷地劫掠中国人民。

二、近代中国货币制度的变革特征与方式

十九世纪中期两次鸦片战争之后,在帝国主义列强的疯狂侵略和残暴剥削下,中国已从封建社会逐步转变成半殖民地半封建社会,中国的经济制度和货币制度也相应作了同性质的转变。中国在这半个世纪里,整个社会形势发生了天翻地覆的巨大变化,而大变化中的政治、经济、社会和文化思想,也对货币制度产生了重大的影响。显示出以下特征:

1. 近代中国货币制度变革的特征

第一,中外货币并行流通。外币占主导地位并垄断金融市场,中国货币处于附庸地位,到后期才改变形式,即由众多外币归于美元一统。土洋结合,互相利用而又明争暗斗,新旧杂陈,互相融合,公私共存,各行其是,

出现了一个以外币为中心的复杂金融局面。

第二,货币发行权从绝对分散到相对集中。晚期的清王朝昏庸无能,畏洋如虎,根本没有什么货币政策,对货币发行完全放任自流,各式官民人等,谁都可以自由发行货币。外国货币在中国流通,外国人在中国擅自设银行发钞票,朝廷从来不敢过问。北洋政府时期的情况也差不多,颁布币制、国币条例和一些管理货币办法,也只能对内有效。北伐以后,国民政府在其权力所及范围逐步取消商业银行、地方银行的发行权,先集中由中央、中国、交通、农民四行,再过渡到1942年集中由中央银行统一发行。但同时还有日伪组织的钞票和革命根据地、边区地方政府的货币,还有美元、港币在市场行用。

第三,货币形制、币材多样化,种类复杂多变,币值币信毫无保证。货币内容极其复杂,计有四大类:一是中国公私银行发行的纸币、银元、铜镍铸币和各种信用流通工具。二是外国银行的纸币、银元及各种硬币、信用流通工具,三是银两和少数民族地区专用的金银币及各种货币。四是官银钱局号、钱庄、票号、典当及地方各类公私机构或个人自由发行的各种票券、货币代用品,是在一定的范围内流通使用的。一旦倒闭,对其所发纸币不负任何责任,成为废纸。从币材形制看,有银两、银元、铜元、制钱和古钱、杂钱、纸币,信用流通工具和票券、货币代用品,还有纪念币等。这些货币的每一种都有极其复杂的内容。大多数货币均无发行准备金或任何保证,谈不上有货币价值的保证,更无信用可言。

第四,各币种之间的各自内部的比价关系变化多样。如银元与银两的比价,有洋厘、银折,随行市改变。其它的更无规矩可言,每每被钱商操纵,从中渔利。货币的购买力,先期政府发行的尚可,但到后期通货膨胀恶化,也等于零。其余地方公私发行的货币更无保障。总之,这段时期的币制,可说是中国货币史上最混乱的阶段,中国人民遭受着沉重的灾难。

2.近代中国货币制度的变革方式

帝国主义国家的货币长期侵略中国,肆意横行,是该时期中国货币长期混乱的根本原因。清代嘉庆、道光年间,帝国主义列强向中国输出鸦片毒害中国人民,骗取巨额白银和物资;同时因银元计价比银两方便,推广使用,乃以银元一元换银锭一两,作不等价交换,而银元仅含银六钱多,又骗取大量白银和社会财富。

　　自明朝后期外国银元输入中国以来,到清末启动中国自铸银元,与银两并行,逐渐成为国内市场上的主要货币,这是在帝国主义金融侵略下作出的被动变革。当时在中国流通的外国银元较多,早期的西班牙银元"本洋"是最早流入的一批,约在十五世纪先在广东、福建行使,再向全国传播。被人称为花边银、番银。清朝外国银元流入种类、数量较多,如荷兰大马剑、西班牙双柱花边钱、葡萄牙十字钱、威尼斯银元等。墨西哥后期所铸的银元又称鹰洋、正英、英洋,取代本洋,在中国流通最广,辛亥革命时,估计在中国流通有四五百万元之巨。再次为英国银元,又称站洋、香洋、人洋,先在两广流通。后又铸英国贸易银元,在华竟然有一百五十余万元之多。还有日本龙洋、法国安南银元、美国贸易银元、菲律宾比索、新加坡银元等。此外,还有各种银辅币、铜镍辅币。外国银元的广泛流行,助长了外国在华势力,对促进中国改革币制虽有一定作用,但也使国内币制更加混乱。

　　当时,社会上银两制与银元制并行,对人民生活与社会发展带来诸多不利影响,因此,在朝野上"废两改元"的呼声很高。经过多次反复,最终在民国时期得以改革推行。但是废两改元并没有从根本上改变中国币制受制于帝国主义干预的命运。

　　银两制是以称量白银为本位的货币制度。"银两制包括实银(实际流通的银两)与虚银(作为记账单位的银两)。实银,如北京的十足银、天津的白宝银、上海的二七宝银、汉口的公估二四宝银等。虚银,如上海的九八规元、天津的行化银、汉口的洋例和北京的公砝等,所有的实银交易都必须折算成特定虚银两之后才能入账。银元制是以机制银元为本位的货币制度。明万历年间起外国银元大量流入中国,晚清又有官铸龙洋,银元在实际交易中使用日广。1910 年清廷曾公布《币制则例》,规定国币单位为元,1 元银币重库平 7 钱 2 分,含纯银 9 成,合银 6 钱 4 分 8 厘。1914 年北洋政府颁布《国币条例》,规定国币为银元,铸造被称为'袁大头'的国币银元。虽然袁大头银元发行后颇受欢迎,但银两制依然存在。"①

　　废两改元。1933 年 3 月 10 日,中国币制开始废用银两,改用银元。银两是中国历来通行的货币单位。近代,银元广泛流通,形成银两、银元并行流通的局面。1917 年虽有人倡议废两改元,终究未能实现。1933 年 3 月

---

① 吴景平:《上海金融业"废两改元"的前因后果》,《东方早报》2012 年 5 月 8 日。

10日,国民政府财政部发布《废两改元令》,规定所有公私款项收付、契约票据及一切交易,一律改用银币,不得再用银两。原定以银两收付者,在上海应以银两7钱1分5厘折合银币1元的标准以银币收付。上海以外应按4月5日申汇行市,先行折合规元,再以规元7钱1分5厘折合银币1元的标准收付。持有银两者,可由中央造币厂代铸银币,或在中央、中国、交通3银行兑换银币。

民国二十二年(1933年)南京国民政府发行的银本位币"船洋"银元

中国清代以来银两、银元并行,加上各地方政府各自为政,民国货币堪称混乱,各界也一直谈论货币统一问题。早在1914年,北洋政府出台《国币条例》,规定一个银元等于银两七钱二分,而其中银质最标准的是墨西哥的"鹰洋"。

民国时期,最大的币制变革是在20世纪30年代完成,首先是废两改元,其次是法币出台,前者是以银元代替银两,后者是以纸币代替白银。这两件事不仅是近代中国金融历史的重大变化,对于当时的银行业务更是影响巨大。

"废两改元能够最后取得成功,主要原因有三:其一,废两改元,是扭转白银大量外流的一个重要手段,是国家根本利益之所在,大势所趋,势在必行。其二,光绪皇帝和维新派,以及民国初期袁世凯北洋政府、孙中山南京政府中的主要人物,是支持并赞成废两改元的。其三,由两钱计重制改为元角计数制,结算迅捷,交易简便,商民乐用,有广泛的民意基础。废两改元斗争的主要表现形式,是以光绪皇帝为首的维新派与以慈禧为首的没落守旧势力之间的斗争。元两之争的实质是:近代金融货币体制要不要改革的基本问题。"①

　　回首银币流通,曲折前行。明朝洪武八年(1375 年),发行"大明宝钞",禁止使用金银。到了正统元年(1436 年)后,赋税开征金花银,宣告禁用金银法令失效。之后,中国资本主义经济萌芽,从嘉靖元年(1522 年)前后开始,白银在流通支付中的地位和作用日益凸显。而清末的白银货币废两改元,是历史发展的进步,是经济繁荣的使然。

　　"鸦片战争后,在华流通的外国银元总数约有 5 亿元左右。"②这一情形刺激并促进了中国自铸银元的产生。1833 年和 1942 年,林则徐、魏源都提出设官局,自铸银元,以抑制洋钱的主张,但他们的主张被保守的清王朝拒绝。随着中国殖民地程度的加深,持这种主张的士大夫和官员日渐增多,终于促成中国自铸银元的产生。"1887 年两广总督张之洞奏请清廷在广东设局制造银元,作为法定货币使用,这是中国近代自铸银元的开端。1890 年后张之洞率先在广东用机器制造出新式银元,正面为满汉文字的'光绪元宝',背面是蟠龙纹,俗称'龙洋'。因其刻镂精工,成色有准。"③投入流通后,为民众广泛接受。"由于铸造银元有利可图,各省纷纷效仿。各省银元不仅重量和成色有所区别,而且在银元上铸有省名,这就造成了市价的差异性和银元流通的地方性。清廷也有统一全国银元的计划,并于1910 年颁布《币制则例》,决定实行银本位,定银元为国币,铸币权归朝廷。但辛亥革命的爆发,清王朝被推翻,清朝法定的国币大清银币流通未几,就宣告退出历史舞台了。"④

　　中国自铸银元的主要动机是"维主权,存正朔,收利权,塞漏卮"(清朝官员概括)。为了抵制外国银元,张之洞等地方督抚提出自铸银元以"便民用、保利权"。维持中国货币主权,和外国势力争夺铸造银元利益。中国银元的流通,虽便利了中国民众的商品交换,促进了社会经济的发展,但因其力量薄弱,又不能克服地方保护主义的局限性,所以还不能占据全国市场。在这一时期,中国自铸银元仍和宝银(银元宝)、外国银元同时流通。

　　废两改元的政策,消除了落后的银两制度对中国经济发展的阻碍,打

---

① 杨庆志:《机制币推动废两改元》,《东方收藏》2013 年 12 期。
② 萧清:《中国近代货币金融史简编》,山西人民出版社 1987 年版,第 31、32 页。
③ 萧清:《中国近代货币金融史简编》,山西人民出版社 1987 年版,第 31、32 页。
④ 冯郁:《近代中国货币的统一进程》,《史学月刊》2002 年 8 期。

击了封建买办性质的钱庄势力,使国民政府控制了本位币的铸造权和兑换中的估价权,为以后统一货币打下了一定基础。但这一货币政策还不能解决中国银本位制受世界银价波动的影响,货币主权容易被外部势力操控。1933～1935 年间,美国为了操控世界白银市场,转嫁经济危机,同时也照应国内银矿资本家的利益,开始推行新的白银政策。美国于 1933 年放弃金本位,把白银收购价格提高 50%。"因美国白银政策作出重大调整,引起世界市场上银价暴涨,随之引发中国白银大量外流,造成'白银风潮'。在这场金融危机中,中国的货币金融业受到严重打击。为了应对这一困难局面,国民政府决定实行'法币改革'。主要内容是:确定中央银行、中国银行、交通银行所发钞票为法币,一切公私款项收付,概以法币为限;禁止白银流通,将白银收归国有,充作外汇准备金;法币汇价与英镑、美元挂钩,由中央、中国、交通三行无限制买卖外汇。这是一种金汇兑本位制,直到1937 年 8 月淞沪抗战开始,国民政府实行外汇统制,法币才不能自由购买外汇,成为一种纸币本位。法币政策的实施,使中国开始了不兑现纸币的流通,这是货币发展的必然趋势。法币发行初期,由于发行量适中,币值稳定,对国民经济的发展有明显的促进作用。"①

法币政策放弃了银元本位,发行纸币,用信用货币②割断了中国货币与白银的直接联系,符合货币本身的发展规律,顺应了时代潮流。并且,货币发行权的相对集中,结束了中国货币长期混乱的历史,保证了正常的货币流通量与币值的稳定,促进了经济的繁荣和商品流通的扩大,从而推动了社会向前发展。

经历了千百年之后,"中国货币终于在 1935 年结束了使用白银的历史,开始以纸币为本位货币。这是符合货币发展的规律的。与世界其他国家相比,中国的白银货币改革是不完善、不彻底的,但它毕竟在货币发展史上向前迈进了一大步,改变了通货多元化的历史,统一了货币形式,有力地推动了经济的发展,其积极意义是不可忽视的。"③

---

① 冯郁:《近代中国货币的统一进程》,《史学月刊》2002 年 8 期。
② 信用货币是由国家法律规定的,强制流通不以任何贵金属为基础的独立发挥货币职能的货币。
③ 许弘:《近代中国银货币改革述论》,《辽宁师范大学学报(社会科学版)》2000 年 2 期。

三、中美白银贸易争端与中国货币现代化

在近代以来的中美经贸争端中,美国始终扮演以大欺小的霸权主义角色。而且美国挑起对华贸易争端浪潮,通常都与当时其经济、外交战略变动紧密相关。

这其中中国遭受创伤最为深者,莫过于美国政府 1934 年制订实施的《购银法案》。1934 年美国实行白银国有政策,提高银价,向国外抢购白银。那时,中国还是世界上仅存的银本位大国,然而该法案要求美国政府持续高价收购白银,其目的是要控制中国货币,垄断对华贸易。这一年,中国白银出超三亿三千七百万元,最终引发了中国白银流失狂潮和全面通货紧缩,造成严重的经济危机与金融危机,结束了南京国民政府建立后的所谓"黄金十年",并最终引发 20 世纪四十年代末中国出现天文数字般的通货膨胀。

不仅如此,它还终结了自明代以来沿用近四百年的银本位制度,摧毁了当时中国的财政金融体系。

"第一次世界大战后,主要西方国家相继恢复了金本位,加上技术更新导致白银产量大量增加,世界上出现了金价涨银价落的现象。为稳定世界银价,美国、中国、印度等八个产银或用银大国,在 1933 年 7 月伦敦世界经济会议上,签订了一项《国际白银协定》。其中规定美国政府每年购银不超过 3500 万盎司,中国则承诺将不出售 1934～1937 年销毁银元所得之白银。然而不到一年,美国就公然违背了它所承担的稳定银价的国际义务。为了推行其摆脱经济危机的新政,美国罗斯福政府不得不求助于美国国会内来自西部产银州的议员集团。这些白银派议员借机对罗斯福总统进行'政治讹诈',提出了旨在提高银价的《1934 年购银法》,以增加其所在州资本家的经济利益。《购银法》所造成的国际银价飞涨给中国这样的银本位国家带来了灾难性的金融危机。而正是这场危机促使中国下决心加速推行其酝酿已久的币制改革计划,放弃银本位,建立起现代的、容易管理的纸币制度①。在稳定货币以及走向币制改革的努力中,积弊积弱的中国不得不寻求列强的支持。于是,由美国内政造成的白银问题在演变为中国的金

---

① 纸币制度是指以国家发行的纸币作为本位货币的一种货币制度。

融危机之后,又成为东亚国际关系的一个焦点。美、英、日为控制中国的货币金融进行了一场暗中较量。"①

从学术研究的视角来观察,中美之间的白银交涉集内政与外交、国内与国际、经济与政治诸多矛盾问题于一体,最典型地反映了历史进程的复杂性。但毫无疑问,近代中美之间的白银贸易争端及其解决是中国海外贸易的一部分,属于近代海上丝绸之路贸易范畴,并且这种贸易对近代中国的币制稳定与货币现代化产生深远影响,同时对美国的金融与货币政策也是有影响的。

美国政府 1934 年通过的《购银法》造成世界银价飞涨。作为银本位大国的中国深受其害,白银大量外流,金融出现严重危机。中国政府与美国政府进行了长达两年的艰苦交涉,在作出巨大让步后与美国最终达成了白银交易,1934~1936 年期间通过中央银行先后三次向美国售银共计 1.44亿盎司,并利用售银所得的外汇改革和稳定了中国的币制,实现了中国多年来一直追求的货币现代化。第一次是在 1934 年 11 月,数量为 1900 万盎司。孔祥熙等人显然从这次交易中认识到,利用银价飞涨之际,中国可以通过向美国出售白银获得外汇来进行币制改革,实施法币政策。因此,1935 年 2 月以后,努力说服美国从中国大量购银成为中国对美交涉的主要目的之一。第二次是在 1935 年 11 月,数量为 5000 万盎司。这次售银加强了受到日本冲击的外汇基金。第三次是 1936 年 5 月同美国签订《中美白银协定》,数量为 7500 万盎司。这个协定规定中国出售白银所得外汇,必须存在纽约,作为维持法币的准备金。中国还不得把白银售予其他国家,以防银价涨落。一位美国学者称:"由于美国的支持,中国政府在'几乎一夜之间',没有经过一个金本位过渡阶段而使其货币现代化。"②这虽是夸大之词,但的确道出了中美白银交易的重要性。"考虑到日本对华侵略的扩大,中国通过售银而与美国建立起来的合作关系在当时是颇为重要的。"③

然而中国在美国施压下被迫放弃银本位制,实施法币政策的消极影响

①冯郁:《近代中国货币的统一进程》,《史学月刊》2002 年 08 期。
②Everest,A. S. ,Morgeuthuu: The New Deul uud Silver,NY:Kings Crown Press,1955,转引自罗素前引书,169 页。
③任东来:《1934~1936 年间中美关系中的白银外交》,《历史研究》2000 年 3 期。

也是毋庸置疑的。由于国民政府事实上没有足够的准备金,并且发行权又不受限制,这就为20世纪四十年代末中国金融市场出现天文数字的通货膨胀埋下了隐患。另一方面因实行与英镑、美元外汇挂钩的纸币汇兑本位,从此,法币成为英镑和美元的附属品。抗战之后,法币更是被美元一家完全控制,成为傀儡货币。这从根本上有利于以美国为首的西方帝国主义列强操纵中国经济命脉,对中国进行更广泛、更深入的经济侵略与政治控制。因此,法币不是一种独立而健全的货币,它带有半殖民地半封建国家依附宗主国的深刻痕迹。后来,当国民政府不得不用金圆券取代法币时,注定走上了恶性通胀的不归路,金圆券在搜刮民脂民膏尽入国库的过程,信用丧失殆尽,最终沦为一张被人民唾弃的废纸。

第十三章　中国货币在海外的文化影响

中国货币文化是由中华民族(以汉族为主体,包括各少数民族在内)共同创造的,是独立发展且长期保持自身独立性的货币文化。中国货币文化不排斥外来先进货币文化,具有极大的包容性,辐射周边,影响世界。

"伴随着海上丝绸之路的经济文化交往,中国古代先进的货币文化传播到如日本、琉球、朝鲜、安南(今越南)、爪哇、泰国、缅甸、柬埔寨等周边国家,对这些邻国的币制产生了深远的影响。上述周边国家在与中国的长期交往中,学会了仿制中国的方孔圆钱,在本国使用流通。有的国家甚至长时间从中国采购并直接作为本国通用货币。同时,这些国家所仿铸的铜钱在中国境内也可使用。此外,仿效中国货币流通使用的国家还有波斯(今伊朗)、印度、锡兰(今斯里兰卡)等等。这些国家,从中国继承、仿效或派生的货币体系,共同构成了以中国货币文化为核心的东方货币文化体系。"①中国货币文化的璀璨光芒,辐射四面八方,温暖了周边的受益者,照耀着整个东方,影响着世界各国。中华货币文化对世界货币文化作出了卓越贡献,在世界货币文化史上占据极其重要的地位。

第一节　中国货币在国外是一种文化艺术品

中国古代钱币具有鲜明的文化特征:方孔圆钱的形状是外圆内方,寓意为"天圆地方,道在中央"(《淮南子·天文训》)。体现了中华文化中朴素的宇宙观和价值观。中国古代钱币上多铸有文字,钱文书法有篆、隶、真(楷)、行、草等多种字体,甚至在一枚钱币上还出现两种以上书体,在钱币方寸之地上,钱文书法艺术表现得淋漓尽致。因此,中国有些古钱币,流往异国他乡,不是作货币使用,而主要是作为文化交流、仿效和鉴赏。徐兢《宣和奉使高丽图经》记载高丽国收藏传玩中国钱币之事:"中间朝廷赐予

---

① 《世界钱币博览》,360doc 个人图书馆(引用日期 2019 年 11 月 2 日)。

钱宝,藏之府库,时出以示官属传玩焉。"(宋·徐兢《宣和奉使高丽图经》卷2《贸易》)这反映了高丽王室对中国铜钱采取一种收藏、鉴赏态度,把中国铜钱看成是一种珍贵的文化艺术品。

一、周边国家铸币深受中国货币文化影响

"唐朝的影响世界闻名,波及整个东亚地区。包括铸币系统在内的中国文化传播到各地。第一枚日本硬币铸造于708年,第一枚越南硬币铸造于970年,第一枚朝鲜硬币铸造于996年,他们全部仿效了开元通宝,而且引人注目的是,他们的铭文全部采用文字书写,汉字是他们的官方文字。中亚也仿造了中国货币的外形,但是铭文的语言则不同。"①唐朝以降,由于中国铜钱大量外流,周边一些国家深受中国货币文化的影响,早期铸币形制上也都采用内方外圆的方孔圆钱,币文多使用汉文。如日本的"和同开珎"、"长年大宝",朝鲜的"朝鲜通宝"、"东国通宝",越南的"太平兴宝"、"天福镇宝"等等。日本还专门铸行过一批仿造中国北宋铜钱的"长崎贸易钱",如天圣元宝、祥符元宝、元丰通宝等。"贸易钱(贸易币)是世界货币史上一类十分特殊的货币。它是在国际贸易频繁的背景下,为避免各国不同货币间的复杂换算而出现的一种国际通用货币。世界各国中,最早仿铸中国方孔圆钱的是日本。日本官方第一种自铸铜钱是'和同开珎'钱,诞生于奈良朝元明天皇和同元年(708年,中国唐中宗景龙二年),该钱按照唐代开元通宝制式铸造。此后250年间,各朝天皇又铸造'万年通宝'等十一种铜钱,连同和同开珎,被日本钱币学界统称为'皇朝十二钱',这些钱币当时铸量就稀少,目前存世量极微。因日本铜源严重短缺,所以在铸造'皇朝十二钱'之后500年间,日本主要依靠输入中国铜钱作为流通货币,自己仅在相当于中国明代中期以后铸造了一批长崎贸易钱。"②该贸易钱近年来在中国东南沿海一带时有发现,常常夹杂在成批的清代制钱中,可见当时它们确实起到了国际贸易钱的作用。

受中国货币文化的影响,安南(今越南)在历史上也常常仿铸中国年号铜钱,参与海上丝绸之路贸易流通。中国宋代的一些年号钱,日本与安南

---

① [英]凯瑟琳·伊格尔顿、乔纳森·威廉姆斯著,徐剑译:《钱的历史》,中央编译出版社2011年6月版,第157页。
② 《长崎贸易钱》,新浪网(引用日期2019年11月2日)。

等国均有仿造,如天圣元宝、祥符元宝、元丰通宝、元祐通宝等等。朝鲜早期铸币也仿造中国年号钱,如一种乾元重宝背东国的古钱币,有专家考证是朝鲜历史上最早的仿唐朝乾元重宝的铸币。"历史上的爪哇(今属印度尼西亚)等地区,在通行中国铜钱的同时,在宗教仪式、中式医药、民间风俗等日常生活里也离不开中国的方孔钱。至今在印度尼西亚的一些部落里还有一种习俗,即把铜钱视作护身符,一种宗教仪式的神物,这种情况有点像中国在有关宗教或民俗活动中所使用的压胜钱。"①印度尼西亚也曾仿中国压胜钱的制作模式铸造本国的压胜钱。

二、货币交流推动中外经济文化交流

历史上由于中国铜钱深受海外国家和地区人民所喜爱,这些海外国家均千方百计地发展与我国的交往和友好关系,以期获得更多的铜钱。日本为吸引中国铜钱,遣使越来越频繁,贡物数量越来越多。宋代铜钱的大量输入促使了日本的封建地租形式转变,相关行业(如借贷组织、信用组织)在民间出现。正是在这样一种货币交往中,中国与海外国家和地区的经济文化交流日趋频繁和紧密。

泰国流通最广泛的钱币称为"铢",形状为半椭圆形,中间有穿孔,这是明显受中国汉代方孔圆钱"五铢"的影响而铸成的。目前"铢"是泰国的官方货币,也称"泰铢",由泰国银行负责发行。"1737年泰国发行白色陶瓷质的圆形辅币,在币面中间只有一个楷书繁体汉字——钱,钱字为凹纹黑色,具有中国印章的艺术之美,这枚辅币是在陶瓷上添加汉字,可谓整体中国化(该辅币现陈列于广西钱币博物馆泰国货币专栏中)。"②受中国货币文化影响,1860年泰国发行汉字"郑明通宝"银质纪念币,重1.75盎司,为纪念暹罗节基王朝第四世王蒙固殿下六十诞辰而发行的,十分珍贵,该币正面图案正是一枚方孔圆钱。"在泰国的海上考古中,发现中国古钱数量非常多。1980年在暹罗湾吞武里海域,曾发现一艘沉船,船上载有10多万枚唐宋方孔圆钱。在今天泰国中央银行博物馆、泰国国家银行博物馆、

①储建国:《宁波海上丝绸之路与东方货币圈研究》,《宁波与"海上丝绸之路"国际学术研讨会论文集》,科学出版社,2005年版。
②唐亚林:《"海上丝绸之路"与中国古代圆形方孔钱在东南亚的传播》,《东南亚纵横》2008年1期。

宋卡博物馆都陈列有大量的中国古钱币。"①

泰国"郑明通宝"银质纪念币

菲律宾各地常有中国古代货币的考古发现。"马尼拉附近圣安娜有许多宋代瓷器和宋钱出土,班兹省也出土了唐代开元通宝钱币。文莱古称勃泥。太平兴国二年(977年),勃泥国王派遣使者向宋朝进献礼物,并递交国书,表示愿意与宋朝建立密切的贸易关系。此后勃泥与宋朝的贸易往来很频繁。文莱各地多次出土过宋钱,如咸平通宝、元丰通宝、开禧通宝等等。在该国附近海域也经常发现中国古代沉船,其中就发掘出大量中国的方孔圆钱。"②

第二节　中国货币足迹遍布全球

中国货币通过丝绸之路传播到世界各地,如今在许多国家和地区经常能够发现中国古代货币,成为中外货币文化交往的历史见证。

一、中国货币在印度尼西亚

据《中国钱币》1986年第二期周南京写的一篇文章,叙述1956年宋庆龄副主席《访问印度尼西亚的报告》中提到"在巴厘岛上我们发现比别处较多的中国钱币"。③ 在国内已看不到铜钱,而在巴厘岛上则家家户户都能

①储建国:《宁波海上丝绸之路与东方货币圈研究》,《宁波与"海上丝绸之路"国际学术研讨会论文集》,科学出版社2005年版。
②唐亚林:《"海上丝绸之路"与中国古代圆形方孔钱在东南亚的传播》,《东南亚纵横》2008年1期。
③周南京:《中国铜钱在印度尼西亚》,《中国钱币》1986年2期。

找到。这种铜钱被停止使用,还是不久前的事。现在,人们把它们一串一串地吊起来,作为宗教仪式上不可缺少的神器。在一家银器店里,看到有唐代的"开元通宝"、明代的"万历通宝",也有清朝的各种年号钱,可见中国与印度尼西亚在古代货币文化交流密切,是符合历史事实的。

　　中国货币最早传入东南亚的是汉代,唐代流入印度尼西亚的中国铜钱不多,虽有文化上的意义,但没有经济上的作用。然而到了宋代,情况发生了很大的变化,随着宋朝与印度尼西亚诸王国外交与贸易关系的日益密切,大量中国钱币通过使节、贸易、商人私运等途径,流入印度尼西亚。回顾东亚各国,在唐代因商品经济不甚发达,有的国家尚无自己的货币,如三佛齐"无缗钱、凿白金贸易"(宋·赵汝适《诸蕃志》卷上)。即使铸有货币,其流通也是有限的。宋代钱币已成为各国共用的通货,《宋史·食货志》记载:"钱本中国宝货,今乃与四夷共用。"(《宋史》卷 180《食货志下二·钱币》)唐宋以后,尤其到了明代,一些周边国家与中国贸易时,竞相使用中国铜钱,《西洋朝贡典录》记载:"(爪哇)其民富,其交易用中国铜钱。"(明·黄省曾:《西洋朝贡典录》)

二、南印度出土的中国货币

　　据《中国钱币》1995 年第 1 期杨富学《南印度出土中国古币汇说》提到:二十世纪三十年代,印度萨加尔大学和中央邦政府考古部,先后对安得拉邦北部与马哈拉施特拉邦交界处的希尔浦尔遗址进行了考古发掘,出土了相当丰富的古代遗物,在其中的一处佛寺遗址内还出土了一枚直径为2.5 厘米的"开元通宝"。希尔浦尔地处马哈纳底河右岸,在七、八世纪时,曾一度为南印度桥萨罗国的首都,也是当时印度的一大佛教中心,唐代著名的高僧玄奘就曾于 645 年左右造访过那里。这枚青铜铸造的唐朝钱币,应由当时赴该地朝圣的中国佛教徒所携去的。1942 年 10 月,又在泰米尔纳杜邦坦焦尔县帕图括泰乡的维克拉曼村出土了中国钱币 20 枚。1944年在焦尔县的曼纳吉提乡塔里克泰村发现了一处中国古代钱币窖藏,共出土 1787 枚,其中最早是汉"五铢",最晚是南宋"咸淳元宝"。另外,二十世纪六十年代末,在坦焦尔的帕图括泰乡奥拉雅昆纳姆村又发现了一批窖藏的中国古钱币 323 枚。这些钱币都收藏于马德拉斯政府博物馆内。其中最引人注目的是一枚西汉时的"三铢"钱,根据《汉书·武帝纪》载:"这种钱币仅行用了四五年,数量不多,留世甚稀。"在南印度能发现三铢与五铢钱币,这有力地表明汉武帝时代中印关系已有较大发展的历史事实。"

在中国历史上,汉武帝于公元前 138 年和前 119 年曾先后两次派张骞带领使团出使西域,发展与中亚、南亚诸国的关系。从张骞的出使报告来看,中国和印度在此之前已有商业贸易的往来。除张骞出使前已存在西域通道外,在云南还有一条通往印度的道路,称为"南方丝绸之路"①。尤其值得注意的是中印之间海路此时也已开通,且有中国使者从海路到达南印度东海岸的黄支国。"据学者们考证,此黄支国即玄奘《大唐西域记》卷 10 所记建志补罗。相当于今马德拉斯西南 43 英里帕拉尔河北岸的 kan-chipuram。这里距出土两枚西汉钱币的出土地奥拉雅昆纳姆和昌德拉瓦里都不远。很可能,它们就是当时的使者或商人带去的。"从出土的总数 2,133 枚中国钱币统计来看,绝大部分是宋钱。这说明南印度与中国的贸易往来,在宋代达到了高峰。在宋以前的钱币中,又以唐钱为最多,计 126 枚,而五代时的钱币只出土一枚,尚不如汉武帝时代多,东汉至隋的钱币那就更少了。可见,南印度出土的中国历代钱币在一定程度上反映了中原王朝政治、经济实力的消长和中印交通贸易的盛衰。②

三、非洲出土的中国铜钱及其意义

据《海交史研究》1988 年第 2 期马文宽的文章:位于北非的埃及自汉代起就与中国有了间接的往来和贸易关系。如《史记·大宛传》记载了埃及著名港口亚历山大,称之为"黎轩",《汉书·西域传上》称为"犁靬"。埃及"善眩人"(魔术师)也辗转地来到中国。同时中国的丝绸也通过陆上或海上的"丝绸之路",经埃及辗转到罗马帝国。这时中国的商船也航行至印度和斯里兰卡。到魏晋南北朝,或有少量船只出现在波斯湾。自唐以来,我国的海上交通有了迅速的发展,它可远航到波斯湾,甚至有部分船只已到了非洲。从当地出土的陶瓷器与中国铜钱,说明中非之间的直接友好往来和贸易关系有了进一步的发展。到明初郑和下西洋时,把这种关系推到了顶峰。作为这一历史事实的直接证据,现在保存下来的就是近一个世纪

---

① 南方丝绸之路:泛指历史上不同时期四川、云南、西藏等中国西南地区对外贸易通道,包括历史上有名的茶马古道等。

② 杨富学:《南印度出土中国古币汇说》,《中国钱币》1995 年 1 期。

以来,在非洲不断发现的大量中国古代瓷器和钱币。值得引人注意的是有些钱币和瓷器,共出一地。[①]

在非洲的索马里、肯尼亚、坦桑尼亚等地多处出土中国钱币共计 330 枚。"其中,唐代 4 枚、五代 1 枚、北宋 142 枚、南宋 64 枚、明代 10 枚、清代 4 枚、年代不明 105 枚。"这些钱币中宋钱占 91% 以上,这些地区是宋王朝的特需商品——香料、象牙、犀角等的产地,为了换取这些商品,宋代的瓷器、丝绸、茶叶等也源源不断地从海上运往东非。除此之外,宋船也带去大量的中国铜钱来购买这些商品。[②] 据中外有关文献记载:"中国人购货,具用钱";"入番者非铜钱不往,而番货也非铜钱不售"。神宗时张方平有"边关重车而出,海舶饱载而归",大声疾呼要朝廷重视对外贸易导致的严重钱荒。宋廷也屡次颁发禁令,限制铜钱外流,由于走私严重,法令变成一纸空文。

四、其他发现

据《蒲寿庚考》记载,新加坡在 1827 年出土中国铜钱,多数是宋钱;爪哇岛也于 1860 年出土 30 枚中国钱币,其中一半是宋钱;南印度之马八儿,在宋末元初时为中国商船往来频繁之处,其海岸一带时常有中国铜钱出土。此外在朝鲜的平壤、汉城(今改名首尔)、昌城、渭原、慈城、德川、釜山等地都出土中国钱币。在日本,据入田整三氏在《考古学杂志》第 20 卷 12 号(昭和五年)的考古调查报告中发表的十八处地方,出土的中国钱币总数达 554,714 枚,其中超过一万枚的有 15 种,多为宋钱。宋钱在中世纪时期,对日本经济的发展,起了举足轻重的作用,是谁也否定不了的,这是历史货币的证史作用。

在越南,据《中国钱币》1992 年第 1 期刘森《宋代中越两国货币文化交流史述》提到:张世铨、龙晓云《广西边境收集的越南古钱研究》言越南出土的中国钱币有 30 余处,其中最多一次出土共计 1,700 余枚,大部分是北宋钱币,这充分证明了越南也通用中国钱币的史实。[③]

[①] 马富宽:《非洲出土的中国钱币及其意义》,《海交史研究》1988 年 2 期。
[②] 马富宽:《非洲出土的中国钱币及其意义》,《海交史研究》1988 年 2 期。
[③] 刘森:《宋代中越两国货币文化交流史述》,《中国钱币》1992 年 1 期。

第三节　海上丝绸之路与东方货币文化体系

东方货币文化体系是在中外丝绸之路交往的基础上形成的,它伴随着丝绸之路的成长而不断发展、完善,极富特色,成为影响世界的独立的货币文化体系。

一、东方货币文化体系的孕育与形成

中国是世界上最早使用货币的国家之一。中国货币文化至少已有四千多年的历史,源远流长。在公元 10~15 世纪期间,在世界上曾经形成以中国货币文化为核心的东方货币文化体系。中国货币文化的长期输出与交流,构成与发展了具有东方特征的货币文化体系。纵观日本、越南、朝鲜等国币制所构成的东方货币文化体系,使我们清楚地看到中国货币文化对其影响及主导作用。通过海外交往,中国的货币制度显示了它的先进性,并为周边国家所公认;所以邻近诸国也长期乐于使用中国钱币或仿造中国形制的钱币。

据考古和文献资料,中国货币文化通过海上丝绸之路对外交流并形成东方货币文化体系可分为孕育、形成和发展三个历史时期。

1. **孕育时期**(10 世纪左右)

中国历史上与东亚的新罗、高丽、日本,东南亚的林邑(越南半岛中部)、诃陵(爪哇)、室利佛逝(苏门答腊)、婆利(婆罗洲),南亚的师子国(斯里兰卡)、秣罗矩侘(南印度奎隆)、拔飑(坎贝湾巴罗奇)、堤飑(达波尔),西亚大食所属末罗(巴士拉)、没巽(苏哈尔)、设国(席赫尔)等国家和港口都有通商贸易和货币流通。由于中国铜钱质量很高,成了这些海外国家喜爱的珍品。自汉至唐,中国钱币对外交往,纯属文化交流上的意义,无经济作用,但到宋代就发生了根本变化,"入蕃者非铜钱不往,而蕃货亦非铜钱不售"。①

中国钱币通过使节"回赐"、贸易通商和商人私运三个方面,在上述国家(地区)流通,成为很长历史时期中的"国际"货币。例如元丰中,朝廷一

---

① (清)徐松《宋会要辑稿》卷 44 之 34《职官》刑法条。

次"回赐"三佛齐(印尼)的礼品"赐钱六万四千缗,银一万五百两"①,在与"大食(阿拉伯)、古逻(泰国)、阇婆(印度)、占城(越南)、勃泥(马来西亚)、麻逸(菲律宾)、三佛齐(印尼)诸蕃,并通贸易,以金银、缗钱、铅锡、杂色帛、瓷器,市香药、犀象、珊瑚……等物"。② 南宋时交趾(越南)同广南地区"贸易金香,必以小平钱为约"③,阇婆与中国贸易"往往冒禁,潜载铜钱博换,朝廷屡行禁止兴贩,番商诡计,易其名曰苏吉丹"④,"爪哇国通用中国历代铜钱,旧港国市中也使用中国铜钱"。⑤

越南半岛北部,早在唐时就设立"安南督护府",著名的唐代四大名港之一交州,就在半岛之中。因此,长期以来流通的都是方孔圆形的中国钱币。到宋代,越南半岛北部虽脱离了大宋朝,但继续行用宋钱。总之,在周边东亚、东南亚沿海诸国都以海上贸易方式获得了大量中国钱币,并用于本国流通。

从上述大量出土物和史料证实,通过海上丝绸之路,至少在10世纪左右以铜质方孔圆钱形式为特征的中华货币文化已经深深植根于周边沿海诸国,这为它们独立自主铸造钱币,作为法定货币,奠定了基础,因此这个阶段为东方货币体系孕育时期。

2.形成时期(10～11世纪)

中国货币文化的输出,对确立以中国货币为核心的东方独立货币体系有着重大的意义。周边沿海诸国从仿造中国钱币到自铸与流通,从而形成了东方独立的货币体系。7世纪,日本处于奴隶制瓦解、封建制确立和巩固阶段,对大唐帝国繁荣昌盛的文化(包括货币文化)十分赞赏、崇拜,尤其对"开元通宝"钱制十分重视。到日本奈良朝元明天皇时,武藏地区向朝廷献纳自然铜时,日本朝廷就以唐"开元通宝"钱作楷模,于和同元年(708年,唐景龙二年),在中国工匠的帮助下,铸造汉文"和同开珎"方孔圆钱,这是日本最早铸行的官方流通钱。此后的"万年通宝"、"神功开宝"等一批书法工整、笔力遒劲的汉字钱币,制作精良。708～958年先后12次铸造,但

---

① 《宋史》卷489 三佛齐条,卷186《食货志》。
② 《宋史》卷489 三佛齐条,卷186《食货志》。
③ 《建炎以来系年要录》卷69"绍兴三年十月民包成熟戊戌"条。
④ (宋)赵汝适:《诸蕃志》卷上阇婆国条。
⑤ (明)马欢:《瀛涯胜览》爪哇国条。

从 9 世纪 60 年代开始,苦于原料不足,所铸的铜钱质量日趋粗劣。到 958 年(后周显德五年)铸"乾元大宝"时,甚至用铅为材料。这样新铸的钱币,日本人民称之为"恶货",丧失了民间的信用,逐渐停止流通。但日本皇朝仍不择手段,强制命令百姓继续使用。

朝鲜从 996 年(成宗十五年)始铸"乾元重宝",形制仿唐"乾元重宝"。"乾"字亦按古体写作鱼钩"乹",背面上下有"东国"二字,意为中国之东。1095 年铸"海东重(通、元)宝",面文仿宋真书,意为黄海之东。此外还有"东国通(重)宝"、"三韩通(重)宝"、"朝鲜通宝"、"常平通宝"等都是方孔圆钱形式。

越南自独立后,就有官办的手工业作坊铸钱。970 年改元太平,号称丁朝,始铸"太平兴宝",背文"丁"字,成为该国法定货币,历朝钱币楷模。984 年铸"天福镇宝"背"黎"。从 1225 年到 1272 年近 50 年又铸了"建中通宝"、"政平通宝"、"元丰通宝"、"绍隆通宝"四种,一直没有间断。

纵观日本、越南、朝鲜等国家币制所构成的文化内涵,可以清楚地看出中国货币文化对这些国家的影响及作用。铸币形式,方孔圆钱体系;钱币命名,均沿用"通宝"钱制,虽有名目繁多的通宝、元宝、开宝、重宝等不同称呼,但均以钱为宝;铸币标准,也多依照中国小平钱,以唐代"开元通宝"作为楷模;铸币装饰,以中文为主体,一律用"汉字",不采用西方货币上喜欢用的人物、禽兽、花卉图案;铸币取材,采用金属,以铜为主;仿铸中国年号钱,大小、厚度、规格、质地都与中国钱币相似。

现在对一些典型的钱币作一剖析。日本的"和同开珎"和中国的"开元通宝",它们的直径一般都在 2.4 厘米,字体端庄,均在篆隶之间,称作"八分书"。开字相似,尤其是门部相同,文字排列上右下左旋读。"开元通宝"直读,也有人旋读,狭缘,光背。"万年通宝"(760 年)、"富寿神宝"(818 年),均光背,狭缘。直径 2.2~2.5 厘米,字体在篆隶之间,特别是宝字相似,字均旋读。

越南"太平兴宝"(970~978 年)、"天福镇宝"(984 年),这两种钱字体为楷书,但较粗,为直读,直径 2.3 厘米,背有"丁"、"黎"均为记朝。此后,像"政平通宝",楷书、旋读。"熙元通宝"出现宽缘。

朝鲜"海东通(重)宝"(1095 年)和"东国通宝"增多光背,直径 2.2~2.4 厘米,文字有楷、篆书,旋读。到"常平通宝"时出现宽缘,背记铸造地,如"户"、"开"、"户玄三"、"二训土一"等。

　　还有在东方货币体系发展时出现的方孔椭圆形"琉球通宝"背"当百"，"土佐通宝"背"当百"，"盛冈铜山"背"百文通用"，"天保通宝"背"当百"，还有"万年通宝"背"当百"，"筑前通宝"背"当百"等，后三种下有花押图案。

　　从以上典型钱币剖析中有三点值得特别注意：东方货币文化既有传承，也有创新，但基本格局一致。

　　(1)方孔圆钱文字读法。旋读的历史很悠久，约始于圆孔圆钱(战国)，方孔圆钱于战国秦时出现。二字横读拟始于"半两"。上下左右对读则始于新莽"大泉五十"(7 年)。

　　(2)关于背面文字问题。中国方孔圆钱背面记文字，最早出自西蜀"犍为五铢"。背"为"字，考证为益州(今四川)犍为郡所铸。中国先出现记地名，后来出现记朝名，而越南钱币出现背文记朝名，"丁"即丁朝。背文这种记"丁"朝，可以说是继承了中国五代十国时期，闽国"殷"朝铸币"天德重宝"背"殷"之作法。

　　(3)由方孔圆钱派生出椭圆形钱币，这种钱币的出现是很晚的事。"琉球通宝"和日本的"天保通宝"就是范例，椭圆形钱币是方孔圆钱的变形，本质上没有脱离方孔圆钱的范畴。以上东方诸国独立铸币与货币文化内涵的共同特征，构成了在一个区域内的货币文化体系。由于从形制、体量、文式、纹饰等等不同于西方货币，因此称它为东方独立的货币文化体系。这个体系的形成时代，从铸币年代先后看，应在 10~11 世纪。

二、东方货币文化体系的发展

　　东方货币文化的发展时期是 15 世纪左右。在东方货币文化体系形成以后，它随着东方诸国的政治、经济情况而成波浪式前进或螺旋式上升。中国在货币经济发展总体上，可以说是比较稳定的。从宋代到明代大量铜钱输往国外，表明国力强盛，经济发达，货币信誉度极高。货币输出本身是一种等价交换，各有所得，对促进双方经济发展，对改善社会各阶层人士生活，起了很大的作用，这是中国对世界的一大贡献。

　　日本从 708~958 年的 250 年间，只鼓铸过 12 次钱币，最后一次竟用铅铸钱，说明国力极衰。此后的 520 余年一直使用中国钱币，据《日本国志》卷 18《食货志》五货币条载："当足利氏颛时，屡上表于明，'称臣国'铜钱耗损,公私索然,请赐钱;诏屡赐之'永乐钱'遂通行国中,以铜质纯良,至以一文当古杂钱四,一贯当黄金壹两。"①到了 1587 年(明万历十五年)日本朝廷因国内需要又开始鼓铸"天正通宝",尤其是从 1626～1862 年,长达200 余年间累朝鼓铸"宽永通宝"。该钱楷书端秀,制作精良,迄今仍灿然,面富韵致,名类繁多,数量巨大,流通时间特长。至 1670 年(清康熙九年),日本政府宣布禁止使用中国钱币,从此,"宽永通宝"不仅本国流通,而且还向外输出。"在中国明州(宁波)港,仅镇海港区内一地就出土宽永通宝329 枚,大量出土事实表明宽永钱已流通到中国的沿海港城。"②

　　朝鲜自李朝仁祖十一年(1633 年)开始国内商品经济活跃,由户槽判书金起宗提议铸钱,不久仁祖令以"常平厅"的"常平"二字为钱名,设铸钱所大量鼓铸"常平通宝"。为了繁荣贸易,活跃经济,朝廷明文规定:用铜钱征收租税、奴婢部分身贡和赎金。在八个道沿途开设官营店铺,允许商业开铺子和钱市。规定集市买卖一律用铜钱,并令手工业和商业中心的全州、安东、会州、开城、水源等地铸行钱币,铸造时间持续 200 余年。后来因私铸很多,所以到李朝肃宗五年(1678 年)四月一日,进一步用法律把钱币确定下来,一直鼓铸到 1891 年(清光绪十七年)。常平通宝铸造与流通长达 250 余年之久,是朝鲜历史上铸期最长、铸量最大的一种钱币。常平通宝在中国沿海对外贸易港区常有发现,品种繁多,重量和质量上都要比越南的"光中通宝"、"明命通宝"钱好,故民间乐于使用。

　　越南(古称安南)到 10 世纪,豪绅黎利建立"大越国"(即后黎朝),由于商品经济和货币的流通较前朝更有扩大与发展,货币单位和度量衡单位得到了统一。同时还废除纸币,一律使用铜钱。于是钱币鼓铸(流通)品种、数量之多,居各朝之首。从 1428 年(明宣德三年)至 1801 年(清嘉庆六年)的 373 年中鼓铸了"顺天元宝"、"大宝通宝"等钱币共计 35 种。后因农民运动冲垮了后黎王朝,于 1802 年(清嘉庆七年)建立了阮朝,改国号为"越南"。其时,货币经济日益渗入到社会生活各个领域,经济越发展,货币流通量越大,钱币继续铸行,有"嘉隆通宝"、"明命通宝"等十余种。在明州(宁波)港出土的 20 余种安南(越南)钱,大多为明清两代所铸钱币,镇海港

---

①《日本国志》卷 18《食货志》五货币条。
②虞逸仲:《从邻国钱币研究明州港对外贸易关系》,《第二次宁波市钱币学会年会论文专辑》,1990年 4 月。

区一地出土 216 枚,证明了越南钱币不仅国内流通,在与中国港口进行国际贸易交往时也在流通。

琉球中山王尚泰久,于 1453 年(另有一说是 1457 年)铸造"大世通宝",面文仿明永乐通宝,嗣后又于 1461 年铸"世高通宝"。1470～1476年,琉球尚园王铸"金圆世宝",1477～1527 年铸"中山通宝"等钱币进行流通。在日本占领琉球后,所铸的"琉球通宝"文字秀美,有美泉之誉。此外,暹逻(今泰国所在地区)、万象(老挝)、缅甸、真腊(今柬埔所在地区)均仿铸钱币,也在中国境内流通使用。

三、东方货币文化体系的主要特征

以中国货币为主导,具有中国货币特色的东方货币文化体系,主要表现以下几个方面的特征:

第一,铸币形式:仿照中国方孔圆钱体系,一般均为外观圆形中铸方孔,寓意天圆地方、道在中央、周流四方。

第二,钱币命名:均沿用"通宝"钱制。虽名目繁多的通宝、元宝、开宝、珍宝、泉宝、永宝、巨宝、重宝等不同称呼,但均以宝为钱名,这是共同的特点。它与唐代确立"通宝"钱制后,方孔圆钱相一致。

第三,铸币标准:大都依照中国小平钱。直径为 2.3 至 2.5 厘米,以唐代"开元通宝"形制作模板。币值也参照中国的小平、折二、折五、折十、当百等等。

第四,钱文与装饰:钱文多以汉字为主体,并模仿中国的钱文书法,呈现多种书体特征,如安南的景兴通宝和日本的元丰通宝等等。这是东方货币文化的特色,它一律采用"汉字",不用西方货币上常见的人物、禽兽、花草等图案。

第五,铸币的选材:采用金属,以铜为主,兼用铅、锡。如宁波市镇海区清理甬江航道吸泥出土的 573 枚邻国货币中,只有 85 枚是铅质"嘉隆通宝",其余则全是铜铸的。

第六,货币单位:普遍参照中国货币单位。铜钱的单位是"文"和"贯",1000 文＝1 贯。金银货币用"两"和"分"作单位,这里的两和分是货币单位,不是重量单位。如一枚日本"小判"是一两金的计量货币,这里的两与重量无关,而与流通的货币单位有关。

第七,仿铸中国年号钱:大小、厚薄、规格、质地与中国铸币十分相似。如日本仿铸"元丰通宝",但与中国铸造文字略有差异,我们称它为"曲"头元丰;"洪武通宝"背纹有"加"、"木"、"治"的,也是日本仿铸的中国年号钱,在我国内流通、混杂使用,补充了中国国内市场上钱币流通的不足。

四、中国货币成为古代国际通用货币

中国货币曾经在天竺、波斯、泥婆罗(今尼泊尔)、大秦(东罗马)、苏门答腊、婆罗洲、吕宋(今菲律宾境内)、锡兰(今斯里兰卡)、马来西亚、新加坡以及东印度群岛等东南亚国家和朝鲜、日本等东亚地区流通使用,曾经扮演过国际通用货币的角色,发挥了重要的作用。在唐代初期,中国货币流向境外的数量增大,中国货币在国际上逐渐被认可,在各国流通使用,这与当时中国的国力强盛、经济发达有着密切的关系。宋元时期,朝廷一改历朝铜钱禁止出口的禁令,在北宋初期和宋神宗时,朝廷允许铜钱作为商品出口,这样,中国货币随着日益繁荣的贸易交往而被源源不断地输往其他国家。而一些亚洲国家如日本、越南、朝鲜、老挝、缅甸、柬埔寨等,因自己不铸钱或少铸钱,或因本国币制紊乱、铸钱质量低劣,皆乐于使用中国货币。

第四节　中国货币文化的输出对周边国家和地区的影响

纵观中国历代海上丝绸之路的发展可以发现,中国货币在与周边各国、各地区的海上贸易交往中发挥着重要作用。

一、中国货币文化的对外交流与国际影响

由于海外交往与贸易,两千年来所形成的具有中国特色的货币文化对交往国家的政治、经济、文化等,有着深远的影响。

其一,满足政治交往和文化交流的需要。

"在古代很长的历史时期内,中国封建皇朝往往对周边一些国家采取怀柔政策,厚往薄来,为了维持大国威严与和平友好的关系,不惜用大量的丝绸、瓷器、货币等商品赏赐给他们,使他们能对其顶礼膜拜,前来朝贡。《西洋朝贡典录》一书就大量记载了元明时期西洋、南洋与东洋诸国遣使来

中国进贡之事。元世祖时命史弼、高兴发千艘海舶，持一岁粮、虎符十、金符四十、银符百、钞锭四万去犒劳爪哇国；明朝郑和七下西洋，也带去了中国大量的丝绸、瓷器、货币等，这里的货币是作为一种国礼，为政治目的服务，这是货币发挥的首要作用，而作为文化上的交流是次要的，并没有多少经济上的作用。在中国历史上，此类事件发生得比较频繁。"[1]

明朝在朝贡贸易时期的出口商品表现在明朝对朝贡国家的"赏赉"品上，主要是丝绸、瓷器、铁器、棉布、铜钱、麝香、书籍等。"至于铜钱，获得这种赏赐数量最大的是日本，例如，永乐三年（1405 年），明政府给日本国王源道义赐铜钱 150 万文；第二年又赐给 1500 万文，给王妃赐 500 万文。"[2]明朝给日本赏赐"这笔钱币，对于日本国内钱币的流通，当然产生了很大影响，在日本货币史上和经济史上是特别值得注意的"。[3]

其二，充当海上丝绸之路贸易的媒介物。

中国古代货币在海上丝绸之路贸易中，作为商品交换的媒介物，发挥着重要的作用，甚至担当国际货币的功能。这是还原了货币的经济职能。"历史上，中国与海外诸国之间除了物物交换外，所进行的国际贸易大都以（中国）货币为交换媒介。如明朝时，日本第二期遣明使团从宁波去北京前，先从南京运出硫磺两次，每次 5 万斤，从北京返回途中，在南京朝廷又退还他们硫磺 3 万斤，铜 1250 扛，次日又退还铜及苏方木，并让日本使团领取货款铜钱 3000 万贯。这种厚往薄来的朝贡贸易，使得中国钱币大量流往国外。"[4]

其三，中国铜钱作为特殊商品被销往国外，继而充当国际货币的作用。

在北宋初年和宋神宗时，朝廷允许铜钱作为商品出口，这样，中国铜钱随着海上丝绸之路贸易交往而被源源不断地输往其他国家。"一些周边国家如日本、越南、朝鲜、老挝、缅甸、柬埔寨等，本国铸钱很少，或因本国币制紊乱，铸钱质量低劣，皆乐于使用中国钱币。尤其是日本镰仓时期（1185～1333 年），商业发达，而其国内币制紊乱，铜钱质量低劣，所以渴求质量优

---

[1] 王智勇：《中国—东盟货币合作中的人民币区域化研究》，《学术论文联合比对库》2013 年。
[2] 王世贞：《弇山堂别集》卷十四，《皇明异典述九·四夷王赏功之优》。
[3] ［日］木宫泰彦著、胡锡年译：《日中文化交流史》，商务印书馆 1980 年版，第 580 页。
[4] 王智勇：《中国—东盟货币合作中的人民币区域化研究》，《学术论文联合比对库》2013 年。

良的中国铜钱。"①

　　根据小叶田淳《日本货币流通史》统计,在日本 28 个地方出土的中国铜钱多达 55 万多枚,其中 80% 以上是宋代铜钱。1266 年,镰仓幕府更公开承认宋代铜钱为日本的法定货币。此外,宋代铜钱也是高丽、交趾(今越南)等国的主要流通货币,并流向南亚和西亚,成为印度南部地区,乃至阿拉伯地区的辅币。南宋理宗时,日本一次就从中国运去十万贯铜钱。马欢《瀛涯胜览》爪哇条:"南洋一带买卖交易,行使中国历代铜钱",又旧港条(苏门答腊岛之索淋邦):"一市中交易,亦使用中国铜钱。"外国商船来中国,"非铜钱不往",中国商船出海贸易,也带去大量的铜钱。因为宋钱对蕃货的购买力极强,"每是一贯之数,可以易蕃货百贯之物,百贯之数,可以易蕃货千贯之物,以是为常也"(包恢《敝帚稿略》)。"另据《中国印度闻见录》记载:'中国铜钱外流到日本及东南亚各地,且已经流散到波斯湾地区了。'甚至在非洲、澳洲及中南美洲都出土过中国铜钱。中国货币因铸造精良,价值稳定,信用可靠,在海上丝绸之路贸易中长期充当国际货币的角色。"②

　　其四,中国货币文化的输出,对确立以中国货币为核心的东方货币体系发挥重要作用。

　　"在海上丝绸之路贸易中,中国货币及其货币文化的输出,对周边国家的货币制度起了潜移默化的作用。海上贸易交往越繁荣的年代,大都是中国封建王朝强盛时期,因此,币制相对稳定,钱币制作精良,币值稳定,在商品交易交往中深受各国的欢迎,许多周边国家以中国铜钱作为本国通货。"③

　　尽管日本在 708 年模仿唐代开元通宝式样铸造过铜钱,但因铜料不足,引发铸币质量低劣,失信于民,本国铜钱在部分地区流通一段时间后便停止铸造。958 年后,专靠中国"渡来钱"维持市场流通。"从和铜元年(708 年)设铸钱司,铸造最早的钱币"和同开珎"开始到明治四年(1871 年)铸造近代机制币为止。日本古代铸造使用货币的历史约有一千二百年,无论是完全流通使用中国钱币阶段,还是两次自铸货币阶段,日本古代的钱

---

① 王智勇:《中国—东盟货币合作中的人民币区域化研究》,《学术论文联合比对库》2013 年。
② 王智勇:《中国—东盟货币合作中的人民币区域化研究》,《学术论文联合比对库》2013 年。
③ 王智勇:《中国—东盟货币合作中的人民币区域化研究》,《学术论文联合比对库》2013 年。

币文化深受中国影响,亦属于以中国为代表的东方钱币文化体系。"①日本大名织田信长军队的盔甲和战旗上均印有明朝"永乐通宝"钱文。永乐通宝是明成祖朱棣铸造的年号钱。永乐通宝钱书法秀丽,铸工精湛,是中国货币史上制作非常精美的一种钱币。这些铸造精良的永乐通宝主要用于对外贸易,为明初实施"怀柔远人"的开放政策发挥了重要作用,成为当时的国际贸易硬通货。邻国日本、越南等也曾大批仿铸使用永乐通宝钱。永乐通宝是当时日本境内主要流通的货币,织田信长用永乐通宝钱币作为军旗和头盔纹饰,可能是出于他对金钱的迷信和对永乐通宝这种国际贸易硬通货的崇拜,无疑是向天下宣布,我织田信长才是日本战国实力最强的霸主。后来日本铸造的铜钱"庆长通宝"的通宝两字就照搬永乐通宝的通宝两字! 琉球王国铸钱也受永乐通宝的影响,"大世通宝"、"世高通宝"的通宝两字也和永乐通宝的通宝两字一样。

日本大名织田信长军队的盔甲和战旗上均印有明朝"永乐通宝"钱文

明·永乐通宝

---

①王永生:《中国古代货币文化对日本的影响》,《中国钱币》2014 年 2 期。

中国的铜钱已深入到这些"海上丝绸之路"沿线国家和地区人民的生活之中。"中国货币的外输,虽造成了国内的钱荒,但在货币交流的同时,也沟通了文化,促进了中外货币文化的共同发展和繁荣。这些国家从使用中国货币,到仿铸中国货币,从而在一个区域内正式形成了以方孔圆钱为代表,钱币名称沿用'通宝'钱制,铸币规格、大小依照中国小平钱样式,钱文采用汉字,币材以铜料为主,大小、厚薄、规格、质地与中国货币类似的东方货币体系。这是中国对世界货币文化的一大杰出贡献。"①

二、发行纸币对"海上丝绸之路"国家的影响

我国是世界上最早发明、使用纸币的国家,对周边国家产生了深远的影响,波斯(伊朗)、日本、朝鲜、越南等国都曾仿造中国行使过纸币。

海上丝绸之路"贸易的发展繁荣使元朝的交钞成为一种准国际货币,元人汪大渊曾经随船舶出海外洋,回国后在他的著作《岛夷志略》中,记载了交钞在交趾(越南北部)、罗斛(泰国南部)、乌荼(印度奥里萨邦北部)等地方的流行,交钞与当地货币相互折兑使用,并称'甚为便民'。充分反映了元朝的经济实力,也说明元代海外贸易的发达"。②

宋理宗宝祐元年(1253 年),旭烈兀第三次率军西征,于 1264 年建伊利汗国,建都梯弗里司,疆域北至太和岭,南迄波斯湾,西达地中海东北岸,东抵印度河下游。包括今伊朗、伊拉克、土库曼共和国、外高加索地区、巴基斯坦俾路支以及土耳其、叙利亚大部地区。伊利汗国从旭烈兀开国传到第九位阿不赛音汗后,权臣、统将分裂割据,各自拥立傀儡,汗国很快瓦解,至 14 世纪末被帖木儿帝国所灭。伊利汗国的钱币从旭烈兀开始便保持其特色,在四个汗国中最为统一完整。

"元代钞币的发行和流通制度比较完备,至元十九年(1282 年)中书省颁发《整治钞法条划》,至元二十四年尚书省颁行的《至元宝钞通行条划》,这是我国最早的较完整的两个纸币条例。朝廷成立诸路宝钞都提举司,设行用库和平准行用库,控制发行量和兑换昏钞。纸币管理制度的完善,使元代成为中国纸币发展的高峰时期。"③意大利人马可·波罗来到中国,见

①王智勇:《中国—东盟货币合作中的人民币区域化研究》,《学术论文联合比对库》2013 年。
②盛观熙:《古代舟山与海上丝绸之路(续)》,《浙江国际海运职业技术学院学报》2012 年 3 期。
③李洋:《元代纸币的演变及意义》,《华章》2011 年 17 期。

一张小纸片竟可以买到各种各样的商品,大为惊叹。他说:"大汗国中,商人所至之处,用此纸币以给赏用、以购商物、以取其货物之售价,竟与纯金无别"。① 简直是说中国皇帝具有"点金术"的本领。说明元代纸币由代用货币完全变成了信用货币。

波斯仿元朝使用纸币发生在伊利汗国(伊儿汗国)乞合都统治时期(1291~1295 年)。自 1220 年蒙古西征后,波斯等地受到毁灭性的破坏,人口锐减,耕地面积急剧缩小,对外战争均告失败,失去了掠夺财富的途径;乞合都挥霍无度,滥行赏赐,造成国库空虚。大臣亦速丁木匝发儿在财政万分困窘的情况下,向宰相撒都只罕建议行用纸币,希望借以摆脱财政困境。乞合都决定仿效元朝"从速印造纸钞",经过近两个月的时间,于 1294 年 9 月 12 日(伊斯兰历 693 年 10 月 19 日)正式在帖必力思城(今大不里士)发行纸钞。但人们用纸钞换不到多少东西,贸易和征收关税完全停止,正常的社会秩序、经济生活被打乱了,整个社会陷入动荡。市民不堪忍受,利用集体礼拜之机举行了暴动,在政府恢复金属货币交易后,暴动才被平息。

乞合都仿效元朝强制推行纸币制度加剧了蒙古统治集团内部的矛盾,其本人也因此在行钞的第二年(1295 年)3 月爆发的汗位争夺战中被宗王拜都击杀身亡。

"伊利汗国纸币完全都是仿照元朝的纸币制度来设计、发行的,波斯语中至今仍将纸币称作'钞',影响之深可以想见。其纸币以金银为本位,面额由半答剌黑木至一个第纳尔分为若干等。纸币上印有伊斯兰教徒祈祷时的用语'除了安拉别无真神,穆罕默德是真主的使者',这也是中亚地区伊斯兰货币上的习用铭文。钞面汉字,可能是盖的元朝政府颁发的'辅国安民之宝'或'王府定国理民之宝'等汉文印。纸币上印有赏罚条例,严禁伪造。严令禁止金银流通,拒绝使用纸钞者皆处死。为推行纸币,全国各地都设有钞库,负责出国商人兑换金银及回收昏钞,以昏换新,收取的工本费高达面额的 1%(元钞每贯仅收三分),这也充分反映了乞合都等行钞的目的完全是为了搜刮财富。"②

---

① 《马可·波罗行纪》,中华书局 1954 年版,第 59 页。
② 戴建兵:《中国货币文化史》,山东画报出版社 2011 年 8 月版,第 113~114 页。

历史的借鉴：政府依法监管对于金融币制的稳定起着至关重要的作用。纸币的发行与稳定，能够推动商品经济的发展，为国家创造财富，对于解决民生需求起重大作用。若政府毁坏了金融法制，丧失信用，其结果必然导致通货膨胀与货币体系的崩溃。元朝后期滥发纸钞，造成严重通胀，最终加速了大元帝国的灭亡。

认识中外货币文化交流的历史作用意义重大。以史为鉴，信用为本。要坚持发展经济和稳定币值的科学方针。从古至今只要存在货币流通，都必须遵循其固有的规律性。货币流通规律是客观的，不以人的意志为转移。遵循客观规律就能达到预定目标，否则就会遭到客观规律的惩罚。

坚持货币发行权的集中统一，保证货币的价值尺度一元化。这是马克思主义货币理论的精髓，为古今中外的历史实践所证明。

第十四章　外国货币对中国历史上
币制改革的影响

从中外货币文化交流的历史来看,早在唐朝时期,中国铸钱上的一些纹饰就受到西方货币纹饰的影响。譬如开元通宝钱币上的月牙纹和孕星纹,就受到西方打制币星月纹的影响。说得更直接一点,就是受到波斯银币的影响。波斯安息王朝的很多银币,国王头像前后经常出现星和月,形同孕星。波斯萨珊王朝在面的国王头像前后及钱币四周以及背后的祭坛上方都会有星月。这些月是月牙形,星是六芒星。此后伴随"海上丝绸之路"贸易,大量外国货币流入中国,对中国的币制也产生巨大影响。从历史上看主要是从明朝至民国时期,中国货币政策受外国货币影响颇多。

第一节　"丝银贸易"对明清白银货币化的影响

中国最早使用白银作为货币是在春秋时期。考察中国古代的银铸货币,春秋战国时期就出现了具有一定形状的银铸币,但使用范围很小。1974 年在河北省战国时期的中山国遗址中发掘出银质贝币 4 枚。同年在河南省扶沟县出土了 18 枚银布币,其中银质空首布 1 枚,银质实首布 17枚,均为春秋战国时期的楚国铸币。唐代白银在少数地方如岭南地区成为通用货币,唐朝曾在个别无蚕乡征收庸调银。宋朝虽然以铜、铁钱为主,兼用纸币,但白银已成为一般通货,可以和铜钱平行使用。元朝明令推行纸币,以白银当作钞本。虽然元朝禁止白银作为货币流通,但收效甚微,大量白银仍被民间用于对外贸易。白银铸造的银锭称作"元宝"始于元朝,此后成为固定称谓。白银货币化完成于明朝中晚期,白银正式成为本位货币。"明代白银成为主要货币,在社会经济生活中起了重要作用,以至于我们将晚明称为中国的白银时代也不为过。然而,明初白银并不是国家的合法货币,它经历了从非法到合法,并普及于全社会的货币化过程。"①清代,白银货币化进一步深入发展。

一、明代白银货币化过程

明初,承元代之制,发行纸钞,禁止金银的流通。然而因大明宝钞发行过多造成通货膨胀逐渐流通不畅,明中期后纸钞退出流通。白银却以其优良的贵金属特性,在天顺之后逐渐成为民众普遍欢迎的主要流通货币。明中叶以后,日本和美洲的白银通过海上丝绸之路贸易大量进入中国,民间藏银激增,成为明朝推行白银货币化政策的物质前提。万明认为,《明史·食货志》以正统初年作为朝野广泛用银的说法不能成立,实际上得到官方的认可,是在成化、弘治以后。直到隆庆初,国家以法律的形式认可了白银的货币地位。隆庆元年(1567年),明穆宗颁布诏令:"凡买卖货物,值银一钱以上者,银钱兼使,一钱以下止许用钱。"②万历九年(1581年),张居正推行"一条鞭法",把田赋、徭役和杂税合并为一条后,一律折银征税,标志着明朝白银货币化的最终完成。

明代中后期由海外输入的白银,主要是南美洲白银和日本白银。有三条白银贸易渠道:中国与欧洲海上贸易航线、中国与美洲海上贸易航线和中日海上贸易航线。明朝中后期海外贸易促进了16~18世纪中国商品经济的繁荣。中国凭借着在丝绸、瓷器等优质商品出口上无可匹敌的竞争力,在海外贸易中都是顺差,赚取了大量白银。海外白银输入为明代银本位制的稳定奠定了基础。

明代使用的白银,还是一种称量货币,以两为基本单位,称作"银两"。主要分为三种类型:其一为碎银,即一两以下的散碎银子;其二为银锭,即元宝,由中国工匠铸造,普通大元宝是50两一锭,最大的有500两重,元宝上多有铭文,大的有铸造地名、重量和银匠的姓名,但小的有时不铸明重量;其三为银元,都是从外国流入的银质铸币,主要流通于闽广地区。

中国历史上的银质货币分为银两和银元两种。银元系近代中国仿效外国银元式样用机器铸造的。"银两是古代中国用手工铸造的一种称量货

①万明:《明代白银货币化的初步考察》,《中国经济史研究》2003年2期。
②(明)胡我琨:《钱通》卷1,文渊阁四库全书本。

币,要检验其成色,称定其重量,确定其价值后,才能充当货币使用。它的形制与规格,随着时代不同而发生变化。"①银元宝是一种规格较大的银锭。银锭作为货币始于先秦,隋唐时称银锭为"银饼"、"银笏",宋金时期称作"银铤",元代称为"元宝"。明朝正统年间朝廷下令南方一些地方征税用白银,称为"金花银",形制和宋代束腰形银铤基本一样。明朝中后期,银锭有"纹银"、"雪花银"、"敲丝"等称呼,银元宝形状多为船型。

明清两代,白银作为主要货币流通,铸锭盛行,形成"大数用银,小数用铜"的货币流通格局。银元宝是一种贵金属称量货币,易于储存,朝野乐用,是国库储备的主要货币。明朝不少皇帝酷爱白银,就像该时期的欧洲国王痴迷黄金一般。正统元年(1436 年),明英宗朱祁镇即位后,白银作为货币已在民间发挥价值尺度和流通手段这两种基本职能。嘉靖时,贸易用银就更加普遍,白银的支付手段越来越强大。当时的田税、徭役、商税、盐税、关税和其它各类税种,均可以折银征收,官俸和国库开支也用白银支付。隆庆时,法律首次明文规定白银货币化的地位。明后期各类大小生意都用白银来交易。此时白银最终取代纸币和铜钱,成为流通中的主币,并形成了以银两为主、以铜钱为辅的银钱平行本位的货币制度,明末铸的铜钱还出现了"权银钱"②。明代银币的主要形式是银锭,有重五十两甚至五百两的大银锭,还有各种小银锭和碎银两。大锭上都铸印有铸造地名、重量及工匠姓名,小锭上有时还铸印有年号及地名。另外,明代还铸有大小不等的银钱,如万历年间铸造的各类"矿银"等等。

明朝嘉靖年间,社会上白银货币化大势已定。隆庆元年(1567 年),明穆宗颁令:"凡买卖货物,值银一钱以上者,银钱兼使;一钱以下止(只)许用钱。"(《明会典》卷 31《户部》18《库藏》2《钱法》)这条法令,是明朝在白银货币化客观现实下,明确"银钱兼使"的法令。"其重要性就在于,这是明朝首次以法权形式肯定了白银为合法货币,而且是用法权形式把白银作为主币的货币形态固定了下来。因此,也可视作明朝建立银本位货币体系的证明。"③由于白银的使用已经遍及朝野,推动明朝社会各阶层对白银产生强

①《中国古代银币》,博宝艺术网(引用日期 2019 年 11 月 2 日)。
②权银钱:在铜钱上铸"一厘"或"一分"等字样,表明对银作价,每枚铜钱可当"一厘"或"一分"银两使用。
③万明:《明代白银货币化的初步考察》,《中国经济史研究》2003 年 2 期。

烈需求。这一巨大的白银需求在与日俱增,而当时明朝国内白银储量及银矿开采量均严重不足,远远不能满足社会需求,供不应求的矛盾凸显,向海外寻银成为必然选择。"朝贡贸易作为一种落后的对外贸易模式已不能满足社会发展需要,民间海外走私贸易蓬勃兴起,于是明朝海外政策发生转变。隆庆开关后,准许私人开展海外贸易,海外市场迅速扩大。明朝海外贸易的繁荣和对白银的渴求,最早刺激了日本白银的大量开采和出口。与此同时,葡萄牙人东来,恰好于明嘉靖年间(16 世纪 40 年代)到达日本,他们随即发现中日之间的'丝银贸易'获利巨大,于是积极参与中日间的中介贸易,后来还将丝银贸易范围扩大到欧洲。当西班牙人扩张到亚洲以后,也立即发现了白银换丝绸的商机,他们就在美洲殖民地疯狂开采银矿和运输白银到亚洲牟利。"①美洲白银就这样源源不断地流入中国。

白银货币化是变革转型期的明代中国与新航路开辟后正在形成中的世界市场相互联系的产物,推动了经济全球化的发展。本书所要强调的是,由于自下而上的白银货币化趋势强烈冲击明朝的货币金融制度的变革,最终推动朝廷于隆庆元年以法律形式确定了白银在流通领域的主币地位,并且开海禁向海外寻银。这种顺应时代潮流,合理的改革开放政策产生了巨大的社会需求,明朝中后期出现了资本主义萌芽与经济扩张,中国因此主动走向世界。

"明代中国曾积极参与了世界经济体系的初步建构,为整体世界的出现做出了重要的历史性贡献。就此而言,明代白银货币化意味着中国社会转型和整体世界新时代的到来,在中国史乃至世界史上具有划时代的意义。"②

二、外国白银货币在中国的广泛流通

外国银元通过海上丝绸之路贸易流入中国始于明朝中晚期。清朝康熙年间开海禁后外贸迅速发展,外商用各种银元购买中国丝绸、瓷器、茶叶等商品。"外国银币流入中国,长期只作银块流通,要称重量、估成色,并被

①明代白银货币化/教育硕士论文—德育教育论文—《网络(http://www.xchen.com)》。
②万明:《明代白银货币化:中国与世界连接的新视角》,《河北学刊》2004 年 3 期。

熔铸成银锭。乾隆中后期(约18世纪70~80年代),因机器铸造的外国银元成色和含银量有统一标准,使用时不用像银两那样估成色与称重量,且式样精美,携带方便,适应当时中国商品经济发展的需要,以枚计值,论个数流通,成为异于银两的另一种白银货币,使用外国银元的范围也从闽广地区向北不断拓展,道光年间,推广到江西、浙江、江苏,渐至黄河以南各省。"①当时输入中国的外国银元有几十种之多,流通最广的是西班牙银元,俗称"本洋",又称加罗拉银元,系1535~1821年间西班牙在拉丁美洲(墨西哥、秘鲁等地)铸造的银元,16世纪末开始流入中国。因该银元含银量高(含纯银90%),深受民众喜爱。本洋供不应求,出现升水②,流通时作价高于实价(实际含银量)。同为西班牙银元的加罗拉三世银元和斐迪南七世银元虽重量成色一样,却要对本洋贴水③。

鸦片战争后,西方帝国主义列强对中国及中国周边国家的侵略不断加强,加之近代以后,海上丝绸之路贸易出现新格局,中外货币交流日渐深入,在我国流通的外币种类愈多、范围愈广、势力愈大,大致可分为两个阶段。

第一阶段是从19世纪中叶到1870年前,鹰洋取代本洋成为在华流通的主要外国银元。"五口通商"后外国银元在中国日益流行,本洋是华东、华南地区民众最喜欢使用的银元。"虽然墨西哥独立(1821年)不久便停铸本洋,但因中外贸易的大量需求和它在中国的升水吸引世界各地的本洋源源流入。到1852年底为止升水通常维持在8%到16%。1853年当太平军攻占南京后,一方面因战乱人们纷纷收藏这一公认的硬通货,另一方面当时上海生丝出口剧增,需要大量本洋供收购生丝之用,本洋出现严重短缺。4年内输入中国约6000万元仍供不应求,升水稳定在50%以上,持此银元者视为奇货可居。到1856年夏季,在欧洲不论用什么价格再也搜罗不到本洋,它在上海的升水达到86%,依然极难得到。'鹰洋'开始取而代之,本洋衰落下去。清朝末年仍在流通的各种西班牙银元可能还有几千万

①《在中国流通过的外国货币》,说钱网(引用日期2019年11月2日)。

②中国旧时银钱业用语。在兑换货币时,因为比价的不同,比价高的一方应该向另一方收取一定的差额,叫升水。

③中国旧时银钱业用语。不同资金间的调换或两地间汇兑因币值不同或供求关系不同而在比价上的折减,叫贴水。

元。墨西哥独立后从1823年开始自铸银元,成色重量皆仿本洋,因镌有鹰徽,俗称'鹰洋'。进入中国后较长时期不大受欢迎,对本洋贴水有时超过25％。1854年后,墨西哥鹰洋进入中国,最初在广州流通。这种银元的正面是墨西哥国徽,图案为一只鹰嘴里咬着一条蛇站在仙人掌上。墨西哥鹰洋因其银质纯正,成色固定,为人们所乐意使用,故后来居上,其声誉超过本洋,成为中国市场上流通的标准货币,外国银行在上海发行纸币,也都以鹰洋作为供兑换的准备金。"①1857年鹰洋攻克上海,势力迅速扩张,19世纪60年代势力达到广东、广西、福建、台湾、江苏、浙江、江西、安徽,始终保持一定的升水。鹰洋也是当时远东地区,包括香港、日本、新加坡、马来西亚、南洋、朝鲜、安南(今越南)等地最好的硬通货。

墨西哥鹰洋银币　　　　　　　浙江省官钱局鹰洋纸币

第二阶段从19世纪70年代至清末,外币在华流通势力范围更大,呈现多元化状态。鹰洋在中国的流通使用风光一时,光绪三十四年(1908年)浙江省官钱局甚至发行一枚以鹰洋为本位币的壹元兑换纸币,十分罕见。"各国政府(或殖民政府)渐自铸银元抵制鹰洋。而美国羡其利,更仿制一种贸易银元出口远东。这些银元重量、成色都以鹰洋为准,略有出入。于是又有数种外国银元流入中国,在一些地方成为鹰洋劲敌。日本银元(也称日本'龙洋'),成色90％,重416英厘,流入中国约2,000万元,流通于福建、浙江、台湾、广东、江苏、江西以及辽东半岛、山东半岛等处。美国贸易银元,成色90％,重420英厘(库平0.7296两)。一度在东南沿海颇受欢迎,1887年停铸。留在中国的被熔化(因含银较多),19世纪结束前几乎已绝迹。1885年法国人在安南(今越南)开铸西贡银元,因重于鹰洋(420英厘,90％成色),往往被人熔解或藏匿。1895年铸新币,减重至416.66英厘。流入我国两广和云南,人称'坐洋',可能达上千万元。1866年英国

---

①张宁:《清代后期的外币流通》,《武汉大学学报·人文科学版》2002年3期。

在香港发行一种香港银元，因含银量低于鹰洋不受欢迎，两年后停铸。1895 年又在印度的造币厂仿鹰洋开铸新币，获得成功，流入我国的不少于8,000 万元，人称'站洋'。除在两广、福建有行使外，更在华北的直隶、河南、甘肃、山西、山东、陕西、绥远等省广泛流通。虽然受到其他外国银元和中国自铸银元的挑战，直到清末鹰洋仍是流通最广的银元。其势力范围以江浙为主，上海是其大本营，并扩及两广、福建、台湾、安徽、江西，内地通商口岸也多有踪迹，输入总量在 3 亿元以上。"①

除外国银元壹圆主币在中国广泛流通外，广东、福建等地还有大量外国银辅币流通，一角、二角者数种，便于零用，民尤赖之。据说光绪前期，沿海各市面，凡贸易至百十文以上，从无使用铜钱者，皆以一角二角之银毫代之。银毫种类复杂，数量很难估计，有人推测，合银元壹圆主币估计达到 1.8 亿元，显然数量十分庞大。此外，光绪年间印度的卢比银币（重库平 3 钱 2 分）渗入西藏，在西藏十分流行。后来竟侵入至关内打箭炉并滇省边境。

第二节　外币流通对晚清时期的币制变革之影响

19 世纪 90 年代以后，在外国银元扩张的强烈刺激下，中国的币制改革运动迅速展开。清朝后期，随着国外先进科学技术的逐渐传入，光绪年间广东省已开始向外国购买造币机器，用于制造银元，以外国银元为模本铸造的新式银元陆续投放市场，其抵制外国银元的作用也逐渐显现。后来，广东又开始用机器制造无孔当十铜元。因制造者获利丰厚，各省纷纷仿效。清末机制货币的出现，是我国古代货币史上由手工铸币向机制货币的重要转变。

一、由手工铸币向机制货币的演变

清代的白银流通，仍然处于传统的称量货币的阶段，其最基本的形式，是沿袭元、明以来五十两重的船形元宝。然而，白银称量货币的特性注定了其使用时的诸般弊病：其一，成色、重量标准不一。据郑光祖《一斑录》载："中国除铜钱外，没有铸币。目前一万铜钱约等于一英镑，二千铜钱约

---

① 张宁：《清代后期的外币流通》，《武汉大学学报·人文科学版》2002 年 3 期。

等于一美元。中国白银货币并没有一个统一的标准,全国不下有几百种标准,就在一个地方也有十几种标准,彼此相差数额可达百分之十以上。"①银两之成色、重量均难以统一。其二"元宝"面额太高,流通不便。(按乾隆中期的银铜价比,1两银合700文钱,一个元宝合35,000文钱。)银"碎角"须称重加折算,手续麻烦。其三,与外币兑换时又须贴水,承受损失。概括起来说,清代的银(两)铜(钱)并行本位货币制度,已难以适应商品经济的发展,其面临的问题与矛盾愈加突出,并自乾隆末期(18世纪末19世纪初)开始逐渐尖锐起来。

外币简单划一,成色重量准确,且"携带便利,故相率通用"。②"内地因其计枚定价,既不较银色之高低,又无需称分两之轻重,远行服贾,便于携带。"③于是,民间行商贸易多喜用洋钱,流入中国的外币遂渐增渐多。在明末清初的中外贸易初期,洋人采购中国的茶叶、陶瓷、生丝和土产时,均用洋银但流通量不大。迄至乾隆、嘉庆年间,数量益增,"洋钱进口,民间以其使用简便,颇流通,每年夷船带进之洋钱,或二三百万元,或四五百万元,亦有数十万元不等"。④

外币在中国的大量流通导致晚清时期的中国发生币制变革。"清代后期,在日益增长的商业和工业活动的推动下,货币金融业出现根本性的变化。货币领域币制的早期近代化过程逐步展开,主要表现为新形式的货币不断侵蚀传统复本位制的地盘(即以白银与铜钱两种金属货币为本位)。"⑤到清朝结束时,虽然传统的银两、铜钱在中国内地和偏远的乡村保持着优势。"银两虽是多数大宗贸易的计价单位,但它们占全部货币供应的份额退缩至1/3左右。光绪末年制钱正式停铸,宣统二年公布的《币制则例》最终废除了银两的官方计价单位的地位,采取库平七钱二分、纯度90%的银元为银本位的基础。1911年所有的政府预算都以银元计。传统复本位制的法偿地位宣告结束。在这个传统向近代转型的过程中,外币的流通起着十分重要的作用。"⑥

---

①(清)郑光祖:《一斑录》卷6。
②马士:《中华帝国对外关系史》第一卷,上海书店2006年版。
③(清)郑光祖:《一斑录》卷6。
④(清)王先谦:《东华续录》嘉庆三十七年。
⑤《在中国流通过的外国货币》,说钱网(引用日期2019年11月2日)。
⑥《在中国流通过的外国货币》,说钱网(引用日期2019年11月2日)。

外币在中国广泛流通本身就是币制变革的一部分。"外币主要是银元、纸币等新型货币,它们挤压传统复本位制的势力,客观上扩大了新式货币形态的生存空间。中国人藉此对西方币制及其先进性有了直观、感性的认识。清朝结束时,外币占到全部货币供应量很大的比例,可能超过1/3,大大改变了中国货币流通格局。在很大程度上,晚清币制改革运动是受到外币流通的刺激而产生的。光绪年间,货币主权观念在中国传播。许多政府官员和民间有识之士意识到外国货币流通侵犯了中国的利权。同时从外币流行的客观现实看到西方币制的先进性、优越性,及中国社会对币制变革的迫切需求。'中国不自印钞票,自铸银币,乃使西人以数寸花纹之券抵盈千累万之金……以低潮九成之银易库纹十成之价,呼吁仿造西法办理,明以收回权利,暗以便益民生',这成为币制改良运动的一个直接动力。而币制改革的很多方面是直接模仿在中国行用的外币,中国的新式货币因此深深打上了仿铸(制)外币的痕迹,影响至今。"[①]

晚清时期,中国币制改革的最大成就之一是自铸银元。"洋钱在中国的广泛流行显示了银元对银两的优越性,指出一条改革币制的出路。鸦片战争前,林则徐、魏源即有自铸仿铸之议。光绪年间,自铸银元以改良币制、维护利权的呼声越来越紧,普遍意见是仿铸番钱样式,推动了自铸银元进程。光绪十三年(1887年)两广总督张之洞看到大量外国银币流入中国,充斥市场,扰乱经济,遂奏请朝廷自铸银元,意在抵制外币以保利权。光绪十五年(1889年)清政府批准由广东银元局试铸银元。"[②]该银元仿照西方币制,分主币1种和辅币4等,因背铸龙纹称"龙洋"。该银元正面是"光绪元宝"四个汉字,中心有四个满文"光绪元宝",外围珠圈内为英文"广东省"及"七钱三分"字样,背面是蟠龙纹,上方为"广东省造"字样,下方为"库平七钱三分"。另外还有三钱六分五厘、一钱四分六厘、七分三厘和三分六厘五等四种面额,钱币界俗称"七三番版",后改为七钱二分,叫"七二番版"。"番版"的含义就是仿造外国银币制造的版模。这是我国最早铸造的带有蟠龙纹的银元。样币送到北京检验后户部下令将正面的英文移到背面,而把背面的中文移到正面,就成为后来广泛流通的广东龙洋。主币

---

①《在中国流通过的外国货币》,说钱网(引用日期2019年11月2日)。
②张宁:《清代后期的外币流通》,《武汉大学学报·人文科学版》2002年3期。

仿鹰洋,重库平七钱二分,成色 90%,与外国银元所铸成色相符,投放市场后受到民众欢迎。广东铸造龙洋首获成功,各省纷纷效法,中国银元制度建立。此外,光绪年间四川曾仿造一种铸有光绪皇帝头像的卢比银币与印度卢比对抗,这是中国历史上最早的人像铸币。

广东省造光绪元宝"七二番版"银元　　　　　四川省造光绪头像卢比银元

　　铸造铜元为晚清币制变革的另一个重要转折,始于仿铸香港"铜仙"。光绪年间,民间出现严重的"钱荒"。李鸿章见英国仙士铜元(注:在英国殖民地香港流通的铜元,"仙士"是铜元上英文的音译)盛行,就在广东率先创铸铜元。"香港于 1868 年起发行三等铜辅币,流入广东,其中第二等(英文 HONGKONG ONE CENT,人称'香港一仙',重约 2 钱)一向被商民当 10 枚制钱使用。19 世纪 70 年代后,铜贵钱荒问题逐渐困扰朝野,翰林院检讨宋育仁、御史陈其璋、河南试用知县黄景棠等纷纷建议仿铸铜仙以解钱荒。"①清朝末年,随着洋务运动的兴起与近代工业的发展,我国货币制度及铸币工艺发生了一次重大的改变。手工浇铸的造币法已显得十分落后,理所当然地被机器铸币方法所代替。李鸿章主政的广东当局为济制钱之不足正式仿铸,重量、成分都照香港一仙铜元,形制也完全一样,取消了秦汉来的方孔钱式。广东省造币厂在光绪二十六年(1900 年)首先铸造出我国第一套机制铜元——光绪元宝。这种铜元圆形无孔,钱面正中一圆圈,内有"光绪元宝"四个汉字,中心为满文"宝广"二字,圈外靠近外郭有"广东省造每百枚换一圆"字样,钱背正中圆圈内有蟠龙花纹,四周有英文"KWANGTUNG ONE CENT"(广东一仙)。流通时当作十枚制钱使用,后来英文改为 TEN CASH(10 文)。以后各省纷纷仿铸广东铜元,基本形制一样,而蟠龙花纹及钱背文字排列五花八门,版别极多。新铸铜元大受欢迎,先后有十一个省仿行,制钱因此停铸。孔方兄渐成历史上的名词了。

——————

①张宁:《清代后期的外币流通》,《武汉大学学报·人文科学版》2002 年 3 期。

广东省造光绪元宝"广东一仙"铜元

二、近代中国货币革新意识的增强

　　清末,外国纸币在中国境内也流通甚广。外国纸币包括外国银行在中国境内发行的或外国银行在境外发行而流入中国的纸币。有的用中国货币单位,有的用外国货币单位,信用有好有坏,流通范围有大有小。"其中英钞行用地域最广。一种是汇丰、麦加利银行发行的港币(俗称'港纸'),19世纪70年代流入内地,逐渐在两广、福建蔓延,一度对银元竟有升水。另一种是其在中国内地分行发行的银元券、银两券。汇丰银行纸币在所有外钞中流通最广、信用最佳,除上海等通商口岸外,还渗透到许多内地的省会城市。麦加利的只能在上海附近行使。1910年,英钞在内地流通的折合银元可能达1,500万(汇丰的超过1,000万)。日钞主要是横滨正金银行的日本银元票、金元票(俗称'老头票')。始于1902年,日俄战争期间日军在东北发行了巨额军用票,战后允许用正金钞票收回,遂得以在东北南部确立地位,并在吉林与卢布争夺,至1911年共发行约800万日圆。清末,日本殖民者所设台湾银行的银元纸币、金元纸币,朝鲜银行的金元纸币也有流入,数量尚不多。俄钞数量最多,范围在东北和新疆地区。1895年成立的华俄道胜银行发行银两、银元和铜钱票,清末主要流通在东北地区,估计仅二三百万元。沙俄卢布则流入甚巨,光绪初年已渗入东北,(中俄)边界数百里,俄钞充溢,不下数百万。八国联军时沙俄入侵,卢布势力遍及东北各地。经1902年俄军撤退和1904~1905年日俄战争,卢布信用削弱,被兑现的数以亿计,地盘大为缩小。黑龙江省俄国卢布通行,几至反客为主,吉林省则是卢布与日钞相争夺。在新疆北部,同治变乱时卢布趁虚而入,日甚一日,伊犁一带若忘其为中国地面。清末的卢布流通额折合银元至少有五六千万,但说成一倍也没有什么不可以。法钞是东方汇理银行在安南发行的纸币。修筑滇越铁路时流入,人称'法纸'。主要行使在云南和广西,数量合银元超过千万元。"①其他在中国流通的外钞有:德华银行银两、银元票,主要用在山东,近200万。美国花旗银行银元票,清末限于上海、天津一带,数十万元。华比银行银元票只在上海流通,数量很少。

此外,因清代制钱供应量不足,夷钱②也在中国大肆流通。"道光年间,日本宽永通宝铜钱多从宁波、上海、乍浦等港口输入,数量众多,一艘海舶所携带的外国铜钱多至数千贯至数万贯不等。"③本项目负责人在宁波市做课题调研时,发现许多居民家里收藏的传世古钱中有宽永通宝等日本铜钱、常平通宝等朝鲜铜钱以及景兴通宝等安南铜钱。安南(今越南)钱币中的泰德通宝、昭统通宝、光中通宝、景盛通宝、嘉隆通宝、明命通宝、景兴通宝、景兴重宝、景兴巨宝等在缺少制钱的福建与广东地区大量流通,江浙地区为数也不少,广东潮汕与福建泉州、漳州等地尤甚,与清钱掺杂行使,十居六七。夷钱还向内地渗透,如山东民间流通的清代制钱中间或有光中通宝、景兴通宝等外国铜钱。

清末,景兴通宝等安南(今越南)钱流通于两广、福建、浙江、台湾、山东、北京和四川重庆等地。在两广与福建一带安南钱流通数量接近清钱,在台湾和山东两省也占市面上流通铜钱的百分之十以上。日本宽永钱在江、浙、闽、台、江西甚至重庆的许多地方行使,江浙一带数量尤其多。朝鲜古钱在近代中国流通也颇多,主要有朝鲜通宝、常平通宝等品种,东北地区最常见,浙江历史上与朝鲜联系频繁,因此输入的常平通宝较多,宁波地区常有发现。

以上大略概述了外国货币在中国流通的格局,总的趋势是从南向北、从沿海沿边到内地、从城市向乡村蔓延,与各式各样的中国货币交错流通。"清朝末年,外币占全部货币供应的比例十分可观,彭信威估计有30%,郝延平估计有47.8%。"④本书认为,全国各地比例虽有差异,但外币所占比例在30~50%之间是可信的。

清代后期外币在中国的流通是在特殊历史条件下的产物。过去的评

①张宁:《清代后期的外币流通》,《武汉大学学报·人文科学版》2002年3期。
②夷钱:外国铸造的铜钱,当时主要指越南、朝鲜和日本铸造的铜钱。
③张宁:《清代后期的外币流通》,《武汉大学学报·人文科学版》2002年3期。
④张宁:《清代后期的外币流通》,《武汉大学学报·人文科学版》2002年3期。

价比较单一,认为这是严重侵犯中国主权的行为,是对中国的经济侵略,反映了当时中国经济的半殖民地属性。外国货币在中国的肆意流通确实是中国半殖民地化的表现,是货币流通中的半殖民地现象。由于外币的流通与各种形式的侵略活动间存在诸多联系,上述观点有其合理性的一面。一些外币发行流通的确是对我国及周边国家侵略活动的产物。有的本身就是殖民地货币,如英国在香港殖民地发行的港币,日本殖民统治台湾时发行的台湾银行券纸币,法国在越南殖民地行使的"坐洋"等等;有的产生于不平等的中外关系,如外国银行在中国设立分行,发行纸币,却不受中国法律管辖,中国政府不能干预;还有列强在中国境内强制百姓使用的货币,如八国联军时俄国在东北投放的卢布,日俄战争期间日军在中国发行的军用票等。在很多情况下,外币的流通范围与其母国在华势力范围重叠,外币扮演着侵略活动的帮凶,充当金融侵略手段的作用。尤其是发行没有准备金的纸币,相当于空手套取中国老百姓的财富,是赤裸裸的经济掠夺。外币的流通侵犯了中国主权,加剧了货币流通领域的混乱局面。在中国原有的银两铜钱外,又加入几十种外国银元和纸币交叉流通,它们与中国的银两、银元、铜钱、铜元、纸币、钱庄私票之间的关系复杂,而且所有货币的流通都有一定的地域性。这加深了中国币制的长期不统一,人民生活非常不便,容易遭到列强和奸商的盘剥,成为经济健康发展和社会正常运行的一个严重障碍。然而,分析这一问题又需要采取马克思主义唯物史观的科学态度。当今社会民众习惯了货币主权观念,认为一个独立的国家决不应让外国货币自由流通,更何况晚清时期外币的流通经常是与侵略和屈辱的历史联系在一起。但在当时特定的社会背景下,外币流通之事还要复杂许多,要具体问题具体分析,不能一刀切。本书认为外币在中国广泛流通存在以下几个突出的矛盾问题:第一,早在鸦片战争前已有大量外国货币在中国流通,此时中国并未进入半殖民地社会;第二,最早流入中国,明代中晚期就在中国沿海地区流通的西班牙银元,俗称本洋,是西班牙在拉丁美洲殖民地(墨西哥、秘鲁等地)铸造的银币,流通外币中数量最多的鹰洋银元也来自墨西哥,西班牙与墨西哥在历史上都没有侵略中国;第三,在大多数情况下,外币是由中国人自愿使用的,主要看重外币的信用,很少出现被强迫或被欺骗的情况,如果某种外币信用不好,就会被民众弃用;第四,清王朝对外币的使用没有明确的法律规定,基本上是听之任之,或者说,多数外币在中国的流通并不是违法行为。第五,近代中国民众对西方先进的币制是接受的。尤其是沿海地区的人民较早接受西方货币文化的熏陶,自下而上地推动封建币制的改革。如宁波一带的钱庄、商会很早就采用"元"取代"两"来计算白银币值。这为后来的"废两改元"币制改革奠定基础。要解答这些疑问仅仅用近代中国的半殖民地属性来解释是不够的,生产方式变革是社会变革的决定力量,结合货币制度的变革转型也许能看得更清楚。外币在中国的广泛流通客观上反映了社会经济发展对落后的封建币制变革的要求。

清代币制是银(两)(铜)钱平行本位。随着商品经济的发展,整个社会需要在更大范围内、经常性地使用大额货币,传统币制的落后决定了它越来越难以满足这些客观需要。首先是流通效率低下。银两与铜钱都是手工制造的,标准不统一,如银两成色不一,重量因地而异。铜钱虽有定制,实际大小和质量也是参差不齐。两者的兑换比率又随行就市,波动频繁,且不便大量携带。其次,货币供应经常短缺。货币供应主要取决于银铜两种贵金属的可得性,但中国本土产量有限,供不应求,经常导致钱荒。尤其是东北、新疆及西藏等边疆地区,货币供应长期不足。交换手段的缺乏提高了商品流通的成本。因此,革故鼎新,打破银铜平行本位的落后币制势在必行。外国先进的币制通过外币在中国的流通而引起朝野的广泛关注。外币与传统货币比较,优势明显。外币是机器铸造的标准化货币,流通便利,无折扣之损。外国银元较之中国银两,实属简便易行。而银两轻重成色易被奸商操控,当外币流行之后,诸多弊端一扫而空,民众乐用,外币乘机不断扩大流通范围。外国新式钞票产生于西方资本主义信用制度,不仅无须较论成色重量,携带方便,而且依托外资银行,信用胜过中国旧式钱庄私票。而边疆地区货币短缺,外国货币不免乘虚而入。既然外币能够弥补传统平行本位币制的缺陷,满足社会发展的需要,于是受到民众欢迎,生存空间越来越大。这就是外币在中国流行的根本原因。一分为二地看待这一历史现象,外币在一定程度上的确实起到了提高货币运行效率、增加货币供应量与推动经济发展的积极作用。

洋务运动之后,"师夷之长技以制夷",中国的币制改革运动迅速展开。效仿西方用机器制造的新式银元、铜元和纸币陆续投放市场,其抵制外币的作用也逐渐显现,不过在辛亥革命前这种作用尚不十分明显。银元铸造权分散在各省政府手中，各自为政的结果是银元铸造的重量、成色各有差异，各省又限制其他省银元在本省的流通，致使外省之银元，在本省流通须加贴水，不如鹰洋之南北通行。至于各省发行之公私钞票信用败坏，混乱不堪，非但不能抵制外钞，反而助纣为虐，外钞浑水摸鱼，更为猖獗。外钞之所以盛行，其最大原因尚不在外钞之信用太好，实在是本国钞票信用太差。外币流行的另一个背景与货币主权观念缺失有关。货币主权观念是近代货币制度的产物，中国人接受它是很晚的事情。鸦片战争前也有人质疑外币的流行，并非反对外币本身，只是不同意它溢价使用，认为这将造成中国白银外流。光绪五年（1879 年），法国要求清廷允许法属安南即将铸造的"坐洋"银元在中国流通。曾纪泽认为，我国家于商民生计，纯任自然，只要百姓自愿行用，事苟便于民生，一任流通，未始不足与钱法相辅。曾纪泽出使过英法诸国，见过世面，清廷颇为倚重。他尚作如是观，可见当时中国民众何等缺乏货币主权观念。直到 19 世纪 80 年代以后，货币主权意识开始传播，一些接触洋务较多的士大夫、银行家和知识分子才认识到外币流通侵犯了中国的主权，但普通中国人对此仍很陌生。如 1909 年德华银行在山东推行银元钞票，华商不知币制为国家主权所在，非常欢迎，外钞价值甚至比现银都要高。在这样的社会背景下，外币能够自由地、合法地在中国流通就不难理解了。直到"五四运动"以后，外钞侵蚀主权日甚，危害金融，影响民生，逐渐为中国人民所关注，于是多次出现民众拒用外币的斗争。1924 年我国颁布了第一个禁用外币的法令，即广东省政府颁布的《行使外币取缔条例》。

　　虽然清王朝缺乏货币主权意识和革新意识，但是近代中国民间却不乏有识之士起来抗争，捍卫货币主权，勇于革新，努力改变腐朽落后的封建币制。鸦片战争后，宁波被辟为中国对外开放的五口通商口岸之一，西方列强在宁波纷纷设立洋行，使长于经商理财的宁波人得以"领风气之先"，借鉴西方的金融管理理念，率先崛起。宁波成为我国"东南金融中心"。

　　钱庄业正是宁波海外贸易发展的产物。城内有影响的钱庄，大都开设于乾隆十五年（1750 年）前后。"当内地及沪上通用银两之际，而甬埠已于百年前流行银元；他地交易皆以现金为通货，而甬则独尚过账。"[1]

---

①《鄞县通志》食货志。

　　这说明随着海外贸易的发展,宁波早就流通银元,在货币流通中宁波商帮还首创了"过账制度"。宁波钱庄发明与实施过账制度,有"过账码头"的美誉。过账制度是宁波商帮创立的金融信用制度,即钱庄对客户的经济往来不支现款,采取划账的办法,双方通过自己开户钱庄去划账,类似于以后新式银行的票据交换制度。这是一种以信用作为基础,十分独特的金融结算制度。

　　宁波钱庄业中过账制度最早出现在清朝咸丰年间。根据宁波钱庄业旧庄规订立的时间分析,宁波的过账制度,开始时间应为 19 世纪的 20 年代,最迟也不会迟于 1843～1844 年间,比上海钱庄成立汇划总会要早 40 多年。与西方资本主义国家著名大城市成立票据交换所的时间比较,除英国伦敦外,其余如纽约、巴黎、大阪、柏林等城市成立票据交换所的时间,都要晚于宁波实施过账制度。

　　过账制度是宁波商帮独创的金融信用制度。这是一项伟大创举,在金融史上占有光辉的一页,是中国最早的金融结算制度。宁波商人大批涌入上海后,也把这一制度移植到上海,促进了上海市场的金融融通,增强了宁波商帮的经济实力。

　　当时的中国,"北有山西票号,南有宁波钱庄",作为规模与实力不相上下的明清时期的金融机构,归途却是迥异。山西票号主要靠清廷扶持,清王朝结束后迅速没落,而宁波钱庄则显示出了强劲生命力。宁波商帮经营的钱庄业率先向近代化转型,逐渐向银行、信托投资、保险、证券等近代金融业转化。在近代银行业中,宁波商帮长期控制着中国第一家华资银行——中国通商银行,另创办有四明商业储蓄银行、中国垦业银行等近代著名银行。这些银行发行的纸币和支票,能清晰地看出它们行进的踪迹。为什么出现两种截然不同的结局?因为贯穿宁波钱庄经营和发展的是不断改革创新。譬如,上海宁波籍钱业巨头秦润卿在担任豫源钱庄经理后就曾下大力气兴利除弊,改革钱业旧规。

　　民国时期宁波钱庄业出版的《金融日刊》,详细记录了宁波与上海"规元交易"的行情,这也是宁波钱庄业的首创。"所谓'规元',就是规定当天'甬洋'与上海'银两'的比值。在我国币制'废两改元'以前,宁波已经以'元'作为白银本位货币单位,而上海则仍以'两'作为白银本位货币单位,银元 1 元值银两七钱二分。商家要到上海办货,携带大额现金不便,因此就委托钱庄为他们购办'规元'。这样一来,在钱庄业中就出现了一个交易所性质的钱业公所。"①

鸦片战争以后,中国被迫开放,宁波商帮以其敏锐的洞察力和雄厚的经济实力,主动以"领头羊"之雄姿率先向近代化转型。宁波商帮之所以能在变幻莫测的金融市场上纵横捭阖,驾驭全局,并积极进取、不断创新,主动接轨世界新潮流,除了团结协作、互通信息外,更重要的是宁波人十分注重教育。鸦片战争后,宁波被辟为"五口通商"口岸之一,觉醒的士绅子弟纷纷前往日本和欧美等发达国家留学,这些学成归国的商界精英,既保留了儒学传统,又吸收了西方先进文化。综观宁波商帮近代创办的银行,凡是能够迅速发展的,其董事长和总经理大都接受过相当程度的文化教育,有的则留学于欧美和日本。他们在国外不仅学到了丰富的专业知识,而且通过考察了解了资本主义经济的运行规律,回国后自然对现代金融业驾轻就熟。

"19世纪末,随着西风东渐,宁波商帮中的新式商界精英以敢为天下先的勇气和不畏艰险的开拓精神,主动投入到新式银行的创办和经营活动之中,进一步加快了宁波商帮向近代金融业转型的步伐,从而促使近代银行业在中国的蓬勃兴起。自1897年中国通商银行以官督商办形式出现后,该行逐渐被宁波商帮控制,1908年宁波商帮投资创办四明银行之后,又陆续投资创办或参与经营众多的华资银行,并且大都呈现良好的发展态势。"②据1934年浙江兴业银行调查报告中说:"全国商业资本以上海居首位;上海商业资本以银行居首位;银行资本以宁波人居首位。"③1935年,在国内商业银行中,由宁波商帮独资经营的有11家,为主经营的有13家,参与经营的有28家,宁波人经营的银行占据了中国民族银行的半壁江山。

过账制度是宁波商帮创立的金融信用制度。当时的信用放款,既无物保,也无人保,全凭个人信用。宁波商帮从事商业活动历来以信用为本,崇尚"大信不约",商业交易完全凭当事人的人格为保证。相互信赖,向有"信用经商"和"信义经商"之谓,并有"信用码头"之称。各行各业的商人在资金问题上把是否能从宁波钱庄取得信用融通,作为自己的地位、声誉和鉴

---

①朱文剑:《历久弥新的宁波钱业文化》,《中国金融》2017年21期。
②海宁:《中国垦业银行及其发行的纸币》,《收藏》2012年19期。
③《1934年浙江兴业银行调查报告》。

别衡量对方的一个标准。

中国近代纸币形制也因外钞流入发生改变。"传统纸币为竖式,文字直读,官方纸币票面多印有告示,私票常印有著名文章如《兰亭集序》、《谏太宗十思疏》。围绕票面的是祥瑞符号、图画或经典故事画面。晚清时,外钞流通日盛,受其影响,甲午战争后中国自己发行的新式钞票形制大都模仿外钞,横式,编号用阿拉伯数字,票面印有人像、标志性建筑物或风景。中国纸币的传统形制从此让位于西方风格。外币的流通还影响到中国货币单位的改变。银元流通时间长了以后,中国人用称量单位计算银子的习惯开始转变,逐渐用个数来点钱了。我们现在计算钱数一元、两元的'元'就是这样来的。这一计数习惯的转变,深刻改变了中国传统的货币文化。传统银铜平行本位制下,白银称两、钱、分、厘……,铜钱称文(枚)、串、吊。外国银币在中国流行时,因其圆形被称为银圆,派生出单位量词'圆',俗称'元'。外国银辅币则被称为银角,发展出辅币单位'角'。到了清末,只有官府仍然墨守成规,始终用银两来结算收支。但是,银元交易的便利对于社会经济发展实在是举足轻重,最后清廷也不得不顺应经济发展的要求,终于下决心自铸银元。中国自铸的银元在市场上流通后,民间仍以元、角称之。宣统二年《币制则例》规定:'中国国币单位,著即定名曰圆,……以一元为主币……元角分厘各以十进。元、角正式取得国币单位的地位,沿用至今。'"[①]

第三节　外币流通与民国实施"废两改元"及法币改革

近代中国货币政策调整最著名的莫过于废两改元和法币改革。国民政府想要垄断金融,就必须结束长期中外货币混用的乱象,统一货币的发行权,废两改元。法币改革的主要原因是,币制紊乱需要改革,美国的白银政策冲击中国的银本位制度,迫使中国实行法币改革。

一、废两改元,实行银本位制

1911年中华民国成立,袁世凯担任大总统,将大清银行改造为中央银

---

① 张宁:《清代后期的外币流通》,《武汉大学学报·人文科学版》2002年3期。

行,推行币制改革。鉴于当时金属铸币与纸币十分复杂,流通的中外货币有上百种之多,规格不一,流通混乱,折算繁琐,民众积怨,同时也想借助币制改革以解决军费问题,便决定铸行国币。北洋政府为了整顿币制,统一银币,于民国三年(1914 年)二月,颁布《国币条例》十三条,决定实行银本位制度。设立制币局,垄断铸币权。民国三年(1914 年)12 月,天津造币厂首先开铸新银元,即"袁世凯像背嘉禾银币",俗称"袁大头"。南京、武昌等造币厂跟进。因袁大头壹圆银币形制划一,成色、重量有严格规定,很快得到了社会认同和民众接受,成为流通领域的主币。"到 1920 年,全国已经铸造出袁像银元三亿八千多万元,基本驱逐了原来流通市面的大清'龙洋'与墨西哥'鹰洋'。尽管各地仍有不同金属货币或纸币的发行,但袁大头已经成为普遍接受的兑换和清偿货币,事实上形成了银本位制度的现实基础。"①对于当时混乱的市场割据和早期金融手段而言,袁世凯统一铸币权并推行袁大头银元,促进了银元的统一,也为"废两改元"准备了条件。

　　　　"袁大头"银元　　　　　　　　　　　船洋

　　"尽管中国几百年来官府和民间都已习惯接受白银作为支付手段,但是,并不是以国家法律的形式规定,更多是民间约定俗成,而且在不同区域不同时段不断变化。长期以来,中国一直以白银为货币,所用银两多由民间自由铸造,重量、成色以及与其它货币的换算比率都没有统一规定。到1927 年,全国以银两计算的货币单位共达 170 种之多。银元作为个人结算和流通手段与银两作为机构结算和价值储藏手段同时并存不悖,仍然是阻滞市场发展的障碍。"②自从银两与银元并行以来,中国的货币市场遭受外国银行和钱庄的操纵与盘剥。国民政府想要垄断金融,就必须统一货币的发行权,而要实行货币的统一发行,首先就要实行废两改元。

---

①王巍:《民国金融的大突破:废两改元与法币建立(金融观念史之四)》,《创业家》2011 年 4 期。
②王巍:《民国金融的大突破:废两改元与法币建立(金融观念史之四)》,《创业家》2011 年 4 期。

在 19 世纪末和 20 世纪初,上海作为近代中国的金融中心已是中外金融机构汇聚之地,工商贸易十分发达。"但在复杂的货币制度下,每每呈现的是近似荒唐的交易和结算图景:实际收付场合大都用银元,计账仍以银两为准;无论以银元易换银两,还是以银两易换银元,均需辗转折算,十分复杂,加大了交易成本。由于其他国家多采行金本位币制,从事海外贸易者既要面对金银比价变动,还要考虑银两与银元两元间行情的涨落,十分不便。因此,上海商界早已有改用银元的呼声。以宋汉章为总经理的中国银行早就主张和支持废两改元。1923 年 11 月上海银根紧缩时,中国银行曾向上海银行公会提议与上海钱业公会磋商,建议银两与银洋并用,却未取得上海钱业公会的认可。"①

南京国民政府成立后,致力于整顿财政,统一币制。1928 年 3 月,经济学家马寅初提出了《统一国币拟先废两用元案》,力陈银两制之种种弊病,指出中国各种财政征收"无不以银元缴纳,倘能将各省虚银两本位先行一律废除,则推而至于上海之规元,亦可决定废除,将来关税亦即总缴银元,无论中外商民,必均享其便利,而政府方面,免去收进折合银两、放回再合银元之两重亏耗,又甚有益,实为利国利民之举"。②

1932 年 7 月,财政部长宋子文和钱币司司长徐堪分别到上海召集银行与钱庄业代表讨论废两改元问题。研讨会上,外商银行和部分钱庄业界代表担心废两改元后,可能出现滥铸银元、滥发纸币或者银元供不应求等情况,对此中行声明对发行纸币的准备金实行公开检查,决不滥发纸币,而且库存银元丰富,能够满足市面需求,打消了部分代表所存疑虑。在废两改元问题上经过相当长时期的分歧之后,上海钱庄业终于与银行业达成一致,共同执行国民政府废两改元令,充分发挥上海作为全国金融中心的影响力。

由于当时许多国家普遍采用金本位制度,影响中国加入国际市场。国民政府提出《整理财政大纲案》(1929 年),拟分两步走,即废两改元实现真正的银本位,之后再推行金汇兑本位。时任国民政府财政部长的宋子文,极力主张加快与国际接轨的过程,强力主导推进改革。1933 年 3 月 1 日,

---

①吴景平:《评上海银钱业之间关于废两改元的争辩》,《近代史研究》2001 年 5 期。
②马寅初:《统一国币拟先废两用元案》,1928 年 3 月。

国民政府财政部发布了《废两改元令》,宣布实施废两改元,规定自 3 月 10 日起各业交易改用银元计算,以规元银七钱一分五厘为法定银元价格;规定孙中山像双帆帆船壹圆银元(俗称"船洋")为银本位货币。1933 年 4 月 5 日,财政部发布公告,所有公私款项的收付,订立契约、票据及一切交易,必须一律改用银元,不得再用银两。废两改元后,银元铸造量供应不足时,为缓和金融恐慌,中行曾几次进口白银大条交造币厂加铸银元,以稳定市面。

废两改元政策施行后,国民政府要进一步掌握货币统一发行权。1930 年 2 月颁布"海关税收改用'关金券'",1933 年明令造币权统一归中央。但中央银行的力量还不够大,而中国银行、交通银行两行发行的钞票信用好,人们喜爱使用,于是国民政府便策划把中、交两行发行大权掌握在自己手中。1935 年 3 月,中国银行召开股东大会,国民政府财政部派宋子文等 9 人为官股董事,并指派宋子文为董事长,宋汉章为经理,同时调令中国银行总经理张家璈为中央银行副总裁。交通银行业同样增加官股,该行董事长钱新之留任,总经理由赵棣华担任。从此,国民政府的政治势力完全支配了金融经济的局面。

"废两改元标志着新式银行业在近代中国金融市场上确立了主体和主导地位,对银行业的进一步发展有着积极的影响。从此,银元成为民国时期国家使用的正式本位货币。之前,国民政府已经实施了对黄金和鹰洋等的限制令,统一了全国各地几十家造币厂的铸币权。到 1933 年底,废两改元全面成功,完成了明清和北洋政府梦寐以求却无力实现的目标,也真正确立了中国的银本位地位,成为当时世界上唯一的银本位国家。"[1]

废两改元在中国货币史上是一大进步。银币统一,促进了国内资本主义商品经济的发展。同时也存在一些未能解决的历史遗留问题,如银辅币尚未统一,铸币用的白银的供应及其价格的涨落仍为帝国主义国家所左右。所以必须实行新一轮的货币改革,推行健全的银行纸币制度。

二、发行法币与废止银本位制

"1897 年 5 月 27 日,中国人自己创办的第一家银行——中国通商银行

---

[1] 王巍:《民国金融的大突破:废两改元与法币建立(金融观念史之四)》,《创业家》2011 年 4 期。

在上海外滩 6 号正式开业,不久即效仿西方银行制度,发行面值一两、五两、拾两、廿伍两、伍拾两、壹百两;一元、伍元、拾元、廿伍元、伍拾元、壹百元等纸钞。之后,中国又有大清户部银行(中国银行的前身)、浙兴银行、交通银行、四明银行、中南银行等 12 家总行设在上海的银行获得发行纸钞权。不过,这些纸钞都是兑换券,不是法定货币,银两和银元才是真正的通货。”①

1929 年至 1933 年,资本主义世界爆发了严重的经济危机,美国为了转嫁危机和垄断世界金融,决定放弃金本位,使美元贬值,货币准备金改为“金三银一”,用 13 亿美元向全世界收购金银,作为国库储备。这样,它在金银的储备量上,均可居世界首位,从而“实现垄断世界金融之大权,藉以执世界盟主之企图”,又可刺激用银国的购买力倾销它的过剩商品,摆脱经济危机。美国的高价购银引起世界银价暴涨,如伦敦的银价 1935 年 5 月已上升到每盎斯为 33.75 便士,远远超过了 1929 年 1 月每盎斯为 26.25 便士的水平;纽约的银价,亦由 1933 年 3 月的每盎斯 27.50 美分升为 1935 年的每盎斯 74.69 美分。银价的上涨为投机家们造成了牟取暴利的良机,当时,将白银运到美国可获 20% 的利润,于是在华的外国商行大量套购白银出口。一时间投机商、冒险家趋之若鹜;外国在华的银行家更甚,他们用轮船甚至兵舰装运白银出口,仅 1934 年就达 25,600 余万元。其中八月份最严重,高达 7,900 余万元,仅 8 月 21 日这一天,单汇丰银行就交英国轮船“拉浦伦号”从上海运出白银 1,500 万元。为遏制白银外流,国民政府于 1934 年 10 月 15 日开征白银出口税和平衡税,但因走私猖獗,效果甚微。尽管 1935 年白银正式出口减至 5,900 余万元,但加上大量走私出口,仍接近两亿元。

白银大量外流,使银本位制根深蒂固的中国首当其冲,深受其害:一是造成广大民众严重的恐慌心理,在京、津等大城市,相继出现白银挤兑风潮,迫使许多银行停业或倒闭;二是由于美国商品廉价倾销,造成中国贸易严重入超;三是由于白银大量外流造成通货紧缩,物价下跌,商业极不景气。仅以上海为例:1932 年跌 11.4%,1933 年跌 7.7%,1934 年跌 6.5%,1935 年跌 0.74%,总共 1935 年比 1932 年下跌 23.94%。由于物价下调导

---

①《白银风潮和废两改元结束中国几千年银本位制》,新浪网(引用日期 2019 年 11 月 2 日)。

致商业萧条,金融恐慌,工厂倒闭,整个国民经济陷于崩溃的边缘。仅上海一地 1935 年就有 14 家银行停业,资本额达 2,700 万元;9 家钱庄倒闭,资本额达 210 万元;工厂倒闭共达 238 家;改组 839 家;全国主要工业营业额大为下降。

通货不足给中国经济带来灾难,上海的银行、钱庄为保护自己,就紧缩放贷款,而企业得不到银行的支援,资金周转失灵,商家则被迫以"大拍卖"、"大减价"的方式倾销商品,回笼资金。据 1935 年统计,上海受此影响而倒闭的工商企业 1,065 家,银行、钱庄因无法收回已倒闭企业的资本,也跟着倒闭——这次事件史称"白银风潮"。

美国高价购银造成中国白银外流,金融紧缩和经济萧条,迫使中国必须放弃银本位而谋划新的改革。为了防止事态进一步恶化,1935 年 11 月 4 日,国民政府通过新的货币法案,规定以中央银行、中国银行和交通银行三家银行(后又增加农民银行)发行的钞票为法币,禁止白银流通,发行国家信用法定货币,取代银本位制度下的银元,法币一元等于原银元一元,合白银 23.493448 克。同时取消已获准发行纸钞的银行发行的纸钞,即规定"法币"为中国惟一的法定货币。各金融机关和民间储藏之白银、银元统由中央银行收兑,同时规定法币汇价为 1 元等于英镑 1 先令 2.5 便士,由中央、中国、交通三行无限制买卖外汇,是一种金汇兑本位制①。抗日战争爆发后,国民政府实行外汇统制政策,法币又成为纸币本位制②货币。法币初期与英镑挂钩,可在指定银行无限兑换。1936 年国民政府与美国谈判后,由中国向美国出售白银,换取美元作为发行法币的外汇准备金,法币改为与英镑及美元挂钩。这次币制改革结束了中国几千年的银本位制,结束了中国货币混乱的局面。

放弃银本位制,采用金汇兑本位制。为使法币对外汇比价稳定,国民

---

①金汇兑本位制,又称"虚金本位制"。是指银行券在国内不能兑换黄金和金币,只能兑换外汇的金本位制。实行这种制度的国家须把本国货币同另一金本位制国家的货币固定比价,并在该国存放外汇准备金,通过无限制供应外汇来维持本国币值的稳定。采用这种币制必然使本国货币依附于与之相联系的国家的货币,本质上是一种附庸的货币制度。

②纸币本位制,又称"自由本位制"。是以国家发行的纸币作为本位货币的一种货币制度。其特点是国家不规定纸币的含金量,也不允许纸币与金(银)兑换,纸币作为主币流通,具有无限法偿能力;同时,国家也发行少量金属铸币作为辅币流通,但辅币价值与用以铸造它的金属商品价值无关。由于发行纸币是国家的特权,在中央银行国有化之后,国家便委托中央银行发行纸币。中央银行发行纸币的方式是通过信贷程序进行的,所以纸币实际上是一种信用货币。

政府规定由中央、中国、交通三行无限制买卖外汇;法币价值用外汇率来表示;法币与英镑保持固定汇率,当时规定法币1元合英镑1先令2.5便士。此举引起美国的争夺,同年12月美国变更购银办法,迫使世界银价猛跌,影响中国外汇基金的稳定。1936年5月, 国民政府被迫与美国缔结《中美白银协议》,法币又与美元保持固定汇率,法币1元等于0.2975美元,从而使法币成为英镑与美元的双重附庸。

法币改革,其积极方面是统一了币制,是中国货币制度的进步,在实行初期对社会经济的发展起了一定的积极作用。其消极方面是带有浓厚的殖民地性质,国民政府利用货币发行权的集中,加强了金融垄断;又因为法币系拥有法偿资格的不兑现纸币,而用膨胀发行办法填补财政赤字,导致恶性通货膨胀,信用一落千丈,成为后来国民经济崩溃的重要原因。1947年2月,以宋子文制定的法币国际化政策失败,引发抢购黄金风潮与恶性通货膨胀为标志,国民政府的货币信用完全垮台。1948年8月18日,国民政府下令实行币制改革,以金圆券取代法币作为本位货币,强制将黄金、白银和外币兑换为金圆券。由于滥发纸币,信用崩溃,致使金圆券发行不久就急剧贬值,社会动荡、民不聊生,终于加速了国民政府的垮台。

金圆券五万元

第十五章 "海上丝绸之路"与
货币文化交流的历史意义

古代东西方交通有陆路和海路两途,在经济交往过程中,中国丝绸是最名贵、最畅销的外贸商品,同时又是最重要的国际货币。1877年普鲁士学者李希霍芬(Fendinand Von Richthofen)首次将陆路通道称为"丝绸之路"(Silk Route),得到国际学术界广泛认同,后来海路通道被称为"海上丝绸之路"。此外中国陶瓷、茶叶、铜钱,西方与日本的金银货币、香料等也是东西方贸易的重要商品和硬通货,所以,又有学者将海上丝绸之路称为"陶瓷之路"、"茶叶之路"、"香料之路",以及"铜钱之路"、"白银之路"等等。

海上丝绸之路把世界文明古国如埃及、希腊、罗马、波斯、印度、中国以及美洲联接在一起,为人类文明进步与社会发展作出极为重要的贡献,内涵十分丰富,外延相当广泛,是人类历史上的重大课题。东西方各国正是通过海上丝绸之路增进交往、互通有无、丰富彼此之间的经济文化生活,分享人类创造的物质文明与精神文明成果。而通过海上丝绸之路开展的中外货币文化交流推动了货币思想的碰撞与国际金融的发展。

第一节 海上丝绸之路贸易对中西方货币思想交流的影响

人文思想就是以人为本的思想。西方人文思想在明朝中后期通过丝绸之路逐渐传入中国。而中国的一些民本主义思想也在此时传至海外。"在明代中后期中国社会经济激烈变动及其与早期西方殖民主义势力的碰撞过程中,东西方之间的文化交流也不可避免地发生了前所未有的态势。虽然说,中国的文化对外传播,可以追溯到汉唐时期,但是那个时期的中国文化对外传播,主要局限在亚洲的相邻国家,对于欧洲等西方国家的影响,极其间接且相对薄弱。但是到了明代,情形就不一样了。双方不仅在贸易经济上产生了直接并且带有一定对抗性的交往,而且由于西方大批耶稣会士的东来,在文化领域也产生了直接的交往。"①海上丝绸之路不仅是世界各国经贸往来的重要途径,而且是文化交流通道。海上丝绸之路的繁荣也给中国带来了西方传教士,他们在中国沿海一带传播宗教的同时,也向国人灌输西方文化和技术,成为"西学东渐"的主力军。西方传教士在中西货币文化交流上也发挥了重要的作用。"西方传教士与中国货币的关系可概括为两方面,一是传教士留下的许多文献,如书信、文章、论著及回忆录等,这些对今天人们研究中西经济、(货币)文化交流提供了独到而珍贵的史料。另一方面,长期生活在中国的西方传教士,不仅在理论上关注中国的货币制度及币制变化,还通过教会发行私票的方式直接影响近代中国币制的变革。"②

一、"西学东渐",晚明时期中国出现人文思想热潮

伴随着海上丝绸之路贸易的深化和西方人文思想和科学知识的传入,晚明时期人文思潮正在中国土地上不断地生根、发芽并逐步成长,人们对自由、平等与民主的追求,已经体现在社会生活的方方面面。把中国那时的人文主义思潮与欧洲文艺复兴时期人文主义思想进行比较,其共同之处在于反对束缚个性,提倡尊重个体,使广大民众的主体意识得到伸张。对自由、平等与民主的追求,对晚明时期的士大夫来说已经十分普遍了。在王阳明心学思想的影响下,士大夫们的民主觉悟得到了加强,认为每个人应该过上一种合乎人性的有尊严生活,要让心灵获得自由。在西方,人民是国家的主人,人民主权的理论出现在 17、18 世纪的欧洲启蒙运动时期,由英国的霍布斯和洛克、法国的卢梭等人提出并完善。"晚明思想中已经出现了以上这种观念,而且已有权力制衡思想的萌芽,它们对专制君主的批判,也已察觉到并非个人的道德素养问题,而是制度根源的普遍性和必然性,因此根本的解决方法就应是制度的改变。"③晚明时期人文主义思潮的发展壮大,离不开当时的社会历史环境,也因此形成了自己的特点。风气既开,这一时期的人文主义思潮为后来启蒙思想的出现和赋税制度及币制改革,提供了内在的理论依据并做了思想上的准备。

---

① 陈支平:《从文化传播史的角度看明代的历史地位》,《古代文明》2011 年 3 期。
② 戴建兵、陈晓荣:《传教士与中国货币》,《江苏钱币》2008 年 2 期。
③ 张岂之:《中国思想学说史·明清卷》上,广西师范大学出版社 2008 年版,第 236 页。

明朝中叶之后的张居正提出"轻关市以厚商而利农"的"厚商"政策,他力推的"一条鞭法"赋税制度改革就具有一定的人文主义思想影响因子。"一条鞭法"是明代嘉靖时期确立的赋税及徭役制度,由桂萼在嘉靖十年(1530年)率先提出,之后张居正于万历九年(1581年)推广到全国。新法规定:把各州县的田赋、徭役以及其他杂征总为一条,合并征收银两,按亩折算缴纳。这样就大大简化了税制,方便征收税款。一条鞭法的实行,使长期以来因徭役制对农民所形成的人身奴役关系有所削弱,农民获得较多的自由。另外,相对明初赋役制而言,一条鞭法较能适应社会经济的发展,对商品生产的发展具有一定促进作用。"赋役的货币化,使较多的农村产品投入市场,促使自然经济进一步瓦解,为工商业的进一步发展创造了条件。"①

明末清初伟大的思想家黄宗羲的新民本思想更具有浓厚的人文主义色彩,黄宗羲的新民本思想虽非直接来源于西方人文主义思想,但是或多或少受当时西学东渐的影响,他的思想具有时代发展的特征。黄宗羲的"天下为主,君为客"的思想主张已经蕴含了由人民当家做主的思想,包括币制改革的设想,已经具有民有、民权意识,因而是朴素的民主启蒙思想。黄宗羲的思想对后世影响很大。他还开创了清代浙东学派。

黄宗羲有"中国思想启蒙之父"②的美誉。黄宗羲的后学万斯大、万斯同、全祖望等人,在各自的为学过程中,从不同领域传承了黄宗羲的学术思想。"黄宗羲的新民本思想主要集中在《明夷待访录》这部中国政治思想史重要著作中,在对儒家政治思想进行重新阐释的基础上,提出了新的制度构想。黄宗羲对君主与天下的关系提出了'天下为主,君为客'的新论断;在法治上,主张用'天下之法'取代'一家之法',提出了'有治法而后有治人'的理论。梁启超在《清代学术概论》中认为黄宗羲《明夷待访录》的经世致用思想,对近代思想的变革产生了深远影响;在《中国近三百年学术史》中梁启超还认为黄宗羲的民主主义精神,对于三千年专制政治思想是极大的反抗,具有近代启蒙色彩;萧公权则认为黄宗羲是清初民本思想的主要

①邹晓涓:《一条鞭法论析》,《石家庄经济学院学报》2005年5期。
②黄宗羲是十七世纪启蒙学派的重要代表人物。他撰写的《明夷待访录》被近代启蒙者维新派代表人物康有为、梁启超等称为"启蒙之书"。

代表,其政治哲学旨在阐明立君所以为民与君乃为人民服务的公仆。"①

黄宗羲"工商皆本"理论反映了明末清初新兴市民阶级的历史要求。黄宗羲新民本思想在经济思想与财政政策上的表现为:一是提出了"工商皆本"创新理念;二是主张改革赋税制度;三是实施"废金银"而"通钱钞"的币制改革。

"中国古代社会始终是以农业为主体、以农立国的社会。上古时期商业并不发达,所以也就没有抑商的需要和必要。到春秋战国时期,商贾贸易日益发展,所以就提出了农商本末问题……最早提出重农抑商或农本商末思想的应是法家商鞅与韩非。《商君书·壹言》提出了'事本禁末'之说,《韩非子·五蠹》以农为本、以商工为末,主张抑制'商工游食之民'。战国末年尤其是秦汉以后的统治者以及大多数思想家(包括儒家),基本上都主张实行农本商末、重农抑商的政策。如《吕氏春秋·上农》篇说'古先圣王之所以导其民者,先务于农;民农非为地利也,贵其志也',并强调了务农之利与'舍本事末'之害。而《三国志·魏志·司马芝传》所谓'王者之治,崇本抑末,务农重谷'之说,则是农本商末、重农抑商政策的典型说法……在黄宗羲的新民本思想体系中,古代圣王的崇本息末之道……非贬抑工商之类有利民生的本业。所以黄宗羲反对贬抑工商的政策,而提出'工商皆本'的思想,这是对千百年来'重农抑商'政策的历史性批判,反映了当时新兴市民阶级要求发展商品经济的强烈愿望。"②

至于历史上推行的赋税制度,先秦推行初税亩,有什一税。两汉先后实行过十五税一、三十税一和什一税制,魏晋实行户调制,唐代实施租庸调制,宋代沿袭唐代两税制并有所改进,明代推行"一条鞭法"的税制改革。可是税制改来改去,虽救一时之弊,却解决不了根本问题,反而造成"积累莫返之害",即农民负担不断增加的恶性循环。这就是著名的"黄宗羲定律"。③ 黄宗羲力主重定税率,按照历史上最低标准收税,即按"三十税一"的原则来"重定天下之赋"。他说:"夫三十而税一,下下之税也。……古者

---

① 殷超:《论黄宗羲的民本思想》,沈阳师范大学硕士论文,2014 年。
② 吴光:《论黄宗羲新民本思想的性质、内容、渊源及其现代意义》,《孔子研究》2009 年 2 期。
③ 黄宗羲定律:是现代学者秦晖在他的论文《并税式改革与"黄宗羲定律"》中总结出的定律。其主要内容是历史上的税费改革不止一次,但每次税费改革后,由于当时社会政治环境的局限性,农民负担在下降一段时间后又涨到一个比改革前更高的水平,明清思想家黄宗羲称之为"积累莫返之害"。该定律是描述农业社会农民税费负担的论述。

井田养民,其田皆上之田也,自秦而后,民所自有之田也。上既不能养民,使民自养,又从而赋之,虽三十而税一,较之于古亦未尝为轻也。……吾意有王者起,必当重定天下之赋;重定天下之赋,必当以下下为则,而后合于古法也。"①

所谓以"下下为则",即以下下田收入的标准三十分之一来收税。尽管这种低税率在封建专制社会中很难实现,但黄宗羲的税制改革主张反映了社会底层的呼声,体现了新民本思想的进步性,有利于减轻广大农民的"暴税"之苦。

此外,黄宗羲货币金融思想的突出亮点是"废金银"而"通钱钞"的币制改革设想。他在《明夷待访录·财计》三篇中,开宗明义第一句话就是:"后之圣王而欲天下安富,其必废金银乎!"他以史为鉴,立足现实,着重分析了明朝以金银为主币、铜钱为辅币的货币政策所导致的经济与民生困境,然后总结道:"夫银力已竭,而赋税如故也,市易如故也。皇皇求银,将于何所!故田土之价,不当异时之什一,岂其坏瘠与?曰:否! 不能为赋税也。百货之价,亦不当异时之什一,岂其物阜与?曰:否! 市易无资也。当今之世,宛转汤火之民,即时和年丰无益也,即劝农沛泽无益也,吾以为非废金银不可。废金银,其利有七:粟帛之属,小民力能自致,则家易足,一也。铸钱以通有无,铸者不息,货无匮竭,二也。不藏金银,无甚贫甚富之家,三也。轻赍不便,民难去其乡,四也。官吏脏私难覆,五也。盗贼肱箧,负重易迹,六也。钱钞路通,七也。"②

由此可见,黄宗羲货币金融核心思想是废除金银而通行钱钞,统一币制。把钱币(主要是铜钱)作为商品交易、市场流通的唯一货币。他认为:"钱币,所以为利也。唯无一时之利,而后有久远之利。以三四钱之费得十钱之息,以尺寸之楮当金银之用,此一时之利也。使封域之内,常有千万财用流转无穷,此久远之利也。"③显然,黄宗羲的货币金融思想体现在金融政策上,是要确保货币的流通与商品市场的活力,以维护国家长治久安的"久远之利"。这是他货币金融思想最可贵之处。从历史上看,金银等贵金属货币经常被封建帝王聚敛和官僚豪强贮藏,难以作为商品市场有效的支

①《黄宗羲全集》第 1 册,杭州:浙江古籍出版社 2005 年版,第 23～24 页、第 38 页、第 38 页。
②《黄宗羲全集》第 1 册,杭州:浙江古籍出版社 2005 年版,第 23～24 页、第 38 页、第 38 页。
③《黄宗羲全集》第 1 册,杭州:浙江古籍出版社 2005 年版,第 23～24 页、第 38 页、第 38 页。

付手段,流通不畅,不利于经济发展和民生进步。

　　总之,黄宗羲以“废金银、通钱钞”为主要内容的货币金融改革理论,是其新民本思想在货币金融改革理论上的体现。这些主张客观上有利于资本主义生产关系的萌芽与发展。

　　黄宗羲提出上述赋税与货币金融改革主张并非偶然,而是时代进步思潮的反映。“在明清时期,与黄宗羲同时代的一些有识之士也提出了类似主张。如万历时的冯应京在《月令广义》提出了‘士农工商各执一业’、‘九流百工皆治生之事’的思想;明末东林党人赵南星在《赵忠毅公文集》卷四《寿仰西雷翁七十序》提出了‘士农工商,生人之本业’的思想;顾炎武的《日知录》、陆世仪的《思辩录》在诸如封建、郡县、井田及货币、赋税等问题上的主张也与黄宗羲接近。”①明朝中后期朝廷确立了以白银为主币、铜钱为辅币的货币制度,但是到了明清之际,社会上出现了“废银用钱”的思潮,尤其以黄宗羲、顾炎武、王夫之三大启蒙思想家的货币思想最为突出。顾炎武的《日知录》中就有关于黄金、铜、银的一卷,分析了白银由“矿入”与“海舶”供给两路皆阻,国家之赋,用银不用粟,是舍民所有用民所无,逼迫民众流离失所。他正确地看出白银数量的多寡及分布不平衡是社会经济稳定发展的制约,强调币制的统一稳定;主张使用铜钱,反对金银和纸币的流通。顾炎武的货币思想与黄宗羲异曲同工,具有强烈的民本主义色彩。王夫之也提出了自己的货币主张,那就是弃用白银、广铸铜钱,认为“利生民之用,自太公以来迄于今,无如钱矣”。②

　　明清之际,中国的货币流通环境急剧恶化引起一些有民本主义思想的有识之士的高度重视:钱法败坏,白银短缺,物价飞涨,朝廷为解决财政危机不断加派等等。由于国际环境的变化,当时西班牙国王和日本幕府采取了贸易保护政策,从美洲、日本输往中国的白银在16世纪末至17世纪末急剧减少,而中国自身白银的产量十分有限,因此出现“银荒”是势在必然。正因为白银的主要供应途径(境外输入)是当时朝廷所不能直接控制的,而铸造铜钱与发行纸钞成本较低,既符合传统,又便于朝廷掌控,所以黄宗羲等人将目光重新投向钱钞是符合逻辑和历史相统一的辩证法则,他们主张

①吴光:《论黄宗羲新民本思想的性质、内容、渊源及其现代意义》,《孔子研究》2009 年 2 期。
②王夫之:《噩梦》,《船山遗书》第六卷,北京出版社 1999 年版,第 3828 页。

大量铸造铜钱和发行纸钞,并提出了较为合理的整顿措施,决不能简单地视之为一种倒退落后思想。对于在赋税折银过程中,的确存在着种种弊端,这是无法忽视的,因此顾、黄、王三人也都同时想到了取消赋税征银的办法,而代之以实物、铜钱,这对于明末清初的实际情况而言,不失为一种有效的调整手段,是符合当时的社会经济发展状况的。到了清朝统治逐步稳定之后,尤其是到康熙二十三年(1684 年)开海禁,打开国门之后,国外白银重新大量输入中国,"银荒"问题得以缓解,围绕该问题的争论也归于结束。当今学界有人认为这说明"废银用钱"思想是落后的、反动的,逆时代潮流而动。这种观点不符合唯物史观。社会存在决定社会意识。"废银用钱"思想是植根在当时的时代大背景之下的,尤其是其中有许多整顿当时钱法的合理建议,具有时代的进步意义。

二、"东学西渐",明代中后期中国文化不断传向西方

明代中后期以来中国文化对外传播主要通过两个层面与两种途径:"即由西方传教士及中国上层知识分子翻译介绍到海外的以儒家经典为核心的意识形态文化,以及由沿海商民迁移海外所传播过去的一般民众生活方式的基层文化。在平等的中西文化交流与文化传播中,中国的文化在西方得到了应有的尊重。据说到了 17~18 世纪欧洲哲学与政治启蒙运动的时候,欧洲的一部分哲学家以及政治家和文人,一度用孔子的名号和思想来推动他们的主张。我们回顾历史上中国与西方的文化交流历程,不能不得出这样的结论:明代中后期以至明末清初,是中国文化对外传播的黄金时期。而这种黄金时期的出现,正是建立在明代社会应对世界变化所持有的包容开放态势的基础之上的。"[1]

清代国学大师辜鸿铭是近代中西文化交流史上的杰出代表。"其曾祖父是定居南洋的侨民,少年时代随养父到欧洲读书,是第一个接受全英式教育的中国人。这样的背景让他成长为学贯中西的国学大师,也让他有能力担负起中西文化交流的使命。辜鸿铭一生以向西方彰明国粹、传播儒家信用文化、弘扬中华民族道德伦理为己任,行之终身,并为西方社会所推

---

[1]陈支平:《从文化传播史的角度看明代的历史地位》,《古代文明》2011 年 3 期。

崇,把他看成是'中国文化之代表'。"①

　　而以朱舜水为代表的中国上层知识分子移居海外讲学对所在国的知识界更是产生巨大而深远的影响。

　　朱舜水是明末清初与顾炎武、黄宗羲、颜习斋、王夫之齐名的儒学大家。他在大明光复无望的情况下,东渡日本流亡23年,其间把朱熹学说传到日本,使江户时代儒学兴盛,儒教思想影响了整个日本民族,正如日本史学家所言,"德川二百余年太平之治"始于舜水。梁启超先生在《清代学术概论》中高度评价朱舜水:"在日本,前后十几年,人格感化力大,方面又多,可以说自遣唐留学以后,与中国文化真正接触,就是这一回。……把朱学由中国传到日本,就是靠他。"②朱舜水称得上是中日文化交流史上的杰出先驱之一。"黄遵宪、李大钊、鲁迅等诸多近代留日中国学人对朱舜水也都怀有崇敬的感情。"③

　　朱舜水流寓日本的讲学活动有力地推动了日本的史学研究。朱舜水提倡"实理实学",因此极端重视史学。他说:"殊不知经简而史明,经深而史实,经远而史近,……得之史而求之经,亦下学而上达耳。"④又说:"以铜为镜,可以鉴容貌,肃衣冠;以古为镜,可以辨几微,慎思永;以人为镜,可以审从违,征得失。"⑤谓"以古为镜",就是把历史当作镜子。还说:"至于植德之基,要在多识前言往行。不然,则执非是者以为是,举非义者以为义,差之毫厘,谬以千里。"他所说的"前言往行",就是在社会发展过程中产生过积极影响的历史人物的嘉言善行。通过观照历史,总结出国家兴亡治乱的规律,总结出做人的准则,这就是朱舜水所提倡的"实学"。正如朱谦之先生所言:"朱舜水对待历史的态度和黄宗羲所开创的'浙东学派'有一致的地方。章学诚所说:'浙东之学,通经服古,绝不空言德性。'言性命者必

①金秋蓉:《海上丝绸之路与福建近代中西文化的撞击》,《重庆交通大学学报·社会科学版》2016年2期。

②梁启超:《清代学术概论》,天津古籍出版社2004年版,第172页。

③林和生:《近世向日本传播儒学的第一人:朱舜水》,《山西师大学报·社会科学版》2010年1期。

④朱舜水著,朱谦之整理:《朱舜水集》卷八《答奥村庸礼书十二首》之十一,卷十七《三镜》,《前言》,中华书局2008年版。

⑤朱舜水著,朱谦之整理:《朱舜水集》卷八《答奥村庸礼书十二首》之十一,卷十七《三镜》,《前言》,中华书局2008年版。

究于史.'"①"经世济民"是朱舜水经济思想的主要内容。朱舜水的经济思想中也贯穿着实用的原则和民本理念,放到社会经济领域也就是要追求民众的"实利"。在这一思想的主导下,他批评了传统的"重义轻利"的观点,弘扬追求"实利"的思想。

"值得注意的是,朱舜水在日本的讲学活动直接促成了'水户学派'的诞生,而'水户学'堪称近代'王政复古'与明治维新的原动力。伴随着《大日本史》的纂修,水户学派悄然萌生并逐渐发展起来。该思想体系以提倡巩固封建秩序、忠君爱国著称于世,被称为'水户学'。'水户学'在日本近代史上影响巨大,为后来讨幕派的'王政复古'做了舆论准备,为明治维新扫清了思想障碍与体制障碍。从这个意义上说,'王政复古'与明治维新都跟朱舜水有联系。"②因此,评论朱舜水在日本的讲学活动的历史功绩,不能仅看他培养了一些日本汉学家,还应该看到其讲学活动的影响已经超越了对传统儒学人才的培养,而惠及日本近代史上关系到日本发展与前途的政治改革——"王政复古"与明治维新。

三、海上丝绸之路铸就了近代中西货币文化的历史性撞击

中国对西方近代经济和金融思想产生影响的人不多。中国近代货币改革思想家王茂荫(1798～1865 年)是其中的佼佼者,他也是马克思在其名著《资本论》中提到的唯一中国人。他在中国近代内忧外患、社会危机不断加深的历史背景下,总结吸收了北宋以来纸币发行的经验与教训,针对时弊提出了限量发行可兑换的纸币以缓解清代财政困难及通货不足的压力,并相应开创了政府与银号相结合的发行体制,从而推进了中国货币纸币化改革的进程,在一定程度上代表了中国古代、近代货币改革的发展方向,因此引起了马克思的关注。其思想的进步性是十分值得肯定的。

王茂荫的货币思想,也包含了以民为本、注重信用的理念。这在他的奏疏中作了较为集中的阐述。王茂荫认为发行纸币要研究历史,必须了解历代纸币发行和流通得失,吸取教训以利民众。他总结历代行钞中有十弊:"一是禁用银而多设科条,未便民而先扰民;二是谋擅利屡更法令,未信

---

①朱舜水著,朱谦之整理:《朱舜水集》卷八《答奥村庸礼书十二首》之十一,卷十七《三镜》,《前言》,中华书局 2008 年版。
②林敏洁:《论朱舜水对日本社会及文化的影响》,《中国典籍与文化》2010 年 4 期。

民而先疑民;三是有司喜出而恶入,适以示轻;四是百姓以旧换新,不免多费;五是纸质太轻而易坏;六是真伪易淆而难识;七是造钞太多,则壅滞而物力必贵;八是造钞太细,则琐屑而诈伪滋繁;九是官吏出纳,民人疑畏而难亲;十是制作草率,工料偷减而不一。"①因此,王茂荫提出,若要使钞币能在民间流通,应该采取以实运虚的方法,做到:一、钞币与金属币相辅同行;二、钞币可以兑现金属币和银两;三、钞币发行必须有个限数。"钞无定数,则出之不穷似为大利,不知出愈多,值愈贱。""以实运虚"是王茂荫金融思想的理论核心。王茂荫坚持了传统的纸(币)虚银(币)实观点,也是一个货币金属主义者。但是他又不像其他货币金属论者那样,将纸币与金属币完全对立。相反,他认为纸币和金属币可以相辅而行。由此,他进而寻找纸币与金属币之间的关系,认为有数倍的金属币保证纸币的流通,就可以"使银钱处处扶钞而行",从而得出了"以实运虚,虽虚可实"的结论。

在近代中国货币思想史上,王茂荫之所以引人注目,其原因有二:一是马克思在《资本论》第一卷第一篇第三章论述货币和商品流通时,有一附注(83):"清朝户部右侍郎王茂荫向天子上了一个奏折,主张暗将官票宝钞改为可兑现的钞票。在1854年4月的大臣审议报告中,他受到严厉申斥。他是否因此受到笞刑,不得而知。审议报告最后说:'臣等详阅所奏……所论专利商而不便于国。'"②马克思附注中提到清代大臣王茂荫上奏折之案例可能包含三层意思,其一,在发行纸币和纸币的可兑现问题上,马克思认为王茂荫的主张是颇有见地的,与自己的观点相近;其二,对王茂荫因提出改革货币的正确主张而受到清王朝的申斥表示了同情。其三,马克思是在信用货币产生的自然根源问题上提及王茂荫上奏折之事作注解的,马克思很重视货币信用问题,纸币作为支付手段尤其要讲信用,能否兑换金属货币是关键,王茂荫的货币思想和他的币制改革主张影响了马克思对这一重要问题的认识。由于王茂荫是马克思《资本论》中提到的唯一的中国人,因此引起学术界的关注,成为近代中国货币思想史一个饶有趣味的问题。此外,更主要的原因在于王茂荫的货币思想主张形成于特殊时期并且独树一帜。

---

① 胡武林:《〈王茂荫年谱〉序》,中安在线(引用日期2019年11月2日)。
② 《资本论》第一卷,人民出版社1975年版,第146~147页。

王茂荫上述货币思想主张,是在西方的货币理论和制度还没有介绍到中国来时所提出的,所以,他的货币思想被认为是在继承中国传统货币思想的基础上,根据他本人对当时中国的客观情况所作的深入研究而独立形成的。并且很多观点的表述是非常中肯的,其货币政策主张在当时情况下亦是可行的,并对马克思货币理论的形成产生一定影响。

近代以来,由于帝国主义列强把大量鸦片输入中国,造成中国白银大量外流,引发"银荒",银贵钱贱,严重影响百姓生计和商品流通,从而加剧了广大人民与封建统治者之间的矛盾,加剧了清王朝统治的危机。怎样解决这个问题?魏源对货币问题的认识和解决问题的方案在当时应该是很高明的。他主张:(1)用银为统一的等价物行使价值尺度的职能。魏源说:"货币者,圣人所以权衡万物之轻重,而时为之制。"既要用它来"衡量万物之轻重",那它就必须是"五行百产之精华",必须是价值昂贵、持久不弊的物品,才能充其任。这在商品经济发达情况下尤应如此。金或银具有这些特性。(2)行铸币以利流通。既以银为币,就要使它方便流通。中国使用的纹银和块银极不方便,以致使行用方便的洋钱——银元占领中国市场。每枚银元的实际银数"仅及六钱六分,而值纹银八钱有奇,民趋若鹜"。这证明交换过程多么需要铸币!所以魏源一则曰"仿铸西洋之银钱兼行古时之玉币、贝币";再则曰"官铸银钱以利民用,仿番制以抑番饼"。[①]魏源是中国最早主张铸行本国机制银币者,这是难能可贵的。这为后来洋务运动代表人物张之洞在广州率先铸造国产机制银币奠定了理论基础。

晚清时期,西学东渐。严复(1853~1921年)比较多地接触了西方经济学理论,他的货币思想就受到亚当·斯密与李嘉图等人的影响。严复认为自由贸易是符合经济规律的,有利于促进国家经济发展。他批评重商主义,说国之财富与货币无关。他同意亚当·斯密的观点,货币具有流通手段与价值尺度的职能。货币只是价值符号,本身没有价值。1892年郑观应(1841~1918年)撰写了《盛世危言》,这是一个中国全面系统地学习西方社会的纲领。"在该书中他抱怨在中国的外国银行不正当经营,鼓励建立中国的银行:'若今之洋商,所用银票并不由中外官吏验看虚实,不论多

---

①魏源:《军储篇三》,《圣武记》卷14。

少,为所欲为'"。① 康有为(1858～1927 年)拥有丰富的货币金融思想。他的货币金融思想主要集中在改革币制和兴办银行两个方面,他提出:改铸银钱,以挽回利权;金本位制为救国之良药;发行纸币为事势所趋;建立完整的银行体系等等。戊戌变法失败后,流亡到日本的梁启超接触到更多的西方知识,他在 1903 年出版的《生计学学说沿革小史》一书中,从考察西方早期经济思想家开始,如亚里士多德、哥白尼、洛克、休谟、霍布斯,一直到重商重农学派,到亚当·斯密,向中国人介绍西方财经货币知识。梁启超本人也创立一套系统的货币金融思想,内容包括对国家信用与民间信用的分析,主张改革币制与完善货币兑换制度相统一;提出官民可以自由造币的建议;他呼吁建立中央银行,鼓励发行外债和公债;强调币制一定要统一,坚持货币从银两本位、银元本位、金本位到汇兑本位的发展路径等等。

　　1914 年 3 月 8 日,袁世凯政府设立币制局,任命梁启超为总裁。梁启超要求实施国产银币普及化政策。在梁启超的努力下,袁世凯像银元,即"袁大头"的持续铸造超过十亿枚,有效地驱逐了当时流通的各种私币、鹰洋,事实上统一了货币,奠定了日后国民政府废两改元等金融改革的基础。与此同时,梁启超命时任造币总厂厂长的吴鼎昌着手编写造币厂史,并精心审定,亲笔题写书名。这部 11 章约 5 万余字的造币厂史,成为中国金融发展史上的重要文献。

　　孙中山(1866～1925 年)是伟大的革命先行者,中国近代伟大的资产阶级革命家,同时也是一位货币金融理论家。"他在早期组织武装革命斗争时就十分重视货币的支持作用;担任中华民国临时大总统时还进行过货币发行流通秩序的整顿;在倡导以钱币革命抵抗沙俄时主张实行纸币制度;在他筹划的《建国方略》中论述了中国的货币历史和货币制度。"②他主张通过"钱币革命"建立现代货币本位制度,同时在其革命生涯中积极推行银行建设主张,并进行积极的实践,形成了其独特的货币金融思想。孙中山认为,货币是伴随着商品交换的发展而产生的。关于中国究竟实行什么样的货币本位制问题,孙中山主张学习日本实行金本位制;孙中山还准确预见到货币发展的方向,积极主张发行纸币。

---

① [英]凯瑟琳·伊格尔顿、乔纳森·威廉姆斯著,徐剑译:《钱的历史》,中央编译出版社 2011 年 6 月版,第 173 页。
② 孟建华:《孙中山货币流通思想与实践》,《中国钱币》2017 年 4 期。

在近代中西货币文化的历史性撞击中,受西方货币思想影响,当时中国政治界和思想界的许多著名人物都主张改革落后的封建币制,他们把西方资本主义的货币信用制度介绍到中国来,想让中国也采取这样一种制度,在当时情形下有一定进步意义。

第二节 海上丝绸之路货币文化交流 对近代中国金融改革的影响

海上丝绸之路贸易在历史上对中国经济社会发展的格局影响巨大。除了广州、泉州、宁波三个主港外,福州、杭州、扬州等诸多支线港口城市均因海外贸易而兴盛起来。尤其是上海在近代以来的崛兴,更是深刻反映了海外贸易对城市发展的巨大的推动作用。"近代上海在形成和确立为全国的经济与金融中心地位时,有学者认为有四方面的原因:首先,上海具有得天独厚的地理区位;其次,近代上海的租界客观上提供了一种旧中国其他地方难以具有的、特殊的制度条件;再次,近代上海开埠之始即以全国以至世界的面貌出现,上海不仅聚集了近代中国最大量的资本和工商业,同时还拢集了近代中国最优秀的人才;最后,上海一开始就具有开放的现代观念和开拓创业的进取、冒险精神。"[①]

一、海上丝绸之路货币投资贸易与上海金融业在近代的崛兴

1843 年上海开埠之后,迅速取代宁波崛起成为全国乃至整个远东地区的金融中心。"1847 年第一家外资银行——英国丽如银行进驻外滩;1897 年中国第一家商业银行——中国通商银行在上海诞生。此后,一批华资银行、侨资银行相继在上海成立或分设,加上进驻外滩的外资银行,金融机构云集黄浦江畔,因而上海外滩就有了'东方华尔街'之称谓。"[②]

本书认为,上海在近代的崛兴与海外贸易有极大的关系。从近代上海城市发展所依存的产业来看,可以依照 1895 年《马关条约》的签订为界分为两个时期。"五口通商"开埠之后至甲午战争止,上海港的发展主要依靠

①张忠民:《近代上海经济中心地位的形成和确立》,《上海经济研究》1996 年 10 期。
②林振荣:《上海钱币文化概说》,百度文库(引用日期 2019 年 11 月 2 日)。

商业,海外贸易的蓬勃发展带动了上海城市的迅速发展。1895年之后,外国人可以在通商口岸投资设厂,上海的工业发展很快,特别是在20世纪一二十年代,增长更为迅速。《马关条约》签订之后,上海外资工业的投资方向由以辅助内外贸易为重点转向以在中国市场销售产品的轻纺工业为重点。另外,上海成为金融中心与中国近代一批觉悟了的社会精英善于向西方学习先进的金融管理制度,并不断创新有关。上海的公共租界是金融中心的起源地,租界内西方资本主义的信用制度,严格的法治对以宁波商帮为代表的中国商业、金融精英集团影响极大。宁波商帮在宁波发明的"过账制度"与西方信用制度有异曲同工之妙,因此,"信用码头"就从宁波移植到上海,并借鉴西方先进金融管理制度,推动传统钱庄业迅速向近代金融业转制,自下而上地进行近代中国的金融体制改革,促进了上海金融业的繁荣。

从经济发展的要素投入来看,上海没有充足的原材料和能源,地价昂贵,工资高昂,并不适合经济活动的开展。但是,上海最大的优势是拥有港口。1843年11月17日上海开埠之后,上海港发展迅猛,到20世纪20年代已经位居全球港口第六位。至20世纪20年代中期,上海港吞吐量达到1,000万吨,成为千万吨级的大港。宁波商帮著名人物刘鸿生认为上海工业的繁荣得益于上海港的便利,"吾国无论重工业、轻工业之原料品,因一般工业落伍,不能自给,势不得不仰给舶来。而舶来原料品之输入,则惟外洋航轮是赖。上海工业之繁荣,其原因实由于此。且不惟原料输入,即制造品之输出外洋,亦以上海外轮为最便利"。①

通过上海港的航线,原材料、能源和制成品不用再通过其他港口中转就可进入上海或运抵销售市场,这就节约了运输成本。"近代上海港是当时外商进入中国的三大门户之一,是中国与外洋贸易的中心点。由于棉花、小麦、煤炭等原材料和能源大多是从外地或国外通过水路运来的,制成品销往全国各地或南洋等地,也是通过水路运输的,铁路主要以客运为主,因此靠近上海港其实就是接近原材料、能源产地和销售市场。"②

在资本方面,除了国外资本大量进入上海,国内资本也向上海快速集

---

① 上海社会科学院经济研究所编:《刘鸿生企业史料(下册)》,上海人民出版社1981年版,第5页。
② 王列辉:《区位优势与自我增强——近代上海城市崛起的再探讨》,"上海:海与城的交融"中国航海博物馆第三届国际学术研讨会,2012年8月22日。

中。苏州曾是江南的商业中心,近代苏州的衰落,除了太平天国的严重破坏外,更重要的原因在于上海作为一个商业中心正在兴起,吸引了苏州的缫丝厂等到上海投资办厂。宁波的情况和苏州相似,也有大量资金从宁波流向上海。民国《鄞县通志·食货志》记载:宁波的钱庄向上海的钱庄放款每年就达二三千万元。近代宁波的商业衰落后,"前之以宁波为根据从事于外国贸易勇敢而富裕之宁波商人,亦随而移于上海,上海乃变为宁波商人之根据地焉"。[①]

　　除了外部投资大量进入上海外,一些在上海的商人、买办、地主等因从事对外贸易而积累了大量财富,他们开始把商业资本转化为工业资本。江苏无锡人祝兰舫最初在上海开设源昌号,经营煤炭及其他矿产,所获利润不菲,之后又经营航运,拥有几艘航行于新加坡、中国、日本及沿海口岸之间的轮船,航业所获利润则投资于工厂,如源昌丝厂、华新面粉厂、源昌米厂、公益纱厂等。1881年上海自来水公司第一届股东大会报告显示,要求入股该公司的很多是上海的中国银行家(指在上海经营钱庄、银号的中国人),该报告断言,如果公司不设在伦敦(而设在上海),公司所需要的全部资金都可以在上海就地筹集起来,上海商人对在中国兴建企业是有很大兴趣的。1887年该公司的董事会决定迁移到上海,因为"本公司的利益都在上海,所以公司的领导机构应在上海"。[②]

　　近代上海还吸引了国内外大量移民。上海是一个移民城市,上海的发展离不开移民的贡献。除了提供丰富的劳动力资源外,海外移民和国内商业移民也为上海带来了先进的技术、经验、管理方法以及资金等。随着集聚的效应充分发挥,一些后来者也循着先行者的足迹来到上海,如一些宁波商人最早是在开埠之前来到上海的,在上海立足之后又把在宁波的亲戚朋友带到上海,许多后来者都在对外贸易中发迹,于是吸引了更多宁波人涌向上海。"当上海开港之时,宁波富商进取,招招争先,其从事外国贸易者无不获巨利;至宁波通商,衰落失职之贫民,亦皆逐商贾之迹来上海谋利,住于上海之人数达十余万以上。其营业种类初无一定,以贸易商及银行者为多,百手工艺及苦力者,亦宁波人占多数。"[③]于是形成了良性循环,

---

① (日)日本东亚同文会编,两湖总督署译:《中国经济全书》(第二辑),1908年版,第49页。
② 孙毓棠:《中国近代工业史资料》(第一辑)上,社会科学出版社1957年版,第187~191页。
③ 民国《鄞县通志》食货志。

越来越多的人力、资本等向上海集中,而人力、资本等的集聚又扩大了市场,形成了规模效应,节约了交易成本,促进工业、贸易等的繁荣。

由于工业革命首先在欧美国家兴起,先进技术和机器不断涌现,促进了生产力的提高。开埠之后的中国仍然处于手工加工阶段,因此技术与知识和欧美国家存在很大差距。在技术与知识的梯度转移过程中,作为中国门户的上海无疑得风气之先,先进技术与知识首先在上海生根发芽,然后再向边缘地区扩散,这种例子比比皆是。1886年德商设立的增裕面粉厂即是一例。上海"所用面粉,自通商以后,固悉购之于海外也。德商某见我国北部农产以小麦为最富,而麦食亦最多,虽麦质不若美产之色白而味厚,然以国人购用国货,且机粉较磨粉色泽已较旧为佳,无虑其不发达。于是购机设厂,命名增裕,而上海始有面粉厂矣。厥后营业日上,岁有盈余,华商涎之,而寿州孙氏乃有阜丰厂之出现,后且全埠有十余厂矣"。① 上海也开商业风气之先,"国外新式事业,每最先介绍至上海,远在有清光绪十七年间(1891年)洋商之上海股份公所,已具交易所之雏形"。②

二、"五口通商"后近代宁波商帮金融创新与金融业的发展

在浙东学派"实事求是,经世致用"、"工商皆本"思想理念的影响下,宁波商帮诚信经营,注重发展实业,成为迅速崛起的近代海商集团。尤其是对中国近代金融业的兴起发挥了举足轻重的作用。《鄞县通志》中说:"至五口通商后,邑人足迹遍履全国、南洋、欧美各地,财富日增。"(《鄞县通志》,1935～1951年鄞县通志馆出版)当时,在被迫开埠通商的大背景下,宁波商人领风气之先,擅长对外贸易的优势得到充分发挥,他们活跃于全国各地,并走向海外。"这一时期近代宁波商帮正式形成,并跻身于全国著名商帮之列。上海成为近代宁波商帮的大本营及走向海内外的中转地。当时,宁波人移民到上海的至清末估计已达40万人。宁波商帮成为来沪经商者中最有手腕和力量的帮口之一,还出现了买办商人。此时宁波商人在沪按行业分帮,分别建立各业各帮的会馆,如来自余姚的陈淦、慈溪的罗秉衡、鄞县的李汉缓等人创建上海北市钱业会馆,在上海营业的宁波肉业

①徐珂:《清稗类钞》(第五册),中华书局1984年版,第2368～2369页。
②冯子明:《民元来上海之交易所》,《民国经济史》银行周报三十周年纪念刊,1945年版,第145页。

商人创立诚仁堂,宁郡六邑竹业商人建立同新会,宁郡六邑马车漆业商人创立同议胜会,等等。这一时期宁波商帮不但在上海发展很快,而且在北京、天津卫、汉口、苏州等地的势力也发展迅速。"①

近现代以来,宁波商帮的活动范围更加广泛。"他们在国内的经商地主要有上海、汉口、天津、台湾、香港、澳门、南京、北京、青岛、郑州、大连、沈阳等地,几乎遍及全国,而且出现了许多商业巨子。如在大上海,从开埠至1937年,宁波商人先后开设或出任经理的钱庄、银行、保险公司、交易所有105家,创办重要的工业企业101家,参与投资创办的驰名商号28家。李宗标在南京开设李顺昌服装店,店内师傅大多是宁波红帮裁缝;孙梅堂在南京经营钟表;五洲药房在南京设有分店;谢衡窗的老永昌煤号与裕昌煤号在南京也有分号;方家、李家、董家在南京也经营银号。在苏州,除了孙春阳的南北货店以外还有不少宁波籍商人的企业,如董杏芳经营药材,叶澄衷创办燮昌火柴厂苏州分厂,刘鸿生创办鸿生火柴厂,严裕棠开办劳纶纱厂。在无锡,陆维康等人开办长丰面粉公司二厂,楼道魁承建过不少丝厂与纱厂。在镇江,王时新创办贻成面粉股份公司,刘鸿生开办荧昌火柴厂。在扬州,阮雄扬开办康元制罐公司扬州厂,生产酱菜。在南通,盖廷芬创办大生纱厂,王启宇开办达记织布厂。在泰州,孙衡甫创办泰来元记面粉厂。在杭州、温州,宁波商人就更多了,宁波商人在杭州创办纺织印染厂、造纸厂、电气公司、钟表行、火柴厂、南货店、化工等企业,参与金融业、保险业的创建。以上讲的是宁波商帮在长江三角洲地区的影响。在北方的北京、天津,华中的武汉、长沙以及重庆等地,宁波商人也不输于其他商帮。天津开埠以后,不少宁波商人成为外商买办,他们大都投资现代企业。如严信厚设立同德盐号,叶澄衷开设老顺记分号,原香港特首董建华的父亲董浩云从事航运业的生涯,也从天津开始,曾任天津航业公会副会长。汉口于1858年开埠前,已有许多宁波商人,后来他们又创办火柴厂、机器厂、铜煤矿、军服厂、铜矿公司、水电公司、硝碱制造厂、海味行、钟表行等。"②

可见,宁波商帮活动的区域、范围是随着中国区域开放的推进与工商业的发展而不断扩大的。

---

①陈依元:《历史上的区域开放与宁波商帮崛起》,《宁波职业技术学院学报》2006年6期。
②陈依元:《历史上的区域开放与宁波商帮崛起》,《宁波职业技术学院学报》2006年6期。

1842年被辟为"五口通商"口岸之一后,宁波的江北岸就被指定为通商地点,并于1844年1月1日正式开埠。开埠之后,宁波江北岸的贸易逐渐兴旺起来。洋商在江北岸建立各种洋行,倾销鸦片及各种洋货。1855年前后,南北号商船帮发展到鼎盛时,宁波港出航的国内木帆船至少有五六千艘(次)之多。民国《鄞县通志》记载:"甬埠通商以清代咸、同年间为最盛。是时国际因初辟商埠,交通频繁,国内则太平军起,各省梗塞,惟雨埠岿然独存与沪雨交通不绝,故……舟楫所至,北达燕鲁,南抵闽、粤,而西逸川、鄂、皖、赣、沪诸省物产由雨埠集散。且仿元人成法,重兴海运,故南北号盛极一时。"(《鄞县通志》)

近代中国的区域开放导致新的经营方式与新行业的产生,也导致宁波商帮新的投资理念的产生。"与晋商与徽商发财后的资本主要流向土地购置、报效朝廷、用于宗族经济等不同,宁波商帮的利润转化为资本后,主要投向产业(如工业、房地产业以及前述许多产业领域)与金融业,成为产业资本家与金融资本家。宁波商帮中有经济实力的商人大都与近代工业及近代金融业有联系,由商业巨子转变为工业巨星与金融大亨,这也是宁波商帮长盛不衰的重要原因之一。晋商首富乔致庸说过这样的话:先要做到汇通天下,才能做到货通天下。汇通天下之日就是货通天下之时。我国封建社会中的金融机构,南有'宁波钱庄',北有'山西票号',而产生时间最早、业务最广、生存时间最长的是钱庄。它的产生早于票号。区域开放促进商贸发达与商帮崛起,而从事商贸离不开资本的融通及汇兑,这就推动了宁波近代钱庄业的兴起。后来,宁波商帮在各商帮中又率先由钱庄转向经营机制更先进的新式银行。与晋帮传统的票号(票庄)相比,银行是一大进步。宁波商帮实现的这一优化转变,离不开区域开放大背景下对外来新事物的吸纳与消化。"①

宁波钱庄萌芽于明朝中后期,发展于清代初期,鼎盛于清代后期和民国前期,到新中国成立后融入现代银行业,兴衰历程大约有400年。宁波钱庄是中国钱庄业发源地之一。"明代前期,宁波流通货币主要是铜钱,明代中叶,白银成为流通中的一种主要货币,国家财政收支、工商业经营资本、大宗商品交换都以白银的'两'作为价值尺度。同时,由于铜钱仍是流

---

① 陈依元:《历史上的区域开放与宁波商帮崛起》,《宁波职业技术学院学报》2006年6期。

通中的主要货币,于是白银与铜钱的兑换就成为社会经济生活中的普遍需要。由于海外贸易的兴盛,明清时期大量外币流入宁波,道光时,'自闽广江西浙江江苏,渐至黄河以南各省',都'通用洋钱'。这样,到16世纪中叶,随着商品经济的发展,国内银钱并用以及外国银元的流入,首先使货币兑换业发展起来,出现了众多兑换庄、兑换摊贩。此后,随着商品经济的进一步繁荣,逐渐发展到经营存、放、汇业务的钱庄。"①

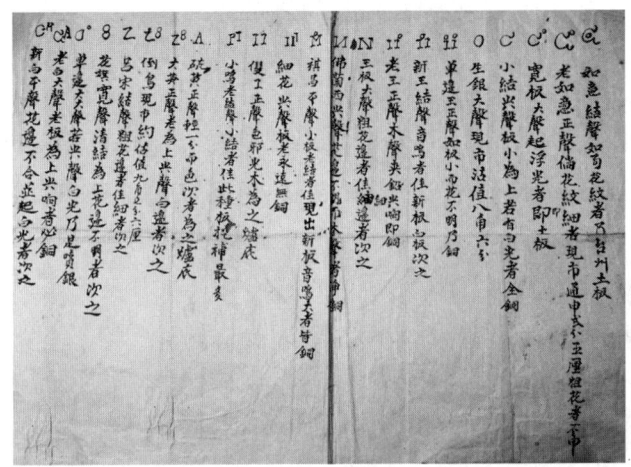

清代宁波钱庄兑换外国银元时的鉴定口诀表

| 奥匈帝国银元 | 法国拿破仑银元 |

| 美国摩根银元 | 西班牙双柱银元 |

---

① 吕建锁、陈发雨:《甬商钱庄与晋商票号的信用制度比较研究》,《宁波大学学报·人文科学版》2009年1期。

宁波钱庄在乾隆十五年(1750年)以后的100多年中,得到进一步发展。"这一时期,宁波钱庄业资本雄厚,不仅在本地发展,而且大批钱商到全国各地开设钱庄,最多的是去上海。同时,鸦片战争之后,外国银行大量涌入中国,宁波钱庄呈现出一定的买办性质,不仅钱庄的许多业务来自洋行,而且有不少钱庄业界精英成为外国银行的买办。据浙江巡抚乌尔恭额称,19世纪40年代以前,在浙江境内,宁波府属的鄞县,'逼近海关,商贾辐辏,钱铺稍大。'很早就有宁波人到各地开设钱庄,清康熙六年(1667年),慈溪、余姚人已在北京创建银号和钱庄业的行会组织'正乙祠'。稍晚些的有北京著名的'四恒':恒利、恒兴、恒和、恒源,多数由慈溪人投资。同治年间,宁波商人在杭州开设慎裕、豫和、赓和、阜源、阜生、和庆、元大、惟康、介康、寅源、仑元等钱庄近20家。"①鸦片战争后,上海开埠通商,因其条件优越,"自上海发达,交通日便,外人云集,宁波之商业,遂移至上海,故向以宁波为根据以从事外国贸易之宁波商人,亦渐次移至上海。"②从19世纪70年代起,宁波钱庄业开始进入全盛期,一直持续到20世纪30年代初。"这一时期,宁波钱庄业不仅开业家数多、资本量大,而且经营高度集中于江厦街一带,业务范围也大为拓宽。1876年,钱庄开'大洋拆',利息提高到一分以上,存款骤增,吸引更多的人投资经营钱庄业。整个阶段,有牌号记载下来的,先后开业的钱庄有400多家。据鄞县政府统计科调查,1931年市区共有各类厂商5,599家,资本总额412万元,其中钱庄160家,拥有资本420.25万元,占社会总资本的29.8%"。③

由货币兑换起家的宁波钱庄,不仅具有多样化的金融功能,即存放款、汇兑、发行票据等业务,而且不断创新金融信用制度,即首创"过账制度",摒弃"银两"核算制,推行以"银元"为本位的核算制,实施以日计息制等,其中对中国近代货币金融制度变革影响最大的是过账制度。

1.过账制度的创立

"过账制度,即各行各业的资金收支,从使用现金改为借助钱庄进行汇转,实行统一清算,不用票据,而改用簿折。这意味着现代金融业的票据交换办法在中国的开始。清道光年间(1821~1850年)宁波钱庄首创"过账

---

① 王苏英:《近代宁波钱庄业的发展历程及其经营特色》,《浙江万里学院学报》2006年3期。
② 宁波金融志编纂委员会:《宁波金融志》第1卷,中华书局1996年版,第127页。
③ 王苏英:《近代宁波钱庄业的发展历程及其经营特色》,《浙江万里学院学报》2006年3期。

制",即各行各业的资金收支,从使用现钱改为借助钱庄进行非现金汇转,实行统一清算。这标志着现代金融业的票据交换办法在我国的萌芽,与英国伦敦在1833年成立的票据交换所在时间上大致不相上下,而比纽约、巴黎、大阪、柏林等城市的票据交换所建立则要早得多。"①

清代宁波钱庄过账册

国外最早的票据交易所为英国的英格兰银行,于1833年成立,稍晚的美国则要到1853年,法国于1872年才成立类似的机构,日本、德国更是于1879年和1883年才建立。"宁波这一过账制度不仅比世界各国所实行的票据交换形式要早,而且扩及邻近各县,形成了社会性的大会计制度。过账制度的出现,既是贸易发展所需,也是减少大量银钱运送清点工作之使然。过账方式有过账簿、经摺、信札、庄票等普通过账方式,还有盖印对账、同过账、远期过账和轧字过账等特殊方式。商家用得最多的是过账簿方式。宁波钱庄在每年开业的时候,把这些过账簿分送给各顾主,顾主有了这本过账簿,就可以与该钱庄进行过账,因此过账簿也称'过簿'。商家进行交易时在过簿上写上'过出'与'过进'账目,钱庄在晚间处理。经摺大多是存款户使用的,为保护存款人利益,其设计有些特点,在簿面上一个字都不写,只在摺心之面,写一存户记号,内部所盖钱庄图章也只是篆印暗记。信札是为方便外埠及乡镇的过账而设立,不管是商号还是个人,也不管大小钱庄均可办理,实际上是一种票据化的书信。庄票,也多数由各埠及乡镇使用,与信札大致相同,但只能用作解付款项,不能作为收款之用。盖印对账适用于交易双方遇到特别重要款项,解款人要立即过付,收款人要马

---

① 吕建锁、陈发雨:《甬商钱庄与晋商票号的信用制度比较研究》,《宁波大学学报·人文科学版》2009年1期。

上收取。'过出'方的钱庄将同行对账簿持向'过进'方钱庄,盖上'过进'方图章。'同过账'是两个往来户与同一钱庄有交往,在钱庄内部拨转款项,手续相对简单。远期过账是未到期的收付款项先行过账。轧字过账,就是普通过账之间注一'轧'字,是交易双方互有款项进出,但数目不等。"①

过账制度具有如下特点:减少现金的使用量,当地商人向客买货,只到钱庄过账,无论银洋自一万,以至数万、十余万,钱庄只将银洋登记在客人名下,不必银洋过手,这样大量现金可投资于外地商埠,还可以投资于其他事业。可以减少货币在交换中的磨损,进而减少了货币铸造费用。正如经济学大师马寅初所说的,在贸易过程中,使用钱庄出具的庄票,"既无长途运现之烦,又无中途水火盗贼之险,而收解又可以两清"。②

2.以"银元"为本位的核算方式

长期以来,旧中国银、钱并用,"大数用银,小数用钱"。货币的各个职能未能集中于一体,银钱之间无主辅之分,无统一的等价物。"宁波市面上银两、银元、制钱、钱票夹杂使用。清光绪末年,又有铜元、银角和银行兑换券同时流通,总的来说,所实行的是一种银、钱平行本位制。但在账务记载上,清咸丰前以钱为记账本位,此时,宁波钱庄业收付记录也以钱为本位。清同治三年(1864年)前的旧庄规提到:'吾宁向行钱票,各庄以钱为出纳,外行(指各商家)亦以此为归藏。'由此可见,当时宁波钱庄是以钱为本位的。然而此时政府征收赋税则以银两计,此外,自明中叶起流入的外国银元——本洋(西班牙银元)、鹰洋(墨西哥银元)在宁波也已广泛使用,但仍被视作称量货币,按其所含纯银量折合制钱和银两使用。道光末年,因外国资本主义势力大举侵入和太平天国革命的兴起,政府赋税收入大减,国库空虚,于是一改顺治以来历时多年禁发纸币的做法,在铸造当十、当百等大钱的同时,由户部发行一两、二两、五两、十两、五十两等面额的银票和二百五十文、五百文、一千文、一千五百文、二千文、五千文、十千文、五十千文、百千文的钱票、钱钞。"③

---

① 吕建锁、陈发雨:《甬商钱庄与晋商票号的信用制度比较研究》,《宁波大学学报·人文科学版》2009年1期。
② 马寅初:《吾国银行业历史上之色彩》,《银行杂志》1923年1期。
③ 吕建锁、陈发雨:《甬商钱庄与晋商票号的信用制度比较研究》,《宁波大学学报·人文科学版》2009年1期。

当时,宁波钱庄业已实行过账制度,所以这些银两、钱票在市上虽有流通,但为数不多,且贬值使用,不久废止。太平天国运动之后,"宁波钱庄业从'制钱本位'改为'银元本位'进行核算。进入 20 世纪后,官商办银行逐步建立,各种兑换券逐渐流通于市面上,各种钱票和'鸟头票'①日益减少,市面上流通的有银两、银元、制钱、铜元、银角、银钱票、银行兑换券等。民国建立后,银本位制仍留下来,只是散碎银两兑换成银元、角子。完粮纳税改变过去用银两做法,更多的是折用银元。1914 年颁布《国币条例》及施行细则,仍规定以银为本位,但未能实施。宁波和其他各地仍沿用旧制,交易计算两、元并存,实际收付则用银元。"②

第三节　海上丝绸之路货币文化交流
对世界经济社会格局的影响

举世闻名的海上丝绸之路,是沟通东西方政治、经济和文化交流的大动脉,它对加强东西方人民的友谊和理解,对创造光辉灿烂的人类文明,发挥了重要作用。海上丝绸之路,促进了东西方友好往来、文化交流和发展。"海上丝绸之路把世界各文明古国,如希腊、罗马、埃及、波斯、印度和中国连接在一起,形成了一条连接亚、非、欧、美各洲的海上大动脉。中国的货币铸造技艺、制瓷工艺技术、绘画艺术手法、佛教等传播到海外;西方的音乐、舞蹈、绘画、雕塑、建筑等艺术,天文、历算、医药等科技知识以及伊斯兰教、基督教等也通过海路传入中国。"③这些交流,使东西方古代文明经过海上大动脉的相互交流而放出异彩,给世界各族人民的文化发展带来了巨大影响,促进各国友好往来。通过海上丝绸之路贸易,中外货币文化的频繁交流对世界经济社会格局产生巨大影响。许多国家都为它的发展做出了程度不同的贡献。其中贡献最大的是中国和阿拉伯国家,接下来可能就是东南亚及欧洲国家了。

---

① 鸟头票:钱行业在结算货款时,除现金外,还有付给行票的,俗称"咸单"或"鸟头票",犹如今之银行支票,流通在市面上,信用卓著,起到金融调剂的作用。
② 吕建锁、陈发雨:《甬商钱庄与晋商票号的信用制度比较研究》,《宁波大学学报·人文科学版》2009 年 1 期。
③ 陈达森:《"海上丝绸之路"的形成及其历史价值》,《黑龙江史志》2014 年 24 期。

一、海上丝绸之路对东南亚地区社会历史发展的影响

两千多年来,东南亚国家人民凭借特殊的地理位置,控制东西方海上通道之咽喉,操纵海上丝路贸易之特权,并以自身经商之特长,同东西方各国人民一起,为海上丝绸之路的发展和繁荣,作出了积极贡献。东南亚国家不只是海上丝绸之路的通道和东西方商品的重要集散地,它也是东西方商品的重要消费市场。由中国、印度、阿拉伯、东非等地输往东南亚的商品,一部分由各国商人转运他国,另一部分商品特别是日常生活用品大都供应东南亚各国市场的消费。

"海上丝绸之路的开辟和繁荣对东南亚地区人民的政治、经济、文化生活产生了巨大而又深远的影响,它改变了古代东南亚社会史发展的进程,更新了古代东南亚地区的民族、宗教、人口和文化的结构,促进了古代东南亚国家的经济发展,重铸了古代东南亚各国各地区之间的政治、经济和文化关系,极大地推动了东南亚社会历史发展。海上丝绸之路对东南亚地区人民经济生活和生产有着巨大的影响。大量东西方商品的输入,方便了当地人民生活。根据汪大渊《岛夷志略》记载的不完全统计,元代经由泉州港外销到海外诸国的商品种类多达 100 余种。计有色缎、龙缎、红绢、花色宣绢、色绢、青皮单锦、青布、印花布、丝布、红布、五色布、小印花布、青白土印布、绿布、青白花碗、瓦瓮、青处器、青盘、乌瓶、瓷壶瓶、金、银、铜、铁、铅、锡、铁块、铁线、铁锅、青铜、铜珠、铁条、针、牙锭、谷、米、酒、盐、糖、良姜、漆器等。"[1]多为生活和生产资料。其中以纺织品与瓷陶器为最多,纺织品又以丝绸居首位。

"在世界不同地方保持这种不间断的贸易往来,正如人的身体吸收营养一样,是十分有益的! 我们应该把它归功于丝绸之路所营造的广大的和平氛围,这不仅使人与人之间的交往能正常进行,也使产品之间的交换能顺利发展。鉴于世界各国之间的开放、沟通与交流,人们自然而然地想到,文明之所以获得了如此大的发展,应归功于与日增多的商贸往来与和平的环境。而海上丝绸之路贸易之所以飞速发展,还应该归功于中外货币文化

---

①马勇:《东南亚与海上丝绸之路》,《云南社会科学》2001 年 6 期。

的深入交流和货币流通渠道的畅通无阻。"①

东西方在相互交流、相互学习过程中,共享人类精神文明成果,推动了各国社会进步与人类文明进程。西方的音乐、舞蹈、绘画、雕塑、建筑等艺术,天文、历算、医药等科技知识,中国的纺织、造纸、印刷、火药、指南针、制瓷、铸币等工艺技术,绘画等艺术手法,在互相传播与交流中,对东西方各国产生程度不同的影响。

下面,通过一些在东南亚地区发现的沉船遗物来揭示中国与东南亚各国海上贸易往来的重要性。

1. 印坦沉船

1997 年,德国海床勘探公司(Seabed Explorations)、印度尼西亚老海成公司(P. T. Sulung Segarajaya)联合在印度尼西亚首都雅加达以北 150 公里印坦油田海域 25 米深处海底,打捞到一艘 10 世纪时装载有大量货物的东南亚籍海船。"其中有珍贵而数量巨大的中国陶瓷、南汉银锭和钱币,大部分货物出于 920～960 年间,或者稍晚,经考证这是一艘从广州贸易归航的商船,甚至有可能是运送使节的官船,对研究南汉与东南亚关系具有重要学术价值。其年代之早,遗物之丰富,在亚洲水下考古中甚为罕见。普林斯顿大学杜希德(Denis Twitchett)教授、剑桥大学思鉴(Janice Stargardt)教授对该沉船进行细致深入的研究,据介绍,沉船的运载物有少量的金饰、铜块、锡块、青铜器、铅块、玻璃等,最值得注意的是如下三类货物:银锭,共 97 枚,银锭含银度达到 93～96％,每枚重约 50 两,总共接近 5000 两。这批银锭可能是楚国盐务机构所征收的盐税,然后以桂阳监所出银锭折换,用以购买南汉所产海盐。南汉再用这些银锭支付在广州的商业交易,购买南洋商货,银锭落入海外商人之手。由于印坦沉船大部分运载物皆出于 920～960 年之间,说明这艘商船是在 960 年前后来广州做生意的,并获得这批银锭。银锭数目庞大,应该是南汉官府用以支付南洋商货(如香料)的银两。"乾亨重宝"铅钱,共 145 枚,因水下浸泡太久,发现时变得又薄又脆,许多粘连在一起。陶瓷,有中国的,也有东南亚的。可以辨认,有些瓷器来自中国定窑、繁昌窑(安徽)、越窑以及广窑。五代十国时期,东南沿海各国都重视对外关系和南海贸易,印坦沉船遗物的发现,为五代十

---

① 马勇:《东南亚与海上丝绸之路》,《云南社会科学》2001 年 6 期。

国时期海上丝绸之路贸易与货币交流研究提供了极为宝贵的实物资料。"①

2."圣迭戈"号沉船

1992~1993 年,菲律宾国立博物馆在艾尔夫石油公司资助下,与弗兰克·高迪欧领导的欧洲水下考古协会(IEASM)合作,对 1600 年在加维特港与荷兰商船"毛里提乌斯"号作战中沉没的西班牙商船"圣迭戈"号进行3 次水下挖掘,"打捞出船体的龙骨、六分仪、金银币、大炮、银制餐具、日本刀护手及枪支、陶瓷器,总数达到 34407 件,其中陶瓷器 5671 件,大部分来自景德镇窑和漳州窑。'圣迭戈'号沉船打捞出水的陶瓷,有福建、广东产的黑褐釉四耳壶、华南三彩牡丹蔓藤粘贴花纹四耳壶、安平壶(白瓷),泰国、缅甸产四耳壶,共 621 个。其中中国生产的壶占 48.5%。明代中国外销瓷中有一个响亮的名称'汕头器'(Swatow Ware),又称'福建广东窑系'或'华南窑系',这类器物在日本、东南亚、非洲等地多有发现。近年中外学者对明代福建漳州窑及其外销作了大量的研究,发现在东南亚的印度尼西亚、菲律宾、日本以及美洲海岸、南非,都有漳州窑产品。而广东饶平、大埔青花瓷研究也有进展。漳州与广东东部相邻,是明后期私商贸易非常活跃的地区,是外销瓷重要生产与输出地。粤东地区外销瓷生产历史更长,早在唐代,潮州北郊、梅县水车窑已经销往东南亚。明后期漳州窑产品在风格上与粤东窑产品风格类似,都仿照景德镇制瓷技术和风格,因迭烧而造成的'沙足'的突出特点。现在看来,'汕头器'所覆盖的地域范围应该包括粤东和闽南的产瓷区。'圣迭戈'号沉船打捞到的瓷器,应该是在中国漳州定制,然后由中国商人运到菲律宾,再转卖给西班牙人,从而为研究'汕头器'的产销提供新的实物依据,并开辟广阔的前景。"②

3. 昆仑岛沉船

1990 年,越南官方与瑞典的潜水公司合作,对南部巴地一头顿(Baria Vuntau)省的昆仑(Con Dao)岛海域进行水下探测。在距离昆仑岛 15 公里的 Hon Con 岛海域发现一艘木船船体残骸。"船上遗留大批瓷器,还有日常用品、各种工具等,总数在 30,000 件以上。沉船上的中国瓷器主要是

---

① 李庆新:《海上丝绸之路研究的几个问题:登州与海上丝绸之路》,《登州与海上丝绸之路国际学术研讨会论文集》,2008 年 10 月。

② 李庆新:《海上丝绸之路研究的几个问题:登州与海上丝绸之路》,《登州与海上丝绸之路国际学术研讨会论文集》,2008 年 10 月。

景德镇窑系青花瓷、福建窑系的青花瓷和白瓷、德化窑系的白瓷以及中国制褐釉陶器。沉船上还打捞出刻有干支'庚午'的墨条,另有明代铜钱'万历通宝'24枚,清代铜钱'顺治通宝'1枚、'康熙通宝'4枚,说明这艘沉船是17世纪后半叶载货经过该海域时遇难沉没的。这艘沉船可能为中国商船,目的地是巴达维亚。"[1]

4．"Geldemalsen"号沉船

1751年12月18日,"Geldemalsen"号商船满载中国货物从中国广东驶往故乡荷兰,1752年1月3日,由于意外在中国南海附近触礁沉没,大批瓷器与金银等物品沉入海底。1984年,英国潜水员迈克·哈彻(M. Hatcher)从沉船中捞起16万件青花瓷器和126块金锭。1986年4月,佳士得公司在阿姆斯特丹拍卖了这批珍贵文物,在欧洲反响强烈,这批文物反映了十八世纪中国对外贸易的历史。

清乾隆年间十两金锭一枚,系"Geldemalsen"号沉船遗物,正面上下各有"宝"字戳记,中间葫芦戳记"元记"字样,背面左右"鼎元"字样,保存完好。

关于海上丝绸之路的发展及其影响,"学术界以往多侧重于从中国的角度去进行探讨,很少从其它地区特别是东南亚地区的角度来认识和探讨这一问题。实际上,东南亚作为海上丝绸之路的咽喉通道,它的社会历史发展与海上丝绸之路的兴衰有着较为密切的关系。一方面,东南亚国家为海上丝绸之路的开辟和繁荣做出了重要贡献;另一方面,海上丝绸之路的

---

[1]李庆新:《海上丝绸之路研究的几个问题:登州与海上丝绸之路》,《登州与海上丝绸之路国际学术研讨会论文集》,2008年10月。

发展又对东南亚地区的社会历史发展产生了巨大的影响"。①

二、海上丝绸之路贸易对波斯与阿拉伯国家的影响

在穆斯林航海的繁荣时期,阿拉伯和波斯商人控制了对中国的贸易。"他们用非洲象牙、阿拉伯香料来换取中国的丝绸和瓷器。波斯湾的巴士拉港成为巴格达来往中国的通道。日本大原艺术馆的学者在文章中写到,在文莱河附近发现的瓷器碎片反映了中国与文莱在 15 至 16 世纪,曾经有过繁荣的贸易往来,绝大多数的瓷器出口是由穆斯林商人完成的。伊朗德黑兰大学的学者在论文中指出:中国是伊斯兰文化影响广泛而又根深蒂固的国家,伊斯兰在中国的传播伴随着波斯的影响。波斯文在中国传统伊斯兰教学中曾作为初级教学语言,现在,波斯语和波斯文课本仍继续被中国穆斯林作为首要的宗教文化语言与教材。学者们认为,郑和及其随行人员中的穆斯林通过对海上丝绸之路沿岸有关国家的访问,促进了中国人民与各国穆斯林之间的相互了解和信任,显示出伊斯兰文化的传播对海上丝绸之路发展所起的特殊作用及其两者之间必然的内在联系。同时,伊斯兰教正是通过海上丝绸之路向东南亚传播的,郑和为此有过历史贡献。"②

首先阿拉伯科学和航海技术对开拓海上丝绸之路做出了基本贡献。其次阿拉伯商人一手携带着货物一手拿着《古兰经》,在做贸易的同时,把伊斯兰教传播到陌生的东方。

海上丝绸之路不仅把中国的文明传至世界各地,而且也把世界各地的文明带回中国。促进了中国社会经济文化的发展。"以从阿拉伯各国进口的香药为例,就可以说明这一问题。唐代名医孙思邈的《千金方》中,采用进口香药的医方还只有数十种,随着海上丝绸之路的发展,到宋代的各种医学著作中,以进口香料为原料的汤剂、成药不下二三百种。这些都大大促进了我国医学和药物学的提高和发展。此外,从各国传入的特产也不少。以上这些特产、动物、农作物,正是通过海上丝绸之路传入中国的,它不仅改善和丰富了我国人民的生活,也促进了我国社会经济的繁荣,以及生产力的发展和提高。海上丝绸之路还为中国带来了世界各地的语言、文

---

① 马勇:《东南亚与海上丝绸之路》,《云南社会科学》2001 年 6 期。
② 高占福:《"海上丝绸之路与伊斯兰文化"国际学术讨论会述评》,《回族研究》1994 年 2 期。

学、宗教、哲学、医学、天文学、化学、数学、法学、美学、戏曲、杂技艺术等等。所有这些对中国科学技术与文化艺术的发展,都产生了巨大的影响,作出了重要贡献。"①

三、海上丝绸之路贸易对欧洲的影响

欧洲在历史上很早就与中国进行贸易往来,除了陆上丝绸之路外,也通过海上丝绸之路与中国开展长期贸易。"而且,正是丝绸之路输出的丝绸、陶瓷、茶叶这三类大宗中国物产在世界上风靡一时,几度辉煌,深得西方各国人民的喜爱,使他们自古迄今就习惯用'丝绸之国'、'瓷器之国'和'茶叶之国'来称呼中国,或当作中国的别称、美称,于是不仅在古希腊罗马时代中国就拥有了"丝国"(Seres)的美誉,而且后来还用'瓷器'(China)来指代中国。茶早在唐代就传入阿拉伯世界,地理大发现后茶于 1606 年传入荷兰,半个世纪后在'饮茶皇后'凯瑟琳的倡导下饮茶之风盛行英国。19 世纪 50 年代初,英国人罗伯特·福琼四次来华,将茶树、茶籽采运传入印度,他把来中国采集茶籽之行称为'茶国之行',并著有同名专著。"②

16~18 世纪中国经历了明清两朝的鼎革时代,无论在政治、经济、社会、思想各方面均出现极大的变动,而中国与欧洲两大文明的大规模接触又正好发生在同一时空,16~18 世纪欧洲各国也都经历了政治经济的冲突、发展和思想文化领域的变迁。随着欧洲的海权扩张及天主教在中国的发展,西方社会对中国的认识进一步加深。

"东方的中华文化,西方的希腊、罗马文化及贯穿于丝绸之路的各种类型的文化通过商贸往来,彼此传播,相互融合从而促进了世界文明的发展。而这种融合和发展在货币文化中同样得到了充分的体现。"③中国的铜钱在欧洲常有发现,同时欧洲的货币也流入中国。汉唐和宋元时期,流入中国的多为罗马金币与拜占庭金币。明清时期,通过"丝银贸易",国外的白银和西方国家的银币不断流入我国,沿海各地均发现有西班牙银币与威尼斯银币等实物。

---

① 陈炎:《海上丝绸之路对世界文明的贡献》,《今日中国(中文版)》2001 年 12 期。
② 鲍志成:《古代丝绸之路的历史作用概论》,《文化艺术研究》2015 年 3 期。
③ 郑凤想、丁安国:《从丝绸之路到钱币之路:中国货币的世界性融合》,《湖北钱币专刊》(总第 10 期),2011 年。

第四节　海上丝绸之路货币文化交流的历史意义

经济学家约瑟夫·熊彼特早就指出:"历史的叙述不可能是纯经济的,它必然要反映那些不属于纯经济的制度方面的内容。"[①]海上丝绸之路既是通商之路,也是货币文化交流传播之路。古代丝绸之路上流通的货币体系主要分为两大类:中国货币体系与希腊货币体系。它们分别影响到东西方两个世界的货币铸造与发展。其中,中国货币体系涵盖东亚与东南亚地区,希腊货币体系包括西亚、南亚与北非地区。古代中国先进的货币制度极大地影响了周边国家与地区,形成独特的东方货币文化圈。近代以来,由于封建统治的腐朽与保守,中国的货币制度发展滞后,极大地影响了社会民生与经济发展,这时候,西方先进的货币制度通过海上贸易传入中国,并引发近代中国货币制度的变革,推动中国近代化的过程。因此海上丝绸之路货币文化交流具有重要的历史意义。

一、推动世界货币形成

古代中国与亚洲诸国的经济贸易来往十分密切,许多国家与中国贸易时需要大量中国铜钱。唐宋铜钱凭借其优异的品质与稳定的币值很快便成为了当时的"国际货币"。当时的越南、老挝、缅甸、柬埔寨等东南亚各国,因缺乏铸币能力或本国币制紊乱,皆乐于使用中国钱币。两宋时期,中国大量铜钱随贸易外流到日本与东南亚各地,甚至还导致了国内的"钱荒"。日本在明代时多次派人至中国贸易,要求中国给以铜钱。随同郑和下西洋的马欢在他的《瀛涯胜览》一书中称:"爪哇、旧港、锡兰均用中国钱。中国铜钱'四夷通用'地位有史为鉴。"据《中国印度闻见录》记载:中国铜钱外流到日本及东南亚各地,且已经流散到波斯湾地区了,甚至到达非洲的东海岸。而南宋人包恢也在《敝帚稿略》中记载道:"交趾等国,多方搜求宋代铜钱,许入而不许出。"西沙群岛出土了大批的明代钱币"永乐通宝",就是郑和下西洋的遗留之物。中国钱币文化的输出客观上确立了以中国货币为核心的东方独立的货币体系,成为了当时海上丝绸之路贸易大发展的

[①]［美］约瑟夫·熊彼特:《经济分析史》,商务印书馆 1991 年版,第 29 页。

重要保证,促进了当时各国商品贸易的稳定,更加强了各国的文化交流。回望千年,唐宋铜钱"四夷通用",早早地承担起了国际货币的功用,成为世界货币的雏形。

"从明朝中后期到 19 世纪 30 年代,西方国家为换取丝绸、茶叶、瓷器,输入中国高达 5 亿两以上的白银。大量白银流入中国,推动了中国社会经济发展,西方白银的流入使 19 世纪的中国能完成从铜钱到白银再到银元的通货革命;也是 16~19 世纪中外贸易发展的动力;白银此时已成为实质性的世界货币。由于西方国家银源枯竭,难以维持丝银贸易,就用鸦片代替白银进行罪恶贸易,遭到中国政府和人民的抵制。鸦片战争的爆发在某种意义上说也是争夺白银这种世界货币的战争,是英国追求经济利益而强加给中国的战争。"①

二、推动区域货币文化圈形成与发展

中外海上丝绸之路货币文化交往推动区域货币文化圈的形成与发展。中国古代的货币文化对亚洲国家货币的影响主要表现在以下几个方面:

其一"是亚洲许多国家铸币的形制、重量、文字、货币单位甚至名称与中国钱币基本一致。钱币一般为圆形方孔,使用汉字,也称'通宝'、'元宝'。日本早在奈良时代和铜元年(708 年)就铸造了汉文的和同开珎钱;朝鲜在成宗十五年(996 年)开始仿铸中国的乾元重宝;琉球秦久王于 1453 年铸造了汉文的大世通宝钱;越南在 970 年铸汉文太平兴宝。一直到近代,这些国家仍在铸造类似中国钱币的汉字钱币流通"。② 正如日本汉学家葭森健介指出的那样:"历史上的中国、日本、朝鲜、韩国、越南等国家和地区,都属于东亚中华文化圈范围。例如在这些地方,文字的发音因地区不同而各式各样,但都能用汉字表记语言,如货币单位,在中国(YUAN)、韩国(WON)、日本(YEN),虽然读法不一,但文字上都表记为'圆'字。"③

其二"是一些国家完全仿铸中国的古代货币在中国流通。在古代中国

---

① 刘筝:《第五次东南亚历史货币暨海上丝绸之路货币研讨会论文述要》,《中国钱币》1995 年 1 期。
② [日]葭森健介撰,张宇译:《东亚世界的形成与中国皇权——以六朝时期为重点》,《南京师大学报·社会科学版》2010 年 4 期。
③ 戴建兵:《浅议中国与朝鲜的货币文化交流》,《登州与海上丝绸之路——登州与海上丝绸之路国际学术研讨会论文集》,2008 年 10 月。

与亚洲其他国家的交往中,中国钱币作为友好使者曾广布亚洲,许多国家纷纷仿铸,如日本曾仿铸中国的开元通宝、乾元重宝等 36 种年号钱;越南仿铸了 14 种中国年号钱;朝鲜也曾仿铸唐代钱币。最近印度尼西亚出土了一批铅钱,这些钱币均为仿铸中国唐、宋的年号钱。泰国也发现了标有汉字的金、银币"。[1]

其三"是亚洲许多国家的钱币使用汉文,而且与中国古代的钱币一样,刻意追求钱币上文字的书法美。以此来追求钱币的美感"。[2] 如安南的"景兴通宝"铜钱,书法多变,楷、草、隶、篆皆有,如果没有深厚的中国书法功底,那活灵活现的汉字是写不出来的。

其四"是亚洲钱币继承了中国古代钱币的一些传统。中国古代钱币常在钱背铸有文字,以此说明铸地、铸时。日本、朝鲜、越南等国的钱币也在钱币上加铸文字,如朝鲜 1678 年铸造的常平通宝,日本 1625 年铸造的宽永通宝等等"。[3]

其五"是中国古代纸币曾极大地影响了亚洲国家,朝鲜、日本、越南古代都曾发行纸币,元代波斯伊利汗国也发行纸币,一直到现在,伊朗人还称纸币为'钞'。元代纸币在中亚、明代纸币在东南亚可以直接流通,买卖商品"。[4]

其六是中国文化对西洋诸国东方贸易货币铸造的影响。"例如由于英国限制本土银币的流出,1895 年,英国政府利用印度的孟买、加尔各答的造币厂铸造了新的贸易银元,即'站洋',该币是当时英国政府为适应对华贸易和在香港市场流通而设计发行的,因此带有浓厚的中国元素。"[5]银元正面图案中央是一头戴钢盔、手执戟和盾牌的武士,盾面呈米字形的英国国旗图案,上端在武士左右有英文币值"ONE DOLLAR(壹圆)",下有纪年;背面图案中央为中国"寿"字纹图案,上下为中文"壹圆",左右为马来文

---

①戴建兵:《浅议中国与朝鲜的货币文化交流》,《登州与海上丝绸之路——登州与海上丝绸之路国际学术研讨会论文集》,2008 年 10 月。

②戴建兵:《浅议中国与朝鲜的货币文化交流》,《登州与海上丝绸之路——登州与海上丝绸之路国际学术研讨会论文集》,2008 年 10 月。

③戴建兵:《浅议中国与朝鲜的货币文化交流》,《登州与海上丝绸之路——登州与海上丝绸之路国际学术研讨会论文集》,2008 年 10 月。

④戴建兵:《浅议中国与朝鲜的货币文化交流》,《登州与海上丝绸之路——登州与海上丝绸之路国际学术研讨会论文集》,2008 年 10 月。

⑤《目前站洋币价格大概在多少》,新浪网(引用日期 2019 年 11 月 2 日)。

"壹圆"。重量为 26.95 克,成色约 90%。该币发行后最初流通于我国的粤、桂两省,1900 年以后开始在北方使用,特别在京津地区更为盛行,并逐步占领了我国自南到北的大部分地区,套取了大量的白银。

英国"站洋"

三、推动币制改革与经济社会发展

在海上丝绸之路贸易中,不少国家使用金银为货币。"阿拉伯、波斯与东罗马帝国广泛使用的金币与银币,源源不断地抵达泉州、广州、扬州等东南港口,从而迫使中国东南沿海地区率先开始尝试使用银本位币值。"据赵汝适《诸蕃志》记载,真腊、三佛齐、细兰等国,番商兴贩都用金、银、瓷器等博易。苏吉丹国民间贸易,用杂白银凿为币,状如骰子,上镂番官印记,64只准货金一两,每只博米 30 升,或 40 升至百升。其他贸易悉用是,名曰"者婆金"。正如按照日本人加藤繁在《唐宋时代金银之研究》中的论点,为了防止原本作为基本货币单位铜钱的过分外流,唐代中央政府视岭南"为一特别经济与货币区域",允许其官员开采金银矿山,并流通金银铸币。[1]

海上丝绸之路贸易大量使用外国货币也推动了中国货币制度的改革和商品经济的发展。具体表现在以下几个方面:

1. 推动币制改革。"由于贸易往来的需要和外国商人用银元兑换碎银以获利的动机,从明朝中后期开始西方的银元就开始流入国内。鸦片战争前,外国银元的流入对我国货币流通产生很大影响,首先是日常结算中钱票的使用被大幅取代,人们更喜欢用银元结算;其次银元以'元'为货币单位,一定程度造成银两结算的被动局面。外国银元在国内大量流通,也为经销银元的外国银行入主中国铺平了道路。除了银元流通和外国银行进

---

[1] 朱步冲:《海上丝绸之路:古典全球化时代》,《三联生活周刊》2015 年 30 期。

入中国,对票号和钱庄冲击更大的是外国银行发行的纸币。最先受到打击的是中国的制钱制度。太平天国时期,云南滇铜难以运出,铸钱因材料缺乏时铸时停,产量下降。铜钱的走私也非常严重,后来又发生了严重通货膨胀,朝廷通过制钱减重和滥发纸币度过危机。最终采取由机器铸造的铜元替代铜钱流通。"①中国历朝历代的封建朝廷没有明确的货币制度,清朝币制基本上是沿袭明朝的银两铜钱并行本位,大数用银,小数用钱,以后外国银元流入,就冲击了银钱并行的制度,形成银两、银元、铜钱三者并行流通。货币市场很乱,没有明确的本位币,主辅不分,有称量货币,又有计数货币,之后,铜元出现,取代制钱广泛流通于市场。同时,又有各种纸币流通市场,还有外国银行的纸币。清末封建制度下的货币流通正走向瓦解,中国封建主义社会已变成半殖民地半封建的社会。从中国近代币制来看,可以说是十分混乱,货币复杂多样,缺乏统一性,落后于世界主要资本主义国家货币制度的发展,也正如同在政治、经济、文化、科学以及军事等方面均落后于资本主义列强各国。但世界货币经济形势的发展,迫使中国政府不得不考虑对货币制度进行整顿和改革。

2. 推动商品经济蓬勃发展。"通过海上丝绸之路贸易,中国商品风靡全球,中国货币也随之在丝路沿线国家和地区流通。唐朝的国力昌盛和币值稳定使得唐高祖铸行的'开元通宝'在东亚、东南亚各国畅通无阻地成为当时的'国际货币'。明朝时大量白银通过海上丝绸之路流入中国,逐渐占据了国内货币流通领域的主导地位。持有白银的商人也就可以进行全国性的商业活动,这使得明朝后期的商业资本非常活跃。随着商品经济的繁荣,隆庆元年,朝廷以法律形式确立了白银的货币地位,而'一条鞭法'的全面推行表明明朝廷正式承认白银的本位货币地位。"②

3. 钱币的特殊性增强了"海上货币之路"的吸引力和凝聚力。以中国东南沿海通往东亚、东南亚、南亚以至西亚、非洲的这条"海上货币之路"来说,"由于中国铜钱大量流往日本,彭信威先生将镰仓幕府时期的日本称为'宋钱区'。到室町幕府时代,'在日本国内,永乐通宝到处在广泛地流通着'。日本学者中村新太郎针对这一情况说:'从这个意义上来说,室町时

---

① 李勇五:《货币制度演进与票号产生、衰亡的历史逻辑》,《上海金融》2013 年 4 期。
② 徐董:《古代海上丝绸之路对中国港口经济的影响》,《企业导报》2014 年 7 期。

期的日本,可以说是属于明朝的市场和交通圈之内的。'显然,伴随着铜钱的外流,日中两国的经济文化交流不论是在深度上抑或广度上都大大向前迈进了一步,超过历史上以往的任何一个时期。可见,'铜钱之路'对中外经济文化的交流发展影响极大。不仅如此,由于铜钱深受海外国家和地区所喜爱,它们均千方百计地发展与我国的交往和友好关系,以期获得更多的铜钱。如东南亚的阇婆,为吸引中国铜钱,曾更改国名发展同中国的贸易。东亚的日本,为吸引中国铜钱,遣使越来越频繁,贡物数量越来越多。"[1]

　　置于中外市场关系和贸易关系的发展下来考察,海上货币之路对推动世界各国货币经济发展的作用就极为明显。中国铜钱外流日本和东南亚,长期在其流通界起着主币的职能,有效地克服了它们因技术和资源限制而不能完全铸造流通所需货币的矛盾。如在日本,"当时在日本流通的铜币尽管种类繁多,但绝大多数是宋钱,其后则是明钱"。[2] 日本学者木宫泰彦在谈到中国铜钱大量流到日本时说:"这笔钱币,对于日本国内钱币的流通,当然产生了很大影响,在日本货币史上和经济史上是特别值得注意的。"[3]不言而喻,没有中国铜钱的大量流入,其货币经济发展要大受影响。

　　正是在这样一种交往中,中国与海外国家和地区的经济文化交流日趋频繁和紧密,出现了全新的局面。今天,在世界各地发现的大量中外钱币已成了文物和中外友好交往的历史物证,但在当时,海上货币之路确曾像桥梁和纽带,沟通着中外经济文化交流和友好关系。

---

①林文勋:《钱币之路:沟通中外关系的桥梁和纽带》,《思想战线(云南大学人文社会科学学报)》1999 年 5 期。

②[日]中村新太郎:《日中两千年——人物往来与文化交流》中译本,吉林人民出版社 1980 年版,第 192 页。

③[日]中村新太郎:《日中两千年——人物往来与文化交流》中译本,吉林人民出版社 1980 年版,第 192 页。

第十六章 "二十一世纪海上丝绸之路" 建设与货币文化交流

习近平总书记在 2013 年 9 月和 10 月分别提出建设"新丝绸之路经济带"和"21 世纪海上丝绸之路"的战略构想,简称"一带一路"倡议。该倡议强调相关各国要打造互利共赢的"利益共同体"和共同发展繁荣的"命运共同体"。这一跨越时空的宏伟构想,富有历史底蕴,融通古今、连接中外,顺应和平、发展、合作、共赢的时代潮流,承载着丝绸之路沿途各国发展繁荣的梦想,赋予古老丝绸之路以崭新的时代内涵。

"21 世纪海上丝绸之路重点方向是从中国沿海港口过南海到印度洋,延伸至欧洲;从中国沿海港口过南海到南太平洋。"[1]

资金融通是"一带一路"建设的重要支撑。通过设立亚洲基础设施投资银行、设立丝路基金等深化金融合作,推进亚洲货币稳定体系、投融资体系和信用体系建设。扩大一带一路沿线国家双边本币互换、结算的范围和规模。丰富海外人民币投资标的以推进人民币国际化,并为后续金融衍生品的发展培育市场基础。

第一节 人民币跨境流通的历史与发展趋势

货币流通已经成为 21 世纪海上丝绸之路"五通"[2]之中,最受各方关注的内容之一。考察人民币跨境流通的历史与发展趋势有助于我们树立民族自信和文化自信,为人民币国际化提供有益的启示。

---

[1]《推动共建丝绸之路经济带和 21 世纪海上丝绸之路的愿景与行动》,《人民日报》2015 年 3 月 29 日 4 版。

[2] 21 世纪海上丝绸之路"五通":第一,加强政策沟通。第二,加强道路联通。第三,加强贸易畅通。第四,加强货币流通。第五,加强民心相通。

一、人民币跨境使用情况

(一)试验阶段:1949～1979 年

从 1949 年新中国成立至改革开放前的 1979 年,中国经济相对封闭,人民币出入境经历了由禁止到逐步放开的过程。"建国初期,我国明确规定禁止人民币出入境,后来随着形势的变化,从 1954 年起,开始对人民币出入境实行限额管理。但由于对外交往较少以及边贸活动的中断,事实上这段时间人民币很少流出境外。虽然从 1968 年起我国曾实行过在对外贸易中使用人民币作为计价结算货币,但自从 1973 年布雷顿森林货币体系[1]解体后,人民币汇率频繁波动,人民币计价结算逐渐减少。"[2]

(二)起步阶段:20 世纪 80 年代

1978 年中国实行改革开放政策,我国与周边国家和地区的边境贸易陆续得到恢复,并呈现快速发展的态势。"1987 年国家规定公民携带人民币出入境的限额调整为 200 元。边境地区的人员交往渐渐增加,边民互市贸易逐步开展,人民币跨境流通逐渐增多。这一阶段的特点是人民币流通范围仅限于边境一线双方生活、生产较为密切的狭窄地区,是点对点的交流。"[3]

(三)初级阶段:20 世纪 90 年代至今

"随着对外开放的不断扩大,国家出台了一系列政策,促进了我国边境省区与毗邻国家的边境贸易及经济技术合作的快速发展,并由此带动了货币跨境流通额的扩大。人民币开始突破边境地区的局限,流通范围和流通规模都逐渐扩大。"[4]

人民币跨境流通现象既有历史的因素,也有现实的原因。从根本上说

---

[1] 布雷顿森林货币体系(Bretton Woods system):是指二战后以美元为中心的国际货币体系。布雷顿森林体系是以美元和黄金为基础的金汇兑本位制,其实质是建立一种以美元为中心的国际货币体系,基本内容包括美元与黄金挂钩、国际货币基金会员国的货币与美元保持固定汇率(实行固定汇率制度)。

[2] 杨小平:《人民币跨境使用与我国区域合作战略研究——中越、中老、中缅次区域个案研究》,《中国金融学会第八届调研报告评选获奖论文集》,2005 年。

[3] 杨小平:《人民币跨境使用与我国区域合作战略研究——中越、中老、中缅次区域个案研究》,《中国金融学会第八届调研报告评选获奖论文集》,2005 年。

[4] 杨小平:《人民币跨境使用与我国区域合作战略研究——中越、中老、中缅次区域个案研究》,《中国金融学会第八届调研报告评选获奖论文集》,2005 年。

是中国不断扩大对外开放,对外经贸活动日趋频繁,广泛参与国际政治经济与文化交往、综合国力显著提高的必然结果。当前人民币跨境流通显示出以下特点:

"第一,尽管人民币尚未实现完全可兑换,但人民币现钞已经在境外实现较大规模和范围的流通和使用,这在世界上是少见的。第二,人民币币值长期稳定,信用极佳,在与周边国家和地区货币的竞争中保持相对强势,具有'第二美元'的地位。第三,随着我国与周边国家和地区的经贸联系越来越紧密,周边国家和地区对人民币的需求也在不断增强。货币的区域化为人民币国际化的发展奠定了良好的基础。"[1]

二、人民币跨境结算方式及其结构

人民币跨境流通的主要方式如下:

其一,银行结算。这是迄今为止最规范的人民币跨境结算方式。

其二,境内转账结算。这种结算方式运用于与未开通银行结算渠道的国家之间。

其三,现金结算。过去较多的采用实际现金支付,近几年来,随着各种银行卡的普及,交易双方更多的是采用银行卡转账方式,即用电子货币替代现金结算。2011年6月,中国银联基于延伸全球的银联网络和先进的"银联在线支付"平台,还推出了银联互联网跨境支付业务。

其四,地下结算。通过地下银行、地下钱庄等地下渠道进行货币结算。在人民币境内转账结算数量快速增大的情况下,地下结算量受到了很大压制,但由于其独特的经营方式,目前仍有一定的生存空间。

人民币跨境结算其结构和引起人民币跨境流通的直接原因是人员携带、货物贸易、非居民存款及其他项目。

三、人民币国际化的发展趋势

马克思从唯物史观的社会实践视角去研究货币问题,就是要把货币当作现实的人的实践活动,首要的是当作生产实践去理解。马克思主义的科

---

[1] 杨小平:《人民币跨境使用与我国区域合作战略研究——中越、中老、中缅次区域个案研究》,《中国金融学会第八届调研报告评选获奖论文集》,2005年。

学理论就像是放出万丈光芒的太阳,驱散了笼罩在人类社会历史长河中的"货币幻象"①迷雾,马克思一针见血地指出:货币本身不是物,它代表人们通过劳动交换所发生的社会联系,货币关系表现的是在特定社会历史中人与人之间的社会关系。马克思运用唯物史观,在对蒲鲁东唯心主义货币观的批判中取得了颇有价值的研究成果。他强调:"货币不是东西,而是一种社会关系",②这种生产关系"是和一定的生产方式相适应的"。③ 不论是实物货币还是铸币,或者纸币,还有别的什么支付手段,体现的都是商品生产者之间的交换关系。"马克思认为,货币是一种'只能用信任来交换信任'的信用关系。""货币本质上是信用体系,是经济信用和法律信用、道德信用并存,形成一种信用文化。"④不同所有者的商品通过货币这个固定的一般等价物实现彼此之间的社会联系,即社会生产关系。可见,货币本质上的信用关系是一定社会生产关系的反映,货币的这种社会属性是其最根本的规定性。

"古代货币在国际上流通的条件与今天颇不相同,金属货币本身具有价值,这是与二十世纪以来世界各国发行的信用货币在制度上最基本的区别。海上丝绸之路贸易史上中国货币的国际化程度极高,一个重要原因是由于丝绸、瓷器和铜钱、金银锭的价值属性,然而货币需求才是更加本质的因素。"⑤换言之,中国的丝绸、瓷器和茶叶等商品长期垄断世界贸易市场,是强大的商品信用影响了货币信用,为货币的跨国流通奠定了坚实的经济基础。近代以来,西方国家出现的英镑、美元等世界货币,同样是建立在工业革命之后发达的实业基础之上的。当前尽管人民币尚未实现完全可自由兑换,但是近年来随着中国经济实力和综合国力强劲增长,"人民币已经在中国境外特别是周边国家和地区广泛流通,而且流通的规模不断扩大,在有些国家和地区甚至出现了替代当地货币的趋势。一国货币成为周边国家和地区贸易及金融交易的计值、结算与流通货币,即货币的区域化,这是货币国际化的初级阶段。梳理中国货币跨境流通的历史,分析人民币跨

---

① 货币幻象:一种把货币符号神圣化后产生的货币是万能之物的幻觉。
② 《马克思恩格斯全集》(第 4 卷),人民出版社 1995 年版,第 119 页。
③ 《马克思恩格斯全集》第 16、23、42、46 卷,人民出版社 1956～1995 年各版。
④ 鲍展斌:《马克思货币理论新探》,《宁波大学学报·人文科学版》2018 年 1 期。
⑤ 张亚光、王倩倩:《中国货币国际化的历史经验——丝绸之路的启示》,《东南学术》2017 年 2 期。

境流通的现状和发展趋势,是确定人民币国际化战略的基础工作"。[①]

(一)人民币国际化是世界经济发展的客观需要

20世纪九十年代以来,"随着中国改革开放的不断发展,中国与世界各国之间经贸往来和人员交流不断加强,尤其与周边国家和地区的经贸关系越来越紧密,人民币在周边国家和地区获得了很高的信誉。人民币在中国周边流通并不必然形成人民币的国际化,但人民币在周边国家流通却是国际化的起点。当前,中国国民经济持续健康发展,对外贸易快速增长,使得人民币在周边国家和地区具有良好信用和持币需求,为进一步推动人民币的周边流通创造了良好机遇,同时也为人民币的国际化进一步奠定了坚实基础"。[②]

(二)人民币的经济基础和国际信用地位不断加强

由于我国经济实力不断提升,尤其是对外贸易和国际收支多年保持顺差,使得人民币长期处于坚挺货币地位,国际信用影响力不断扩大。

中国经济持续保持较快的增长速度,综合国力不断提升,人民币汇率相对稳定,同时人民币加入国际货币基金组织特别提款权货币篮子,在国际市场上使用人民币结算更无顾虑。这就为人民币成为国际货币奠定了坚实的物质基础。此外,中国长期以来一直奉行稳健的货币政策,注重信用,言必行,行必果。这已在亚洲金融危机和国际金融危机中得到了充分的证明,为人民币在国际上树立了崇高威望。

(三)自由贸易区的建立为人民币境外流通提供了广阔的空间

中国与东盟、韩国、澳大利亚等国自由贸易区的建立,极大地促进双边贸易的发展。"贸易投资的快速发展催生了人民币的境外需求。在人民币汇率稳定的前提下,出于减少货币交易环节和降低成本的需要,一些与中国贸易、投资往来频繁、数额较大的国家和地区,即使在人民币尚未完全实现可自由兑换的情况下,也愿意接受人民币作为计价结算货币。目前,人民币在蒙古、缅甸、老挝、尼泊尔等与中国接壤的国家全境通用。在与巴基斯坦、越南、泰国、柬埔寨等国的贸易中,人民币已经成为支付货币和结算

---

① 李婧:《人民币国际化的现状》,《中国经济改革研究基金会2003年研究课题汇编》,人民币国际化的现状与前景研究2,2004年。

② 李婧:《人民币国际化的现状》,《中国经济改革研究基金会2003年研究课题汇编》,人民币国际化的现状与前景研究2,2004年。

货币。"①马来西亚、泰国和柬埔寨等国还将人民币列为官方储备货币。韩国、新加坡等国也在一定程度上接受人民币。

此外,中国与周边国家和地区政府之间货币金融合作也取得了实质性的进展,金融管理部门对规范人民币境外流通问题作出了有益探索,这些有利因素也为人民币境外流通提供了适宜的环境。只有推动人民币成为各国储备货币,才能实现真正的国际化。

第二节 海上丝绸之路货币文化交往的历史启示

历史是现实的有机组成部分。"以史为镜"可以知道国家兴衰存亡之原因,指明未来发展的道路。政治上的稳定和经济的可持续发展是一国货币保持币值稳定,实现货币国际化的必要保证。我国现阶段政局稳定统一,人民币国际化进程已成为一种趋势在不断推进中。海上丝绸之路中外货币文化交往对我国现阶段在加快"一带一路"建设的同时加快推进人民币国际化,提供有益的启示。

一、从海上丝绸之路货币文化交往中吸取经验教训

首先,中外货币自由流通促进海上丝绸之路贸易繁荣。中外各国之间的贸易往来,互通有无,极大地推动了海上丝绸之路沿线各国经济繁荣。"跟丝路开通早期有限范围内的易货贸易相比,海上丝绸之路贸易繁荣时期涌现出作为各国商品交换媒介的国际货币,是历史性的创举。海上丝绸之路沿线各国共同认可的货币,让丝路贸易变得愈来愈顺畅。譬如,唐朝的开元通宝是东亚一带公认的国际货币,影响力强大;中国货币史上,有'宋钱遍天下'之说,因为宋钱是'四夷共用'的'中国宝货'。这不仅反映了唐宋时期中国经济实力的强盛,而且有效地促进了海上丝绸之路贸易的畅通。"②同样,拜占庭金币和萨珊波斯银币也一度成为东西方贸易的通用货币,曾经通过丝路贸易流通到中国。"自19世纪末以来,我国境内5至8世纪的墓葬或其他遗存不断发现来自西方的拜占庭金币和萨珊波斯银

---

①周元元:《人民币跨境流通对人民币国际化影响分析》,《金融时报》2005年6月6日。
②郑周胜:《丝绸之路金融交流合作历程及其镜鉴》,《甘肃金融》2015年2期。

币。"①本书在调研中,曾在宁波多次发现萨珊波斯银币,证明波斯银币也通过海上贸易来到中国。这些国际通用货币对于促进海上丝绸之路贸易繁荣具有不可或缺的重要作用。因此,海上丝绸之路贸易中的货币交流,有效地打破了东西方地域上的隔绝,推动海上丝绸之路沿线国家之间的经贸畅通、物资交流和人员交往。

其次,中外货币交流推动东西方文化交流。货币除了价值尺度和流通手段等经济职能之外,还具有文化职能。货币本身是文化的载体,富含历史文化信息,如钱文、形制、币材和图案等等。"这些反映本民族历史文化和艺术的货币,能够在贸易交流中被异国他乡的民众所欣赏与仿效,进而融入对方的文化体系中,促进世界各国文化的交融发展。譬如中国'外圆内方'的货币造型体现了古人关于'天圆地方'的宇宙观,为周边国家民众所接受;中亚与西亚采用刻有图像与文字的金银铜钱币,显然是受到西方货币体系的影响。此外,货币交流还促进了东西方各国的贸易往来与人员交往,各国商人与使者通过海上丝绸之路把本民族的文化习俗带到异国他乡,实现不同民族文化之间的交融共生。"②

第三,中外货币交流增进海上丝绸之路沿线各国及各族人民的友谊。货币流通顺畅不仅使国际贸易变得更为便捷,而且可以使各国民众从中获益匪浅。各国商人在利益的驱动下,不畏艰险,将中国的丝绸、瓷器、茶叶、铜钱等特产带进西方人的生活,同时把古罗马、波斯与阿拉伯等国的金银货币,奇珍异宝、香料等产品运到东方市场。东西方各国民众,在海上丝绸之路贸易上不仅享用到异国他乡的珍稀商品,而且增进了彼此之间的友好情谊。

回顾海上丝绸之路货币交流历程,分析海上丝绸之路贸易与中外货币文化交流的内在联系,阐述海上丝绸之路货币的发展演变历程,揭示了丝绸之路货币交流对东西方经济社会发展的深远影响。研究表明:"在王朝开明、商路畅通的时代,海上丝绸之路上总会流通着不同种类的'区域核心货币',而货币交换与流通又构成区域经济合作的催化剂和润滑剂,推动丝绸之路通商贸易与人员往来。"③以古鉴今,对古代海上丝绸之路货币交流

---

① 郭云艳:《在中国发现拜占庭金币》,《光明日报》2017 年 8 月 14 日第 14 版。
② 郑周胜:《丝绸之路金融交流合作历程及其镜鉴》,《甘肃金融》2015 年 2 期。
③ 郑周胜:《丝绸之路金融交流合作历程及其镜鉴》,《甘肃金融》2015 年 2 期。

历程的分析,对当前我国建设 21 世纪海上丝绸之路具有重要参考价值。

马克思主义说:"货币不断地离开起点,就是货币从一个商品所有者手里转到另一个商品所有者手里,就是货币流通。"[①]货币是固定地充当一般等价物的特殊商品。货币流通的过程就是货币不断作为流通手段,为商品流通服务的过程。随着商品经济的不断发展,货币又成为支付手段。譬如农民使用货币缴纳地租,债务人使用货币支付利息等等。海上丝绸之路货币支付手段作用的不断加强,促进了丝绸之路货币流通领域的不断扩张。

综合分析历史上海上丝绸之路货币流通使用情况,本书得出如下结论:唐宋时期由于政局稳定,经济繁荣,货币政策先进,所铸造的唐钱和宋钱规范统一,质量可靠,币值稳定,因而被周边国家广泛接受使用,促进了货币文化上的认同与融合,并进而对周边国家的货币制度改革产生了深远影响。宋代中国货币的国际化达到鼎盛时期。

中国古代货币在海上丝绸之路贸易中长期作为国际硬通货[②]使用,主要有以下几个方面的重要原因:其一,掌控国际贸易中主要流通商品结算方式与定价权。定价是货币与商品生产发生关系的桥梁。如果没有定价权和结算方式选择权,就不能成为国际贸易结算货币[③]。掌握国际贸易中主要流通商品的定价权与结算权,是成为国际硬通货的前提条件。其二,货币铸造质量好、信用高、数量多。中国铜钱往往成为海上丝绸之路沿线国家的国际储备货币。[④] 其三,官方积极引导、推动货币文化研究与传播。其四,货币文化的广泛传播与深入影响。其五,形成以中国货币为核心的东方货币文化圈。其六,以强大的综合国力为后盾。

然而近代以来,由于清王朝积贫积弱,封建统治的保守和落后,加上列强侵略和政局动荡造成社会经济秩序的严重破坏,使得币值不能稳定,货币信用缺失,货币铸造工艺陈旧,货币换算复杂,币制落后和文化萎缩不能适应时代发展的需要,导致国家发行的货币不能作为海上丝绸之路贸易的主要货币所接纳。而起源于不同文化背景,隶属于西方货币体系的机制货币,因币值统一,换算方便,铸造工艺先进,利于大宗贸易结算使用而被广

---

①《马克思恩格斯全集》第 23 卷,人民出版社 2006 年版,第 134 页。
②国际硬通货:指国际信用较好、币值稳定、汇价呈坚挺状态的货币。
③国际贸易结算货币:在国际贸易中,由各国政府普遍承认的,可用于国际结算的货币。
④国际储备货币:指一国政府持有的可直接用于国际支付的国际通用货币。

泛接受。

　　海上丝绸之路货币文化交流的历史作用在于：第一，海上丝绸之路货币的世界性融合，带动了商贸发展，沟通了中外关系，促进了文化交流。第二，从"海上丝绸之路"到"海上货币之路"，扩大了人们的视野，丰富了历史文化、经济文化、货币文化，在中外经济文化交流中发挥了重要作用。第三，促进了货币文化上的认同与融合，并进而对各贸易国货币制度变革产生了深远影响。第四，增强互信，加速推进国际货币体系的形成与发展。

　　纵观全球主要国家的货币国际化的实践，一国货币国际化进程要求该货币发行国应具备以下若干条件：第一，拥有强大的经济实力和综合实力；第二，政局稳定，社会和谐，文化繁荣；第三，宏观经济环境平稳；第四，发达的市场经济体系；第五，有强大的创新能力和可持续发展能力；第六，货币政策先进，信用卓著；第七，实施开放政策，货币文化传播强大。

　　国际储备货币崛起的经验可以为人民币国际化提供参考借鉴。"譬如美元取代英镑的历史过程就是一个综合国力此消彼长的过程。英镑于19世纪崛起，取代西班牙银元成为当时主要的国际货币。在金本位制度下，黄金和英镑是国际货币体系中的两大支柱。美元于20世纪崛起，取代英镑成为最主要的国际储备货币。20世纪20年代，美元在国际贸易信贷中的使用首次超过英国；1940年至1945年境外流动资产中的美元总量由英镑的1/2增加到英镑的2倍；1944年，美国建立起用美元替代英镑的布雷顿森林体系；1954年各国外汇储备中美元的比例超过英镑。"①

　　美元取代英镑成为最主要的国际货币是由许多有利条件造就的。"其一是美国经济贸易的快速发展。美国经济总量于1872年超越英国，其出口规模于一战期间超过英国，足够的经济规模是美元国际化的先决条件。其二是中央银行的建立增强了对美元的信心。1913年美联储成立之前，美国数次遭受金融风暴（1907年的大恐慌，道琼斯指数下跌50%，产出下降10%，失业率达到20%），由于缺乏强有力的最终贷款人，国际投资者对美元缺乏信心。中央银行的成立有利于稳定美元币值，也为以美元计价的金融工具市场发展提供了基础。其三是美国金融市场的发展推动了美元国际化。贸易承兑市场的建立尤为关键，它使得美元在贸易信贷中的使用

①温信祥、徐昕：《人民币国际化的全新历史时期》，《人民论坛·学术前沿》2015年8月。

在 20 世纪 20 年代就超越了英镑。其四是战争加速了美元取代英镑的进程。第一次世界大战中,美国为英国和其他参战国提供了大量贷款,由净债务国迅速转变为净债权国,在输出美元的同时也使美元相对于其他货币更为坚挺。但即便有了上述有利条件,美元取代英镑的过程也是颇为漫长而艰难的。从美国经济规模超过英国到美元最终取代英镑成为国际第一大储备货币,经历了超过 80 年的时间。"①

随着我国经济实力和综合国力的不断增强,人民币的国际地位不断提高,人民币币值的稳定是加快推进人民币国际化的前提条件。"当前我国正处于经济转型的关键期。经济转型与可持续发展有紧密联系,经济转型是可持续发展的前提,是内在需求和必要条件,可持续发展是经济转型的目标。要抓住当前的经济转型关键期,不断进取,勇于创新。坚定不移推动经济转型升级,突破束缚我国经济发展的瓶颈,实现国民经济的可持续发展。保持人民币币值稳定,为推进人民币国际化进程创造条件。"②

二、海上丝绸之路货币文化交往的重要启示

随着丝绸之路的开通,东西方文化通过商贸往来,彼此传播,相互融合。而海上丝绸之路货币的流通,不仅承担起货币的经济职能③,而且形成了海上丝绸之路货币文化,发挥着货币的文化职能。"货币的文化职能是指货币在人们的文化生活中发挥独特作用的专属功能。"④包括社会信用、精神寄托、收藏鉴赏、宣传教育、传播知识、研究悟道、文化交往等内容。货币的文化职能与经济职能互为条件、互相作用,共同主导着货币的流通和发展,不可或缺。这两个货币流通职能都非常重要。现在一些人片面强调货币的经济职能,而无视货币的文化职能,不仅不是实事求是的科学态度,更缺乏远见卓识。即使在经济全球化的今天也不能无视文化的影响力。我们不可小觑古代中国"孔方兄"的文化寓意:"天圆地方,道在中央,周流四方。"更不能无视从古至今美国在"美元"上一直印着的一句话:"In

---

① 温信祥、徐昕:《人民币国际化的全新历史时期》,《人民论坛·学术前沿》2015 年 8 月。
② 王成瑶:《"丝绸之路"货币流通使用规律研究及启示》,《西部金融》2015 年 10 期。
③ 马克思主义政治经济学的货币经济职能包括:价值尺度、流通手段、贮藏手段、支付手段、世界货币。
④ 鲍展斌:《马克思货币理论新探》,《宁波大学学报·人文科学版》2018 年 1 期。

God We Trust"（我们信仰上帝）。美元所有的硬币和纸币上都有这句话，这在世界上绝无仅有。秦始皇统一货币时采用"外圆内方"的形式，这一货币形式是中国古代"天圆地方"哲学思想的反映。外圆为天，象征天命；内方为地，象征皇权。从而巧妙地把天命与皇权统一的理念结合在小小的方孔圆钱之中。方孔圆钱就是天命皇权的象征，钱币流通到哪里，皇权势力就延伸到哪里。一钱之中，法备天地；足见秦始皇一统天下的气概。这种方孔圆钱对后世影响极其深远，方孔圆钱的形制在中国两千多年的封建社会里一直沿用，还通过海上丝绸之路影响到周边国家与地区，形成了以中国货币为主导的东方货币文化体系。美元与美国国会大厦上都有"In God We Trust"这句话，美元以上帝的名义充当世界第一货币与孔方兄代表的天命皇权在理念上有异曲同工之处。这正是发挥货币文化职能威力所在！海上丝绸货币文化交往有如下几点重要启示：

（一）用价值符号代替贵金属货币成为时代需求。"金银不再充当交易媒介而成为代表财富的贵重商品。现在金银充当货币的作用已大幅降低，这是因为世界上绝大多数国家都确立了纸币信用制度。不论是人民币、美元、欧元，还是其他国家货币都无一例外地使用纸币（硬币主要作辅币），纸币不再和金银挂钩。纸币是一种价值符号，本身不具有价值，只是代表价值和财富，但它对于商品交换、货币汇兑带来极大便利，促进贸易的快速发展，象征着时代的进步。"①

黄金、白银退出主要流通货币行列之后，成为一种可以公开出售的贵重商品，在一定程度上成为财富的象征。金银目前仍然是国际储备货币的重要组成部分。从中国情况看，纸币这种价值符号把贸易交往中最大的难题解决了：一不用去海外寻找黄金与白银作货币；二不会再产生缺乏货币问题。随着电子货币应用的普及，中国当前的无现金进程已成为全球样本。今后的发展趋势必然是数字货币将成为世界贸易的主要媒介。

（二）作为价值符号的纸币必须保持其代表货币价值的相对稳定。"货币流通规律要求货币的流通量与实际需要量相适应，即货币代表的价值量与商品劳务的价值量相等。金银币本身是一种特殊商品，具有价值和使用价值，能够自动进行保值，不会导致货币大幅升、贬值波动。但纸币不能保

① 骆伦良：《谈明朝海上丝绸之路的货币文化特点及启示》，《广西金融研究》2006 年第 S1 期。

值,因为它本身没有价值,其面值是代表一定的商品价值量,容易受发行量的影响出现剧烈波动。因此纸币发行必须符合货币流通规律,即纸币流通量符合商品劳务需要量,纸币才能保持相对稳定。否则纸币大幅贬值,物价飞涨,货币体系就会崩溃,经济也就陷入混乱。"①这在中国近代史上有过惨痛教训。这就要求政府不能无限量发行纸币,要维护纸币的信用。央行必须根据市场商品劳务需求量有计划地印制,调控好纸币在市场上的流通量,才能保持货币代表价值的稳定性。

(三)对外开放是中外货币交往的必然要求,也是维持国际收支平衡的需要。"16 世纪西欧殖民国家开始进行海外扩张时,中国仍然是一个不落后于他人的世界先进大国。但是中国的落伍也正是从那时开始了。在各国利用海上通道大力发展对外贸易的时代,本来高度发达的中国却反而日益封闭,明王朝实行禁绝民间海外贸易的保守主义政策,清王朝更加闭关锁国,结果失去跟上时代潮流发展的机遇。如果当时明王朝继续实行永乐及宣德前期那样积极的海外贸易政策,以当时中国的航海和国家经济实力,中国的海外贸易会得到蓬勃发展。这就提示,要发展经济,获得更多的财富,对外开放是必由之路。再从货币收支看,当时朝廷缺乏白银货币,需用丝绸、瓷器等商品换取国外的白银,以满足国内货币需求和国际储备与支付的需要。当大量的白银流入中国的同时,也带来了大量的工作机会,主要从事银钱汇兑业务的钱庄业因此兴起。朝野上下对白银的渴求创造出更多商品和服务满足国内外市场,其结果是推动国内货币需求和国际贸易收支达到基本平衡。"②明朝中后期经济繁荣,在江南一带出现资本主义萌芽很大部分原因来自实施银本位货币制度的功劳。而明朝的灭亡部分原因也与后来西方国家采取贸易保护政策,致使明朝海外白银来源枯竭,经济衰落,国库空虚有关。

(四)货币的文化属性,即民众对货币价值的心理认同对成为国际化的储备货币很重要。经济学"劣币驱逐良币"的原理是指当一个国家同时流通两种实际价值不同而法定比价不变的货币时,实际价值高的货币(良币)必然要被熔化、收藏或输出而退出流通领域,而实际价值低的货币(劣币)

---

① 骆伦良:《谈明朝海上丝绸之路的货币文化特点及启示》,《广西金融研究》2006 年第 S1 期。
② 骆伦良:《谈明朝海上丝绸之路的货币文化特点及启示》,《广西金融研究》2006 年第 S1 期。

反而充斥市场。"劣币驱逐良币"的现象不仅在铸币流通时代存在,在纸币流通中也广泛存在。人们大都会把肮脏、破损的纸币或者不方便存放的劣币尽快花出去,而留下整齐、干净的货币。这种现象在现实生活中也比比皆是。根据这一原理,人们往往把自认为是良币的货币储存起来,只使用哪些品质不佳的劣币。良币(硬通货)的标准是不仅制作精良,富有文化内涵,不易仿造,而且币值稳定,流通方便,容易为大众接受。良币在市场上被劣币驱逐,表面上看良币被雪藏起来似乎丧失了流通功能,实质上良币被国家或民众储存不等于不流通,而是作为财富的象征不轻易动用。

目前,中国与东盟货币金融合作发展迅速。由于文化相近性,人民币币值相对稳定,在东盟区域内接受程度较高,人民币在东盟正在由贸易货币变成投资、融资货币。新加坡已超越伦敦,成为仅次于香港的全球第二大离岸人民币中心,中国与东盟共同设立了亚洲区域外汇储备库,建立中国—东盟投资合作基金,东盟一些国家已将人民币列为官方储备货币。

华人华侨有很强烈的文化认同,我国政府应发挥华人华侨在构建海上丝绸之路与人民币国际化过程中的重要作用。未来几年南亚、西亚等国家基础设施建设将蓬勃兴起,应充分发挥华人华侨在双边贸易和投资领域中的桥梁和管道作用,为华人华侨及相关企业参与 21 世纪海上丝绸之路经济带项目、跨境投融资等提供配套金融服务。

第三节　人民币跨境流通的展望

关于世界货币问题,"马克思指出,世界货币执行一般支付手段的职能、一般购买手段的职能和一般财富的绝对社会化身的职能。它的最主要的职能是作为支付手段平衡国际贸易差额"。[①] 人民币国际化的内涵不仅包括实现境外流通和跨境贸易结算的功能,还包括成为国际市场和投资者普遍接受与认可的投资和储备货币。一个国家的经济规模、金融市场的稳定、开放和发达程度以及投资者认可程度、持有和投资该货币的意愿,才是最终决定该国货币能否成为国际储备货币的条件。因此,从这个意义上

[①] 宓文湛:《马克思实践视角的确立和货币理论的创新》,《财经研究》2004 年 6 期。

说,人民币国际化必然是个循序渐进的过程。

一、21 世纪海上丝绸之路战略推动人民币贸易圈的形成

人民币未来跨境流通将如何发展? 人民币是否会成为国际货币? 人民币国际化的下一步如何推进? 在人民币国际化的进程中我们需要遵循哪些规则? 如何处理人民币的国际化和国内经济改革之间的关系? 这些重大课题我们需要深入研究和探索。随着中国经济规模的不断壮大,人民币国际化将继续加速前行,而中国的 21 世纪海上丝绸之路战略将有力地推动海上丝绸之路人民币贸易圈的形成。

伴随着"一带一路"倡议的推进,2015 年人民币国际化取得重大突破,11 月底,人民币国际化进程迎来重要里程碑——人民币正式被纳入国际货币基金组织(IMF)特别提款权(SDR),成为与美元、英镑、欧元、日元并驾齐驱的世界五大支付货币之一。这是 SDR 迎来的第一个来自发展中国家的货币。它意味着今后国际支付中使用人民币结算有望成为新常态。2015 年底,人民币国际化又传来利好消息:津巴布韦财政部长表示,2016 年初人民币将在津巴布韦的市面上开始公开流通,成为津巴布韦法定货币。但是发展中国家的货币走向国际化是前所未有的一项大事业,没有任何一个发展中国家的样本可以参照。为了平稳推进人民币国际化过程,我们需要从我国货币跨境流通的历史中找寻规律,借鉴国际化货币的经验和教训,尤其是,由于中国经济发展到了一个新的阶段,大国经济特点开始形成,因此,大国货币国际化的经验和教训对我们更有借鉴意义。人民币国际化问题是一个长期战略,需要由易到难,由近及远,由浅入深,循序渐进,欲速则不达。

历史经验对人民币国际化的启示。"现阶段,人民币国际化目标是成为区域货币。首先,短期内人民币成为全球储备货币的可能性不大。人民币要成为全球储备货币,就必然挑战美元的地位,需要克服美元的货币网络效应①,这个过程注定是漫长、艰难,充满不确定性的。其次,区域化是人民币实现更大范围国际使用的基础。如果本币在经贸往来更为紧密的

---

① 货币网络效应:在国际交易中,使用范围广的货币更有吸引力、更可能被人接受。既有的国际货币通过网络效应不断巩固自身的地位,而新兴的国际货币需要克服巨大的网络效应,才能取代现有的国际货币。

周边国家都无法广泛使用,就很难推广到其他国家和地区。德国马克国际化得益于其区域化,而日元区域化不足制约其国际化。人民币应首先立足于亚洲周边国家和地区,推动人民币在大中华区、东盟地区、'一带一路'的使用,力争让人民币成为东亚,乃至亚洲地区的主要区域货币。最后,人民币国际化特别需要建立强大的人民币信用体系。人民币崛起成为国际储备货币的关键是要求人民币具备超越美元的信用。当今世界各国多实行美元本位制①,人民币要挑战美元权威,自身必须足够强大,任重而道远。人民币国际化政策应该顺势而为。布雷顿森林体系解体之后,美国放弃金本位制,美元与黄金脱钩,实施与黑金(石油)挂钩政策,即与石油等全球资源类商品挂钩,也就是全球大宗商品交易均以美元计价和结算,从而实现'无本万利的铸币税'②收入。这一政策卓有成效,成为维持美元霸主地位的强有力的措施。从中可以领悟到虽然货币政策并非货币国际化的决定性因素,但合适的政策能为货币国际化创造有利条件。比如,国内金融市场的发展和开放能显著降低获得、持有和使用本币的交易成本,提升本币的吸引力,提振本币的国际需求。从人民币国际化现阶段的需求看,人民币国际化需要与其他金融改革,如资本项目改革、汇率市场化协调推动,并进一步推动国内金融市场的发展和开放,增强人民币的可得性和使用便利性。"③

二、海上丝绸之路人民币贸易圈建设

人民币区域化主要是由以中国为代表的新兴经济体和新兴贸易大国所主导,以人民币为主要贸易结算、储备与投资货币,以西太平洋、北印度洋、地中海和西大西洋沿岸各国之间的海上贸易通道建设为条件,以沿路各国之间的专业化分工合作为基础,沿路各国共同参与构建区域商品贸易

---

①美元本位制:当今世界上所通行的、以美元作为世界上最重要的储备货币、结算货币和外汇交易手段的一种国际货币体系。

②此处铸币税是泛指美国政府从货币发行中获得的收益。首先,世界各国要发展经济,需要在国际市场上购买资源,如果都需要支付美元购买,那些非美元国家必须储备美元;其次,为储备美元就要对美国出口,而且必须有顺差,所以美国贸易逆差实际上是在向全世界输出美元流动性;其三,美国贸易逆差实际上构成美元霸权收益,也就是说,美国可以单纯依靠印钞票购买它需要的任何产品。

③温信祥、徐昕:《人民币国际化的全新历史时期》,《人民论坛·学术前沿》2015年8月。

体系与金融市场体系是其基本要求。"中国作为 21 世纪海上丝绸之路建设的主要发起国、出资国、经济大国、贸易大国和货币金融大国,能够为沿路各国专业化分工与区域合作提供人民币交易工具与平台,成为 21 世纪海上丝绸之路人民币贸易圈的主要推动者、获益者与公共产品及相关制度安排的主要提供者。"①人民币贸易圈的形成与发展是 21 世纪海上丝绸之路建设与丝绸之路经济带建设以及亚非欧国际贸易、金融与政治格局的重大调整和转型的必然产物。

海上丝绸之路人民币贸易圈是人民币贸易圈的一种表现形式。人民币贸易圈是随着中国与相关国家及地区贸易发展到一定阶段的产物,也是全球贸易自由化和货币国际化发展的必然结果。人民币贸易圈的形成必须具备五个方面条件:一是中国与相关国家或地区贸易发展达到一定的规模,中国已经成为相关国家或地区的第一大贸易伙伴或者主要贸易伙伴;二是中国与主要贸易伙伴国及贸易伙伴国之间进行贸易结算的主要货币是人民币,人民币在贸易圈中的使用最为广泛,信用最高;三是人民币与各贸易伙伴国货币之间、贸易伙伴各国之间的货币汇率形成机制以人民币为主要中介和核心纽带,基于人民币基准汇率形成稳定的区域性汇率形成机制;四是人民币成为贸易区内的主要储备和投资货币,各国之间形成以人民币为主要融资工具的金融产品及金融衍生产品交易市场,特别是区域性人民币债务交易市场及境外人民币离岸交易市场的形成;五是中国与贸易伙伴国家之间及贸易伙伴国家之间的贸易自由化程度,高于该成员国与贸易圈外部经济体之间的贸易自由化程度。

海上丝绸之路人民币贸易圈的形成依赖于海上丝绸之路沿路各国之间贸易通道建设、贸易规模扩大、人民币贸易结算体系、人民币投融资机制、离岸人民币交易中心网络的构建与形成。海上丝绸之路沿路各国中,一些较大的经济体,如东盟、印度、伊朗、沙特阿拉伯、南非、尼日利亚、土耳其、澳大利亚等国与中国贸易发展潜力都较大,中国已经成为沿路多国的最大贸易伙伴。海上丝绸之路人民币贸易圈将成为覆盖亚洲、非洲、澳洲、美洲和欧洲主要沿海经济体的贸易区。特别是随着中国—东盟自由贸易

---

①保建云:《论海上丝绸之路建设与海上丝路人民币贸易圈的形成与发展》,《江苏行政学院学报》
　2015 年 2 期。

区的形成及升级,海上丝绸之路人民币贸易圈有希望建成全球最大的自由贸易区。

"随着中国与周边国家和地区经贸往来的进一步深化,人民币有望在区域经济中扮演更重要的角色。建设自贸区是一项国家战略。在人民币国际化进程不断深入的背景下,自贸区建设契合了人民币国际化的战略需要,成为金融资源全球优化配置,提升人民币国际地位的重要举措。目前,中国已成为东盟、澳大利亚、韩国等国家和地区的第一大贸易伙伴。2010年,中国—东盟自由贸易区正式启动。2014年11月,中韩、中澳自由贸易区结束实质性谈判。[①] 2018年11月,中国与新加坡升级自贸协定,推动中新经贸合作再上新台阶。随着中国与周边国家贸易联系不断深化,将为人民币在双方贸易结算中的广泛使用创造需求。"[②]

其一,"一带一路"倡议创造中外金融合作与货币互换需求。"一带一路"倡议的提出,契合了新兴市场和发展中国家在基础设施建设、能源开发等方面对资金的需求,有利于实现人民币跨境贸易和投资的发展。例如中蒙央行间双边本币互换规模2018年扩大至150亿元人民币,人民币成为中蒙双边主要结算货币。

其二,"一带一路"倡议加强了中国与丝路沿线国家的双边贸易,增加了人民币贸易结算的需求。"一带一路"倡议不仅促进了中国商品和服务的输出,以及科技文化的交流和人员的往来,大大提升了人民币境外结算需求,而且,随着人民币信用的提高和声誉的扩大,越来越多的国家和人民愿意选择人民币作为储备货币,以规避外汇风险。

其三,电商跨境贸易推动人民币贸易结算的需求。在电子商务跨境大发展的背景下,第三方支付在国际贸易中的地位不断提升,人民币的跨境结算将进入新阶段。由于国内从事电商行业的主要是私营中小业主,在跨境贸易中,为规避汇率风险、降低汇兑成本而采用人民币结算的愿望更强烈。而第三方支付的公正、便利和高效,将进一步加速人民币国际化进程。

尽管如此,人民币国际化仍然面临重重困难与挑战。

首先,人民币外汇交易市场不够成熟。外汇市场产品种类不足,市场参

---

① 温信祥、徐昕:《人民币国际化的全新历史时期》,《人民论坛·学术前沿》2015年8月。
② 温信祥、徐昕:《人民币国际化的全新历史时期》,《人民论坛·学术前沿》2015年8月。

与限制尚多,特别是场内交易的人民币期货市场缺失。国内企业在跨境贸易与投资中使用人民币的需求偏低,难以挑战国际交易中依赖美元的惯性。

其次,人民币国际化进程中过度依赖跨境贸易,对外资本输出的贡献度有限;同时人民币对国际市场上如石油、天然气等战略物资和粮食、铁矿石等诸多大宗商品的结算与计价功能发展滞后。

再次,人民币金融市场不够完善,缺少有效的监管体系。人民币国际化带来的金融风险会给中国的金融监管体系带来严重挑战。随着经济步入新常态,银行业利润增速下降和不良贷款率上升等潜在风险将对人民币国际化进程产生影响。

最后,人民币国际化对国内金融稳定产生一定影响。人民币国际化提升了人民币资产的吸引力,国内资本市场将面临全球的人民币投资需求,跨境资本流动的规模大幅增长,波动放大,可能对国内金融市场造成冲击,影响金融稳定。如果大量外币兑换成人民币购买中国资产,使得巨额国际资本涌入中国,将给中国宏观经济稳定带来严峻挑战。

人民币跨境业务从无到有,从小到大,蓬勃发展,焕发出旺盛的生命力和巨大活力,反映了中国经济金融实力提升和经济发展的需求。未来,随着中国金融改革开放的深入,中国和周边国家与地区经贸往来日益紧密,"一带一路"倡议的逐步落实以及电商国际化的发展,人民币"走出去"将面临重大机遇。与此同时,人民币国际化很可能对国内货币政策和金融稳定构成一定的挑战。除了建立健全金融风险防控体系外,关键在于通过金融体制改革的深化增强国内经济金融对外部风险的抵抗能力,包括强化金融机构公司治理,拓展金融市场的广度和深度,提升宏观调控水平和金融监管能力,协调推进利率、汇率市场化改革等等。

区块链起源于比特币[1]。区块链信息技术因其安全、便捷的特性得到世界各国银行与金融业的高度重视,在当今中国已上升到国家战略层面。区块链的本质是一个去中心化的分布式账本数据库,旨在解决交易信用问题。区块链信息技术的应用有助于降低金融机构,特别是跨境金融机构间的对账成本并提高支付业务的处理效率。这项金融科技对于中国开发数字人民币,推动人民币国际化影响深远。

---

[1]比特币(Bitcoin 比特金):一种网络虚拟货币。

后 记

学术界对"海上丝绸之路"历史研究近期成果较多,但多数研究仍是比较单一的文献研究或史志研究。作为国家社科基金后期资助项目(批准号:16FZS053),本成果材料翔实,分析细致,涉及多学科、大跨度的综合研究,以马克思主义唯物史观与货币哲学为指导,研究海上丝绸之路与中外货币文化交流,史论结合,既重视理论探索,又重视实证研究;既有宏大叙事,又有个案分析。本书系统研究海上丝绸之路与中外货币文化交流,是中外货币文化交流史研究的学术创新。

在研究过程中,本书不仅从历史的维度论述海上丝绸之路与中外货币文化交流的内在联系与逻辑发展,还把中外货币交流上升到文化维度进行探讨,深入揭示海上丝绸之路货币的文化职能,指明货币文化职能与经济职能的内在统一性。始终坚持用马克思主义的唯物史观与货币理论进行分析,揭示海上丝绸之路货币文化既是一个文化范畴,又是一个历史范畴,两者是逻辑与历史的统一,不能割裂。

如今,社会主义货币文化与金融文化建设需要传承海上丝绸之路货币特有的货币制度、货币文化这些宝贵的历史文化遗产。没有传承就没有创新,只有借鉴中外货币文化交流的历史经验与教训,"去其糟粕,取其精华",推陈出新,才能立于不败之地。

本书的撰写始于 2015—2016 年清华访学期间,感谢我的导师邹广文教授的大力支持与鼓励,使我成功申报了 2016 年度的国家社科基金后期资助项目。同时,我还要感谢中国钱币博物馆馆长周卫荣研究员。访学期间,我经常抽空去中国钱币博物馆向他请教海上丝绸之路货币研究的一些学术问题,周馆长总是耐心地和我进行交流探讨,给予我很大的帮助与鼓励。另外,宁波大学孙善根教授也给予我许多帮助,在此一并表示感谢!

本书工作量浩大,时间紧、任务重,感谢家人给予我生活上细心的关照,以及在钱币收藏与研究事业上的全力支持!

鲍展斌

2019 年 8 月 30 日于清泉花园宝康斋